这个清朝太有意思了

张晓珉
— 著 —

第二卷 皇太极

台海出版社

图书在版编目（CIP）数据

这个清朝太有意思了. 第二卷 / 张晓珉著. —北京：台海出版社，2019.9

ISBN 978-7-5168-2400-9

Ⅰ. ①这… Ⅱ. ①张… Ⅲ. ①中国历史—清代—通俗读物 Ⅳ. ①K249.09

中国版本图书馆CIP数据核字（2019）第141993号

这个清朝太有意思了 . 第二卷

著　　者：张晓珉

责任编辑：俞滟荣　　　　装帧设计：仙　境

版式设计：曹　宝　　　　责任印制：蔡　旭

出版发行：台海出版社

地　址：北京市东城区景山东街20号　邮政编码：100009

电　话：010-64041652（发行，邮购）

传　真：010-84045799（总编室）

网　址：www.taimeng.org.cn/thcbs/default.htm

E-mail：thcbs@126.com

经　销：全国各地新华书店

印　刷：三河市文通印刷包装有限公司

本书如有破损、缺页、装订错误，请与本社联系调换

开　本：710mm × 1000mm　1/16

字　数：428千字　印　张：22.5

版　次：2019年10月第1版　印　次：2019年10月第1次印刷

书　号：ISBN 978-7-5168-2400-9

定　价：48.00元

序　言　旧章结束，新篇开始

后金天命十一年（1626年），努尔哈赤饮恨而终，享年六十八岁。

虽然努尔哈赤这个“死者”，可以“长已矣”了，但对于“生者”，却无法“常戚戚”，他们甚至惊恐不安、不知所措。

因为，努尔哈赤生前并没有颁布遗嘱，指定自己的继承人！这种情况下，你让这些“生者”怎么办呢？

一个公司要是没有继承人，都得面临破产，何况这还是一个帝国，那还不天下大乱呀！但在没有遗嘱的情况下，怎么选择下一任董事长呢？难道要民主选举吗？

最终，后金臣子实在是没有办法了，他们真的海选了。大家打算选出一个董事长，让他继承这个“二爷的遗产”。

为了选择合格的继承人，后金臣子开始了海选。当时，具有资格继承皇位的，共有八个人。这八人分别是四大贝勒：代善、阿敏、莽古尔泰、皇太极；四小贝勒：济尔哈朗、阿济格、多尔衮、多铎。

如今，拜各种电视剧所赐，大家皆认为，努尔哈赤选择的接班人，应该是四小贝勒之一的多尔衮。是皇太极巧取豪夺，干掉了多尔衮的母亲，抢了多尔衮的汗位，这才登基称帝。

其实，这种说法并不是事实。虽然这里面确实有阴谋的成分（后面再说），但在当时的女真人眼中，多尔衮是无论如何也当不上大汗的。就算没有皇太极从中作梗，他也成不了下一任的大汗。

这个原因很简单，多尔衮太小了。努尔哈赤病逝时，他只有十四岁。

所以说，让这么一个小孩子登基，广大女真人是不干的。更何况，努尔哈赤生前制定的“八和硕贝勒会议”的制度决定了他也不可能干这种任人唯亲的事情。

事实上，从努尔哈赤含笑九泉那天起，汗位就已经注定了。它不属于没长大的四小贝勒，也不属于四大贝勒中剩下的三个贝勒。

从一开始，这个皇位只有一个人选，只属于那个“毫无绯闻、干干净净，没有一点污点，且能力出众、文韬武略”的皇太极。

除了皇太极外，根本没有第二个选择。

毕竟，在四大贝勒中，大贝勒代善有严重的“作风”问题，努尔哈赤不喜欢他，所以被排除出局。

二贝勒阿敏还不错，但他是努尔哈赤的侄子，天生八字不合（血缘），被排除出局。

三贝勒莽古尔泰更别说了，此人勇而无谋，桀骜不驯，就是一个“傻根儿”。此外，莽古尔泰还干了“弑母”的禽兽之事，更没有资格当大汗了。

综上所述，排除年纪尚小的四小贝勒、有问题的三大贝勒，能成就帝业、带领女真繁荣昌盛者，只有雄才大略、文治武功皆备的四贝勒皇太极。所以皇太极登基，那是名正言顺，也是众望所归。

以上，就是皇太极登基的大概过程，也是我们众人皆知的历史。

那么，这段耳濡目染的历史，就是真的历史吗？这个登基的过程中，就真的没有一点阴谋诡计吗？为什么努尔哈赤死前，没有指定接班人呢？皇太极和多尔衮之争，又是怎么回事呢？这个雄才伟略的皇太极，他又干了哪些事情呢？

这些故事，将在本书中一一呈现。

目录

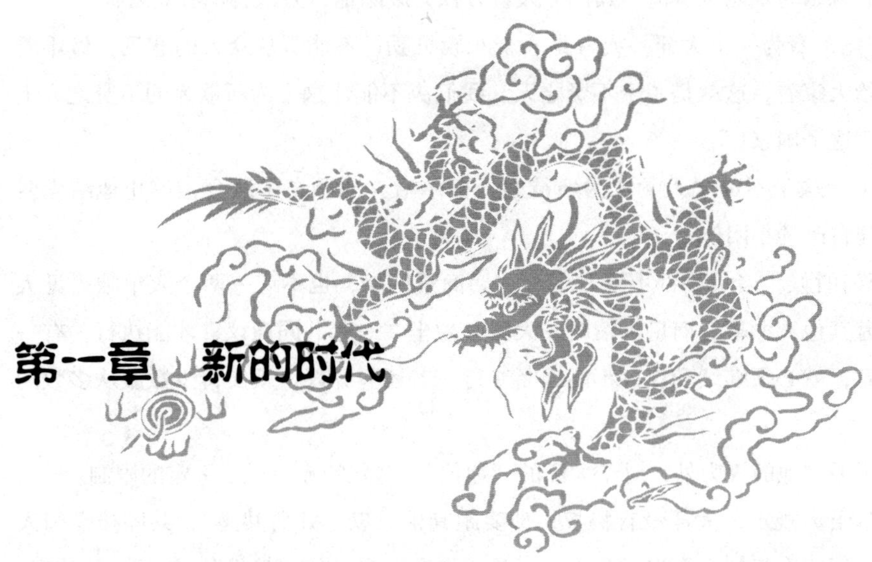

第一章　新的时代

新大汗的标准

据《满文老档·太祖》记载，努尔哈赤虽然生前没有指定接班人，但他颁布了一道《汗谕》，作为这个国家的基本国策。这道《汗谕》也给众人选举大汗的事情，提供了一个可行的书面文件。

这道《汗谕》的大概内容，如下：

天命七年（1622年）三月初三，八旗贝勒共聚一堂，问努尔哈赤道："上天所予之规模，何以底定？所赐之福祉，何以永承？"

努尔哈赤回答道："继任我君主的人，一定不能是一个强势的人（继我而为君者，毋令强势之人为之）。因为一个强势的人当君主，他一定会倚强恃势，最终得罪上天，让这个国家灭亡。"

"一个人再有智慧，再有本事，他怎么能敌得过众人的智慧呢？所以我下令，建立'八和硕贝勒会议'制度，也称'旗主贝勒会议'。今后继承我汗位者，要在八旗贝勒里面选，选出一个德行好且能接受不同意见的人，当这个国家新的大汗。"

为了限制这个大汗的权力，努尔哈赤做了以下说明：

"如果这个大汗登基后，能够接受大家的意见，能够好好干事情，其他七人就

要尊重他，让他继续干。反之，如果这个大汗登基后，不能够接受大家的意见，一意孤行、自以为是地干事情，其他七人就有权力废除他，另选有德者立之！”

“毕竟，身为一个大汗，或者是一个八旗贝勒，不能听从众人的意见，做难看的脸色给大家看，这就是一个不贤之人。我们决不能让这个为所欲为的不贤之人上位，危害这个国家！”

为了让这个不贤之人无法为所欲为，努尔哈赤还颁布了法令，禁止他结党营私，组建自己的小团体。

“任何时候，诸贝勒都不许私下交往。商量国事，也不许一两个人单独去见大汗，瞒着其他人办事。商量事情时，大家必须坐在一起共同商议，才能执行。有一人不同意，就必须继续商议，不能独断专行。若还有异议，就实行少数服从多数的原则。”

除了限制他的权力外，对于大汗的“地位”，努尔哈赤也做了一定的限制。

努尔哈赤规定，大汗没有特权，他要跟其他贝勒“并肩共坐”，共同接受国人的朝拜。每年大年初一祭祖时，大汗更是不能忘记自己的“身份”，他要一拜神庙，二拜诸神，三拜叔兄（注意这里）。给长辈跪拜行礼后，要跟叔叔、兄弟们并坐一列，接受国人的叩拜。

可见，努尔哈赤设立的这个大汗，根本就有名无实，他只是一个空有“大汗”虚名的人，其本质与其他旗主无异，就是“一旗之贝勒”。

除了限制大汗的权力和地位外，在最敏感的经济方面，努尔哈赤也做了强大的限制。

努尔哈赤下令，战争中掠夺的财富，要八家平分；占领的土地，也要八家平分。不管是什么财富，都必须八家均分，不能纳为公用。即使土地再小，只有一寸，也必须八家平分。若有人贪匿财物，贪一次，则罚一次应得的财富。贪两次，则罚两次。贪了三次，则永远革除其应得的份额。从此以后，再分财富，对不起，没你的份了。

这个制度，就是清朝历史上大名鼎鼎的“八分”一词的由来。纵观整个清朝历史，“入八分”和“不入八分”成了清朝贵族识别身份、地位、权力和待遇的主要标志。在未来的历史事件叙述上，我们将多次提到这些词语。

以上内容，就是努尔哈赤建立的“八和硕贝勒会议”制度的主要内容。他也通过这道《汗谕》把其内容昭告天下。

可见，这种“改变君主专制，实现贵族共治”的制度，是一次王权嬗递的可贵尝试，更是一项民主政治的创举。

努尔哈赤建立的这个制度，将是一个非常完美的“君主共和制”，它比宋朝建立的“士大夫与皇帝共治天下”的制度更完善，也比太古时期的“部落选举”制度更优秀，堪称人类历史上卓越的制度之一。

在这个制度内，国家的最高统治者是大家选举出来的，大家可以选举他，也可以废除他。大汗的身份也与大家无异，他要跟大家一起并排而坐，接受国民的朝拜，而不是一个人孤零零地坐在宝座上，俯瞰着天下万物。

大汗还要注意自己的身份，即使龙袍在身，他也要对自己的长辈（叔兄）行跪拜之礼。他的经济来源也跟大家一样，而不是行使特权，巧取豪夺，一家独肥。

总之，在这个制度下，大汗不过是一个有名无实的旗主罢了，他跟其他旗主无异。大汗与旗主之间也是平等的，双方没有上下之分、主仆之别，甚至没有那些所谓的“君臣礼仪”，所谓的“成何体统”。

这个制度将是多么令人向往。

然而，令人无限可惜的是，在封建制度横行的时代里，这套令国民向往的“共和制度”终究敌不过令君主向往的“皇帝制度”。为了大权独揽、唯我独尊，皇太极登基称帝后，他慢慢地用自己的计谋和手段废除了这套制度，终于完成了大权独揽。

当然，虽然努尔哈赤费尽心力创建的这套“八和硕贝勒会议”制度最终被皇太极破坏并无疾而终。但在努尔哈赤病逝时，这套制度还是起到了一定的作用。

毕竟，在没有明确遗嘱的情况下，后金臣子只能通过这套制度选举出一个新的大汗。

那么，在这套制度下，众人为什么会选择皇太极呢？这个皇太极，他有什么过人之处呢？

为何选他

根据规定，努尔哈赤死后，后金臣子要通过两个方面来选拔一个合格的继承人。

第一个方面，是血统，即从努尔哈赤的儿子中选择继承人。毕竟，若把大汗之位交到了外人手里，他们无法面对努尔哈赤的在天之灵。

第二个方面，是“八和硕贝勒会议”制度。后金臣子要遵循努尔哈赤的《汗谕》，选择一个八旗旗主作为新的大汗。

在这两个方面的考虑下，后金臣子选择了皇太极。

现在，开始说明这个选拔过程。

先说第一个方面，血统。

努尔哈赤一共有十六个儿子，除了被处死的长子褚英，努尔哈赤死时，剩下的十五个孩子都健在，他们都是皇位的“继承人”。

这十五个儿子分别是：次子代善，三子阿拜，四子汤古代，五子莽古尔泰，六子塔拜，七子阿巴泰，八子皇太极，九子巴布泰，十子德格类，十一子巴布海，十二子阿济格，十三子赖慕布，十四子多尔衮，十五子多铎，十六子费扬古。

虽然努尔哈赤的儿子很多，但根据“尊卑身份”原则，只有主妃（大福晋或者是皇帝极其宠爱的妃子）生的孩子，才有资格继承汗位。庶妃生的孩子，只能在一旁观战了。除非主妃的孩子都死绝了，或者是难堪大任，他们才有机会替补上来。

没有办法，“母凭子贵”，在封建社会，此是千古不变之理。

在这个制度下，共有八个孩子有资格争夺皇位。

这八子分别是：努尔哈赤的原配夫人佟佳氏（据说汉族名叫佟春秀，还需考证）生的次子代善；努尔哈赤最爱的孟古格格生的八子皇太极；努尔哈赤第一任大妃富察氏·衮代生的五子莽古尔泰、十子德格类、十六子费扬古；努尔哈赤第二任大妃乌拉那拉氏·阿巴亥生的十二子阿济格、十四子多尔衮、十五子多铎。

综上所述，从“血统”角度讲，只有代善、莽古尔泰、皇太极、德格类、费扬古、阿济格、多尔衮、多铎这八个儿子拥有继承权。

再说第二个方面，八和硕贝勒会议制度。

咱们前面讲过，万历二十九年（1601 年），努尔哈赤创建了“黄、红、蓝、白”四旗部队。十四年后，即大明万历四十三年（1615 年），由于士兵的猛增，努尔哈赤又增编了四个部队，分别用“镶黄、镶红、镶蓝、镶白”四种旗帜作为标记。这八个部队，就是闻名天下的“满洲八旗”。

统治这八旗的旗主，就是“八和硕贝勒会议”的主要成员，也是这个大清王朝最高的统治者。

理论上，每个旗子拥有二十五个牛录，每个牛录三百人，也就是每个旗子七千五百人。但大家都知道，计划永远赶不上变化。当时每个旗子的部队人数，全凭努尔哈赤的喜好来定。他要你人多，你就人多；他要你人少，你就甭想多。

努尔哈赤临死前，这八旗的部队人数以及统帅者的名单，如下：

正黄旗：四十五个牛录；镶黄旗：二十个牛录；这两个旗子归努尔哈赤领导。

正红旗：二十五个牛录，归代善领导。

镶红旗：二十六个牛录，归代善的长子岳托领导。

正白旗：二十五个牛录，归皇太极领导。

镶白旗：十五个牛录，归努尔哈赤的长孙、褚英的长子杜度领导。

正蓝旗：二十一个牛录，归莽古尔泰领导。

镶蓝旗：三十三个牛录，归努尔哈赤的弟弟舒尔哈齐的儿子阿敏领导。

这么一看，所谓的“八和硕贝勒会议”制度，只有六个被选举者。在这六个人中，阿敏是外人，排除。岳托和杜度是第三代人，也排除。所以说，只有代善、莽古尔泰、皇太极这三个人选。

至此，在“血统”和“八和硕贝勒会议制度”的筛选下，下一任大汗的人选也只剩下代善、莽古尔泰、皇太极这三个了。

这三个人，才是下一任大汗的人选。除了他们以外，再也没有第四人。

没错，就是再无第四人。

写到这里，很多人就会说了：“不对呀，多尔衮也是一个人选呀！毕竟，若干年后，多尔衮曾经亲口称‘太宗文皇帝之位原系夺立’，他也是一个继承皇位的人选，怎么到你这里没有多尔衮的事了？”

关于这个事情，我只能说，这是一个骗局。多尔衮说的这句话，不过是一句牢骚话罢了。

虽然有部分史料记载，努尔哈赤临死前，确实打算让多尔衮继承皇位，但这些史料真假难辨，并不是真正的历史（后面再说）。而多尔衮之所以会产生自己是候选人的思想，也情有可原。毕竟，他当时确实是“八和硕贝勒会议”的旗主，只是还没有兑现而已。

这个所谓的兑现，是这么回事：

还记得努尔哈赤管理的两黄旗吗？他们一共有六十五个牛录，占八旗总数的百分之三十左右。努尔哈赤临死前，曾颁布遗诏，明确规定了这六十五个牛录的继承人。

努尔哈赤下令，把自己正黄旗的四十五个牛录一分为三，分别让阿济格、多尔衮、多铎这三个人领导，每人管理十五个牛录。

至于镶黄旗的二十个牛录，努尔哈赤下令归多铎所有。等多铎长大成年后，册封他为正黄旗旗主。同时，册封阿济格为镶黄旗旗主。

至于多尔衮，努尔哈赤另有安排。他下令，多尔衮长大成人后，册封他为镶白旗旗主，原镶白旗旗主杜度并入镶红旗，归岳托领导。杜度的十五个牛录，全部归多尔衮所有。

这样一来，咱们重新算一下，这三个孩子长大成人后，他们的实力吧。

十二子阿济格，镶黄旗旗主，麾下有十五个牛录。

十四子多尔衮，镶白旗旗主，麾下有原正黄旗十五个牛录和镶白旗十五个牛录，共三十个牛录。

十五子多铎，正黄旗旗主，麾下有原正黄旗十五个牛录和原镶黄旗二十个牛录，共三十五个牛录。

至此，这三兄弟总共拥有八十个牛录，几乎占了八旗总数的百分之四十。他们的实力将远远超过只有一旗的莽古尔泰和皇太极，也超过了理论上拥有两旗的代善（正红旗加镶红旗）。

这三兄弟，才是大清王朝真正的掌门人。

因此，这么一看的话，这三兄弟将成为皇太极的眼中钉、肉中刺，必须除之而后快了。皇太极只能痛下杀手了。

至此，出现了一个大家熟知的历史——皇太极使用了一个阴谋诡计，干掉了这三个孩子的保护伞，逼迫他们的生母阿巴亥殉葬，以此来扼杀他们的实力。

这段历史，众人皆知，已经成为了“真正的历史”。

其实，这个所谓的“真正的历史”，需要商榷一番。

因为在女真人眼中，努尔哈赤把自己的两黄旗交给这三个幼子，是一件很正常的事情，并没有什么阴谋诡计在里面。也不像后人记录的那样，努尔哈赤把两黄旗给多尔衮，就是为了让他继承自己的遗产，登基称帝。

要知道，少数民族的继承制度跟中原王朝的完全不同。中原王朝的继承制是“嫡长子继承制”，身为老大，就要继承父亲的全部遗产，谁让他年长呢。但在少数民族眼中，人家采用的是“幼子守业”制度。

成年后的儿子，就分家单过了，还继承什么遗产？遗产都要留给没有长大的孩子，才能让这些孩子存活下去。

可见，这完全是两种不同的继承制度。

努尔哈赤的这种想法与成吉思汗的想法一模一样。

成吉思汗晚年时也把财产交给了小儿子拖雷，却没有颁布任何旨意让继承他遗产的拖雷称帝。因此，这种“幼子守业”制度只是少数民族的习俗罢了，跟“阴谋论”没有任何的关系。

同样，阿巴亥之所以殉葬，虽然另有隐情（后面再说），但也与阴谋论没有关系。而皇太极之所以抢夺多尔衮兄弟的产业，完全是私心在作祟。因为皇太极要成为一个大权独揽的皇帝，他肯定要抢夺这三兄弟的产业，以完成军队的统一。

当时，除了这倒霉的三兄弟外，皇太极也抢夺了岳托、阿敏、莽古尔泰的部队。因此，这三兄弟并不是唯一的受害者，他们只是这众多的受害者之一。

综上所述，民间流行的“皇太极抢了多尔衮汗位”的说法，并不是历史的真相。即使有这种说法，也需要更多的史料证明，而不是只听信一面之词（后面再说）。

当时的真相是，多尔衮根本没有选举的机会，他虽然是八旗旗主之一，但他还没有继承产业。所以，多尔衮没有参加的机会，他只能当一个吃瓜观众，下次再参与了。

再说一遍，在“血统”和“八和硕贝勒会议制度”的筛选下，下一任大汗的人选只剩下代善、莽古尔泰、皇太极这三个人。除了他们以外，再无第四人。

这，才是当时真正的历史。

那么，到底是一个什么原因让大家选择了皇太极，而不选择另外两个人呢？

对于这个问题，我只能说一句话——不是皇太极太厉害，而是他的对手们太无能。

第一个无能的对手

在“血统”和“八和硕贝勒会议制度”的筛选下，大汗的下一任人选只能从代善、莽古尔泰、皇太极这三个人中选择。

然而，这看似势均力敌的三国杀，却在一瞬间分出了胜负。皇太极不费吹灰之力就打败了另外两位候选人，成为这个帝国新一代的国君。

这个结果，不是因为皇太极太厉害，而是他的对手们太无能。

先说第一个无能的对手代善。

代善，努尔哈赤次子，历史上无故消失的努尔哈赤原配夫人佟佳氏的子嗣。《八旗通志·代善传》记载，代善“生而英毅，智勇过人”，是一个能成大事的主。

代善在历史上的第一次亮相，就堪称一鸣惊人、一战成名。

当时，代善和哥哥褚英奉命去迎接归顺的库尔喀部人，结果在乌碣岩这个地方，他们遭遇了来“截胡”的乌拉部首领布占泰，双方展开了一场激战。

在这场乌碣岩之战中，褚英和代善就像“两只没有睁开眼睛的小狗崽一样（两幼子犹如尚未睁眼之小犬）”，冲入敌营，奋勇杀敌，最终杀退了敌军，获得了一场大胜。

凯旋后，努尔哈赤非常高兴，就赐予代善“古英巴图鲁”之名。

在满语中，“古英”是“镶钉子的铁帽子”，“巴图鲁”是“勇士”，“古英巴图鲁”就是“头戴铁帽子的勇士”。

褚英自取灭亡后，代善就成为努尔哈赤最器重的儿子了。在讨伐乌拉部的战争中，代善身先士卒，英勇地冲入敌营，顺利攻陷了乌拉部的都城乌拉洪尼勒城。布占泰兵败逃跑，乌拉部灭亡。

除了在统一女真的战斗中屡建奇功，在讨伐明朝的时候，代善也英勇奋战，建立了不朽的功绩。

天命三年（1618年），努尔哈赤以七大恨告天，开始讨伐明朝。在攻打抚顺的过程中，努尔哈赤遇到了一场暴风雨，他竟然㞞了，以“天降大雨，不适宜用兵”为由，准备撤退了。

可想而知，此言一出，诸将都傻眼了，大家都不知道该怎么回答。在这个关键时刻，代善站了出来，他全力反对道：

“我们与大明和好已久，如今兴师问罪，已到此地，如何回去？如果偃旗息鼓，我们是跟大明和好？还是继续为敌？况且我们兴兵的事情，如何瞒得住？现在虽然下雨，但士兵有雨衣，弓矢也有防水设备，还在乎这些雨水吗？而且老天下雨，明军防守势必更加松懈，有利于我，不利于敌，这是天赐良机呀，我们为何要退兵？”

代善的这番话，把问题分析得头头是道，最终说服了努尔哈赤。努尔哈赤听从了儿子的建议，下令继续进军，并顺利攻陷抚顺城，获得了一个开门红。从此以后，努尔哈赤也更加器重这个儿子了。

《清史列传・和硕礼亲王代善传》记载，在与明朝的战争中，代善成了努尔哈赤最器重的将领，他成了那场永载史册的“萨尔浒之战”的“执行官”。

在这场“萨尔浒之战”中，努尔哈赤是后金军的统帅，他要在安全的后方指挥。于是，努尔哈赤就把前线指挥全军的任务，交给了代善。

事实证明，努尔哈赤的这个决策非常正确。

在这场战役中，代善完美地执行了努尔哈赤的作战方案。他先是击溃了中路军的杜松，随后打败了北路军的马林，最后打死了东路军的刘綎，获得了一场大胜。

凭借此战功，代善的威望达到了顶点，他成了后金中仅次于努尔哈赤的人。在随后的战役中，代善也屡建奇功，很好地维护了自己的地位。

在讨伐明朝的战争中，代善身先士卒，攻陷了明朝的铁岭城。在征服叶赫部的战争中，代善兵不血刃，招降了叶赫西城的布扬古。在对朝鲜的外交方面，代善主张的“和平外交友好”方式，也得到了努尔哈赤的青睐（后面再说）。

至此，因为这些战功，代善成为努尔哈赤最欣赏的儿子，努尔哈赤准备让他接替自己了。

褚英被处死后，多善奇勋的代善就受到了努尔哈赤的青睐，把他列为储君。当时，不管是建州官员还是朝鲜官员，大家皆认为“酋死后，贵盈哥（代善）必代其父”。代善有很大的概率，将成为这个国家下一任的君主。

然而，自从当上储君后，代善就开始走背字了。特别是天命五年（1620年）发生的三件事情，让代善深受打击。最终，这位高高在上的太子爷变成了一个“自由落体”，陨落到了地狱的最谷底。

这三件事情，就是“与大妃有染”“府宅之争”和“欺负亲子”。

上一卷中，我详细地介绍了这三件事情，这里简单回顾一下。

第一件事情，与大妃有染。

天命五年（1620年），努尔哈赤的小妾代因扎举报，说大福晋跟代善暧昧不清，偷偷给他吃的，还出宫跟他约会。

听说有人给自己戴绿帽子，努尔哈赤气得不轻，当即派人调查此事。结果，事情属实，大福晋确实给代善送过吃的，代善也吃了。但是，他们并没有行苟且之事，只是互相暧昧、眉来眼去罢了。

最终，因为证据不足，努尔哈赤没有难为代善，也放了大福晋一马。但是，经过这件事情后，努尔哈赤开始讨厌代善，并疏远他了。

在这种情况下，代善竟然不知道低调行事，他又干了两件更加致命的错事，让努尔哈赤愤怒不已，最终剥夺了他的储君之位。

第二件事情，府宅之争。

同年，努尔哈赤迁都萨尔浒城，开始修筑城池。在修建府邸时，代善看儿子岳托的房子不错，就想鸠占鹊巢，把儿子的房子占为己有。

为了名正言顺地把房子抢过来，代善耍了一个诡计，他以“孝敬”为由，把自己的好房子给了父亲，跟努尔哈赤交换了房子。随后，代善又以“孝敬”说事，希望儿子岳托向自己学习，跟自己换房子。

就这样，不动声色之间，代善把儿子的房子霸占了，他心里这叫一个“美滋滋”。然而，代善机关算尽，还是东窗事发，被努尔哈赤发现了。

可想而知，得知事情的真相后，努尔哈赤气得语无伦次，说我怎么生了你这么一个心肠歹毒的孽种，你连父亲都欺骗，连儿子都欺负，还有什么事情你干不出来。让你这么一个没有仁爱之心的人登基，我建立的这个王朝就算完了。

在这种心理下，努尔哈赤更加痛恨代善了。结果，就在此时，又爆发了第三件事情，让努尔哈赤再也忍无可忍了。

第三件事情，欺负亲子。

同年九月，有人举报说代善的三子硕托一直被父亲欺负，他产生了叛逃之心，要背金投明。

一听这话，努尔哈赤大吃一惊，马上派人调查。结果，还是属实，代善就是在欺负硕托。其原因，是代善的妻子叶赫那拉氏只宠爱自己的孩子，欺负这些前妻之子。正是叶赫那拉氏的不断欺凌，让硕托对这个家失望，萌生了造反之心。

得知真相后，努尔哈赤愤怒无比，他也必须愤怒不已！

因为，努尔哈赤一生最痛恨的人，不是杀父之仇不共戴天的大明王朝，而是欺负他、差点把他害死的继母！

这种“继母情怀”，让努尔哈赤刻骨铭心，永难忘记。

于是，愤怒至极的努尔哈赤下令，召集诸贝勒、诸大臣开会，痛骂代善宠幸新妃、虐待亲子的罪行，并剥夺了他储君的地位，让他出局。

事后，虽然代善诛杀了叶赫那拉氏，跟父亲修复了关系，在未来的岁月里，虽然努尔哈赤还是一如既往地重用他，恢复了他的官职，还把他列为“四大贝勒”之首，但代善清楚地知道，自己已经不可能回到过去了，他只能不甘心地看着那个人登基称帝了。

就这样，因为自己的错误行事，代善失去了一切，他与大汗之位失之交臂。

当然，即使没有出现这些事情，代善也很难继承大统。因为努尔哈赤死时，他给后继者留下了一个民不聊生、矛盾重重的帝国。这个烂摊子不是一般的烂，而是超级烂。代善没有能力解决这些问题，他也无法解决这些问题，自然不会给自己吸引选票了。

贵盈哥，特寻常一庸夫也。

——《李朝实录·光海君日记》

特寻常一庸夫也……这句朝鲜人对代善的评语，就是对其一生最好的评语。

第二个无能的对手

再说第二个无能的对手，莽古尔泰。

莽古尔泰，努尔哈赤第五子，大福晋富察氏·衮代之子。莽古尔泰在历史上的第一次亮相是万历四十年（1612 年），当时他随父亲出征，去讨伐海西女真的乌拉部。

在这场战役中，莽古尔泰身先士卒、屡建奇功。他一口气攻陷了乌拉部六座城寨，还要求攻打乌拉部的主城。然而，努尔哈赤此次出兵的目的，是要为侄女（被布占泰虐待，用骲箭射她）讨一个说法，他并没有灭亡乌拉部的意思。见布占泰服软（船上谢罪）后，努尔哈赤就撤兵了。

虽然莽古尔泰没有尽兴，但努尔哈赤见这个儿子如此勇猛，就开始喜欢这个儿子，并对其委以重任了。

天命四年（1619 年），后金与明朝爆发了萨尔浒之战。在这场战役中，莽古尔泰作为父亲的贴身侍卫，始终陪伴在他身边，保护其安全。后来，努尔哈赤见明朝大势已去，就命令莽古尔泰开赴东战场，帮助代善斩杀刘綎。

在此战中，莽古尔泰依旧骁勇善战，他打得明军丢盔卸甲、狼狈而逃。据说，刘綎就是被他斩落马下、郁愤而终。

因为战功显赫，努尔哈赤开始对其委以重任。论功行赏时，他册封莽古尔泰为和硕贝勒，称其为“三贝勒”，允许他参加“八和硕贝勒会议制度”，让其成为这个国家的最高决策人之一。

当时，在褚英被杀、代善“自残”后，论资排辈，莽古尔泰就成为这个国家最年长的皇太子人选了。即使他前面有两个哥哥，他也成为“第一皇子”了。

莽古尔泰之所以顺利到了第一位，原因很简单，因为莽古尔泰前面的两个哥哥太无能了，他们根本不入努尔哈赤的法眼，且一点竞争能力都没有。

莽古尔泰的三哥阿拜，是庶妃兆佳氏之子。这个人一点儿本事都没有，他在四十岁前（1585 年出生）基本无事可干，一点战绩也没有。

天命十年（1625 年），努尔哈赤才命阿拜出兵，去建功立业。然而，即使阿拜出征了，也不是去打什么硬骨头，而是去征讨弱小的东海女真，可见努尔哈赤对其的态度。

终其一生，阿拜也没有获得什么显赫的官职。他最高的官职，不过是二等镇国将军罢了。顺治五年（1648 年），阿拜无疾而终，享年六十三岁。

对比无能的老三阿拜，老四汤古代就显得有点本事了。

莽古尔泰的四哥汤古代，努尔哈赤庶妃钮祜禄氏所生。

对比无能的哥哥，汤古代有点本事，他一直随努尔哈赤南征北战，但因为能力问题，一直没有建立像样的战绩。皇太极登基后，重用这个老哥，给了他一个建功立业的机会。结果，汤古代没有抓住这个机会，反而打了一个大败仗。

天聪三年（1629 年），在与明朝争夺遵化、永平、滦州、迁安四座城池的战争中，汤古代被明军打得大败，他丢弃四城而逃，给对方送去了一场“遵永大捷”。

兵败回国后，汤古代引罪请死。当时，皇太极气得大怒道：“谢罪！谢罪好使吗？你不能把带出去的军队带回来，我要你何用？杀了你，能得到什么益处？”

一番商议后，皇太极没有杀掉这个哥哥，他剥夺了汤古代的兵权，撤销了他的职务，让他回家抱孩子去了。

从此以后，汤古代无官一身轻，反而落得了一个逍遥自在。崇德五年（1640 年），汤古代在家中病逝，享年五十五岁。

可见，虽然“论资排辈”，莽古尔泰前面有两个哥哥，但论能力、论资历，这

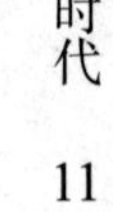

两个哥哥都不是他的对手。这两个哥哥还是“庶出”，更比不过“根正苗红”的莽古尔泰了。

于是，代善“自残”后，莽古尔泰就顺利上升到第一位，成为“皇太子”的第一人选。

然而，话虽如此，但群臣都不看好莽古尔泰。他们宁愿把票投给代善，期待他被复立，也不赌莽古尔泰会登基称帝。努尔哈赤也不看好这个儿子，不希望他继承大统。

这个原因很简单，莽古尔泰虽然战功显赫，但他性格有明显的缺点——此人人如其名，性格异常莽撞，做事不计后果，根本不是当皇帝的料。

简单来说，在努尔哈赤眼中，莽古尔泰就是曹操那个“好为将”的儿子曹彰，他骁勇善战，是一个好将军，但绝不是一个好皇帝，只能把他排除出局了。更何况，此时的这个“曹操”，还有“曹丕”这个好儿子，他更不会选这个“曹彰”了。

而且，在这个夺嫡的关键时刻，莽古尔泰又干了一件蠢事，让自己没有机会竞选了。

这件蠢事，叫作“弑母”。

彼潜弑其生母，幸事未彰闻，彼复希宠于皇考。

——《清太宗实录·卷九》

这句话，出自皇太极之口。他之所以这么说，是因为当时皇太极很愤怒，他恨死了莽古尔泰，就揭这个哥哥的短了。

原来，“御前露刃”事件后（未来再说），皇太极愤怒无比，他当着众人的面，揭了莽古尔泰的伤疤，说了一件大家不知道的事情：

“你们不知道吧，莽古尔泰的母亲是一个不甘寂寞、红杏出墙的主，她干了一件让父汗忍无可忍的事情。父汗发现后，大怒，为了保全自己的面子（绿帽子不可外扬），只能以‘窃藏金帛罪’将她逐出皇宫、撵回娘家了。”

“衮代回家后，莽古尔泰知道父亲讨厌自己的母亲，为了自己的政治生涯不受影响，他就杀死了自己的母亲，邀宠于父汗努尔哈赤，以保住自己的身份和地位。”

可见，在皇太极的口中，这个莽古尔泰就是一个畜生呀，所以他不配当大汗。

然而，史学家们皆认为，这段历史并不是事实，很可能是杜撰的。因为这里面有很多的疑点，让人无法解释。

第一个疑点，皇太极说这个故事的原因，以及他说这个故事的动机，非常让人起疑。

未来，咱们将知道，这个故事出自皇太极之口，发生的时间在“御前露刃”之后。当时，皇太极刚跟莽古尔泰吵了一架，此时的他愤怒无比，这才当众揭了哥哥的短，说了莽古尔泰“弑母邀功”的故事。

然而，皇太极说这段历史的时间和动机，非常令人起疑。因为，皇太极之所以跟莽古尔泰吵架，就是要激怒莽古尔泰，让他干蠢事，好找个借口办他（事实上，皇太极确实做到了）。所以在这种情况下，皇太极说的话，只是为了污蔑莽古尔泰罢了，未必属实。

还有，从大家的反应来看，大家都是“第一次”听说这个故事，这就疑点重重了。

要知道，能够听皇太极讲话的人，可不是普通的小兵，他们都是国家位高权重、精明无比的大臣。如果莽古尔泰真的干了“弑母邀功”的事情，他们早就知道了，又怎么会是“第一次”听说呢？因此，这里面疑点重重，让人无法解释。

综上所述，这个出自皇太极之口莽古尔泰“弑母邀功”的故事，很可能不是事实，只是皇太极为了达到自己的目的，故意编造的故事，用以污蔑莽古尔泰罢了。

第二个疑点，这个故事的内容非常让人起疑。

现在，咱们完整地看一下，莽古尔泰这个“弑母邀功”故事的全过程。

这个眼熟的故事

富察氏·衮代并不是努尔哈赤的原配妻子，她是努尔哈赤三伯祖索长阿的二子吴泰的二子威准的妻子。威准病故后，努尔哈赤见这个堂嫂无依无靠，甚是可怜，就替堂兄“照顾”了这个女子。

衮代嫁给努尔哈赤后，因为年轻貌美，性情活泼，说话直来直去，毫无心机，所以深受努尔哈赤宠爱。在原配夫人佟佳氏“离奇失踪”后，衮代就成了努尔哈赤第一任大福晋，成为这个国家的“国母”。

当时，有这么一件事情，足以说明努尔哈赤是多么地宠爱衮代。

万历二十一年（1593 年），敌人组成了“九部联军”，浩浩荡荡地向建州杀奔而来。在这个“敌军强如巨树、我军弱如蚍蜉”的情况下，建州众将都面面相觑、无计可施。结果，在这个关键时刻，努尔哈赤就跟没事人似的，他直接上床睡觉了。

看见努尔哈赤睡着后，众人都慌了，但他们也不敢叫醒大汗。在这个危急时刻，唯独衮代不怕死，她仗着努尔哈赤对自己的宠爱，把他推醒了。

得到努尔哈赤的答复后，衮代走了出来，告诉了众人努尔哈赤要睡觉的原因。

原来，努尔哈赤不是害怕敌军，而是他不知道敌军什么时候来，所以一直不敢睡觉。现在知道敌军已经来了，他就不害怕了。努尔哈赤要养精蓄锐，好斩杀敌军。

畏敌者必不安枕，我不畏彼，故熟睡耳。前闻叶赫兵三路侵我，来期未明，我心不安，今日已到，我心始定。

——《大清太祖武皇帝实录》

听完衮代的解释后，众人这才安心地离开。从此以后，大家更加敬佩衮代，认为只有这样的女人才能当满洲的国母。

在众人的拥护下，衮代的声望达到了顶点，她彻底巩固了自己的位置。然而，就在这个时候，衮代干了一件蠢事，把自己打入了十八层地狱。

这件事情，叫作“出轨偷情”。

《满文老档》记载，天命五年（1620年）三月的某一天，努尔哈赤的小福晋代因扎汇报道：“启奏汗王，我有一件大事想汇报，但不知当讲不当讲。”

努尔哈赤回答道：“有何大事，但说无妨。”

代因扎说道：“启奏汗王，大福晋曾两次给大贝勒代善送饭，并且大贝勒全都吃了。大福晋也给四贝勒皇太极送过一次饭，四贝勒收下了，但没有吃。此外，大福晋还多次派人去大贝勒家，并且大福晋本人还多次偷偷摸摸地出宫，没有人知道她去了何地，据说是去了大贝勒府……”

可想而知，代因扎还未说完，努尔哈赤已经气得语无伦次了。他提着自己的宝刀，直奔后宫去了。

盛怒之下的努尔哈赤召集了扈尔汉、额尔德尼巴克什、莽阿图、雅逊四人，让他们去大贝勒和四贝勒府调查，是否确有送饭一事。

很快，调查结果出炉：送饭事，均属实。

除此之外，这些大臣们还禀道：

“启奏大汗，每当诸贝勒、诸大臣在汗王家参加宴会、商议国事时，大福晋都用金饰、东珠打扮自己，还跟大贝勒眉来眼去，前后而行。”

一听这话，努尔哈赤彻底怒了，责问大臣为何不及早汇报。

众大臣解释道：“大福晋和大贝勒举止不妥，但我们没有证据，口说无凭，并且我们也惧怕大福晋、大贝勒的势力，所以一直不敢向您汇报。”

众臣解释后，努尔哈赤无语了，苦笑着对大家解释道：

“我曾经说过，等我百年之后，想把小儿子们和大福晋交给大贝勒，让他‘优厚待之’。可能就是这句话，误导了大福晋……”

努尔哈赤的这个解释，合情合理。

因为，女真人确实有这样的婚姻结构，“婚嫁不择族类，父死则子取其母”，父亲死了，儿子可以娶没有血缘关系的后母。

当时，女真人都有这种习俗，也不认为这种习俗不对。跟努尔哈赤同一时期的叶赫格格温姐，她先嫁给了哈达部的首领王台，王台死后，她又嫁给了王台的儿子康古鲁。

先嫁父亲，再嫁儿子，当时女真的习俗，就是如此。而且，这个温姐不是别人，她是努尔哈赤最爱的女人孟古格格的亲姑姑。

可见，努尔哈赤的亲人，都是如此。在亲人的“现身说法”下，努尔哈赤也不会认为这个习俗不妥，而且，他也干过这种事情。

努尔哈赤就曾把自己的一个女儿嫁给了一个父亲，父亲死后，他又命这个女儿嫁给了其儿子。

这个女儿，就是清朝历史上大名鼎鼎的惨死的皇三女——莽古济。

当然，虽然女真人有“子娶庶母”的习俗，但努尔哈赤的这种解释，不过是自欺欺人罢了。

就这样，因为有自己的“误导”在里面，努尔哈赤不想家丑外扬，采用了“大事化小、小事化了”的办法，努尔哈赤不再深究大贝勒和大福晋的关系，也没有处置代善，仅仅处理了一下大福晋。

努尔哈赤处理大福晋的借口是——这个女人不是玩意儿，她就是一个拜金女。

史料记载，努尔哈赤处理大福晋的借口是：“大福晋偷盗了很多缎子、蟒缎、金银、财物，把它们藏到了别人家中，应该定罪。”

随后，努尔哈赤下令，派人去大福晋的寝宫查找赃物。结果，这些赃物非常好找，毕竟谁家里都有一些“说不清、道不明”的物品。

按理来说，事情到了这个地步，若大福晋是一个聪明的女人，她应该这么办——上交所有赃物，对努尔哈赤痛哭流涕，玩命地悔改。只有这样，努尔哈赤才能放她一马、饶她一命。

可惜，这个完全“被财物蒙蔽了双眼、被金银财宝冲昏了头脑”的女子，竟然挑战努尔哈赤的极限，走上了一条努尔哈赤绝对不能原谅的道路——转移财产。

整个东北都是努尔哈赤的。这么多金银财宝，又能藏哪呢！

目睹了大福晋不知悔改、冥顽不灵的表现后，努尔哈赤大怒，并把其罪行昭告天下，一顿痛骂之后，努尔哈赤颁布了判决——将其逐出宫门，撵回娘家，跟她离婚！

大福晋被轰回家后，没过多久，莽古尔泰就将其杀死了。他用母亲的首级来取悦父亲，以维护自己的权力。

至此，这桩闹得满城风雨的“后宫偷情案”，以大福晋的惨死而告终。

以上，就是大福晋“出轨偷情”的全过程。

这个故事，是不是很眼熟？

没错，这就是“阿巴亥偷情代善，被打入冷宫”的故事！

那么，不同的两个人，竟然出现了一个一模一样的故事，这是怎么回事呢？

大福晋到底是谁

在清朝的历史中，“大福晋偷情”案一直是一个千古之谜。女真人自己都整不明白，这个偷情的大福晋，她到底是谁。

如今，在《满文老档·太祖》等史料中，皆记载了这个大福晋“偷汉子，被严惩”的故事。然而，由于史料记录简陋、偷工减料，我们只知道这个故事的主人公是后金的“皇后”，但这个女人到底是谁，已经不得而知了。史学家一直争论不休，难以定论。

目前，对于这个人，史学界有两种不同的说法：

一部分史学家认为，这个出轨的大福晋是莽古尔泰的母亲，努尔哈赤的第一任皇后富察氏·衮代。

另一部分史学家认为，这个出轨的大福晋是多尔衮等人的母亲，努尔哈赤的第二任皇后乌拉那拉氏·阿巴亥。

这两种说法，都有雄厚的史料作为证据，也都有坚定的拥护者。为了这个人选问题，史学界也会不定期地举行座谈会，让大家畅所欲言，阐述自己的证据。

我才疏学浅，这个大福晋到底是谁，我说不清楚。但是，我赞同高庆仁老师的说法，认为这个“红杏出墙”的大福晋，不应该是莽古尔泰的母亲富察氏·衮代，应该是多尔衮的母亲乌拉那拉氏·阿巴亥。

因为，这里面有一个关键证据——年龄。

前面讲过，衮代并不是努尔哈赤的原配妻子，他是努尔哈赤堂兄威准的妻子。威准病故后，这才嫁给努尔哈赤。

衮代嫁给努尔哈赤的时间，虽然史料无记载，但她生的长子莽古尔泰的年龄，只比代善小四岁。因此，衮代和代善不是一代人，她的年龄完全可以做代善的母亲了。

照这个推断的话，天命五年（1620年）衮代出轨时，她应该年过五旬了。这个年龄段的女子，就算再有魅力，再能做出风流的事情，也不是代善的“菜”了。因此，说代善和衮代之间有暧昧不清的事情，这才是令人匪夷所思。

反之，多尔衮的生母阿巴亥就很有作案动机了。《满文老档·太祖》卷记载，阿巴亥生于万历十八年（1590年），万历二十九年（1601年）嫁给了努尔哈赤（年仅十一岁）。到“出事”的天命五年（1620年），阿巴亥三十岁，代善当时三十七岁。

从这个年龄结构上看，代善和阿巴亥才容易出事，有可能在荷尔蒙的作用下，干出苟且之事。

因此，在部分史学家的眼中，这个出轨的大福晋，就是多尔衮的生母乌拉那拉氏·阿巴亥，而不是莽古尔泰的生母富察氏·衮代。

当然，也有部分史学家认为，这个大福晋就是富察氏·衮代，他们也证据确凿、不容置疑，有兴趣的读者可以自行寻找，去拜读一下。

这个大福晋到底是衮代，还是阿巴亥，已经成为一个不解之谜了。也许，是某人为了自己的目的，故意篡改了历史。

这个某人是谁，很可能就是皇太极。

毕竟，他可以伪造这么一个故事来诋毁莽古尔泰，好让他尝到“万人爆破”的滋味，声名狼藉，从此再也无法争夺大汗之位。

于是，在皇太极的“篡改”下，莽古尔泰平白无故地被泼了一身脏水，他成为一个“弑母”的凶手了。拥有了这个头衔后，莽古尔泰再也无法争夺汗位，只能看着那个人登基称帝了。

当然，皇太极到底篡没篡改这个历史，已经是一个千古之谜了。但是，从案件的基本原则“收益风险”看，皇太极的确是最大的嫌疑人。毕竟，根据成本核算，他是最大的受益者，堪称赚了一个盆满钵满。

这个“莽古尔泰弑母”故事到底是怎么回事，还请您自己定夺。

书归正传，就这样，在干掉了两个“无能”的对手后，皇太极成为汗位的唯一人选，他可以高高兴兴地登基称帝了。

至此，一个新的时代，即将到来。

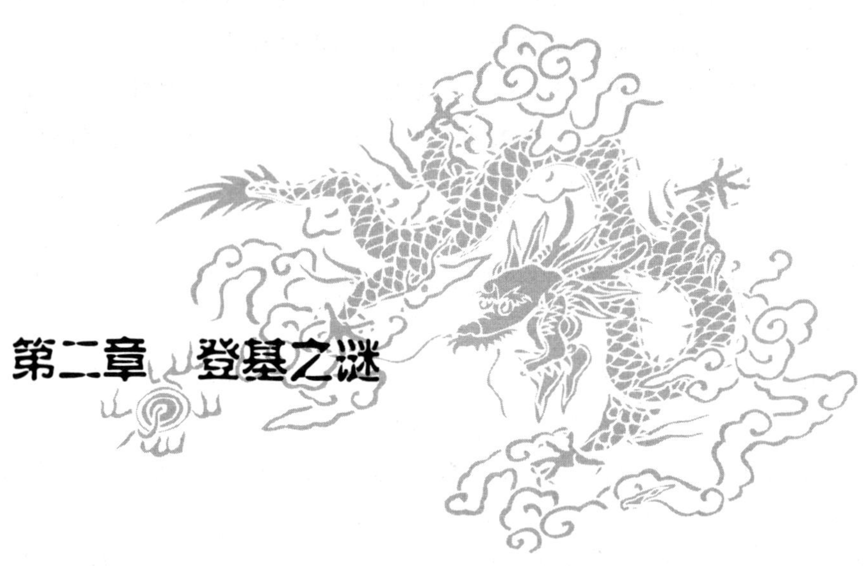

第二章 登基之谜

这个大汗不简单

天命十一年（1626年）八月十一日，清太祖努尔哈赤病逝。努尔哈赤病逝的当天，代善的两个儿子，即长子岳托和三子萨哈廉（也称萨哈璘）来找他，商量大汗的人选。

当时，岳托是镶红旗之主，位高权重。萨哈廉也不可等闲视之，他是议政贝勒。

这两人找到父亲，对其道："国不可一日无君，宜早定大计。四大贝勒才德冠世，深契先帝圣心，众皆悦服，当速继大位。"

代善对两个儿子道："此吾夙心也。汝等之言，天人允协，其谁不从！"对于儿子的建议，代善完全同意，他也做出了推举皇太极当新汗的决定。

定下人选后，代善马上把诸位贝勒召集于朝廷。他把"让皇太极登基"的想法，告诉了阿敏、莽古尔泰、阿巴泰、德格类、济尔哈朗、阿济格、多尔衮、多铎、杜度、硕托、豪格等人，询问大家的意见。

这些人的回答就一个字："善。"

众人一致赞同后，大家共同起草了劝进书，准备劝皇太极继承汗位。

得知众人要自己登基后，皇太极马上假意推辞道："皇考无立我为君之命，我宁不畏皇考乎？我不是当皇帝的料，大家还是挑选另一个贤德之人上位吧。”说完后，皇太极“辞至再三”，不管大家怎么说，他就是不同意即位。

《清太宗实录》记载，这场“劝进与回绝”的大戏，上演了好长时间。双方从卯时（早上5—7点）开始折腾，一直折腾到申时（下午3—5点），大家整整折腾了一天，皇太极才在大家“众议已定，请勿固辞”的请求下，“勉为其难”地登基称帝。

至此，这场中国历史上上演了无数次的鬼把戏，就此落幕。大家演完戏后，都可以安心地“各取所需”了。该当皇帝的当皇帝，该升官发财的升官发财，皆高兴无比。

天命十一年（天启六年，1626年）九月初一，皇太极在大政殿正式举行登基大典。

这一天，三大贝勒、诸贝勒大臣及文武各官聚于朝，具法驾，设卤簿。皇太极率诸贝勒群臣焚香告天，行九拜礼。然后，皇太极继皇帝位，诸贝勒大臣、文武官员行朝贺礼，并修改年号，诏令明年为“天聪”元年。

至此，皇太极在大家的拥护下，成为这个国家第二位皇帝。

一个新的时代，就此到来。

现在，让我们隆重介绍一下这位已经出场很久，却还没有正式介绍的后金国第二代当家——爱新觉罗·皇太极。

爱新觉罗·皇太极，努尔哈赤第八子，其最爱的叶赫那拉氏·孟古格格之子。此人一出生，就不是一般人，而是一个“天神下凡”的主。

皇太极“仪表奇伟，面如赤日，严寒不栗”。就是说，这个孩子长相奇特，脸色跟关羽一样，赤红而有光泽。他还不怕寒冷，不管多冷，这个孩子都不哆嗦一下。

当然，这种描写，到底是“造神运动”，还是皇太极真长这样呢？请您自己定夺。

“皇太极”这个名字，并不是这个皇帝的本名，他真正的名字，已经成为一个千古之谜了。

因为，查阅史料，会发现这个皇帝有很多个名字。

明朝称其为“红太主”，朝鲜称其为“红歹是”“洪太氏”“黑还勃烈”，蒙古称其为“阿巴海”“黄台吉”……总之名字非常多。

到了乾隆年间，这位皇帝一看，说我祖先有这么多的名字，这怎么行呢？于是，乾隆下令统一称呼，称这位祖先为“皇太极”。

乾隆告诉天下，祖先“皇太极”的名字与“皇太子”只有一字之差，这就是天

意。我祖先的名字取谐音叫作“黄台吉”，这是蒙古继任者的名称呀。因此，“音义相符，命名默契，洵乎天意已预定云”，上天已寓意我祖先必登基称帝了。

这，就是“皇太极”名字的由来。

当然，这位皇帝到底叫什么，已经不得而知了。本书为了阅读方便，还是以“皇太极”这个名字为主。

书归正传，历史上的这个皇太极，非常的了不起，此人在位十七年，在位期间，对内，发展经济，让百姓安居乐业；对外，不断获得胜利，为清王朝入主中原，打下了坚实的基础。若上天再给他一年，甚至几个月的时间，他就能够入主中原了。

这样一位英明神武的皇帝，自然是一个“文武双全”之君。

先说皇太极的“文”：

《清太宗实录》记载，皇太极有一种本领“一听不忘，一见即识”，他就是一个神童。对于这个本领，皇太极还很自负，因此，他就用这个本领命名自己的年号了。

皇太极的年号叫什么？就叫“天聪”，足见其自负之情。

其实，皇太极的这个本领很高，但也得分跟谁比。这要是在中原，他就是一个“小鸡”。只是在女真人中，他就是一个独孤求败的“仙鹤”了（鹤立鸡群）。

因为，朝鲜文献已经告诉我们了：“闻胡将中唯红歹是（皇太极）仅识字云。”在整个女真高级将领中，只有皇太极一个人识字。

虽然这种描述有点夸大其词，但不可否认的是，在那种环境下，这个有点小聪明的人，确实配得上“天聪”二字。

再说皇太极的“武”：

跟父亲一样，皇太极也是一个射箭高手。史料中称他为“步射骑射，矢不虚发。”皇太极在打猎时，能够一箭射中奔跑的黄羊，甚至是一箭射中两只奔跑的黄羊（一矢贯二黄羊），足见其精湛的射箭本领（贯穿一只羊）。

除了箭术高超外，皇太极还武艺超群。为此，史书专门描写了一段皇太极战斗的场面，堪称他的个人演义。

话说在萨尔浒一战时，皇太极身先士卒，奋勇杀敌，无人能阻。当时，有一明军对他射冷箭，皇太极往马背上一倒，躲过了这一箭。

从马上起来后，皇太极反手一箭，就把那个偷袭的明军射死了。随后，皇太极挥舞大刀，继续奋勇杀敌。敌军见无法阻止他，就下令全体射箭，准备射死他。

面对这遮天蔽日的箭雨，皇太极毫无惧色，他挥舞战刀把这些箭拨开了。敌军射的箭非常多，整整射了一片高粱地，也没有一支箭射中皇太极。

由此可见，皇太极的武艺就是这样的精湛无比。当然，还是那句话，如此描写，到底是“造神运动”，还是皇太极真的这么厉害呢？还请您自己定夺。

其实，史料对于这位皇帝的赞美，要比咱们想象得还要多。

对于这位“伟大”的皇帝，《清实录》是这样描述的：

“上（皇太极）天表奇伟，面如赤日，严寒不栗，龙行虎步，举止异常。天赐睿智，恭孝仁惠，诚信宽和，圣德咸备，言辞明敏，威仪端重。耳目所经，一听不忘，一见即识。又勇力轶伦，步射骑射，矢不虚发。宏谋远略，动中机宜，料敌制胜，用兵如神。性嗜典籍，披览弗倦。甫三龄，颖悟过人。七龄以后，太祖委以一切家政，不烦指示，即能赞理，巨细悉当。及长，益加器重。”

可见，这段文字描写真可谓应了那句话——为了拍马屁，无所不用其极。

这里有一个问题，既然皇太极是一个“颖悟过人、矢不虚发”的奇才，还是一个“料敌制胜、用兵如神”的战神，更是一个能够“年少有为、勤俭持家”的好掌柜，他还是努尔哈赤一生最爱的孟古格格的独子。那么，皇太极如此优秀，为什么努尔哈赤不册立他为储君呢？为什么努尔哈赤到死，也没有对这个儿子委以重任呢？

努尔哈赤的选择

这个问题，确实令人起疑。

要知道，在选举前，皇太极不过是一旗之主，论实力，他不敌拥有两旗的代善。在这种情况下，谁能保证代善会落选，皇太极会胜出呢？

因此，真相只有一个。在努尔哈赤的眼中，这个八子虽然优秀，但还远远没有达到储君的标准。甚至，努尔哈赤认为皇太极“内多猜忌”“潜怀弑兄之计”，决不能让他继承大统。

这种说法，不是猜测，而是事实，且有史料作为依据。

只不过，这些史料，不是清朝的史料，也不是明朝的史料，而是朝鲜的史料。

没有办法，对于这种“忌讳颇深”的史料内容，清朝一定进行了大规模的删除。而明朝被封锁了消息，根本不知道东北发生了什么事情。反倒是这个朝鲜，因为“深入敌后”，且与后金的关系不错，所以他们能够打探出一些消息，还原一部分当时的历史真相。

在朝鲜人的笔下，皇太极绝不是《清太宗实录》记录的那样完美无缺，努尔哈赤也不是特别喜欢他，他甚至防着这个儿子。

因为，努尔哈赤清楚地知道，这个儿子不是善茬，他不仅有巧取豪夺皇位的野心，还结党营私，偷偷摸摸培养自己的势力。

朝鲜的这个结论，不是捕风捉影。因为当时的后金朝廷上爆发了三件重大的政治事件，这些事情虽然彼此孤立，毫无关系，但它们都与皇太极有关。甚至可以说，这三件政治事件，就是针对皇太极的。

第一件事情，扈尔汉革职事件。

扈尔汉，清初开国五大臣之一。努尔哈赤见其骁勇善战，就赐他姓“爱新觉罗”，名“达尔汉”，将其收为养子。

虽然扈尔汉是努尔哈赤的养子，但努尔哈赤对他非常好，甚至比亲儿子还要好。然而，天命六年（1621 年），努尔哈赤却无故降罪，让扈尔汉痛苦不已。

原来，这一年的十月，有人举报，说扈尔汉接受了岳托、硕托、济尔哈朗的财物，犯了“贪污之罪”。同时，他还偷取了一些银子、缎子，犯了“偷盗之罪”。

《满文老档・太祖》记载，得知此事后，努尔哈赤愤怒不已，他立刻把扈尔汉、岳托等人叫来，痛骂了他们一顿。

努尔哈赤痛骂岳托等三人，说你们是国家的重臣，竟然给他人财物，以培养感情。这样做，你们的心就和女人一样（暗指他们内心歹毒，最毒妇人心）！于是，努尔哈赤定罪，命他们穿上女人的短袍，系上女人的长裙，在家闭门反省三天三夜，以儆效尤。

反省期间，努尔哈赤也没有放过他们，他命人去“叱责”诸子，把口水吐在他们脸上，方才罢休。

对于扈尔汉，努尔哈赤也没有饶恕。努尔哈赤下令，剥夺扈尔汉职务，降为三等总兵，但保留了他镶白旗固山额真的职务。从此以后，扈尔汉就远离了政治中心，成了一个边缘人。

对于这个判罚，扈尔汉心中不服，却无处诉苦，他抑郁成疾，一病不起。天命八年（1623 年），扈尔罕因病逝世，年仅四十八岁。

平心而论，努尔哈赤的这个判罚，有点狠。扈尔汉是因为受到了不公平的待遇，这才郁郁而终的。

要知道，扈尔汉的罪名是什么？收取贿赂罪和盗取财物罪。后一个罪名不说，只能说扈尔汉不小心，乖乖认栽了。前一个罪名则必须讨论一下，什么叫“收取贿赂罪”？

当时，女真将领之间互赠礼物是一件很常见的事情。即使在今天，跟熟人见面，也要互相发个红包什么的，联络一下感情。可就是因为这个事情，扈尔汉得到了严惩，这让他情何以堪？

可见，太祖的这个判罚，确实有点重了。

其实，努尔哈赤之所以严惩扈尔汉，完全是“醉翁之意不在酒”，他要通过这件事情，严惩这些人，防止他们结党营私。并敲山震虎，告诉皇太极，不要搞小团体，不要干让我生气的事情！

前面讲过，在调查大福晋一案中，扈尔汉就是调查大臣之一。在调查的过程中，扈尔汉没少说代善的坏话，也没少中伤代善。

虽然扈尔汉给的解释是，他跟代善不和，两人关系恶劣，所以很难秉公办事。但是，朝鲜官员却认为，努尔哈赤之所以严惩扈尔汉，是因为他发现扈尔汉已经被皇太极收买了。扈尔汉帮助皇太极办事，“陷害”大贝勒代善，准备把代善拖下太子之位，让皇太极上位。因此，努尔哈赤这才痛下杀手，严惩了扈尔汉。

这，才是扈尔汉被严惩的真相。

朝鲜官员的这种说法，虽然证据确凿，但也有捕风捉影之嫌。但不可否认的是，当时的后金朝堂中，确实有“夺位之战”，这是不争的事实。

在这场看不见硝烟的战争中，努尔哈赤的皇子们都不老实，他们明争暗斗，使尽了手段，有人还为此付出了性命。

这个付出性命的人，就是努尔哈赤的胞弟——阿敦。

三件冤案

第二件事情，阿敦被杀之谜。

《满文老档·太祖》记载，天命六年（1621年），努尔哈赤突然颁布诏书，他以阿敦“挑唆四大贝勒关系，让诸贝勒内讧”为由，将其囚禁在高墙之内，将他终身软禁了。没过多久，努尔哈赤便痛下杀手，将他斩杀了。

那么，这个阿敦是谁呢？他说了什么话让自己身首异处了呢？

这些故事，还得从头说起。

史料记载，这个阿敦是努尔哈赤的堂弟，战功显赫，是满洲崛起以及后金建国时期最重要的一个大臣。

通过三件事情，就能看出阿敦对于后金的重要性了。

第一，万历四十三年（1615年），努尔哈赤建立八旗制度，阿敦作为努尔哈赤的亲信，奉命掌管镶黄旗。镶黄旗最鼎盛时，兵力为四十五个牛录，占了八旗总兵力的五分之一。

前面讲过，努尔哈赤病逝时，两黄旗的牛录总数是六十五个。可见，阿敦的实力如日中天，他成为后金的二号首领，其实力对比努尔哈赤，也有过之而无不及。

第二,万历四十四年（1616 年），努尔哈赤建立后金国。当时，在后金建国的大典上，阿敦代表武将，站在大汗的右侧；满文的制定者额尔德尼代表文臣，站在大汗的左侧；这两人共同接过八旗诸贝勒、众大臣尊努尔哈赤为“天任抚育列国英明汗”的文书，捧给努尔哈赤“签收”。

可见，在这个重要的大典上，阿敦担任了这么一个重要的角色，其能力，其威信，不说自明。

第三,万历四十六年（1617 年），后金攻陷抚顺后，李永芳投降了后金。当时，阿敦担任了这个重要的接待使的任务，是他护送李永芳进入后金大帐，完成了这个投降之礼。

综上所述，因为战功显赫，又非常活跃，阿敦上了明朝的黑名单，他成了明朝的一级通缉犯。

当时，在明朝发布的《擒奴赏格》中，阿敦位于极其显赫的位置，他与后金的前锋额亦都、创建满文的达海、努尔哈赤的女婿何和里齐名。“赏银七百两，升指挥佥事”，明朝为了抓捕他，可谓下了血本。

由此可见，阿敦在后金的地位之高，其作用之大，不说自明。

然而，就是这么一个理应永载史册，与“五大臣、四贝勒”齐名的阿敦，却因为卷入了一件事中，最终身败名裂、身首异处了。

对于他的结局，我也只能报以遗憾了。因为，他非要卷入那件事情中，只能得此结果了。

那件事情，就是绝对不能掺和，永远要避之不及的——建议立储。

天命六年（1621 年），努尔哈赤为了储君问题伤透了心，他就想征求一下别人的意见，问问立谁当储君好。

试问一下，对于这个问题，谁敢回答？怎么回答？

纵观中国历史，历朝历代，皇位继承问题都是绝对核心的敏感问题，没有之一。毕竟，为了这最高的权力，皇家兄弟阋墙、骨肉相残、父子反目的事情，比比皆是。在这个争权过程中，臣子或飞黄腾达，或家破人亡的故事，更是不绝于耳。

这个问题如此敏感，一般的群臣都不敢聊，大家全都躲之不及。毕竟，一旦聊这个问题，就会犯了大忌，最终得到一个“干涉皇家内部事务、结党营私”的罪名。

这个罪名的下场是什么呢？要看自己的运气了。

运气好的话，发配充军，流放三百里；运气不好的话……呵呵，满门抄斩，一个不留！即使侥幸不死，也会被君主记恨，最终惨死。

可见，这个问题如此难搞，引无数英雄尽逃跑。结果，傻傻的阿敦不但不逃，反而回答了这个问题。

史料记载，努尔哈赤秘密询问阿敦："诸子当中，谁可替代我？"

阿敦小声回答道："知子莫若父，谁敢有言？"

努尔哈赤道："弟言之，无妨。"

阿敦道："智勇俱全，人皆称道者也。"

听完这番话，努尔哈赤满意地走了。

如今，很多书籍都记载了，阿敦嘴里这个"智勇俱全，人皆称道者"的人，指的是皇太极。然而，我个人认为，阿敦嘴里的人，应该指的是代善。否则的话，他也不会帮助代善，让他防着皇太极等人。

原来，这件事情后，阿敦秘密地告诉代善："皇太极与莽古尔泰、阿敏结成了同盟，他想借助这两个人的实力除掉您，得到这个储君之位。还请您小心提防，渡过这个危机。"

一听这话，代善都快疯了。他立刻冲到努尔哈赤面前，委屈地嗷嗷大哭，希望努尔哈赤救自己一命。

可想而知，努尔哈赤都蒙了，他立刻叫来皇太极等人，询问此事。

听完父亲的质问，皇太极等人立刻矢口否认："不能！绝没此事！我们对大贝勒毕恭毕敬，我们兄弟之间也手足情深，这是哪个瘪犊子在造谣生事、栽赃陷害、挑拨我们兄弟之间的关系！还望父皇明察，严惩此人，还我们一个清白。"

就这样，在皇太极等人的矢口否认下，阿敦得到了一个"造谣生事、挑拨离间"的罪名，他只能跟明朝的名将蓝玉一个待遇了。

蓝玉，明朝少有的管闲事将领。他曾经偷偷摸摸地告诉太子朱标，燕王不是一般人，迟早要造反，因为我给他算过命，他有帝王之相。希望你早做打算，提防此人。

事实上，蓝玉的预测完全准确。这个燕王，就是后来造反、发动"靖难之役"、成功谋朝篡位的明成祖——朱棣。

虽然蓝玉的预测完全准确，但这里的问题是，皇家的事情，岂能是蓝玉能够染指的？结果，朱元璋知道此事后，他二话不说，就以蓝玉"挑唆皇子关系，暗藏祸心"为由，把他满门抄斩了。

可见，学习历史是多么的重要。阿敦就是吃了不学习的亏，才招来杀身之祸。

《李朝实录·光海君日记》记载，面对矢口否认的皇太极等人，没有证据的阿

敦根本无法反击，他只能乖乖认罪，承认了自己的“罪行”。

努尔哈赤下令，以“离间汗之诸子关系”的罪名，把阿敦“锁扭囚之密室，籍没家资”。没过多久，就把他秘密处死了。

可见，阿敦用自己的生命告诉我们——不管什么样的心腹大臣，只要卷入了继承人之争，必将犯统治者的大忌，只能不得善终，一生功绩也付诸东流。当然，他这个结局，也是咎由自取，怨不得别人。

再说一遍，学习历史，是多么的重要。

在朝鲜人眼里，阿敦战功显赫，是女真不可多得的将才，努尔哈赤杀阿敦，堪称“是坏其长城也”，可见阿敦的重要性。

因此，朝鲜人认为，努尔哈赤之所以严惩阿敦，就是要掩盖诸子的权力之争，隐瞒暗潮汹涌的夺嫡之战。他清楚地知道，阿敦就是冤死的。但是，为了不扩大此事，他也只能用阿敦的首级来缓解诸子的矛盾了。虽然这种缓解毫无意义。

阿敦死后，努尔哈赤再也没有询问过立储之事，他也没有再确认皇储人选。结果，就在努尔哈赤优柔寡断时，后金又出现了一起冤案，发生了第三件事情。

冤案真相

第三件事情，严惩武尔古岱。

武尔古岱，哈达部落后裔，其祖父是哈达部最伟大的首领万汗王台，其父是哈达的“亡国之君”孟格布禄。孟格布禄惨死后，武尔古岱接替了他的酋长之位，并迎娶了自己的后妈莽古济（这些故事后面再说）。

武尔古岱即位后，采取誓死效忠努尔哈赤的政策。努尔哈赤让他干啥，他就干啥，绝不犹豫，也没有二话。于是，在武尔古岱统治期间，他听从了努尔哈赤的建议，自己主动“退休”，让哈达部灭亡了。

武尔古岱退休后，努尔哈赤对其恩宠不断，封他为都堂（类似于巡抚），让其位高权重，成了后金一个重要的将领。

在努尔哈赤的提拔下，武尔古岱的权势和地位都达到了顶点。当然，根据“日中则昃、否极泰来”的思想，他下一步，就该走下坡路了。

其实，武尔古岱何止是走了一条下坡路，他简直是走上了一条不归路。

原来，天命八年（1623 年），复州的汉官上奏朝廷，状告武尔古岱收取贿赂，他接受了永宁将领李殿魁的二十两黄金，还有狐毛袄等物，武尔古岱犯了“贪污受贿”之罪。如今，李殿魁已经承认了罪行，他要求指证武尔古岱，请求宽大处理。

得知此事后，努尔哈赤立刻传来众人，当堂会审，处理此事。

审理期间，武尔古岱委屈道："李殿魁确实送给了我十两黄金，但我不敢收，因为我跟他有仇，怕他用这些黄金来陷害我（恐乃欲加诬告而诱惑之）。于是，我把这件事情告诉了四贝勒，希望他出一个主意。四贝勒告诉我：'人家送你黄金，难道不是为了修复关系吗？不如收下这些黄金，再观其变。'在皇太极的建议下，我就收下了这些黄金。如今，原金仍在，未动分毫。当然，李殿魁只送给我十两黄金，何来二十两之说？这个黄金数量德格类、岳托、济尔哈朗等人都知道，他们可以为我做证。"

李殿魁反驳道："就是送给你二十两黄金。我先送给你十两黄金，后又送给你十两黄金。我还送给了你很多珍贵的皮毛棉袄。"

武尔古岱反驳道："天地可鉴，你就是送给我十两黄金，何来二十两之说？你确实送给我很多皮毛棉袄，但我都退还了，一件没留。"

李殿魁大声道："不对，我就是送给了你二十两黄金。其中十两，是你接收的；剩下的十两，是你叔父接收的，把他叫来，一问便知。你确实退还了皮毛棉袄，但你退还的，都是廉价的狼皮袄，有一件珍贵无比的狐毛袄，你却没有退回来！"

听完双方的供词后，努尔哈赤下令彻查武尔古岱的家。结果，虽然没有找到剩余的十两黄金，却发现了那件狐毛袄。

至此，人证物证俱在，武尔古岱只能乖乖认罪。努尔哈赤命他跪在自己面前，众贝勒站在其身后，给其定罪。

当时，为了表明自己的忠心，众人皆痛骂武尔古岱，声称"不严惩此贼，今后何以治国"？大家一致认为，要将武尔古岱斩首示众，以儆效尤。

然而，在大家的一片喊打喊杀声中，努尔哈赤却原谅了武尔古岱，他以"此人是功勋之后，又是初犯"为由，就轻判了武尔古岱，饶了他一命。

努尔哈赤下令，革去武尔古岱都堂之职，改任牛录备御之职。武尔古岱要回家闭门思过，不得参加宴会，不得单独去他人住宅，他人也不得单独去武尔古岱的府邸。贪污所得，全部充公，另付罚金，以儆效尤。

至此，这个武尔古岱贪污受贿案，就以这样的结果告终。

本案中，对于武尔古岱的判罚，不可谓不高。努尔哈赤根本就是小题大做、小过严惩。当然，他的本意并不是处罚武尔古岱，而是要"杀鸡儆猴"，告诉那些蠢蠢欲动的"鸡"们，不要私自玩竞彩、拜码头，去效忠下一任的大汗。也顺便告诉那只"猴"，老子还没死，你给我老实点，再敢这样拉帮结派、搞小团体，老子弄死你！

可见，努尔哈赤严惩武尔古岱，不是惩罚他贪污受贿，而是在严惩他擅拜码头

之罪，也顺便告诉皇太极，不要再干这种“结党营私”之事。

这，才是武尔古岱贪污受贿案的历史真相。

天命年间出现的“扈尔汉被革职、阿敦被杀、武尔古岱贪污受贿”这三件事，看似彼此孤立，毫无联系，但细细品来，这些事情都与皇太极有错综复杂的关系。每一个案件，其实都是针对皇太极而干的。

在这三个案件中，努尔哈赤不惜采用轻罪重惩、小过重罚，甚至制造冤案的处理方式，就是在打击皇太极的团体，并掩盖后金内部诸子夺嫡的事实。

其实，努尔哈赤这么干，完全是治标不治本。谁让他不册立储君的，才导致今日之乱。

看看现在的后金朝堂吧，金銮殿内，龙椅之上，端坐着一个“视茫茫、眼苍苍”的老皇帝，太子之位却空空荡荡，这是一种什么样的感觉，谁能够抵挡住这样的诱惑？在这种背景下，大家很容易去找下家，去投靠最有可能登基称帝的皇太极，并跟他建立密切的关系。

这样的结果，是大势所趋，也是历史必然。努尔哈赤严惩了这么几个小鱼小虾，又能有什么用呢？

当时，努尔哈赤非常欣赏皇太极，也很有可能把他立为太子。结果，在多方接触后，在目睹了皇太极的所作所为后，努尔哈赤认为其是一个“内多猜忌”“潜怀弑兄之计”的人，绝不能委以重任，让其即位。

事实证明，努尔哈赤的这种担忧，并无道理。皇太极绝不是一个“仁德至上”的人，他是一个搞阴谋的高手，一个为了达到目的、不惜一切手段的小人。

未来，努尔哈赤在九泉之下，他将无奈地看着自己的预言成真。这个儿子将通过自己的铁血政策，毁掉自己建立的制度，并把自己的夫人、儿子、女儿、侄子、孙子、孙女等人，全部送入地狱……

知子莫若父……然也。

综上所述，鉴于皇太极的所作所为，人们怀疑他故意陷害大福晋和大贝勒，制造了一个暧昧不清的冤案，也就不足为奇了。

人们甚至认为，努尔哈赤在《汗谕》中那句“继我而为君者，毋令强势之人为之”的话，就是在针对皇太极。因为，在努尔哈赤的眼中，这个皇太极就是一个强势之人，绝不能让他登基称帝。

人们更甚至认为，代善犯了大错、被贬为庶人后，他在很短时间内得到复启，绝不是因为他“杀妻悔过”的行为，而是努尔哈赤故意的结果。

因为，努尔哈赤需要代善这个棋子去抗衡皇太极的势力，保持朝中势力的平衡，以维护自己辛辛苦苦建立的“八和硕贝勒会议制度”。

按照朝鲜人的定义，努尔哈赤不喜欢皇太极，也不欣赏代善，所以他一直没有册立储君。那么，在生命的最后阶段，努尔哈赤真的没有册立过储君、制定过继承人吗？他真的打算用这个“八和硕贝勒会议制度”，选出一个继承人吗？

在清朝的史料中，是如此；但在朝鲜的史料中，我却看见了一个不同的答案。

这个答案就是——努尔哈赤确实打算传位给多尔衮，只是没有成功。

为什么不是多尔衮

根据朝鲜史学家李肯翊的《燃藜室记述·丁卯胡乱》记载，努尔哈赤在临死前，与代善等人商量过此事，并给出了一个储君的人选。

准确地说，是两个储君人选。

这两个人选的故事，是这么回事：

天命十一年（1626 年）五月（应该是八月，怀疑是作者笔误），努尔哈赤自知大限将至，在生命的最后阶段，他准备确定自己的继承人了。于是，努尔哈赤找来了代善（贵荣介），希望他继承大统，成为这个国家新的大汗。

孰料，对于父汗的决定，代善以“自己才能不足服众”为由拒绝了。他还玩命地推荐皇太极，希望父汗考虑一下他，让他继承大统。

对于代善的请求，努尔哈赤没有回复，只是让他跪安了，过几天再说。

努尔哈赤没有回复代善的原因，很可能是讨厌皇太极，所以不打算选他。毕竟，在努尔哈赤的心中，他对皇太极的印象很差，不想让他登基。

过了几天，努尔哈赤再次召见了代善，告诉了他第二套方案。努尔哈赤希望自己的九子多尔衮登基称帝，代善先当摄政王，等多尔衮长大后，再登基称帝。

虽然努尔哈赤提出了第二套方案，但代善还是不同意。他还是先前的决定，传位给皇太极，除了他以外，再无第二人。

见代善如此执着，努尔哈赤只能再次让他跪安了。他打算再考虑几天，再做决定。结果，当天晚上努尔哈赤就病得无法言语了，这件立储的事情，也只能不了了之了。

可见，在朝鲜史学家笔下，努尔哈赤是确定过继承人的，第一人选是代善，第二人选是多尔衮，这也是众人皆知的事情。

因为，朝鲜史学家李肯翊坚信，努尔哈赤第二次召集代善时，应该不止召见了代善一人，他应该召集了所有的贝勒。否则的话，多尔衮不应该知道父汗选过他，他也不会那么理直气壮地说过“太宗文皇帝之位原系夺立”之类的话。

毕竟，若不是亲眼所见、亲耳所听，多尔衮不会说得那么理直气壮，说得那么有恃无恐。

总之，努尔哈赤心中的人选，第一是代善，第二是多尔衮，根本就没有皇太极。因此，皇太极登基，根本不是“名正言顺”，他不是努尔哈赤心中的人选，只是钻了一个空子而已。

换句话说，皇太极继承的这个王位，根本就是名不正、言不顺。如果这事往大了说，他就是一个“改朝换代、谋朝篡位”的乱臣贼子！

以上，就是朝鲜史学家眼中皇太极登基的全过程。当然，这只是朝鲜一方面的说法。一家之辞，君若不喜欢，可以完全置之不理。

毕竟，虽然写了这么多，但除了朝鲜记录的这些史料外，几乎没有任何的史料来支持这些论点。因此，这些历史到底是不是真正的历史，还请您自己定夺。

我个人认为，即使努尔哈赤颁布了遗诏，也没用。因为，历史已经做出了选择，继承他位置的，只能是皇太极，而不是那个嘴上无毛的小屁孩，也不是那个能力不足的代善。

假设，努尔哈赤真的把多尔衮推上了王位，那也没用。因为，八旗贝勒们根本不服他。在大家的眼中，一个年仅十五岁的孩子，即使有代善辅政，也无法执政后金这个帝国，承担起一个皇帝应尽的义务。

众贝勒认为，在这个孩子手中，后金不可能会富强起来，这个孩子也不可能带领大家打入关内，去掠夺更多的财物，迎来一个又一个的胜利。这个孩子只会让后金衰败，让这个帝国毁于一旦。

这种思想，无可厚非。毕竟，那个时候多尔衮仅仅是一个孩子，他根本没有机会展示自己的能力，让众人臣服自己。此时的他，还需继续磨炼，才能登上这个历史的舞台。

同样，代善也无法登基称帝。因为，以代善的政治才能，他根本控制不了剩下的三个贝勒和诸小贝勒。代善甚至控制不住自己的两个儿子，又如何能驾驭其他贝勒呢？

还记得吗？皇太极死后，代善的两个儿子（长子岳托和三子萨哈廉）来找他。结果，他们不是来劝代善登基的，而是让代善当代表，去劝皇太极称帝。

可见，连自己的儿子都驾驭不了，代善又如何驾驭其他贝勒，让大家心悦诚服地归顺自己呢？

此外，努尔哈赤病逝后，他留下的是矛盾重重的辽东大地。当时，后金国内土地荒芜，逃民遍地，社会动荡，经济萧条，民族之间的矛盾重重，汉人和女真人冲突不断……这些问题，代善是收拾不了的，他也无法收拾。

综上所述，努尔哈赤死后，唯一能接此重任、解决这些问题、带领女真繁荣昌盛者，只有皇太极。除此之外，再无第二人。

因此，皇太极登基称帝，是后金诸贝勒选择的结果，也是历史选择的结果。

至此，伴随着这个新皇帝的登基称帝，一个新的时代正式开启。

当然，还是那句话，不是每一个“老人”，都能在这个新时代里生存。

这个“老人”是谁，不说自明。

亲爱的大妃乌拉那拉氏·阿巴亥，您准备好了吗？朕来了！

第三章 开始“整人”

大妃阿巴亥

咱们都知道，皇太极时期最著名的一个故事，就是“大妃殉葬”了。现在，开始讲述这个“大妃殉葬”的六要素，即人物、时间、地点、事情的起因、经过、结果。

先说这个人物：

乌拉那拉氏·阿巴亥，原乌拉部首领满泰之女。万历二十九年（1601年），为了与努尔哈赤联姻，满泰之弟，即乌拉部现任首领布占泰就将这个侄女作为礼物，送给了努尔哈赤。

虽然嫁给了女真人中的大英雄，但阿巴亥应该是惶惶不可终日的，她不知道自己的未来何去何从。

阿巴亥这种惊恐的心情，原因有二。

第一，嫁过去后，阿巴亥不会受到重视，她就是一个填房。

根据史料记载，阿巴亥嫁给努尔哈赤时，他已经妻妾成群、子孙满堂了。

阿巴亥嫁过去后，她排行第九（若不算消失的元妃佟佳氏，她排行第八），根本不会受到重视，且当时管理后宫的，是努尔哈赤最爱的孟古格格。阿巴亥根本没有机会打赢这个女人，她只能规规矩矩地做人，在后宫颐养天年了。

第二，阿巴亥和努尔哈赤的年龄相差悬殊，根本没有共同语言。

时间计算，阿巴亥嫁给努尔哈赤时，她十二岁，努尔哈赤四十三岁，他们之间相差了 31 岁。因此，这对夫妻根本就是隔辈人。

这种情况下，阿巴亥跟努尔哈赤之间，能有什么共同语言呢？像阿巴亥这种年轻、活泼、好动、怀春的少女，又怎么可能看上这种老头呢？

鉴于这两个原因，阿巴亥根本不想嫁给努尔哈赤。然而，她不想嫁，又有什么用呢？

毕竟，在他叔叔布占泰眼中，让她嫁给努尔哈赤，不是为了让她幸福，而是为了能够与建州女真联姻。因此，在这个大的利益下，小小的儿女私情，就可以忽略不计了。

没有办法，要恨，就恨你的出身吧……谁让你生在了帝王家。

就这样，万历二十九（1601 年）十一月，阿巴亥虽然一百个不甘心，她也只能上了花轿，嫁给了努尔哈赤。

好在，努尔哈赤很喜欢这个“小萝莉”，对她爱护有加、关怀备至，有了努尔哈赤这个保护伞，阿巴亥在后宫之中也没有受到什么欺负。

阿巴亥嫁给努尔哈赤后，过了两年，孟古格格就病逝了。在给亡妻“守完孝”后，努尔哈赤颁布了一道让所有人大跌眼镜的圣旨——提拔阿巴亥为大妃，让其主政汗王宫，成为这个后宫的女主人！

可想而知，得知这个消息后，其他的妃嫔就不干了。她们冲到努尔哈赤的面前来讲理了。

这些妃子告诉努尔哈赤，说什么要论资排辈、要讲规矩。我们是先进宫的，凭什么要立阿巴亥为后呀？她初来乍到的，凭什么跑我们前头呀？而且，更主要的是，阿巴亥肚子里没货，她没有给大汗生过一儿半女，毫无“功绩”就当皇后，我们不服！因此，要根据规章制度办事，先立我们为皇后，等等。

努尔哈赤根本不理会这些嫔妃的反对，他还是力排众议，立阿巴亥为大妃。而事实证明，努尔哈赤没有看走眼。这个阿巴亥，是一个合格的皇后。

首先，这个女人颇有手腕。

阿巴亥上台后，通过恩威并施的方式，把后宫治理得井井有条。她也通过自己的手段，把大汗治得服服帖帖。

前面讲过，天命五年（1620 年）时，阿巴亥不是闹出过绯闻，被大汗轰出皇宫了吗？结果，没过多久，努尔哈赤又把她召回来了。可见，努尔哈赤离不开这个女人，阿巴亥已经成为他生命的一部分，必须要天天在一起了。

这个女人的手段，就是这么的了不起。

当然，对于一个女人而言，胆大、心细、有手段，这些还远远不够。要想在后宫永远立于不败之地，还得肚子给力才行。

在这个方面，阿巴亥就“功绩卓著”了。

这个女人的肚子很给力。

阿巴亥当上皇后后，她的地位上升了，能力也上涨了。短短数年，她就给努尔哈赤生下了三个大胖小子。

这三个小子，分别是：万历三十三年（1605 年），生皇十二子阿济格。万历四十年（1612 年），生皇十四子多尔衮。万历四十二年（1614 年），生皇十五子多铎。

给努尔哈赤生下了三个儿子后，阿巴亥成了努尔哈赤后宫的“产子大户”之一。只有同样生下三个儿子的前大妃富察氏·衮代才能与她匹敌（生子莽古尔泰、德格类、费扬古）。当然，衮代已经被废了，没有资格跟阿巴亥叫板了。

就这样，通过自己的身份和“政绩”，阿巴亥成了后金汗宫真正的女主人。当时，没有一个妃子敢忤逆她，也没有一个妃子敢挑战阿巴亥的地位。阿巴亥的人生，终于到达了顶点。

在这种背景下，阿巴亥参加了天命八年（1623 年）的新年宴会，迎来了自己人生中最风光的一场新年宴会。

大妃殉葬

在这场新年宴会中，阿巴亥和她的儿子们非常的露脸。当时，四大贝勒给努尔哈赤敬酒后，阿济格就排在他们身后，给父汗敬酒。

要知道，当时的阿济格年仅十八岁，也没有建立什么功业，结果，他竟然排在了久经沙场、能征善战的四贝勒之后，第六个给皇帝敬酒（中间隔了一个，应该是比阿济格大，且战功显赫的济尔哈朗），可见其身份之尊贵和努尔哈赤对其的宠爱之情。

阿济格敬完酒后，下一个露脸的，是阿巴亥的幼子多铎。当时，年仅九岁的多铎紧随兄长之后，第七个给努尔哈赤敬酒。

小小年仅，位置竟然如此靠前，已经让人侧目了。然而，众人不知道，还有更加神奇的事情，马上进入他们的眼帘。

原来，喝完了小儿子多铎的酒后，努尔哈赤大喜过望，他随即颁布一道圣旨，从自己的正黄旗内分出十五个牛录给多铎，他长大成人后，还要册封他为正黄旗旗主。

这一下子，年仅九岁的多铎就成为正黄旗下一任统帅了。如此结果，也只能让其他将领羡慕嫉妒恨了。

至于多尔衮，他虽然在这个宴会上没有露脸的机会（没有敬酒），但努尔哈赤对他也不薄。

努尔哈赤下令，让这个小子在今年五月完婚，迎娶蒙古科尔沁部落台吉吉桑阿尔寨的女儿博尔济吉特氏。同时，从自己的正黄旗内分出十五个牛录给多尔衮，作为份子钱。

至此，这个宴会结束后，大家都明白了一个道理——从此以后，阿巴亥将成为一个冉冉升起的政治新星了。在她的身边，将不可避免地聚集一帮人，形成一个夺嫡的利益集团。

就这样，目睹了努尔哈赤对阿巴亥母子超乎寻常的宠爱后，没有一个大臣能够看透，努尔哈赤在选择下一任接班人的时候，是会选择年长的皇子，还是会选择阿巴亥麾下得宠的年幼皇子。

假设，如果努尔哈赤再长寿一些，他能够活到多尔衮等人长大成人，大清王朝第二代当家究竟是谁，真不可知。

可惜的是，在历史的词典里，永远没有“如果”二字。

天命十一年（1626年）正月，努尔哈赤率领二十万（实则十三万）大军出征，在“既征大明，岂容中止”的豪言壮语中，再次讨伐明朝。结果，宁远城下，努尔哈赤被小小的宁前道袁崇焕打败，遭遇了人生中最大的一次惨败。

惨败回家后，努尔哈赤的身心都遭到了重创，他生病了，且病情愈演愈烈。后来，在泡了温泉后，努尔哈赤彻底病倒了。他一病不起，即将仙逝。

当时，努尔哈赤在清河泡温泉，并不在首都沈阳。为了防止有人趁京城空虚、犯上作乱，天命十一年（1626年）八月初八，努尔哈赤下令，乘船顺太子河而下，返回沈阳城。同时，努尔哈赤下令，命大妃阿巴亥前来迎驾。

当时，对于这道命令，大家都觉得很奇怪。而此时此刻，老汗王的身体已经不行了，随时都有可能驾崩。在这种情况下，努尔哈赤应该召见某一个皇子来传位。最不济，也应该召见一个权臣，来临终托孤。怎么这个时候，却要召见一个女子呢？难道要把临终托孤的重任，交给这个大妃吗？

这道命令，真是奇怪……除了奇怪，还是奇怪……

虽然群臣疑惑不解，但君命难违，他们赶紧快马传书，去请大妃。阿巴亥得到这个消息后，她二话不说，连东西都没有准备，就赶紧出发了。

天命十一年（1626 年）八月初十，努尔哈赤抵达浑河时，与大妃相遇。

这时，努尔哈赤因为病情加重，已经失去了语言表达能力，并处于昏迷状态。大妃来到后，她没有叫醒丈夫，也没听见努尔哈赤说一句话，只得随船继续赶路。

在努尔哈赤最后的岁月里，大妃一直不知道努尔哈赤要说什么，也没有跟他交流过一次。

就这样，努尔哈赤清醒的时候，特召大妃前来，到底要跟她说什么，要她办什么事情，已经是一个千古之谜了。

因为没过多久，努尔哈赤就把这些事情带入棺材了。

一天后，天命十一年（明天启六年，1626 年）八月十一日未时（下午 1~3 点），在距离沈阳四十里的叆鸡堡，努尔哈赤的背疽突然发作，与世长辞，享年六十八岁。

至此，一代英杰，后金王朝的开创者、未来大清王朝的缔造者，就这样离开了人世。

努尔哈赤死后，阿巴亥很是悲痛。毕竟，那是她的丈夫，虽然他们是代沟婚姻，但感情是真的，所以阿巴亥悲痛不已。然而，没过多久，阿巴亥就不悲痛了，取而代之的，则是瑟瑟发抖、惊恐不已。

因为，皇太极登基后，他颁布的第一道圣旨，就是要履行老爹生前的遗旨，完成努尔哈赤在天之灵的心愿。

努尔哈赤写了什么遗旨？

后饶丰姿，然心怀嫉妒，每致帝不悦，虽有机变，终为帝之明所制。留之恐后为国乱，预遗言于诸王曰：“俟吾终，必令之殉。”

——《太祖武皇帝实录》

这个遗嘱就一个中心思想——让阿巴亥殉葬，陪他去死。

可想而知，听说有这么一个遗嘱后，阿巴亥都要疯了。她不相信这份遗嘱，更不会接受这份遗嘱。她甚至认为，这份遗嘱是某人伪造的，就是要逼迫自己去死！毕竟，她一直守护在大汗的身边，陪他度过了生命中的最后岁月，大汗怎么可能会这么狠心，让自己去死呢？

阿巴亥的这种猜测，不无道理。她自认为有“三件护身符”，不用去殉葬。

这三件护身符就是：身份高贵，成绩斐然，孩子年幼。

先说第一个，身份高贵。

阿巴亥清楚地知道，后金确实有殉葬的制度。当时，除了她以外，还有两个人也要一起殉葬，他们分别是阿济根和代因扎。但是，她们两个人殉葬，这是应该的。因为她们是身份低下的侍妾，理应殉葬。可自己是一个尊贵无比的大妃呀。一个国家至高无上的皇后，焉有去殉葬之理？

再说第二个，成绩斐然。

如果皇后没有子嗣，只是霸占这个位置，尸位素餐，占着职位不“做事”，不为国家传宗接代，那理应被推翻、去殉葬。但是，阿巴亥为后金帝国生了三个皇子呀。她是后宫“第一产子”大户，成绩斐然。以她这样的功劳，是无须殉葬的。

最后说第三个，孩子年幼。

努尔哈赤死时，多尔衮才 14 岁，多铎才 12 岁。这么小的年龄，还需要母亲照顾，所以阿巴亥认为自己不可能去殉葬。努尔哈赤也不会这么狠心，让这么小的孩子没有了娘。

综上所述，阿巴亥不相信努尔哈赤会颁布这样的遗旨，她也有理由相信，这道遗旨，就是皇太极编造的。他编造这个遗旨的目的，就是让自己去死，先消灭多尔衮等人的保护伞，再消灭多尔衮等人。

然而，阿巴亥不同意这件事情，又能怎么办呢？即使阿巴亥在这道殉葬的命令前“支吾不从”，她也没有办法躲过这一劫。

最终，在诸贝勒不容商量的诏令下（“先帝有命，虽欲不从，不可得也”），阿巴亥只能无奈地接受了命运的安排。她穿上了华丽的衣服，戴上了所有名贵的珠宝（后遂服礼衣，尽以珠宝饰之），准备上路了。

临走前，阿巴亥声泪俱下地对众贝勒道：“吾自十二岁事先帝，丰衣美食，已二十六年，吾不忍离，故相从于地下。吾二子多尔衮、多铎，当恩养之。”

众贝勒哭着回答道：“二幼弟（多尔衮和多铎）吾等若无恩养，是忘父也。岂有不恩养之理！”

就这样，交代了后事，阿巴亥大愿已了，她从容赴死。当天辰时（早上 7~9 点），阿巴亥自尽，享年三十七岁。她殉葬时，距离努尔哈赤去世还不到二十个小时。

阿巴亥的死亡方式，有两种说法。一种是，她是上吊自尽的。另一种是，她是被人用弓弦活活勒死的。

一代帝后，以这样的方式香消玉殒，真是让人叹息不已。

那么，这里有一个问题，大妃殉葬，真的如历史所记载的那样，是皇太极“逼迫”的结果吗？这里面，难道没有其他隐情吗？

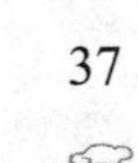

殉葬的真正原因

如今，一提到“阿巴亥殉葬”这个故事，史书上都会这样写道，皇太极多么多么地残忍，阿巴亥多么多么地可怜，多尔衮兄弟多么多么的无助，等等。

其实，若好好地考察历史，您就会惊讶地发现——历史的真相，往往不是那么回事。

阿巴亥之所以被殉葬，完全是她“咎由自取”。

这个真相，还得从乌拉部灭亡时，开始说起。

万历四十一年（1613 年），努尔哈赤率军灭了乌拉部。乌拉部灭亡后，最后一任酋长布占泰狼狈逃往叶赫部，他膝下的八个儿子不是战死，就是逃亡。只有年龄最小的洪匡留了下来，成为了努尔哈赤的俘虏。

洪匡之所以愿意当俘虏，不是因为他没办法逃，而是因为他有恃无恐。

《乌拉国史略》记载，布占泰的八个儿子中，其他儿子跟努尔哈赤没有关系，只有这个洪匡跟努尔哈赤是亲戚。

这个原因很简单，洪匡的母亲是努尔哈赤弟弟舒尔哈齐的长女额实泰。这么一算的话，他是努尔哈赤的一个侄孙。

凭借这层关系，我要是洪匡，我也不跑。

就这样，洪匡被俘后，他就投降了努尔哈赤。乌拉部灭亡后，为了笼络逃亡的乌拉人来降，也为了给明朝一个交代，努尔哈赤就允许洪匡自成部落，封其为乌拉布特哈贝勒，允许他祭祀乌拉部的祖先、继承布占泰的产业。

至此，在努尔哈赤的帮助下，洪匡成了一个酋长。为了更好地羁縻洪匡，努尔哈赤还把自己的孙女（褚英的长女）嫁给了他，让洪匡成为自己的孙女婿。

虽然他们之间的关系有点乱（侄孙变孙女婿），但无论怎样，不管是从物质上奖励，还是从精神上安慰，努尔哈赤对洪匡可谓仁至义尽，没有一点亏待他。但可惜的是，努尔哈赤的这些好心，却没有得到好报。

原来，随着自己的长大，洪匡的野心也越来越大。天命十年（1625 年），二十六岁的洪匡再也不愿意当一个有名无权的酋长了，他准备联合族人，起兵造反。

说干就干，洪匡马上联系了一些族人，大家积攒实力，密谋复国。结果，由于保密工作没有做到位，洪匡造反的事情让自己的夫人，也就是那位努尔哈赤的孙女知道了。

是要丈夫，还是要夫君，这个时候，就看这位女子的选择了。

当时，在面对这道“丈夫和父亲掉水里了，先救谁”的问题，这个女人的选择方式，也是很值得大家借鉴的。

在她眼中，父亲是骨肉至亲，只有一个，没了就真的没了；丈夫是枕边人，没了还可以再找。因此，对于这道选择题，她根本不用做。

于是，这个女子二话不说就把洪匡密谋复国的事情，全都告诉了努尔哈赤。

一听这个白眼狼要造反，努尔哈赤气得不轻，他立刻点齐兵马，来兴师问罪。面对努尔哈赤的突然进攻，洪匡只能仓促迎战，最终寡不敌众，自杀身亡。

努尔哈赤将洪匡的尸体斩首示众，以儆效尤。他还将参与叛乱的人全部处死，斩杀了五百零七人，并将洪匡的部落夷为了平地。

至此，乌拉部彻底灭亡。

虽然“洪匡叛乱”事件只是后金历史的一个小插曲，也没有掀起多大的波澜，但这件事情对努尔哈赤的刺激很大。

根据《清代前史》等史料记载，洪匡叛乱让努尔哈赤产生了一种危机意识，他开始回避乌拉部的人，并开始不信任这些人了。

后来，随着这件事情的不断深入，努尔哈赤虽然没有找到大妃乌拉那拉氏·阿巴亥造反的证据，但种种迹象表明，如果没有阿巴亥的背后支持，如果没有她帮助洪匡“招贤纳士，扩充实力”，洪匡也不可能起兵造反。

虽然这种说法全是捕风捉影的假设，没有什么实际的证据。但对于努尔哈赤而言，是宁可信其有，不可信其无。因此，在最后的岁月里，努尔哈赤一直防着阿巴亥，认为“留之恐后为国乱”，必须除之而后快。

也许，就在这个时候，一个“诛杀阿巴亥解决大患”的想法，在努尔哈赤脑海里彻底成形。这也为一年后努尔哈赤令其殉葬，埋下了一个伏笔。

以上，就是阿巴亥殉葬的真相，也可能是历史的真相。当然，还是那句话，一家之言，何足挂齿……

当然，即使没有这件事情，努尔哈赤也不能留下阿巴亥。毕竟，这个女子做了太多太多让努尔哈赤不放心的事情，不能把她留在人间了。

总结一下这个女子干的事情吧。

第一，这个女子有野心。阿巴亥绝不是一个善茬，从她资助洪匡复国这件事情就可见一斑。

第二，这个女子有手段。看看阿巴亥的能力吧，被打入后宫后，她从一个被判了死刑的凉凉之女，愣是重新得到了努尔哈赤的宠爱。其手段、其本领，不说自明。

第三，这个女人有“二爷的遗产”。努尔哈赤死后，她的三个子嗣继承了镶黄

旗和正黄旗的势力。在孩子没有长大之前，她有非常强大的势力，可以成为大清王朝的“掌门人”之一。

以上三点，任何一点，都足以让努尔哈赤不放心了。何况这个女人绝不是一个忠心耿耿，肯一生守贞节牌坊的主儿。

毕竟，努尔哈赤还没有死，她就已经给自己找后路了（勾搭皇子，给代善和皇太极送吃的）。自己百年后，不定这个女人干出什么祸事！

回顾历史，大辽萧太后的登基称帝，西夏大小梁太后的接连垂帘听政，元朝皇后斡兀立·海迷失的摄政误国，这些都是少数民族皇后们的经典案例。对于这些前车之鉴，努尔哈赤不得不防。

至此，是为了防止历史重演也好，还是为了防患于未然也罢，为了这个帝国的千秋伟业，努尔哈赤也只能忍痛割爱了。

就这样，努尔哈赤没有像后代子孙（都知道是谁）那样妇人之仁，直接命这个“慈禧”殉葬了。努尔哈赤留下了一句“俟吾终，必令之殉”的话，解决了这个“有机变”的女人，给自己的帝国解除了后顾之忧。

以上，才是阿巴亥殉葬的原因。从努尔哈赤的角度看，让这个女人殉葬，虽然残忍，但这是最好的结果。

说了这么多，“一千人眼里，就会有一千个哈姆雷特”，历史上的阿巴亥，她到底是死于皇太极“争权夺利”之手，还是努尔哈赤“恐其日后乱国”之手，还请您自己定夺。

死亡真相

我个人认为，阿巴亥的死，应该跟皇太极没有关系，她就是死于努尔哈赤的遗诏，死在了自己丈夫的手中。

因为皇太极和多尔衮未来的“所作所为”，将印证这个事实。

先说皇太极。

假设，皇太极真的干了诛杀阿巴亥、夺了多尔衮皇位的事情，那么在未来的岁月里，他为什么不干“斩草除根”的事情呢？他为什么还养虎为患呢？

要知道，皇太极在位的十七年时间里，他不仅没有处理跟自己有“杀母之仇、夺位之恨”的阿济格、多尔衮、多铎三兄弟，反而对他们多方关照、培养和重用，甚至到了树大根深、危及皇权的地步。

皇太极死后，这个实力雄厚的多尔衮成为下一任大汗的人选，他的势力甚至超过了第一继承人皇长子豪格。最终，豪格被整得毫无脾气，只能看着自己的弟弟——一个只有六岁的顺治登基称帝了。

对于这种结果，我们很难想象皇太极当年是靠“阴谋论”上位的。因为，一个搞阴谋搞到这种程度的人，竟然不会未雨绸缪、不会防患于未然。这种结果，根本解释不清。

因此，真相只有一个，阿巴亥的死，跟皇太极没有任何关系，多尔衮等人也不会记恨杀母之仇。

多尔衮也根本不是皇位的候选人之一，他跟皇太极没有任何的利益冲突，所以皇太极才能重用他。只是皇太极太小看了他，也太高估了自己的儿子，才导致了这个弟弟差点上位。

再说多尔衮。

其实，对于阿巴亥的死，最有发言权的应该就是她的亲儿子多尔衮了。

要知道，清朝入主中原后，在很长的时间内，国家的实际掌管者是多尔衮，真正的皇帝顺治，却没多少话语权。

在这种背景下，阿巴亥要是被冤死了，作为亲儿子的多尔衮，给自己含冤而死的母亲平个反，那还不易如反掌、手到擒来？

但是，事实是怎样的呢？阿巴亥只获得了一个没用的谥号，而且这个谥号如昙花一现，在册封了七个月后就被夺了回去。

因此，这里的真相只有一个，努尔哈赤确实颁布过遗诏，让阿巴亥殉葬。对于这个事情，多尔衮虽然有怨言，但也只能奉命执行，他也没法为母亲平反了。

综上所述，阿巴亥的死，跟皇太极没有任何关系，这里面也没有任何的阴谋。当然，不同意我的说法，就当我写了一堆废话，不用在意。

这里讲两个小故事，作为对阿巴亥殉葬最后的补充。

第一个小故事，殉葬的同伴。

《清太祖武皇帝实录》记载，努尔哈赤不仅要求阿巴亥殉葬，还要求另外两位妃子殉葬。这两个人就是当时最得宠的妃子阿济根和功劳最大的代因扎。

前者的死，完全是无辜受累；后者的死，则是咎由自取。

因为，阿济根什么也没有干，她只是因为自己年轻貌美，是努尔哈赤最得宠的一个妃子，就被迫要求殉葬了。这样的结果，阿济根只能欲哭无泪，痛苦地接受了。

对比阿济根，代因扎的殉葬，完全是咎由自取。

咱们都知道，此女就是一个善于打小报告的小人。昔日，就是她告发大福晋与代善有染的。因为检举有功，代因扎得到了与汗王“同桌共食”的待遇，可谓风光无限。结果，努尔哈赤病故后，代因扎这种风光无限的日子就算到头了。

这个小人，终于得到了应有的下场。

其实，对于代因扎而言，被迫殉葬应该是最好的结果了。毕竟，大家不会原谅这个告密的小人。代因扎若活着，她也只能生不如死。

不管何时，不管何地，不管何人，这种打小报告的人，都将不得好死。

第二个小故事，开了一个不好的先河。

不管真相如何，乌拉那拉氏·阿巴亥还是给努尔哈赤殉葬了，她成了乌拉那拉氏族第一位死于宫廷斗争的皇后，也为未来的那些乌拉那拉氏皇后们，开了一个不好的先河。

历史的车辆继续前进，雍正年间，大清国第二位乌拉那拉氏皇后，粉墨登场。

这位皇后，就是电视剧《甄嬛传》里天天嚷嚷“臣妾做不到”、一生不得宠爱的大清孝敬宪皇后——乌拉那拉氏·宜修。

历史的车轮再次继续前进，乾隆年间，大清国第三位乌拉那拉氏皇后，粉墨登场。

这位皇后，就是电视剧《还珠格格》里的那位坏皇后，大清王朝唯一一个死后没有谥号、被皇帝废掉的皇后——乌拉那拉氏（电视剧称其为如懿）。

可见，大清国的乌拉那拉氏的皇后们，就是这么的悲惨无比。当然，关于后两位皇后的故事，未来再议。

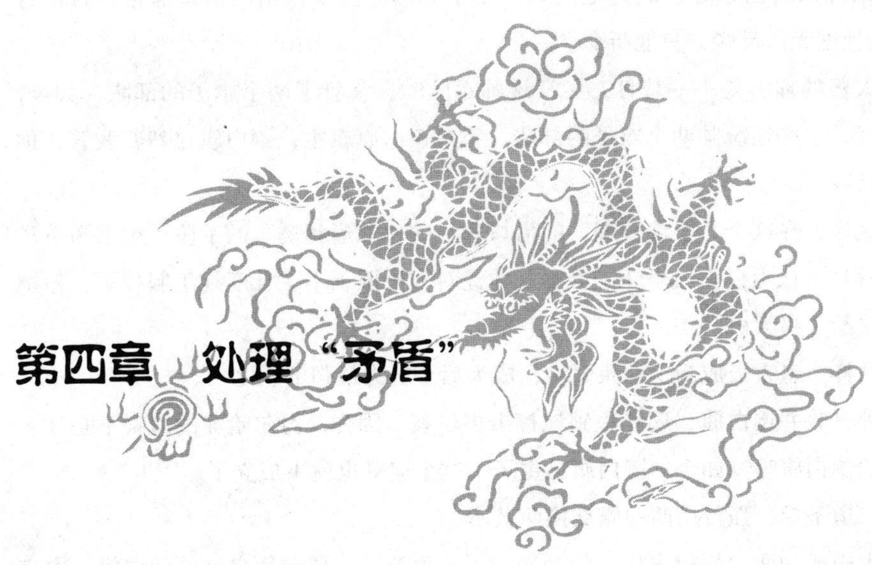

第四章　处理“矛盾”

换旗，夺权

虽然在登基过程中，皇太极到底是靠阴谋诡计上位的，还是靠众人举荐上位的，一直没有定论。但历史已经证明，皇太极绝不是一个善茬，他绝对是一个聪明的皇帝。

皇太极简直就是一个阴谋大师，其高超的手段，要诈的本领，天下无双，无人能敌。

这不，登基称帝后，皇太极就略施小计，一举解决了父皇的遗产问题，给自己解除了这个后顾之忧。

这个遗产问题，就是——八旗的归属。

前面讲过，努尔哈赤生前颁布遗嘱，把正黄旗、镶黄旗、镶白旗交给了多尔衮三兄弟，让他们拥有了八十个牛录，成为了后金最有权势的人。

试问，这样的结果，让皇太极情何以堪，心中如何释怀？

因此，必须下手了。

就这样，皇太极略施小计，颁布了两道圣旨，就解决了这道难题。

第一道圣旨，强行收编镶白旗。

当时统帅镶白旗的人，是努尔哈赤的长孙、褚英的长子杜度。皇太极告诉他，让他无条件归自己领导，成为他的人。至于原因，皇太极给的借口非常“合情合理”，让杜度无法反驳，只能听命。

皇太极的理由是——昔日，父汗统帅军队时，掌管了两个旗子的部队。如今，我是大汗，也必须统帅两个旗子的部队。我是正白旗旗主，镶白旗自然归我管，你必须服从我。

就这样，在这个“合情合理”的借口和一些“威逼利诱”的手段（史书写下了“挟威独得”，认为皇太极恐吓了杜度，才让对方臣服）下，杜度终于服软了，他把镶白旗交给了皇太极。

就这样，皇太极成为了两旗之主，成为后金势力最强的人之一。

此外，收并镶白旗，还能狠狠地打击多尔衮。因为，努尔哈赤的遗嘱不是让多尔衮统治镶白旗吗？如今，镶白旗易主了，这个遗嘱也就不成立了。

第二道圣旨，强行用两白旗交换两黄旗。

皇太极成为两白旗旗主后，他又颁布了一道圣旨，要求用自己的两白旗，去交换多尔衮兄弟手中的两黄旗。至于原因，皇太极的借口还是那样的“合情合理”，让人无法反驳，只能听命。

皇太极的理由是——我是皇帝，天子穿黄衣，“黄衣称朕”，皇帝必须得用自己的“专用色”。我一个天子，哪有率领白旗出征的道理？这算怎么回事呀！不知道的人，以为大汗投降了呢。所以，必须交换，才能让朕“名正言顺”。

就这样，在这个“合情合理”的借口下，两白旗和两黄旗顺利交换了。得到两黄旗的精锐部队后，皇太极的势力如虎添翼，他成了后金王朝枪杆子最硬的人，再也没有人能够威胁他的统治了。

至此，通过这两件事情，皇太极在不动声色之间就撕毁了努尔哈赤的遗嘱，他把八旗部队重组了，把所有的隐患都扼杀在了摇篮之中。

如此智商，如此心机，这就是皇太极。难怪努尔哈赤一直防着他……

解决了后顾之忧后，皇太极继续再接再厉，颁布了三道谕令，开始剥夺贝勒们的权力，让自己大权独揽。

第一道谕令，权力分散。

皇太极下令，每旗设总管旗务大臣一员，让他们“凡议国政，与诸王贝勒偕坐共议之”，跟旗主平起平坐，分他们的权力。

后来，皇太极继续分权，他下令，每一个旗主还要设佐管旗务大臣二员，调遣大臣二员，各分掌一旗的某方面事务，一起“帮助”旗主干活。

这样一来，以前唯我独尊的旗主，被迫把权力分给五个人了，他再也无法大权独揽，只能跟大家“商量”行事。在这种“商量”下，旗主对皇太极的威胁与日俱下、越来越小了。

第二道谕令，设立六部，继续分权。

皇太极下令，在管理国家、处理行政事务中，贝勒也不能一人专权。他设立六部，让六部官员去制衡旗主，再次分权。

第三道谕令，逼迫另外三大贝勒“退休”。

当时，太宗即位后，遵循太祖定制，让代善、阿敏、莽古尔泰三人每月轮流值政、管理国家。结果，为了大权独揽，皇太极以三大贝勒“操劳过度”为名，免去“分月掌理”之事，不让他们继续执政，都让他们回家“休息”了。

对于皇太极这种冠冕堂皇的关怀和照顾，三大贝勒只能昧着良心说了一句“善”，就收拾东西回家了。

当然，不管皇太极如何“换旗”，如何“夺权”，这些都是“小把戏”。他若想真正地大权独揽，还得下狠手才行。除了打压诸贝勒外，别无他法。

那么，皇太极要怎么下狠手呢？

打压代善父子

在打压了未来的竞争对手多尔衮三兄弟、收缴了诸位贝勒的权力后，皇太极还无法大权独揽，他必须杀一个重量级的选手才能完成自己的目的。

这个重量级的选手，就是代善。

毕竟，代善曾经是这个国家的储君，现在手里握有两红旗，实力不容小觑。因此，必须要打压一下他，才能让众人知道大汗的厉害，并让代善夹着尾巴做人。

为了打压代善，皇太极采用了“敲山震虎”的方式，他先惩罚了代善的儿子岳托，准备用这只“鸡”，来儆代善这只“猴”。

崇德元年（1636年），皇太极下令开会，他召集了济尔哈朗、多铎、多尔衮、豪格、杜度等人，告诉他们：“岳托最近干了很多事情，让朕很不爽。你们商量一下，给他定个什么罪？”

听完大汗的“要求”后，这些心知肚明的人马上行动了。在一番激烈的讨论后，他们一共给岳托定了五条大罪：

第一条罪状，岳托目无尊上，敢索要皇帝的东西。

第二条罪状，岳托支持莽古尔泰的决策，跟皇太极对着干。

第三条罪状，岳托曾说了一些不合时宜的话，中伤过济尔哈朗。

第四条罪状，岳托赏罚不公，他袒护自己的弟弟硕托。

第五条罪状，岳托离间济尔哈朗和多尔衮，让他们不和。

以上，就是岳托的“五条大罪”了。这些罪状看着挺吓人的，其实呢，就是一些鸡毛蒜皮的小事被无限扩大、强加到岳托身上罢了。有的罪名更是诬陷，根本经不起推敲。

比如第一条罪状就是一个诬告。

岳托所谓的“目无尊上，敢索要皇帝的东西”的罪名，是这么回事：

代善有一匹宝马良驹被皇太极看中了，代善就顺水推舟送给皇太极了。结果，送完后，代善后悔了。为了替父亲解忧，岳托就来讨要宝马。

岳托告诉皇太极：“陛下把这匹宝马拿走后，我父不悦，可将宝马给我，复还我父。”

要知道，岳托与代善不和，这是天下皆知的秘密。为了区区一匹宝马，岳托就要为父亲出头，去得罪皇太极，这怎么可能呢？而且，上一辈的恩怨，身为小字辈的岳托怎么去管呢？他不可能强出头呀。

因此，这个罪状，就是诬告。

当然，皇太极不管这些罪状，他只要结果。毕竟，皇太极的目的很明确，就是要办岳托，不管什么罪名，都照办不误。即使岳托没有犯事，这些人也能找出罪状，狠狠地办他。

没有办法，欲加之罪，何患无辞乎？

就这样，在这些罪状下，岳托很识趣，他放弃了抵抗，乖乖认罪。于是，皇太极以岳托“有拥立之功，又是初犯，还是功勋之后”为由，就把他轻判了。皇太极仅让岳托降了一级，罚了一些钱，放了他一马。

至此，通过惩罚岳托，皇太极释放了一个危险的信号，他要“杀鸡儆猴”了。然而，令人啼笑皆非的是，这只“猴”竟然浑然不知。代善该干吗，还干吗，根本不关心此事，他还是以“老大哥”自居，根本没有意识到危险。

看来，这只“鸡”，算是白杀了……

好吧，既然这只“猴”的“觉悟”这么“高”，还得朕亲自动手！于是，皇太极打算找一个机会，杀杀这只“猴”的威风了。

这个机会，说来就来了。

当时，为了限制诸位贝勒的特权，皇太极登基后颁布了一个规定。每一个旗主的护卫不能超过二十人，超标了，就要严惩不贷。

按理来说，二十个护卫也不算少了。但是，对于这个护卫的数量，代善不干，他认为这个数量太少了，自己是这个国家的大贝勒，每次出门时一定要“浩浩荡荡、前仆后继”，这才像话。

于是，代善就带头违规了，他擅自增加了自己的护卫数量。

被人告发后，代善不认错，还狡辩道：“我是违规了，没错。但皇太极也违规了。你们不查他，查我，我不服！”

可见，此时此刻，代善根本没有注意自己的身份，敢跟皇太极互相攀比，说明他心中根本没把皇太极当成至高无上的皇帝。这样的结果，让皇太极情何以堪。

得知此事后，皇太极大怒，马上召集众贝勒开会。会议中，皇太极找了自己的护卫，告诉众人：“代善不是说我的护卫数量超标了吗？现在，他们都在这里了，大家数数，看看是多是少。”

结果，众人数完后，发现皇太极的护卫数量不仅没有超标，还远不够定额。

得此结果，代善无话可说，他只能被皇太极教训了一顿，灰溜溜地走了。当然，走归走，他要是能改，就不是代善了。

这口气，他可咽不下去。

过了几天，皇太极召见代善。结果，代善一个护卫也不带，自己牵着马，胳膊夹着褥垫就来了。代善此举，明显就是在宣泄自己不满的情绪。

见此情景，皇太极就怒了，但他明知道代善为什么要这么做，却不点透。他只是训斥代善道：“身为亲王，一个护卫也不带，你不怕危险吗？难道我后金的一旗之主，连一个护卫也没有吗？你到底是窘迫到了这种程度，还是故意不尊重我呢，或是心中不悦呢？请解释一下！”

怎么解释？如何解释？对于皇太极的问题，代善无言以对，他只能又被皇太极教训了一顿，灰溜溜地走了。

这一次走，代善可老实多了，他再也不倚老卖老，不把皇太极当盘菜了。

至此，皇太极终于用手中的“杀威棒”，把代善打服了。然而，在皇太极眼中，一味地“打大棒”，这不是事，还是得给点“胡萝卜”。恩威并施，这才是帝王之道。

一有机会，皇太极就会召集代善进宫，好酒好菜好伺候，对他恭敬无比，礼数也非常周到，整得代善都不好意思了，不知道该说什么。

《清太宗实录》记载，有一次，皇太极携众人去打猎。打猎期间，代善马失前蹄，跌了下来，崴了脚。

得知此事后，皇太极第一时间来到代善的身边慰问，还亲自给他包扎伤口。

探病期间，皇太极流着泪劝慰道：“朕一直说，大哥年龄大了，应该注意身体了，不要再纵马驰骋了，大哥为什么不自重呢？好在，没有出大事，出了大事，让朕怎么办呢？”

听完这番话后，代善感慨颇多，只能跟着一块儿哭。这对兄弟哭完后，皇太极下令，不打猎了，送大贝勒回府。于是，皇家卫队浩浩荡荡地回城了，皇太极一直把代善送回了府邸，方才回宫。

因为这个“诛心”的壮举，从此以后，代善心悦诚服，彻底归顺皇太极了。皇太极让他干什么，代善就干什么，从不犹豫，坚决执行。

后来，代善因为这种“韬光养晦、誓死效忠”的表现，终于躲过了皇太极的屠刀，此后颐养天年、无疾而终。

没错，我在这里，就是用上了“屠刀”二字。

因为，在不久的将来，你会惊讶地发现，为了自己大权独揽、唯我独尊，皇太极将扫除一切，不管是那些威胁他的人，还是阻碍他的人，都会被他无情地消灭掉。

辽东旧政

努尔哈赤去世时，留给了皇太极一个矛盾重重的帝国。这些矛盾错综复杂，但主要有三个。第一，宗室之间的矛盾；第二，满汉民族之间的矛盾；第三，与朝鲜、蒙古、明朝这些周边各国的矛盾。

如今，皇太极通过自己的“打压”政策，暂时缓解了第一个矛盾，他开始处理第二个矛盾了。

那么，他是怎么解决满汉民族之间的矛盾的呢？

前书讲过，努尔哈赤在征服了辽东后，曾颁布了“迁徙令”和“清查粮食法案”，把辽东汉人逼得铤而走险、率众起义。结果，把汉人逼得造反了，努尔哈赤也毫无反思之意，他继续颁布诏书，继续坑害这些汉民。

努尔哈赤这些坑人政策，主要有三，即“三同居住法”“按丁编庄制度”和“剃发令”。

先说第一个政策，“三同居住法”。

《满文老档·太祖》记载，为了妥善安置迁徙来的汉人百姓，努尔哈赤下令，让女真人和汉人采用同食、同住、同耕的政策，简称“三同政策”。

当时，为了让双方共同生活，努尔哈赤告诉双方，女真人要和汉人同居一屯，一起吃饭，一起喂养牲畜。女真人不得欺负汉人，不得掠夺汉人食物，一经发现，严惩不贷。

怎么样？努尔哈赤的这条政策，还算是可以的。

可以？继续看。

努尔哈赤还下令，一旦双方发生矛盾，汉人不得来投诉，只有女真人有资格来投诉。换句话说，即使女真人把汉人欺负死了，汉人也没处去说理。

可见，努尔哈赤的这条政策，根本就是在欺压汉人，他所谓的“三同政策”，其实就是“让汉人养活女真人，让女真人监视汉人”，根本没有平等可言。

在这条政策下，女真人肆意妄为，玩命地欺负汉人。反正在他们眼中，汉人也不能去告状，真是不欺白不欺。

于是，当时的辽东大地上，到处都是女真人欺负汉人的场景，他们肆意欺辱汉人，抢夺他们的土地，欺负他们的子女，甚至奸淫他们的妻子。在这种情况下，汉人只能揭竿而起，拿起手中的武器跟女真人拼命了。

就这样，在努尔哈赤的“三同居住法”下，汉人与女真人的矛盾不但没有缓解，反而愈演愈烈。

孰料，把国家搞成这个样子了，努尔哈赤竟然还不知道反思，他又颁布了一道臭名昭著的“按丁编庄制度”，继续把辽东汉人往火坑里推。

再说第二个政策，“按丁编庄制度”。

为了把对辽的征服战争进行到底，努尔哈赤根本不把汉人当成自己的子民。他下令，汉人要终身服兵役和徭役，负责出征、守城、修城、筑城、种地、收割、运输等事情，一直干到死为止。努尔哈赤简直把他们当成了自己的奴隶。

在这种背景下，汉人开始了大规模的逃亡，这些逃亡的人，就变成了“逃人”。即使努尔哈赤颁布了“三同居住法”，让女真人监视这些汉人，也无济于事，汉人还是大规模地逃跑，拦也拦不住。

于是，努尔哈赤下令，一个女真男子、十二个汉人男子、七头牛，编为一庄，其中女真男子为庄头，管理他们。同时，他们又归一个女真将领所有，女真将领负责监视他们。他们生产一百天的东西（粮饷），百分之二十上供，百分之八十自由分配。

可见，努尔哈赤这样做，就是把监视汉人的工作强行交给军队了。同时，汉人在这种制度下，也遭遇了双重压迫。

毕竟，每一个庄内都有一个庄头，汉人要受庄头剥削，苦不堪言。庄头上面，还有一个女真将领，汉人又要受女真将领的剥削，还是苦不堪言。试问一下，这种双重剥削的苦，汉人怎么可能受得了？

于是，在这种背景下，忍无可忍的汉人聚众起义了，他们掀起了一场又一场的反金浪潮，让努尔哈赤苦不堪言，只能深陷在了人民群众的汪洋大海里。这种情况下，努尔哈赤别说继续跟明朝作战了，他能够顺利上岸，都要阿弥陀佛了。

然而，努尔哈赤竟然还不知道悔改，他又再接再厉，颁布了辽东最大的恶政，就是那个臭名昭著的——“剃发令”。

最后说第三个政策，“剃发令”。

当时，为了消灭汉人的精神世界，让他们彻底臣服自己，努尔哈赤下令，汉人全部剃发，改用满洲人的发型。即剃去前半部分头发，后半部分梳成辫子。

《明熹宗实录》记载，为了让汉人剃头，努尔哈赤下达了死命令，“遣三骑持赤帜传令，自髡者贳（赦免）不杀”。剃了头发的，不杀；不剃头发的，砍头！

努尔哈赤本以为靠这种铁血政策会让汉人臣服。结果，努尔哈赤完全错了，汉人誓死不剃头，他们要么逃跑，要么就揭竿而起，宁为玉碎，不为瓦全。

汉人这种“为了头发一切皆可抛”的精神，让努尔哈赤困惑不已。其实，努尔哈赤根本不懂汉人，发式与衣冠服饰，这不仅是汉人的象征，也是他们的信仰！

《孝经》有云：“身体发肤，受之父母，不敢毁伤，孝之始也。”在汉人眼中，自己的头发，不仅是伦理道德的体现，更是汉族的民族尊严和民族气节的重要组成部分。甚至毫不夸张地说，只有这些东西，才能证明自己是伟大的大汉民族的子民！

在这种背景下，努尔哈赤命令汉人剃掉头发，也只能遭到他们的强烈反抗了。汉人肯定也会为了自己的头发跟女真人拼命。

当然，除了气节外，汉人之所以不肯剃头发，还有现实因素在里面。

按照《燃藜室记述》记载，汉人之所以不肯剃头发，原因是：“我等死生不足顾，一番剃头便作挞子，他日官军（指明军）不辨真假而剿灭，死当为冤鬼！”

汉人之所以不剃头，是害怕明军打回来后把他们当成女真人杀掉。这也说明，汉人根本不认同后金政权，不服从他们管理。他们还是希望明朝来管理自己，哪怕明朝已经腐败到了极点，也比这个后金政权强。

于是，汉人频繁暴乱，他们盼望明军打到这里，来拯救自己。而伴随着他们的动乱，后金帝国的统治岌岌可危了。

在这种情况下，皇太极开始着手缓和这些矛盾了。

辽东新政

皇太极登基称帝后清楚地知道，必须改善现在矛盾重重的满汉关系，建立一个能让百姓安居乐业的国家，才能解除自己的后顾之忧，专心伐明，建立宏图大业。

于是，皇太极马上开始改革，他纠正了父亲歧视汉人的政策，建立了一套全新的国家制度。

皇太极的第一个政策，叫作“满汉一体”。

努尔哈赤时期，女真人仗着自己“有户口”，优越感十足、嚣张得要命。女真人动不动就指着汉人道：“你们这帮……”他们自认为“高人一等”。

结果，皇太极时期，女真人的这种优越感就荡然无存、再也不复存在了。因为，皇太极上台仅仅四天，他就迫不及待地颁布了“满汉一体”政策，让女真人跟汉人平起平坐，一视同仁了。

所谓“满汉一体”政策，就是“满汉之人，均属一体。凡审拟罪犯、差徭公务，毋致异同。”从此以后，满人和汉人的地位相等了，大家没有高低贵贱之分，都是平等的人。

皇太极的第二个政策，叫作“解放奴隶”。

努尔哈赤时期，汉人被编入八旗麾下，成为八旗将士的奴隶，供其肆意使用，到死为止。皇太极登基后，马上改变了这一政策，他解除了汉人的奴隶身份，允许他们与满人分开居住，恢复了他们的自由之身。

皇太极的第三个政策，叫作“编户为民”。

在努尔哈赤时期，汉人地位低下，被随意安排给女真人“使用”，任意奴役，毫无地位可言，甚至连性命都毫无保障。

为了改变这种现状，皇太极下令，给汉人上户口，允许他们建立自己的居住点，并选择自己中意的人当首领管理他们，这就是“编户为民”政策。

这一下子，汉人有了户口，他们再也不是“外地人”了。他们可以安心地在这片土地生活，改变低下的身份了。

皇太极的第四个政策，给予汉人一定的权利，允许他们“造反”和“叛变”。

为了修改父亲错误的“三同居住法”，皇太极颁布了新的《离主条例》，他下令，汉人可以告那些奸淫无道、巧取豪夺的女真人，一旦属实，女真人必被严惩不贷。汉人得到自由身份，可以离开居住在一起的女真人，自谋生路。

同时，皇太极还颁布了新的《逃人法》。相比旧版的《逃人法》，新版的《逃人法》没有本质区别，还是以严惩为主，但是，它却宽松得多。

比如说，旧版的《逃人法》规定，一旦抓住逃奴，二话不说，就地斩首，以儆效尤。但新版的《逃人法》规定，抓住逃奴后，不能处死，要进行深刻的教训，给他一次改过自新的机会，若逃奴二次逃跑，再就地斩首。

还比如说，若逃奴因个人原因（比如孝敬双亲，照顾妻儿等），非得逃回朝鲜和明朝，皇太极允许他逃跑，但不许再回来，一旦回来，必斩首示众，以儆效尤。

综上所述，在这“四大政策”下，皇太极彻底改变了汉人的地位，让他们可以在后金安居乐业了。对于皇太极的恩德，汉人们也铭记于心，史称“汉官汉民皆大

悦，逃者皆止，奸细绝迹……由是汉人安堵，咸颂乐土”。

虽然这段史料有“自卖自夸、夸大嫌疑”之意，毕竟，皇太极只是改变了一小部分政策，并没有改变父亲建立的所有弊政。比如说，那个祸国殃民的“剃发令”，皇太极就没有修改。汉人在女真人监控之下生活，这个局面也没有改变。

此外，在《逃人法》方面，皇太极也堪称出尔反尔。我们很快就会知道，明明逃奴自愿逃到了朝鲜，皇太极却命令他们回来，违者严惩不贷。这种前后矛盾的政策，试问让这些汉人情何以堪？

总之，虽然在皇太极的统治下，汉人未必幸福无比，但对比努尔哈赤时期，则要好许多。这样“一对比”的话，汉人也能心安理得地过日子了。

当然，皇太极这种“善待”汉人的做法，自然遭到了满洲贵族的反对。这些贵族一致谴责皇太极，说你凭什么用自己的国家标准，来绑架我们的既得利益？这个问题，不解释清楚，我们不服！

对于这些不和谐的声音，皇太极自始至终就一个态度：“不理不睬”。皇太极根本不理会这些人，他继续坚定不移地履行自己的政策，而且，他还颁布了一个让满洲贵族瞠目结舌的政策。

这个政策，就是“重用汉官”，让汉人跟女真人抢饭碗。

第五章　新的政策

汉人的苦楚

后金刚刚建立时，他们首先要做的事情，就是拉拢、收买、重用来自明朝统治集团的官员。毕竟，优待汉官，可以笼络汉族上层人物，吸引治国之才，减少敌国的人才储备，有百利而无一害。

因此，努尔哈赤刚刚“造反”时，他一直这么干，一直笼络、优待汉官，不惜花费重金，甚至还把亲戚搭了进去。

前书讲过，李永芳投降后，努尔哈赤二话不说就把他提拔为总兵，还把一个孙女嫁给了他。

那个“宋朝最著名的宰相后裔”投奔后，努尔哈赤也如获至宝，逢人便说：“此乃名臣之后，我们要好好待他。”于是，大小贝勒皆以礼相待，竞相敬酒。

这种情况下，这个“名臣之后”也飘了，不知道自己姓什么了，真以为自己是头蒜了。

然而，随着时间的推移，努尔哈赤的胜利越来越多，来投奔的汉官也越来越多。这个时候，努尔哈赤就不太重视汉官了。因为，他自信地认为，没有这些汉官，自己一样能够打赢战争，灭掉大明王朝。

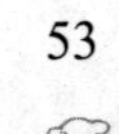

在这种情况下，在努尔哈赤眼中，汉官就是他的奴隶，随便打骂，毫无顾忌，也不需要给他们留面子。

在这种思想下，汉官们开始走背字。那个“名臣之后”开始失宠了，他只能当一个小小的抄录员。

整整八年，这个“名臣之后”没有一点晋升的机会，他只能感叹世态不公，尝尽了各种辛辣苦涩。

其实，这个“名臣之后”没有什么好抱怨的，能当一个抄录员已经是莫大的荣耀了。要知道，其他的汉官可都过着生不如死的生活呢。

《清太宗实录》记载，努尔哈赤把被俘和投降的汉官分给八旗子弟，使这些汉官备受歧视和凌辱。

当时，由于汉官不懂满语，经常被满人嘲笑、辱骂和殴打。汉官不能拥有财产，要归主子所有；汉官不能骑马，要交给主子骑用；满人可以肆意霸占汉官的房子、土地、财物，他们不得反抗；汉官俸禄微薄，常常食不果腹，只能变卖家产、仆人、物品等，才能勉强度日；汉官死后，他们的妻子、儿子要入满官家中，世代为奴。

对于这些汉官的处境，皇太极就感慨道：“如生活在水火之中，苦无容身之地。”

君以国士待我，我必国士报之；君以路人待我，我必路人报之；君以草芥待我，我必仇寇报之。努尔哈赤如此对待汉官，自然引起了汉官的强烈不满。一些胆大的汉官就揭竿而起，意欲推翻努尔哈赤了。

汉官造反后，努尔哈赤就怀疑没有造反的汉官，害怕他们与叛军有联系，一起造反。于是，努尔哈赤开始躲着汉官，甚至怀疑他们了。结果，努尔哈赤越怀疑汉官，就越等于是逼迫汉官造反。那些没打算造反的汉官，也只能造反了。

当时，努尔哈赤的这种“怀疑论”病重到了什么程度呢？他竟然怀疑老牌汉奸、自己的孙姑爷李永芳会造反了！

原来，天命八年（1623年），努尔哈赤得到线报，说复州汉官图谋不轨，打算造反。

得知此事后，努尔哈赤大吃一惊，马上调兵遣将，派人去平叛。

当时，出于谨慎，李永芳谏言道：“复州叛乱，未必属实，大汗可派人去秘密调查一番，万一这个是谣言呢？若属实，再出兵不迟。若不属实，劳师远征不说，还会伤了复州百姓的心。”

努尔哈赤听从了李永芳的建议，延缓出兵。结果，没过多久，复州真的叛乱了。因为错过了最佳平叛时间，努尔哈赤费了好大劲，才平息了这场叛乱。

平叛期间，努尔哈赤就把自己的怒火撒在了李永芳身上。他认为，李永芳跟叛军肯定有联系。否则的话，他为什么要建议延缓出兵呢？他是不是通知了复州汉官，让他们提前造反了呢？

为了警告李永芳，努尔哈赤把他叫来，对其大骂道：

“昔日，你在抚顺投降时，我看你是一个聪明人，才把千金之女许给你为妻，招你为后金国的驸马。如今，你竟然对我起了二心，不相信我能最终胜利。你要知道，我一直攻无不克、战无不胜，这是上天在眷顾我，意欲让我夺取天下。你自己想想，刘邦、赵匡胤、朱元璋等人建功立业时，哪个不是出身卑微而受到了上天的眷顾，最终当上皇帝的？你若认为我不能长久待在辽东，那就走好了。我们赌一把，看看谁能笑到最后，谁是上天眷顾之人！”

痛骂完后，努尔哈赤剥夺了李永芳的官职，让他下岗回家了。虽然没过多久，努尔哈赤就恢复了李永芳的官职，但不像以前那样信任他了。

就这样，因为被怀疑，汉官们一直被冷落，人人自危。于是，在这种毫无未来的情况下，汉官们开始谋求出路了，他们开始接触明朝，给自己留后路了。

很显然，汉人的这种表现，是不利于后金王朝统治的。于是，为了缓解这种矛盾，皇太极下令重用这些汉人，给他们一个璀璨的未来。

在这种背景下，那个人，终于重见天日，被皇太极树立为标杆了。

一个“标杆”

为了让汉官看见自己的诚意，进而效忠自己，皇太极打算来一次“立木取信”，先重用一个汉官，立一个“标杆”，以显示自己招贤纳士的诚意。

这个被皇太极立标杆的汉官，在历史上有一个好听的名字，叫作宁完我。

宁完我，字公甫，辽阳（今属辽宁）人，清初大臣。宁完我是一个饱读诗书、精通文史的人，因为对明朝非常失望，所以他投降了后金。

宁完我投降努尔哈赤后，跟其他汉官一样没有得到重视。他被分配到了代善儿子萨哈廉的家中，被收为家奴，供人差遣。宁完我苦不堪言，他处于社会的最底层，也看不见晋升的希望。

皇太极当贝勒时，在萨哈廉的介绍下就认识这个宁完我了。当时，皇太极就打算重用他。只不过，当时是老爹掌权，皇太极不能这么干。不过，现在自己“得道”了，宁完我这只投靠女真的小犬，终于可以“升天”了。

就这样，皇太极颁布了一道圣旨，命宁完我“出之奴隶，登之将列”，解除了他的奴隶身份，授予了他官职，允许他站在朝堂之上，参与国家大事了。

这一下子，宁完我真可谓“洗心革面，重新做人”了。

孰料，对于任命宁完我一事，不管是女真人，还是汉人，他们竟然都不同意，不想让皇太极对其委以重任。

原来，不管是汉人还是满人，都不喜欢这个宁完我。因为这个人有一个特点，“敢直言”。且敢直言的人，说话都直来直去，不会拐弯抹角，所以说话非常难听，让人接受不了。

简单来说，这个宁完我跟熊廷弼是一个类型的人，说话不招人待见，必须杀之而后快。何况，也没看出这个人有什么本事，要他何用？

当时，对于众人的意见，皇太极只是一笑了之，他告诉众人一个故事，立刻解开了大家的疑问。

这个故事，叫作“庭燎求贤”。

《韩诗外传》记载，春秋战国时期，为了让齐国富强起来，齐桓公颁布了求贤令，他命人在宫殿前燃起火炬，准备随时迎接贤人。结果，整整一年过去了，也没有见到一个贤人。

对于这个结果，齐桓公很是沮丧，他不知道是天下没有贤人了，还是自己的求贤令没有吸引力，天天困惑不已。

齐桓公困惑期间，突然有一天，来了一个自称有才的贤人。听说来了一个有本事的，齐桓公大喜过望，马上让他展示自己的才华。结果这个人展示才华后，齐桓公不仅不高兴，反而无比愤怒了。

因为，这个人所谓的“才华”，就是背诵九九乘法表。这种连幼稚小儿都会的东西，也算是“才华”？因此，愤怒的齐桓公下了逐客令，要把这个骗子轰出去。

看见齐桓公愤怒了，这个人毫不惊慌，慢慢道：

“我远道而来，是专门为您解决难题的。我用九九算法这种微小技能来见君王，无非就是抛砖引玉。贤士们之所以不来齐国，是害怕您是一个英明神武的君主，自己的本领被您拒绝、被您耻笑，所以不敢来。如今，他们听说您连只会九九算法这种微小技能的人都接见，他们肯定会蜂拥而至了。”

听完这番话后，齐桓公这才茅塞顿开，他好好地犒赏了这个贤人，并将此事告诉了天下。结果，不到一个月的时间，各地的贤才云集到了齐国都城，齐国也就此强大。

皇太极讲这个故事，就是要告诉大家，在他的眼中，这个宁完我就是那个“背诵九九乘法表”的贤人，他要用宁完我当标杆，宣传自己的人才政策，向所有汉官表明自己求贤若渴的态度，让这些汉官都归顺自己，为自己效劳。

这就是皇太极用人的智商，也是身为领导者的他留给我们的启示。

当然，皇太极重用宁完我，除了树立标杆外，也是看中了宁完我的本领。毕竟，宁完我可是一个货真价实的人。

当时，皇太极充分发挥了宁完我精通文史、才华横溢的本领，命他去文馆办公，负责编纂历史。

上任后，宁完我兢兢业业，短短数月，他就把无人问津的文馆搞得有声有色，让皇太极刮目相看。同时，宁完我还负责翻译《三国志》《洪武宝训》等书，让女真将领们受益匪浅（学习历史，很重要的）。

据说，皇太极就是看了翻译后的《三国志》，从中找到了“反间计”，用来陷害明朝的那位将军。

除了干好本职工作外，宁完我也没有忘记自己“敢直言”的特点，他频繁地上疏朝廷，为国家谏言，并提出了很多好的建议。

宁完我的这些建议，如下：

第一，上疏“定官制”。

对比明朝，后金的官制根本不健全，权力极其分散，让皇帝无法“大权独揽”。目睹这种现状后，宁完我马上上疏朝廷，请求皇太极仿照明朝制度建国，设立吏部、户部、礼部、工部、刑部、兵部的“六部制度”，选拔官员管理这些部门，各司其职，直接对皇帝负责。

第二，设立“言官制度”。

为了让更多的人学习自己直言进谏，宁完我写了数篇文章上疏朝廷，要求仿照明朝制度，建立御史台制度，设立御史大夫。让这些大夫们弹劾百官、明辨是非、申诉冤情，成为皇帝的耳目，为朝廷纠风整纪。

第三，上疏“辨服色”。

为了让女真人和汉人和平共处，宁完我上疏朝廷，要求“辨服色”。他建议，从今以后，女真人和汉人各穿自己民族的衣服，各梳自己民族的发型，各自遵守自己国家的文化，各自居住自己国家习俗的房子（女真人住帐篷，汉人住房子），让女真人和汉人彻底分开。这样一来，民族矛盾就解决了，汉人和女真人也就能共处了。

简单来说，宁完我就是希望皇太极建立一个“各自遵守本民族风俗、语言、习惯，不干涉、不歧视他族风俗、语言、习惯”的国家。

饱读诗书的宁完我清楚地知道，在中国历史上“辽、金、西夏”等国，都是遵循这种制度，结果传了数代。同时，不可一世的“元朝”却不屑这种制度，他们从来不尊重汉人，还跟汉文化死磕，结果，仅仅死磕了七十多年，元朝就被彻底赶跑了。

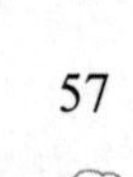

虽然在当时，对于宁完我这套“以国制治满人，以汉制待汉人”的制度，皇太极不感兴趣，也没有执行（还是得实施满洲文化）。但是，宁完我的这个建议，还是保护了一部分汉人的利益，也替这些汉人说出了心声。

第四，上疏“严军纪”。

宁完我告诉皇太极，要想夺得天下，必须改变八旗士兵一直以来的“烧杀抢掠”政策，要“师行所经，戒杀戒掠，务种德树仁”。我们可以“马上得天下”，但不能“马上治天下”，还得用仁德治国，这才是正道。

对于这条建议，皇太极完全同意，他立刻颁布圣旨，禁止八旗军再烧杀抢掠了。再有抢夺者，必严惩不贷。

即使那个人是皇太极的兄长，皇太极也严惩不贷。

第五，上疏“夺取天下之计”。

宁完我上疏朝廷，要想夺取天下，必须靠智慧，不能逞匹夫之勇。我们要学习历朝历代开国之君的经验，再结合先帝创业时的经验和教训，探索出一条符合后金国情的政治军事道路，才会无往而不胜。

对于宁完我的这条建议，皇太极也完全同意。只不过，宁完我是一个文人，当涉及军事时，就是班门弄斧、一窍不通，只能给皇太极添乱。

当时，虽然在后金的朝堂上，宁完我上疏了很多军事建议，但事实证明，这些都是错误的建议。有一些建议甚至让皇太极痛失“良机”。

比如说，天聪六年（1632 年）正月，皇太极要讨伐明朝，宁完我却以“大凌河之战刚刚结束，士兵需要休息”为由，不让大汗出兵。同年三月，皇太极打算讨伐察哈尔部，结果这个宁完我又来阻挠，他以“明朝守军害怕我军军威，请求先攻打山海关”为由，愣是把皇太极出兵的事情给搅黄了。

这个宁完我，就是这样令人讨厌。

当然，虽然宁完我军事不行，但他的治国能力还是不错的。在他的建议下，后金建立了一套完整的行政制度，为皇太极未来的大权独揽做好了铺垫。而且，在他的建议下，后金改变了以往的“烧杀抢掠”作风，这辆轰轰前进的后金战车，终于步入正轨了！

至此，经过了努尔哈赤一朝的混乱后，后金这个强大的帝国终于走上了统一天下的正轨，虽然距离“统一天下”还遥遥无期，但只要它自己不犯重大错误，后金统一天下的结局已经指日可待了。

提这些建议的宁完我，就是这样的了不起。

清康熙四年（1665 年）四月，宁完我卒，享年 72 岁，谥文毅。

当然，虽然皇太极得到了宁完我，是上天给他的恩赐，但是，宁完我就是一个

“萧何”似的人物，他适合治理国家，却无法带领大清走向胜利。皇太极若想统一天下，还得需要一个“张良”才行。

那么，谁是皇太极的“张良”呢？

无须多问，历史自有答案。

这个人，就是明朝最著名的汉奸、宋朝最伟大的宰相范仲淹之后——范文程。

范仲淹的子孙

北宋仁宗庆历四年，即公元 1044 年，在好友滕子京的邀请下，一个人挥毫洒墨，书写了一篇千古名文《岳阳楼记》，其中的两句“先天下之忧而忧，后天下之乐而乐”更是成为永载史册的名言警句，激励着一代又一代的中国人。

这个书写《岳阳楼记》的人，就是宋朝最伟大的宰相文正公——范仲淹。

然而，范仲淹无论如何也想不到，他这个中国历史上最伟大的贤臣之一，竟然有一个汉奸后代，这让他情何以堪。

这个汉奸，就是他的第十七代子孙——范文程。

如果范文程是兵败被俘，或者是逃不了了，才被迫投降了后金，都情有可原。但是，这个人是主动投奔了后金，这就让人说不过去了。

史料记载，万历四十六年（1618 年），目睹了努尔哈赤攻陷了抚顺后，年仅二十一岁的范文程二话不说，就以“名臣之后”为招牌，投奔了努尔哈赤。

对于这种人，还能说什么呢？

如今，有人痛骂范文程，说他是一个毫无原则的汉奸；也有人赞赏范文程，说他是一个识时务的俊杰。

赞赏范文程的人认为，范文程无法在大明王朝腐败的政治体系下熬出头，不如换一个平台，以展示自己的才华。要知道，“树挪死，人挪活”，就跟跳槽一样，这不是什么大事，也不需要被人痛骂。

对于范文程到底是一个汉奸，还是一个俊杰，我才疏学浅，不想去评。我只知道，道不同不相为谋，我自遵循我正道。

我的道就是——“国有道，不变塞焉；强哉矫。国无道，至死不变；强哉矫。”

国家政局清明，做了大官，也不忘从前的操守；国家朝政腐败，宁可杀身成仁，也不能亏了气节，这才是响当当的好男儿！

这，就是我的道。

关于范文程个人选择的问题，不讨论了，书归正传。投降了后金后，刚开始的

时候，范文程得到了足够的重视，他成了努尔哈赤的一个狗头军师。重大军师会议上，他可以出席，可以“参谋帷幄”，建功立业。

然而，随着努尔哈赤越来越不重视汉人，范文程开始走背字了，他被剥夺了权力，只能去当一个小小的抄录员。对于这种情况，范文程毫无办法，只能苦闷不止。

结果，皇太极即位后，范文程再次迎来了春天。

皇太极知道范文程的本事，他对范文程礼遇有加、关怀备至，让范文程心甘情愿地替自己卖命。

皇太极礼遇范文程的故事有很多，这里举两个例子说明。

第一个例子，赠送饭菜。

有一次范文程与皇太极商量事情，商量了很久才结束。皇太极一看，都这么晚了，你就别走了，咱们一起吃饭吧。说罢，就让人准备膳食。

皇帝请客，自然饭菜极为丰盛，史称“殊方珍味”。结果，范文程看见了这么多好吃的，他迟迟不下筷，一直看着这些美食（逡巡不下箸）。

在一般人眼中，范文程这么做，无非就是“挑菜”罢了。但是，心细如发的皇太极立刻明白了范文程的心思。

原来，范文程家中有一个年迈的老父，范文程又以孝子自居，他看见这么多好吃的，心想父亲还未曾尝过，因此内心愧疚无比，所以迟迟不下筷。

猜出范文程的心思后，皇太极马上下令撤膳，将这一桌美食全部打包，送到范文程的府邸，让他父亲品尝。我们再开一桌，待会儿再吃。

见此情景，范文程感动得涕泗横流，马上撩袍跪倒，誓死效忠。

君以草芥待我，我必仇寇报之；君以路人待我，我必路人报之；君以国士待我，我必国士报之。

为什么在未来的岁月里，范文程誓死效忠大清王朝？其原因，不说自明。

第二个例子，报仇雪恨。

范文程的老婆非常漂亮，十里八乡都知道，远近闻名。为此，范文程还有点小骄傲呢。

结果，坏就坏在这个“漂亮”上了。

得知范文程的老婆非常漂亮后，大清的荒唐王爷多铎就动心了。这个多铎是多尔衮同父同母的弟弟，此人有两个特点，一是“打仗不要命”；二是“上床不要命”。

得知范文程的老婆非常漂亮后，多铎就下手了，他巧取豪夺，逼迫范文程的老婆进入他的府邸，据说还传出了绯闻。

得此结果，范文程气得咬牙切齿，却又无计可施。毕竟，他是什么身份？只是皇太子的臣子罢了。多铎是什么身份？他可是皇太极的异母弟弟。双方关系孰重孰轻，范文程还是分得清的。最终，范文程只能选择息事宁人，主动戴上了绿帽子。

话虽如此，但范文程实在是咽不下这口气，他只能称病不朝，在家忍几天了。

结果，范文程“生病”期间，他惊讶地发现，皇太极竟然“帮理不帮亲”，替自己报仇了。

原来，得知此事后，皇太极二话不说，立刻痛骂了多铎一顿，以“谋夺他人之妻”的罪名罚了多铎一千两白银，还夺去了他十五个牛录。同时，皇长子豪格也中了枪，他以“知情不报”的罪名，被罚银三千两，以儆效尤。

得知自己大仇得报了，范文程很是高兴，高高兴兴地出来上班了。从此以后，范文程更加效忠皇太极了。

在未来的岁月里，范文程献了很多的奇谋，为大清王朝的建立贡献了自己的一生。他死后，清朝用这种话语评价他——“福临入关，宣力文臣，必以文程居首，历事四朝，首定大计，诏敕谕檄，皆出其手，经营草昧，弼成丕业，盖亦清之厚幸也！”

这个抛弃故主，在敌国建功立业的范文程，他为什么是明朝的“不幸”？又为什么是清朝的“幸运”？恐怕每一个人都懂得其中道理，这也是我们要反思的问题。

讨伐朝鲜

处理完了宗室之间的矛盾，缓解了满汉民族之间的矛盾后，皇太极的下一个目标，就是要处理与朝鲜、蒙古、明朝这些周边各国的矛盾。

在这些国家中，皇太极首先处理的，就是朝鲜。

那么，朝鲜与后金之间，是一个什么样的关系呢？

这些故事，还得从头说起。

史料记载，获得了萨尔浒大胜后，努尔哈赤确定了“亚洲霸主”的地位，他派遣使者入朝，命朝鲜归顺自己。结果，朝鲜不为所动，他们根本不理会努尔哈赤的要求，还称女真人为“鞑子”“奴贼”“女真小丑”，一点面子也不给。

面对朝鲜的这种态度，努尔哈赤大怒，他质问道：“就算是一个普通国家，也得尊重一下。你们如此不礼貌地称呼我们，骂我们是贼，到底是为什么？”

对于这个问题，朝鲜的《李朝实录》是这么回答的：“你有盗天下之心，不是贼，又是什么！”

可想而知，得此结果，努尔哈赤怒不可遏，他立刻召开会议，要听听各位贝勒的意见，是否要讨伐朝鲜。

在这个会议中，桀骜不驯、喜欢烧杀抢掠的二贝勒阿敏和勇而无谋、头脑简单的三贝勒莽古尔泰当即表示要带兵杀入朝鲜。

对于这两位头脑简单的哥哥，老谋深算的皇太极没有第一时间回答，他想了一会儿后才给出了答案：

“朝鲜这个国家，是誓死效忠明朝的，所以我们在攻打明朝时，他们会成为我们的后顾之忧，不得不防。因此，我建议先礼后兵，再派使者入朝，威逼利诱，逼迫朝鲜归顺我们。若朝鲜不降，就发兵灭之。”

可见，皇太极的意见虽然缓和，但他跟阿敏、莽古尔泰的思想一样，必须攻打朝鲜，逼迫这个国家臣服。

听完这三个儿子的意见后，努尔哈赤想了一会儿，询问大贝勒代善的意见。

代善回答道：“不可讨伐朝鲜。因为我们四处用兵，积怨甚多，我们要给自己留下一条后路。因此我主张跟朝鲜议和，避免两线作战，这才是正道。”

每以四面受敌，仇怨甚多，则大非自保之理，极力主和，务要安全，非爱我也，实自爱也。

——《李朝实录·光海君日记》

听完大贝勒的意见后，努尔哈赤想了一会儿，最终采纳了代善的意见。他决定跟朝鲜议和，不再跟这个国家敌对了。

于是，终努尔哈赤一朝，后金也没有攻打过朝鲜。努尔哈赤不断地派遣使者入朝，希望双方建立同盟关系，成为一对“兄弟”之国。对于萨尔浒一战中，被后金军俘虏的朝鲜士兵，努尔哈赤也没有为难他们，他“待以宾礼，五日小宴，十日大宴”，对他们那叫一个好，还把他们安全地送回国了。

然而，努尔哈赤的这些“热脸”，还是贴了朝鲜的“冷屁股”。不管后金采用什么政策，朝鲜都誓死效忠大明王朝，堪称万年不动摇。对于这种结果，努尔哈赤毫无办法，只能把这个难题交给了自己的继任者。

那么，皇太极登基后，他对朝鲜的政策又是什么呢？

毋庸置疑，皇太极是一个坚定的“鹰派”。他一直认为朝鲜是后金的一个心腹之患，必须逼迫其臣服，才能解除自己的后顾之忧，专心伐明。

何况这么多年了，朝鲜干的事情越来越过分，终于让皇太极忍无可忍，必须重拳出击。

朝鲜干的过分事情，主要有两个。

第一件事，是接受逃亡朝鲜的辽民。

《清太宗实录》记载，朝鲜一直无限制地接纳辽国的汉民。而咱们都知道，后金可是有“逃人法”的，在他们的眼中，辽东的百姓都是他们的奴隶，奴隶逃跑了，自然要追回，以保护自己的财产。

于是，为了追回逃过鸭绿江的汉人，后金屡次跟朝鲜交涉，要朝鲜对“过江汉人，不必纳之，尽数驱回”。结果，朝鲜根本不理后金，他们宁愿花费重金把这些汉人送回明朝，也不屑给后金一个答复。

至此，在后金眼中，朝鲜的这种态度已经不是对自己的挑衅了，而根本就是敌视。

第二个事，是朝鲜无条件资助明朝。

《清太宗实录》记载，除了接受辽东百姓外，皇太极另外一个不能容忍朝鲜的事情，就是资助明朝，允许明朝的军队在自己土地上驻扎，并且给予后勤支持。

原来，明朝有一个将领叫毛文龙，此人占据了距离后金国土近在咫尺的皮岛，从这里不断出兵，骚扰后金。

有的时候，毛文龙甚至会孤军深入至距离沈阳只有十几里的地方，狠狠地打一下后金的“小蛮腰”。打完后，毛文龙马上率军撤退，登舟扬帆而去。

对于逃到海上的毛文龙，努尔哈赤气得咬牙切齿，却无计可施。因为，在那个“航海来归，厥功匪小”的汉奸归顺前，在后金的军事体系中还没有“海军”这个兵种。

就这样，毛文龙成了后金的背后芒、喉中刺，虽然不致命，但难受呀。后金要时刻提防这个毛文龙，以防止他突然出来咬自己一口。

本来，像毛文龙这种“岛主”，若后金采用强大的《禁海令》和《迁海令》，毛文龙瞬间就能不攻自破。

然而，后金却无法用这个办法对付毛文龙。因为，他能够禁自己这边的海，却无法禁朝鲜那边的海。在朝鲜的帮助下，毛文龙活得那叫一个滋润。

为了帮助毛文龙，朝鲜还允许明军在自己的土地上休整、屯田，还在物资、粮食、军事装备上全力支持。天命十一年（1626 年）冬，朝鲜就一次性送给毛文龙一万石粮食，作为其过冬的补贴。

一万石粮食是什么概念？朝鲜被迫臣服后金后，在接近十年的时间里，也没有给过后金这么多粮食。

可见，朝鲜跟明朝的关系比铁还硬，比钢还强！他们之间的关系也印证了国王李倧对毛文龙的誓言——“寡人与贵镇，事同一家，心肝相照，唇齿相须。”

就这样，在朝鲜的帮助下，毛文龙以皮岛、铁山为据点，不断出击，掩袭后金腹地，闹得后金不得安宁，以至于后金出兵前，都得先防着毛文龙，怕他突然袭击，害得自己“不敢专意向前”。

至此，鉴于朝鲜的所作所为，后金与李氏朝鲜的关系越来越紧张，最终因为一件事情彻底爆发。

这件事，就是皇太极登基时朝鲜的态度。

努尔哈赤病逝、皇太极登基后，整整一个月的时间，朝鲜作为邻国都没有派遣使者来吊唁亡灵，更不来祝贺新汗继位。

朝鲜这样的表现让皇太极忍无可忍。要知道，连死敌明朝都派遣使者了，你们朝鲜不来人，是不是忒不给面子了？

除了不派遣使者外，朝鲜还干了一件让皇太极忍无可忍的事情。原来，在后金国丧期间，朝鲜玩命地收纳辽东的汉民，仅价川一地，就接纳了三千辽东汉民。其他地方更是接纳无数（史称进入朝鲜的“辽民行乞者甚多”）。

不给我面子，还抢夺我的子民……得此结果，你要是皇太极，你也会忍无可忍，只能“拔刀出鞘”了。

至此，为了给朝鲜一些教训，清太宗即位还不到半载就下决心出兵解决这个多年的后顾之患。

后金对朝鲜的战争就此爆发。

第六章 朝鲜的那些事儿

朝鲜的国度

关于朝鲜的详细记载，可以追溯到清朝的重要历史资料、现在的故宫博物院的镇馆之宝——《皇清职贡图》。

在《皇清职贡图》中，关于朝鲜这个国家，是这样记载的：

朝鲜，古营州外域，周封箕子于此。汉末，扶余人高姓据其地，改国号“高句丽”，亦称“高丽”。唐李勣征之，高氏遂灭。至五代时，有王建者自称“高丽王”。历唐至元，屡服屡叛。明洪武中，李成桂自立为王，遣使请改国号为“朝鲜”。

本朝崇德元年，太宗文皇帝亲征克之，其国王李倧出降，封为朝鲜国王。赐纽金印，自是朝鲜遂服，庆贺大典，俱行贡献礼。其国分八道、四十一郡、三十三府、三十八州、七十县。王及官属俱仍唐人冠服，俗知文字，喜读书，饮食以笾豆，官吏娴威仪，妇人裙襦加襈。公会衣服，皆锦绣金银为饰。

朝鲜国民人，俗呼为“高丽棒子”。戴黑白毡帽，衣袴则皆以白布为之，民妇辫髪盘顶，衣用青蓝色，外系长裙，布袜花履，崇释信鬼，勤于力作。

这段文字的大概意思是：

朝鲜这个国家，原本是尧舜时期古营州外面的区域。商朝灭亡后，周朝把这块土地封给了一个叫箕子的贤臣，让他在这里建国。

汉末，准确说是西汉末年，有一个姓高的扶余人占据了此地，自封为王，改国号高句丽，也称为高丽。唐朝初年，名将李勣（民间的徐茂公）征讨高句丽，让这个国家灭亡。

唐朝末年、五代十国期间，有一个叫王建的人占领了这里，他自封为王，史称高丽王。这个国家建立后，一直与中原王朝保持着貌合神离、同床异梦的状态。中原王朝强大了，这个国家就俯首称臣；中原王朝没落了，这个国家就叛盟出兵。该国从唐朝末年开始，到元朝灭亡为止，一直这样屡次臣服中国，又屡次背叛中国。

明太祖洪武年间，高丽将军李成桂起兵造反，自立为王。他向明朝臣服，并派遣使者来到中国，请求洪武皇帝赏赐国号。朱元璋想了一会儿后，就命名这个国家为朝鲜，给予了这个国家一个崭新的国号。

清太宗崇德元年（1636 年），皇太极亲征朝鲜，逼迫这个国家的君主李倧投降，从此朝鲜臣服清朝（这是第二次攻打朝鲜，第一次发生在 1627 年，那次朝鲜没臣服）。

皇太极册封李倧为朝鲜国王，赐给他乌龟造型的金印（赐纽金印），命他必须出席清朝的庆贺大典，行使“遣使纳贡”的礼仪（俱行贡献礼）。

朝鲜这个国家有八道（相当于现在的省）、四十一郡、三十三府、三十八州、七十县，人口很多。国王和朝鲜官员皆穿唐朝的衣服（其实是明朝的衣服），该国子民“知文字，喜读书”，用一种古老的食器“笾豆”盛放食物（笾和豆是两种东西，竹制为笾，木制为豆，它们都是祭祀用的器具）。

这个国家的官员文雅而不忘“威仪”。贵族妇女的衣服很好看，她们的裙子和短袖上都有华丽的边饰。官服更是华丽无比，上面绣有金银装饰。

该国百姓头戴黑白毡帽，身穿白色的上衣和裤子。妇女们把辫子盘在头顶，穿青蓝色的上衣，外面系着长裙，穿白色的袜子和花鞋，很有自己的民族特点。

这个国家的百姓崇尚佛教，也信鬼神。子民皆吃苦耐劳，勤于耕作，是一个善良、勤奋的民族。

以上，就是《皇清职贡图》对朝鲜国家的大概介绍。

朝鲜第一怪，地理决定战斗力

咱们都知道，东北有“三大怪”，即“窗户纸糊在外，大姑娘叼着大烟袋，养个孩子吊起来”。殊不知，朝鲜也有“三大怪”。

朝鲜这三怪，就是“地理决定战斗力”“信奉理学一根筋”和“誓死效忠大明王朝不动摇”。

先说这第一怪，地理决定战斗力。

翻看朝鲜的历史，你会发现一个很神奇的现象——只要朝鲜在北面定都（平壤），这个国家就会开启“猛虎模式”，谁来灭谁，勇猛无比。反之，只要在朝鲜南面定都（汉城，今首尔），这个国家就会开启“绵羊模式”，谁都能灭它，软弱得可以。

这前后“判若两人”的行为模式，也成为朝鲜的第一怪了。

关于这个怪事，还得从头说起：

虽然在《皇清职贡图》的记载中，西汉末年，有一个姓高的扶余人占据了此地，自封为王，改国号高句丽，也称为高丽。但其实呢，这种记载并不准确。

其实，在当时的朝鲜半岛，一共有三个国家，堪称一个小版的“三国杀”。

史料记载，东汉初年，高姓扶余人趁中原内乱之际占领了朝鲜北部，建立了自己的“高句丽”王国。同时，另一拨人来到了南方，在这里建立了两个国家，即“百济国”和“新罗国”。

就这样，在这个朝鲜半岛上就出现了三个国家，形成了一个“三国杀”的局面，且这个局面维持得非常之久。

要知道，中国也有一个魏、蜀、吴的三国时代，但那个时代仅仅持续了六十多年，就被西晋王朝统一了。然而，朝鲜这个三国时代却整整持续了六百多年！他们从中国的东汉时期一直打到隋朝建立也没有分出胜负，一直分裂了下去。

等隋文帝统一后，这三个国家的好日子就算是到头了。

为了收复被高句丽占领的辽东土地，公元598年，隋文帝派遣30万大军东征，开始讨伐高句丽。

这场战斗中，就看出高句丽的战斗力了。他们与隋文帝大战五百回合，愣是让隋文帝无功而返。

隋文帝死后，隋炀帝继承父皇遗愿，继续出兵攻打高句丽。结果，略知那段历史、看过《隋唐演义》的人都知道，隋炀帝动员了百万大军，连续三次出兵攻打高句丽都无功而返。他打得自己的隋朝都亡国了，也没有啃下这块硬骨头。

由此可见，高句丽的战斗力就是这样的“生猛无比”。

隋朝灭亡后，李唐王朝取而代之。李世民登基称帝后，不仅继承了隋炀帝的产业，也“继承”了他的遗愿。李世民继续出兵攻打高句丽……结果，李世民前后打了无数次，到死也没有把高句丽打下来。

再说一遍，高句丽的战斗力，就是这样的“生猛无比”。

李世民死后，其子李治登基，随后武则天“垂帘听政”。这对夫妻在继承了李世民的产业后，也“继承”了李世民的遗愿，他们继续出兵攻打高句丽……结果，高句丽依旧生猛无比，多次击败唐军，让李治夫妇无法释怀。

打了几次后，李治终于开窍了，说我为什么要跟高句丽正面比拼呢？先打下他背后的两个国家，再两面夹击高句丽，不就行了？

于是，唐高宗派遣军队渡海作战，来到朝鲜半岛的南方，准备打服“百济国”和“新罗国”，逼迫他们跟自己联盟，前后夹攻，一起灭掉高句丽。

对比北面强悍无比的高句丽人，同样是朝鲜半岛的人，南面的国家就“软弱”得多。几场战斗后，百济国和新罗国服软了，他们一个被打跪，另一个当了带路人。

就这样，在唐军、百济军和新罗军的三军攻击下，高句丽再强也无法抵挡这么多只手。最终，高句丽被灭，李治终于完成了两个王朝、三任君主的梦想。

然而，天有不测风云，灭掉高句丽后，唐朝的北面防线开始吃紧，为了抵御塞外的游牧民族，唐朝只能调走朝鲜半岛的兵力。结果，唐军撤走后，新罗国看见了机会，他们就把唐朝的地盘给抢占了。

就这样，隋唐几代皇帝费尽千辛万苦才得到的战果，全都白白便宜了新罗。真是机关算计，却给他人做了嫁衣。

早知如此，何必当初，悔之晚矣，晚矣……

当然，虽然新罗国统一了朝鲜半岛，但这个国家定都南方，这就注定了他“气血不足”。

没过多久，新罗国爆发了内乱。在一番战斗后，一个叫王建的人统一了朝鲜半岛，他定国号高丽，自称高丽王，并把首都重新迁回了北面。

王建之所以定国号高丽，只是想笼络怀念故国的人，所以才打出“为高句丽复国”的旗号，建立了这个国家。但其实，王建的这个高丽与高句丽没有关系，只是名字相近罢了。

然而，不可否认的是，定都北方后，高丽真的被高句丽附体了，这个国家又恢复了强悍的战斗力。

当时，不管是五代十国中的任何一个国家，还是强大的辽，抑或是更强大的金，都对这个国家畏惧三分，不敢轻易开战。元朝崛起后，也对这个国家充满了“敬意”。

要知道，元朝是一个多么强悍的国家呀，灭国四十，打谁灭谁。强大的金朝、南宋都死在了他们手中，他们在欧亚大陆更是没有对手。结果，这么一个弹丸之地的小国高丽，竟然让元朝毫无办法。

1232~1251 年间，蒙古两任大汗窝阔台、蒙哥先后对高丽发动了七次进攻，用兵数十万，结果也没有让这个国家臣服。这个国家的“强悍程度”，就可想而知了。

最终，元朝见高丽太难啃了，就采用了联姻政策。他们把高丽国王纳为自己的女婿，把高丽变成了元朝的一个自治州，双方这才罢兵休战，并迎来了一百多年的和平。

百年后，高丽国的岳父，也就是元朝皇帝被朱元璋赶走了。元朝灭亡，明朝建立，在这个历史交汇之际，高丽的国王来精神了，他准备出兵东北，夺回祖先失去的“土地”。

说干就干，高丽国王拜李成桂为大将，命他出兵讨伐明朝。

不管怎么看，用自己那点虾兵蟹将去挑战大明王朝军队最强悍之时的精兵猛将（历朝历代，开国时的军队都是最强的），这并不是一个明智的选择。

高丽国王头脑发热了，但庆幸的是领兵的大将李成桂没有头脑发热。这位仁兄清楚地知道，自己是无论如何也干不过明朝徐达、常遇春这些不世猛将的。

最终，这位审时度势的李成桂一咬牙、一跺脚，造反了。他率军打回了老家，废掉了高丽国王，开创了一个自己的王朝。

这个王朝，就是著名的李氏王朝。

李成桂建国后，他派遣使者入京，向明朝俯首称臣，并恳请朱元璋赐给他国家一个新的名字，以承认他的名分。

对于这个新的名字，朱元璋想了半天后，他取“朝日鲜明之国”之意，为这个国家确定了新的名字——朝鲜。

得到明朝的封号后，李成桂很是高兴，他发誓永远效忠大明王朝，尊明朝为天朝，采用明朝的年号，永不背叛。

随后，为了表示自己的决心，也为了让明朝放心，李成桂把首都迁到了远离明朝的南方，把汉城（今首尔）作为了首都。

就这样，李成桂把首都重新迁到了南方，也就此开启了朝鲜“弱爆”了的历史，并在随后的 500 年时间里，彻底坑死了明朝和清朝。

明朝期间，日本攻打朝鲜，朝鲜毫无还手之力，被日本打得满地找牙，只能求救于明朝。清朝年间，日本人又来了，结果朝鲜还是毫无还手之力，再次被日本打得满地找牙，只能求救于清朝。

后面的事情大家都知道了，清朝没有打赢日本，被迫签署了《马关条约》，不仅赔了小弟，还赔了自己（割地赔款）。

再后来，“二战”结束后，朝鲜以“三八线”为界线，变成了两个国家。结果，大家都看到了。

在北面建都的国家，彪悍无比，甭管有钱没钱，“嚣张”得可以。反之，在南面建都的国家，就“文明”多了，屡战屡败。他们就此重演了“北面强悍，南面软弱”这个千古不变的格局。

朝鲜半岛的这种情况，真是应验了“地理决定战斗力”这句话了。

朝鲜第二怪，信奉理学一根筋

咱们都知道，为了禁锢人的思想，朱元璋下令，在科举考试答题时不能阐述自己的思想，必须按照古人的思想去写文章。

这个古人，就是朱熹。

就这样，在朱元璋的号召下，朱熹的思想成为明朝的主流思想，并传到了朝鲜。结果，朱熹的思想传到朝鲜后就一发不可收拾了。

史料记载，朝鲜人信奉理学已经到了“根深蒂固、不容置疑”的地步，他们认为理学为正学，其他学说都是异端。

除了理学外，朝鲜百姓不接受任何文化，就连悠久的佛学、后起之秀王阳明的心学，都不能被接受，甚至到了不能容忍的地步。

当时，朝鲜有一个著名的大学者，叫作李滉。此人著名到什么程度呢？他是韩国一位家喻户晓的大儒，其头像还印在现在的1000元韩币上。韩国人提起他，不敢直呼其名，而尊称他为“李退溪”（退溪是李滉的号，相当于中国的苏东坡）。

这位韩国大儒看见王阳明的书籍，特别是那句“心外无物”后，彻底怒了。随后，他开始痛骂王阳明，说他是一个异端。

在李滉或者是理学的思想体系内，“理”才是世界的本源和主宰。没有“理”，天下就彻底乱套了，也不复存在。你王阳明何许人也？竟敢说“心外无物”、世间根本不存在“理”，真是大放厥词，是可忍孰不可忍！

于是，李滉就开始玩命地写文章攻击王阳明这个异端。王阳明不是写了一本《传世录》吗？李滉也写了一本书，叫《传世录论辩》。

因为李滉的名气，这本《传世录论辩》在朝鲜风靡了起来，成为大家的必读之物。到最后，朝鲜百姓几乎没有读过《传世录》，却对这本《传世录论辩》了如指掌。

书归正传，朝鲜人这样喜欢理学、排除心学，等他们到了中国，面对那些信奉心学的学者后，自然能够上演各种“惊天动地”的故事了，真可谓“不争论，死不罢休”。

史料记载，朝鲜有一个著名的学者叫许篈。此人最大的爱好就是出使明朝。当然，许篈之所以喜欢出使明朝，不是留恋中原的繁花似锦，他是来中国“约架”的，就是来辩论理、心学说的。

当时，许篈出使期间，只要看见中国的读书人，他就要问人家对王阳明的态度。中国书生要是说一个“好”字，他就别想走了。许篈会一直跟他辩论下去，不让中国书生对王阳明“粉转黑”，他是不会罢休的。

更搞笑的是，许篈不会说中文，他只能跟中国书生“笔架”。就是说，他把自己要说的东西写下来，通过翻译念给对方听。对方反驳后，再通过翻译告诉他。有的时候，翻译水平不行，还得慢慢“交流”才能表达出双方的意思。

可见，这种“笔架”是既费时又费力，但许篈却乐此不疲。他往往一次“约架”就能“讨论”几个小时，书写几十页的稿子。

最终，中国书生被整得莫名其妙，只能满腹牢骚道：“我是吃饱了撑的！我干这种事情，我跟你费这个闲工夫！”

就这样，许篈的这种“笔架”往往无疾而终，对方也闹一个不愉快。但是，许篈依旧乐此不疲，他会寻找下一个目标，继续“畅所欲言”，不把对方说服誓不罢休。

这个许篈，就是这样的传奇。当然，在这些不怀好意的朝鲜使者中，最传奇的人，非李承杨莫属。

万历元年（1573 年），明朝大臣魏明亮上奏朝廷，希望表彰王阳明的功劳，让其“从祀孔庙”。

按理来说，这个要求并不过分，原因有二。

第一，抛开王阳明的学术不说，就凭他的战绩，也足以从祀孔庙。

要知道，王阳明为大明王朝平定过三次叛乱（第一次，平定四省匪患；第二次，平定江西宁王叛乱；第三次，平定两广土司之乱）。单凭这些战绩，他也是大明王朝的“救国之臣”，足以进入孔庙，被后人瞻仰。

第二，从祀孔庙的门槛并不高，大家都有机会进。

历朝历代进入孔庙的不下数百人，明朝也有十几人进入了孔庙。甚至一个太监（大家都知道是谁）也得到了这个殊荣，与这些圣贤们齐名。

鉴于这两点，以王阳明的政绩和影响力，他进入孔庙不是一件稀奇的事情。话虽如此，但对于这个结果，朝鲜使臣李承杨却不同意，他说什么也不让王阳明进入

孔庙。

在李承杨的眼中，王阳明是一个异端。这样一个人，不把他追其罪责，已经是对他最大的仁慈了，怎么还能让他进入孔庙、与朱熹齐名呢？如果朱圣人看见对面坐了王阳明，还不得“蹦”起来呀！因此，李承杨全力反对，绝不同意此事。

当时，为了反对这件事情，李承杨不顾自己朝鲜使者的身份，他竟然在朝堂上跟魏明亮争辩了起来。李承杨用蹩脚的中文痛骂魏明亮“诽谤理学、背谬圣贤、蛊惑人心”，就是一个“不忠不孝”的奸臣，请求皇帝将其治罪，以儆效尤。

可想而知，一个外国使臣，竟然在明朝的朝堂之上痛骂明朝的大臣“不忠不孝”。不知见此情景，魏明亮会做何感想？

综上所述，朝鲜人信奉理学的决心就是这么的强，而这个“信奉理学一根筋”的现象，也成为朝鲜的第二怪了。

朝鲜第三怪，誓死效忠大明王朝不动摇

虽然朝鲜人“信奉理学一根筋”有点不妥，但不可否认的是，信奉理学的人有这么一个好处，他们始终铭记圣贤之道，怀着一颗“滴水之恩必将涌泉相报”的心。

当时的朝鲜人就是如此，他们“誓死效忠大明王朝不动摇”，绝不忘记明朝对他们的恩赐。

前书讲过，明朝万历年间，日本发动“壬辰倭乱”，发兵进犯朝鲜。虽然事后在明朝的出兵下，日本惨败回国，但明朝也没有得到好处，只是让辽东的努尔哈赤鹬蚌相争、渔翁得利。

虽然明朝在这场战争中得到了一个赔本的结果，但不可否认的是，他却得到了朝鲜的感恩之心。朝鲜君臣一致认为，明朝就是他们的再生父母，这个恩情要万世不忘。

为了纪念这段皇恩，朝鲜专门修建了一个大报坛，用来祭拜明朝的万历皇帝（一年一次）。

后来，明朝亡国后，朝鲜人也没有停止这种祭祀活动，他们反而加入了明太祖和崇祯帝的神位，继续祭祀明朝。

祭祀期间，朝鲜皇帝除了要亲自祭拜外，还要书写一篇感恩戴德的文章，以不忘大明王朝的再造之恩。这些文章也都是一些“用词过猛”的文字，诸如什么“海东草木皆受皇恩”的词语，比比皆是。

在这些用词过猛的词语中，最猛的词语，非朝鲜英祖大王李昑撰写的长篇诗词《忆皇恩》莫属：

忆皇恩，忆皇恩，受命朝鲜是皇恩；
忆皇恩，忆皇恩，九章八音是皇恩；
忆皇恩，忆皇恩，特定宗系是皇恩；
忆皇恩，忆皇恩，再造藩邦是皇恩；
忆皇恩，忆皇恩，命将东援是皇恩；
忆皇恩，忆皇恩，慰谕颁历是皇恩；
忆皇恩，忆皇恩，粤昔国初受皇恩；
忆皇恩，忆皇恩，海东草木受皇恩……

通过这首诗词，特别是它被创作的时间我们就能知道朝鲜国王对大明王朝的感恩之心了。

要知道，李昑在位期间，已经是大清王朝的乾隆时代了。这个时候，中原百姓都不再怀念旧国、忘记了大明王朝了。结果在这个边陲之地的朝鲜，国君还一直不忘记大明王朝的再造之恩，这就更加难能可贵了。

这份感情，真可谓“万世不忘之功矣”。

朝鲜国王都如此感恩明朝，朝鲜的臣子们更是过犹不及。

当时，朝鲜士大夫对清朝毫无好感，他们称清朝“解放自己”的战役为“丙子胡乱”或“丙子虏乱”，称清朝“犬羊夷狄之国”，称清朝皇帝为“胡皇”，称清朝使者为“虏使”，一点不给清朝面子。

在痛恨清朝时，朝鲜的士大夫们竟然形成了一个“北伐派”，一门心思要攻打清朝，恢复大明天下。

三藩之乱时，这些人已经联系了吴三桂，准备跟他联手，一起“反清复明”了。只是因为当时的朝鲜肃宗太软弱了，这个行动才没有实施。

此外，朝鲜臣服清朝、变成清朝的附属国后，根据惯例要更换年号，把之前使用的明朝年号改为清朝年号。结果，朝鲜虽然照办，但史学家和学者们依旧不改年号，还是以明朝的年号为主。

1780 年，为了庆祝乾隆七十岁大寿，朝鲜学者朴趾源奉命出使清朝。当时，朴趾源有记日记的好习惯，他每一篇日记都会写下“崇祯纪年”，作为时间标记。结果，进入中国境内后，为了不给使团惹事（大家都懂），他只能以天干地支作为时间标记了，但也绝不书写清朝年号。

为了不让后人误会自己，朴趾源还对自己的所作所为解释了一番：

“我之所以用崇祯纪年，是因为‘皇明，中华也’。大明王朝永远是我们的‘上国’，我们不能忘记明朝的恩赐。我之所以不用崇祯纪年，是因为江（鸭绿江）以外都是清朝的国土，天下都奉清朝为正朔，我不敢再公开崇祯纪年了，所以只能这样记录。希望后人能够明白我的苦衷，不要记恨我。”

要知道，当时肯出使清朝的朝鲜官员，都是“亲近清朝”的，也是朝鲜“北伐派”眼中的“乱臣贼子”，人人得而诛之。结果，像朴趾源这种亲近清朝的官员，都如此鄙视清朝、信奉明朝，其他官员的表现就可想而知了。

最终，就是拜朝鲜所赐，中国历史上使用时间最长的年号，不是康熙（六十一年），也不是乾隆（在位六十年，退位后当了三年摄政的太上皇，理论上是六十三年），而是明朝的最后一个年号——崇祯。

根据《朝鲜李朝实录》记载，明朝虽然已经成了历史，但朝鲜不忘明朝的恩德，一直用崇祯纪年，整整使用了二百六十五年。直到 1895 年，清朝承认朝鲜“独立”后，这个年号才成了历史。

第一次出兵朝鲜

后金天聪元年（1627 年）正月初八，皇太极继位仅仅四个月零八天，他就迫不及待地调兵遣将，讨伐朝鲜了。

此战中，皇太极拜二贝勒阿敏为统帅，命其率领三万大军，征讨朝鲜。

《燃黎室记述》记载，对于这个虎狼之师的后金，朝鲜的有识之士一直保持着高度警惕。贤臣金荩国就苦口婆心地告诉国王，“建贼之于我国，壤地相接，其狺然欲噬之心，曷尝须臾忘哉”。不出数年，后金一定会出兵攻打我国，希望皇帝勤修武功、整顿兵马，迎来这一战。

然而，虽然有金荩国这样的名臣忧国忧民，但此时的朝鲜已经腐败透顶了。其政府的腐败程度，比明朝有过之而无不及。

在这种背景下，权谋者只管理自己眼前的风花雪月，没有一个人去管理这个国家。

也许，在朝鲜群臣眼中，即使后金来打他们，他们也不怕，毕竟，明朝是不会坐视不管的。他们会像当年的“壬辰倭乱”时一样，再次出兵。

可惜的是，朝鲜君臣这一次打错了算盘。如今，大明王朝自顾不暇，哪里还有精力管这个事情。他们只能让朝鲜自生自灭、独自抵抗后金了。

至此，在明朝无力援助的情况下，朝鲜君臣彻底慌了，他们只能依靠自己，独自抵挡金军。然而，这种临阵磨枪的上阵，又怎么抵挡得了后金的虎狼之师。

当时，根据魏源《圣武记》记载，我们能够知道朝鲜与后金的战斗力对比——“故得朝鲜人十，不若得蒙古人一；得蒙古人一，不若得满洲部落人一。”

虽然这段文字有夸大之嫌（女真一族，不愧为“战斗民族”），但不可否认的是，论单兵作战，朝鲜士兵确实不如女真士兵，何况这还是一群天天养尊处优、根本没有上过战场的朝鲜大兵。

就这样，在后金军无敌的攻击下，朝鲜军被打得丢盔卸甲、无力反击，他们只能任由女真人在自己国土上“铁骑长驱，一日之内，可行八九息之程”，却毫无办法、束手无策。

《清太宗实录》记载，天聪元年（1627 年）正月初八，皇太极发兵讨伐朝鲜。征朝大军士气高涨，一路攻无不克、战无不胜，仅仅用了半个月的工夫，八旗劲旅就横扫了大半个朝鲜，几乎把朝鲜打得亡国了。

天聪元年（1627 年）二月，阿敏屯兵至汉城（今首尔）城下，致书给朝鲜国王，逼迫他签署“城下之盟”。结果，就在此时，上演了极其搞笑的一幕。

《东华录》记载，面对后金的书信，朝鲜竟然反客为主，他们遣使致书给阿敏，质问后金兴师问罪的原因。

这封书信是这样写的：“贵国无故兴兵入我内地，我两国原无仇隙，自古以来欺弱凌卑，谓之不义；无故杀害人民，是为逆天。若果有罪，义当遣使先问，然后声讨，今急返兵，以议和可也。”

可想而知，阿敏看完这封书信后一定哭笑不得。仗打到这个份上，你们还竟然问我们为何而来，真是愚蠢无比。

真是“兵”遇到“秀才”，有理说不清，让阿敏头痛不已。

好在皇太极未雨绸缪，他早就想好了这个答案。这个答案，就是他讨伐朝鲜的“七大恨檄文”。

这里多说一句，皇太极不愧为努尔哈赤的儿子，他也对“七”这个量词情有独钟。昔日，努尔哈赤以“七大恨”告天，开始伐明。皇太极也会颁布“七大恨”，随后讨伐敌国。对朝鲜，是如此；对明朝，也是如此。

你们这对父子，到底是多喜欢“七”呀。

书归正传，在这篇讨伐朝鲜的“七大恨檄文”中，皇太极给朝鲜定的罪名，如下：

我讨伐东海女真瓦尔喀部时，你们无故出境，与我兵相距，这让我很不爽。一恨。

乌拉贝勒布占泰屡次侵入我国，你不帮忙，还劝我不要出兵，帮助布占泰对付我。二恨。

我们两国之间本来没有仇恨，你却帮助明朝攻打我。我跟你和好，你不理，我把被俘的人还给你，你也不道谢。三恨。

上天把辽东赐给我，辽东的百姓，自然是我的百姓，结果你接纳我的百姓，是何道理？我想跟你修好，你却去跟毛文龙打得火热。我让你把毛文龙交给我，你也不理不睬。四恨。

我来擒毛文龙，搜捕明朝人，你不帮忙，反而一直阻挠，还不说一句让我高兴的话（尔竟无一善言相报）。五恨。

毛文龙潜据海岛，是我后金的敌人，你却帮助他，给他土地，资以粮饷，这是帮助我的敌人呀。六恨。

我父皇驾崩后，明朝是我的死敌，也派遣使者来吊唁，你却一个使者也不派。啥也别说了，七恨。

最终，皇太极给出了结束语——“尔结怨多端，决难修好，是以兴兵。今尚自以为是，与我为敌耶？抑将引咎自责，重修和好耶？我留师五日以待来使，如违约不到，我兵必前进！”

对于后金给自己定了“七大罪”，朝鲜竟然写了一封回信，把上面的指责都给反驳了。

朝鲜反驳后，后金只能继续反驳；后金反驳后，朝鲜继续反驳；朝鲜反驳后，后金……这样过了几天后，阿敏回过味来了——我有病呀！跟你玩这种文字游戏。要打就打，要战就战，何须再言！

结果，在阿敏的恐吓中，朝鲜二话不说，就……投降了。

就这样，朝鲜正式投降，双方开始议和。天聪元年（1627 年）三月三日，双方达成一致，歃血为盟，宣读誓词，祭拜天地。

后金与朝鲜的议和条款，有三：

第一，双方约定为“兄弟之国”，后金为兄，朝鲜为弟。

第二，朝鲜与明朝断绝关系，把辽东的“逃人”送回后金。

第三，朝鲜要派使者参加后金的庆典，其间一定要进贡，后金要给予回礼。

以上，就是双方议和的主要内容。

至此，这次历时两月的后金与朝鲜的战役，就以“后金当兄，朝鲜当弟”的结果告终。毋庸置疑，这是一次大规模征服朝鲜的侵略行动，给朝鲜带来了巨大的破坏和灾难。

第七章　宁锦大捷

第一次交锋

收拾完了朝鲜，皇太极下一个目标，就是那个老冤家明朝了。而要收拾明朝，就要先收拾害死老爹的那个明将。

那个明将，就是袁崇焕。

至此，皇太极与袁崇焕的交锋，正式开始。

这对冤家的第一次博弈，是从努尔哈赤的葬礼时开始的。

当时，在努尔哈赤的葬礼上，袁崇焕竟派使者送来了慰问品，以表示自己“哀悼”之情。

逼死了皇太极的老爹，还派人来吊唁，这在后金将领的眼中无疑就是挑衅。于是，大家义愤填膺，要斩杀了这个明使，以告慰努尔哈赤的在天之灵。

然而，就在众人的喊打喊杀声中，皇太极却忍了下来，他接受了袁崇焕的慰问品，并回了很多的礼物。

由此可见，皇太极绝对是一个合格的、不被感情左右的政治家。

诚然，不是每一个人都能忍耐对方的挑衅。但是，皇太极却忍得住。因为，他清楚地知道，君子报仇，十年不晚，现在还有很多重要的事情要做，比如改革内

政，比如出征朝鲜，这些事情比报仇更重要。等干完了这些事情，再报仇不迟！

何为“卧薪尝胆”？何为“忍辱负重”？这就是皇太极留给我们的启示。

为了完成这些重要的事情，皇太极只能忍辱负重地接受了仇人的礼物，他甚至放下身段，主动给明朝写信，打算跟明朝议和，以麻痹明朝，争取时间。

就这样，在皇太极的示好下，明朝和后金开始了议和。结果，第一次议和竟然无疾而终。

原来，对于皇太极的和谈请求，袁崇焕是同意的。但对于皇太极的信件，袁崇焕却反感无比，他以“不合规矩”为由，退信了。

袁崇焕告诉皇太极，你一个小小的蛮夷，竟然如此不守规矩。你的信件上，把“大金”和“大明”的字样并列，也没有一句谦卑之词，这不合规矩。你还敢自称“大金皇帝”，是不是太狂了点？这种书写，有失天朝尊严，所以我无法向朝廷转达。若你想继续和谈，就要守规矩。

至此，双方的第一次和谈，就以这样的结局告终。

过了一个月后，皇太极再次示好，他规规矩矩地写了一封信送给了袁崇焕，打算继续和谈。

殊不知，皇太极这封信的封面很守规矩，但是其内容，就很不守规矩，就是在兴师问罪。

因为，在这封书信中，皇太极写了一篇新的“七大恨”内容，痛骂明朝不公，要求对自己进行补偿。

癸未年（1583 年），你国无故兴兵害死我的两位祖宗，此一恨也；

癸巳年（1593 年），叶赫、哈达、乌拉、辉发四部与蒙古会兵攻打我，你国并未前来支援，以后哈达再次侵犯我，你国又不来相助。己亥年（1599 年），我出兵报复哈达，上天把哈达交给了我，你国却庇护哈达，逼我把俘获的人口归还给它，却被叶赫部掠去，你国则置若罔闻。你们既然称“中国”，应秉公主持正义，但对我国不援助，对哈达则支援，对叶赫听之任之，竟如此偏私，此二恨也；

你国虽然挑起事端，我仍然愿意修好，故戊申年（1608 年）双方刻碑划界，杀白马黑牛，向天地宣誓说：两国的人不得越过疆界，违者定遭惩罚。结果，癸丑年（1613 年），你国出兵保护叶赫，侵入我界，此三恨也；

双方又曾立下誓言：凡有越边境者，见而不杀，必受牵连。你国的人偷出边界，扰乱我疆域，我据誓约将其杀死，你国却说我擅杀，扣我使臣纲古礼、方吉纳，索要我方十人，在边界处杀死，以图报复，此四恨也；

你国不但出兵保叶赫，还把我国已聘的叶赫女人（倒霉的东哥格格，这都不放过她）改嫁给蒙古，此五恨也；

你国还发兵焚烧我守边的房舍，又将界碑私移到我方三十里外，夺我疆土，我方人民赖以生存的人参、貂皮、五谷都被你国夺取，此六恨也；

甲寅年（1614年），你国听信叶赫之言，遣使欺凌，此七恨也。

我的大恨，有此七件，至于小愤，一言难尽。现在，若你们愿意和好，就拿出黄金十万两、白银百万两、缎百万匹，布千万匹，作为“赔偿金”。每年给我黄金万两、银十万两、缎十万匹、布三十万匹，作为“和好之物”。我也意思意思，每年回赠你们东珠十颗、貂皮千张、人参千斤。

如果你们同意的话，我们就签订合约，永不再战。如果你们不同意的话，我们就维持现状，继续开战。

可想而知，看完这封“胡搅蛮缠、蛮不讲理”的书信后，袁崇焕气不打一处来，他给皇太极回了一封信，开始跟这个皇帝打笔架了。

袁崇焕回信的大概内容，如下：

你有七大恨的怨言，我就没有吗？你自己看看，你们造反了十余年，导致辽东百姓家破人亡，尸横遍野，这是谁的罪孽？你口口声声说明朝向着其他女真部落，那好，今南关、北关何在？早就变成你的私人财产了！

如今，两国交战期间，难道死者都是你的人吗？难道所有荒废的土地都是你的吗？你这不是睁眼说瞎话吗！我倒要问问你，你口口声声说要修好，那么占领的城池，是否要归还呢？掠夺的百姓，是不是应该释放呢？你连这些诚意都没有，还谈什么“和谈”！

天道无私，人情忌满；是非曲直，明明白白；各有良心，偏私不得。我愿汗再深思，不要为了一念杀机，给人间带来无穷灾难，放下屠刀立地成佛，回头是岸。

作孽之人，即遭刑戮，难逃天怒，我不必一一列举，而汗亦知。如果都说得清清楚楚，那只有问问那些长眠地下之人了。这些口舌之争，我不但希望我皇上把它忘掉，而且也希望汗同样把它忘掉，还是让我们“和谈”吧。

看完袁崇焕这封“痛骂”自己的书信后，皇太极勃然大怒，他继续给袁崇焕写信，跟他打笔架。

双方打笔架期间，也没有忘记讨价还价。最终，皇太极做出了让步，他给出了一个很有诚意的议和条件。

这个议和条件，主要有两个：

第一，政治上，皇太极做出让步，同意“降格”，称“汗”不称“帝”，把自己列在明朝皇帝之下，但不得与明臣并列。

第二，经济上，皇太极也做出让步，只要明朝每年给他黄金一万两、银十万两、缎十万匹、棱布三十万匹，就与明朝罢兵休战。

皇太极开出这个条件后，就等着袁崇焕的答复了。结果，袁崇焕没说同意，也没说不同意，他根本不理皇太极的要求，继续干自己的事情。

其实，不管是皇太极还是袁崇焕，大家都没有在真心实意地议和，大家只不过以议和为幌子，争取时间罢了。

皇太极需要时间去重修内政，去收拾朝鲜；袁崇焕也需要时间去重修城池，解决高第留下的烂摊子。因此，这场所谓的和谈不过是玩玩罢了，大家皆揣着明白装糊涂而已。

就这样，天启七年（1627 年），吞并了朝鲜，重组了内政，皇太极满意了；修好了城池，恢复了防线，袁崇焕也满意了。

双方皆满意，都腾出手了，那就不用犹豫了，开战吧！

天启七年（1627 年）五月，皇太极携平定朝鲜之锐气，率领六万大军南下，开始攻打锦州。

至此，明朝与后金的大战再次展开。

锦州之战

天启七年（1627 年）五月十一日，皇太极率军来到锦州城下，开始攻城。当然，皇太极所谓的攻城，不过是单方面“被屠杀”罢了。

要知道，八旗之强，在于野战，不在于攻城战。爬城楼这种事情，本来就是八旗军的弱项，何况他们面对的还是那个“弓箭 + 燃烧瓶 + 大炮”的待遇。

就这样，八旗军整整打了一天也没有爬上城池，他们只能留下一地的同伴尸体，灰溜溜地撤兵了。

第二天，八旗军被锦州城的守备武器打怕了（主要是大炮），他们只能远远地环城而行，根本不敢进攻。见此情景，皇太极只能改变策略，打算用另一种办法攻陷这座城池。

这个办法，就是所谓的劝降。

为了劝降锦州城的守军，皇太极三次派遣使者到城下，对城上明军喊话，让他们投降。结果，明军根本不为所动，他们用了一句“城可以破，但不可以游说”的话，就把后金的使者骂走了。

本来就是，老子这里有吃有喝，兵强马壮，储备充足，你又进不来，我除非傻了才投降。

可见，皇太极的这个劝降之举，不过是自取其辱，徒增笑耳罢了。

一计不成，皇太极竟然再使一计。只不过，他的这个计谋，更加愚蠢。

原来，皇太极送了一份挑战信，他告诉守城的明军，你们龟缩在城里，不是好汉，有本事就出来，咱们好好地打一架。你们出一千人，我只出十人，若你们打赢了，我们就撤兵；若你们打输了，就把城池给我们。

很显然，皇太极此举就是《三国演义》看多了，在运用里面的激将法。毕竟，敌方一千人，本方才十人，不管怎么打，都是敌方赢呀。就是一千个手无缚鸡之力的老百姓，也能围殴死十个特种兵呀。你个人能力再强，也不能一打一百呀。

皇太极本意，就是想激怒明军，让他们出城迎战，杀他们一个措手不及。结果，明军根本不中计，他们就回复了四个字——不搭理你。

就这样，在锦州城下耗了半个月后，皇太极拿这座城池毫无办法，只能继续进军了。他继续前进，兵锋直指袁崇焕驻守的宁远城。

皇太极的这步棋，堪称精妙无比。虽然从军事上讲，锦州城是明朝防线的“七寸”，只要攻陷了这里，这条防线就废了。但袁崇焕是对方的主将，只要能砍死这个主将，一样能够获得胜利。

毕竟，打仗的最终目的就跟下象棋一样，不是你占领了多少城池、打败了多少军队，其实非常简单，就是砍死对方的主将。

天启七年（1627 年）五月二十八日，皇太极来到了宁远城下。结果，他看见了这样的一幕，让他不能释怀。

原来，跟以往不同，明军将士根本不守城池，他们已经在千里平原上严阵以待！明军骑兵士气高昂，就等着跟后金军决一死战。

明军的这支骑兵，在历史上有一个响当当的名字——关宁铁骑。

为了对抗女真强大的八旗铁骑，袁崇焕采用“以辽人守辽土”的政策，四处招募身强体壮、骑术精湛、有国恨家仇（这点更重要）的辽人，用他们组建了一支强大的骑兵，用来对抗后金军。这支部队，就是“关宁铁骑”。

这支关宁铁骑战斗力极强，他们曾创造了“九千骑兵重创十余万八旗铁骑”的壮举，是明朝最强悍的骑兵，没有之一。一些军事迷们更是对这支部队推崇备至，称他们与李世民的“玄甲骑兵”、岳飞的“背嵬军”齐名，是中国历史上最精锐的三大骑兵军团。

当时，看见这种在城外严阵以待、对自己示威的明军后，皇太极勃然大怒，下

令立刻进攻，他要诛杀了这些明军。

皇太极给出的理由是：

昔皇考太祖攻宁远，不克；今我攻锦州，又未克。似此野战之兵，尚不能胜，其何以张我国威耶！

——《清太宗实录·卷三》

昔日，父皇打不过明军，今日，我也打不过明军，已经够丢脸了。如果，连野战也打不过明军，咱们还混个什么呀！

在这种思想下，愤怒的皇太极下令，全军给我冲……冲、冲、冲！

当然，皇太极想冲，他也得问问其他人的意见。毕竟，当时的这个后金帝国不是他一个人当家，而是“四天王”共同执政。

对于这个出兵一事，剩下的三个贝勒都不同意。他们委婉地告诉皇太极，敌人如此嚣张地站在城外，手里肯定有两把刷子，不可小觑。你看看他们的装备，你看看他们的战马，你看看明军将士眼中的血丝（恨呀），他们是善茬吗？贸然进兵，得不偿失，还得从长计议、从长计议呀。

对于三大贝勒从长计议的请求，皇太极就回复了两个字“同意”，随后，他就把这“三尊佛”忽悠走了。

忽悠走这些人后，皇太极清楚地知道自己该干什么了。

就这样，这三人回到军营，刚刚脱去盔甲，就听见一声进攻的号角，大汗亲率大军进攻了。

见此情景，这些人都不知道该说什么了，他们连铠甲都来不及穿，就赶紧骑上战马，跟随皇太极冲锋陷阵了。

事实证明，皇太极的这次进攻，堪称鲁莽。

当时，因为无脑地向前冲，明军的大炮很容易就锁定了他们，把他们炸得尸横遍野、损失惨重。且后金军将领们准备不足（铠甲都没穿），他们被大炮打得苦不堪言。贝勒萨哈廉就被大炮打伤，只能撤退了。

后来，就是因为这个炮伤，年纪轻轻的萨哈廉英年早逝了，让皇太极痛苦不已。

书归正传，即使后金军通过了炮火的覆盖区，他们冲到了宁远城下，他们的局势也不容乐观。因为，眼前的这支明军明显有问题，他们就是一群疯子。

一直以来，在后金军眼中，明军的骑兵很好欺负。一打就跑，一跑就死，打明军的骑兵不过是一场“追逐的游戏”罢了。结果，眼前的明军明显不对劲，他们个个跟打了鸡血一样，死战不退，跟自己拼命。

就这样，在关宁铁骑视死如归的反击下，后金军损失惨重，他们最终溃败而归。且这一次的溃败，要比努尔哈赤时期的那一次溃败更加丢人现眼。

毕竟，努尔哈赤虽然没有攻陷宁远城，但在宁远城上刨了几个洞，还一度攻上了城楼。可皇太极这次呢？他甚至都没有摸到城墙就被打了回来。

被打回来后，皇太极明显怕了，他当即做出了一个决定——不打了，退服；打不过，回家。

对于皇太极而言，这是一个英明无比的决定。结果，撤兵期间，皇太极又来了一个想法，把后金军坑到了地狱里，也让这场大败变成了一场惨败。

惨败而归

天启七年（1627 年）五月二十八日，在跟袁崇焕交战仅一次后，皇太极就看出了双方的等级，也明白了双方巨大的差距。于是，为了不全军覆没，他立刻选择了撤兵，打算卧薪尝胆，练好了本事再来。

结果，在撤兵期间，皇太极不甘心。他就产生了一个想法，准备第二次攻打锦州，攻陷这座城池，找回面子。

殊不知，正是这个决定，让后金军的一场大败，变成了一场惨败。

天启七年（1627 年）五月三十日，皇太极第二次来到锦州，开始……对其合围。

之所以用“合围”，而不用“进攻”，这也是无可奈何的事情。毕竟，明军的大炮太吓人了，试问谁受得了。

就这样，整整五天，皇太极一直不敢进攻，他选择了“囚笼战术”，日夜不停地骚扰明军，吓唬他们，以瓦解他们的士气，为攻城做准备。

折腾了五天后，皇太极见差不多了，就下令攻城。一时间，八旗大军倾巢而出，开始玩命地攻打锦州城。然而，毫无改变的他们，又怎么可能攻陷锦州城呢？

就这样，在“弓箭 + 燃烧瓶 + 大炮”联合的攻击下，后金军损失惨重，他们又“被屠杀”了一次，全线溃败而归。

见此情景，皇太极算是想明白了，回家吧，别折腾了。再折腾下去，就什么都没有了。还是先修炼几年再出山与明朝决战吧。

天启七年（1627 年）六月五日，在付出了极高的学费后，皇太极不甘心地选择了撤兵。这一次，他是真的撤兵了。

回家期间，皇太极率军路过了明朝修筑的大凌河城（注意这里），他见此地空无一人，就下令毁城，算是出了心中的一口恶气。当然，皇太极无论如何也不会想到，在不久的将来，他将重回这里，跟明朝展开一场激战，并得到三件好事。

至此，伴随着皇太极的撤军，这场为期二十余天、后金与明朝的一次在锦州、宁远展开的大战，就以皇太极的惨败、明朝的大获全胜告终。

捷报传到京城后，天启皇帝甚是高兴，他大喊道："十年之积弱，今日一旦挫其狂锋！"老子被你按地上整整打了十余年，今日一战，我就连本带利全要回来，打得你找不到北！

痛快，真是痛快。

明朝的史料，记录的内容痛快无比；清朝的史料，记录的内容竟然也是痛快无比！

原来，在清朝编纂的《明史》中，他们对于这场战役的描述，竟然留下了"大捷"这样的词语，这就太了不起了。

很多人知道，清朝是中国文字狱的一个高峰期，堪称社会最黑暗的时代。当时，文字编辑者为了讨好清朝，在编纂历史时，所有"不良、不敬、不恭、不谀"的词语全部被阉割了。可这个"大捷"的词语，却被保留了下来，足见清朝统治者的心情了。

只有完全被打服的情况下，才会保留下来这种词语。可见这场战役，已经让皇太极心服口服了。

至此，惨败回家后，皇太极打算洗心革面、重新修炼、再次出山。结果，他惊讶地发现，世间的变化超出了自己的想象，他必须第一时间适应这个社会了。

因为，短短数月，天下已经发生了翻天覆地的变化，让他不得不重新谋划未来了。

天下大乱

天启七年（1627 年）六月五日，皇太极继父皇努尔哈赤之后，再一次败在了袁崇焕之手，他惨败回京。结果，仅仅过了一个月，七月二日，袁崇焕就在大太监魏忠贤的挤兑下，被迫辞职了。

目睹自己的宿敌败在了一个大字不识的太监手中，还以"暮气沉重"为由下岗回家了，皇太极都不知道该说什么了。

何为"暮气沉重"？就是指此人"不思进取，革命意志消退，应该下台颐养天年，回家抱孩子”的意思。结果，年仅四十三岁的袁崇焕就成为一个暮气沉重的老人，他下台回家了。

目睹了明朝自毁长城的壮举后，皇太极内心都笑开了花，他准备乘虚而入，攻打宁远城。结果，皇太极尚未行动，天下又大乱了，他也只能重新制订计划了。

原来，又仅仅过了一个月，八月二十二日，大明帝国年仅二十三岁的天启皇帝英年早逝。其年仅十七岁的弟弟朱由检继承帝位，成了明朝最后一个皇帝——崇祯帝。

崇祯帝登基后，他用了三个月的时间干掉了魏忠贤，清除了阉党等人，让大明王朝为之一振，迎来了中兴。

同年十一月，崇祯皇帝复启袁崇焕，任命其为兵部尚书兼右副都御史，总督蓟、辽、登、莱、天津等处军务，移驻山海关，专门对付皇太极。

这一安排，对于皇太极而言，事情不妙矣。

要知道，袁崇焕无兵无权时都那么难收拾，如今袁崇焕大权独揽，总领辽东事务，这是要收复辽东的节奏呀。恐怕未来的一段时期，皇太极都没有好日子过了。

可见，这个世界的变化就是这样的荒诞不经、不讲道理。前几天，皇太极还因为袁崇焕的下台而欣喜若狂，开怀畅饮。结果接下来几天，他就因为袁崇焕的复启而悲痛欲绝，苦不堪言了。

这大起大落的心情，试问谁受得了？

正当皇太极愁眉不展时，上天又赐给了他一个惊喜。袁崇焕竟然先斩后奏，自毁长城，替自己解决了一个心腹大患。

这个心腹大患，就是那个明朝人眼中“使奴狼顾而不敢西向的海上长城”、后金人眼中“此人一日不灭，则奸叛一日不息，良民一日不宁的肘腋之癣”的——毛文龙。

毛文龙，字振南，一名毛伯龙，浙江杭州府钱塘县人，祖籍山西平阳府太平县。明朝末期将领，历仕万历、泰昌、天启、崇祯四朝，官至左都督平辽总兵官。

毛文龙出生在明朝万历四年（1576年），他出生后不久，父亲就病逝了。为了生活，母亲就带他来到了舅舅沈光祚家维持生计。

由于史料的前后矛盾、混乱不堪，导致我们已经不知道毛文龙四十岁前的生活状况了。

因为，有的史料说毛文龙家里“贫穷”，他经常吃不饱饭，也上不起私塾，自然无法考取功名。

没有工作，毛文龙只能在街上鬼混，他成了一个游手好闲的混混，天天不是去打架斗殴，就是去赌博，为此还欠了一屁股债。

为了还钱，他以算命为生，后来实在还不起了就参军躲债（因为追债的人都不敢来军营里闹事）。

以上，就是毛文龙的生活情况，何止是一个“惨”字了得。

然而，在其他的史料中，我却看见一个不一样的毛文龙。

相反，有的史料说，毛文龙家里有钱，毕竟他舅舅是兵部的一个六品主事，家里还算过得去。

因为有钱，毛文龙可以上私塾，据说还给他请过家庭教师。但是，毛文龙天生不是读书的料，不管怎么学习也无法考取功名。

当然，即使考不上，毛文龙也有自己的解释，他认为“丈夫当取功名如拾草芥，怎年纪三十，困于考场！”他的目标是要像班超、霍去病那样，金戈铁马、剑舞狂沙，认为这才是一个大丈夫。

最终，因为憧憬当兵，在舅舅的“帮助”下（后面解释），毛文龙就参军了。他投奔了辽东总兵李成梁，在他手下历练。

历练期间，毛文龙忙里偷闲通过了武举，成为了当年的第六名。再后来，在舅舅的推荐下，毛文龙投奔了辽东巡抚王化贞，在他手下当了一个游击。

以上，就是毛文龙的另一种生活情况了，何止是一个“顺”字了得。

综上所述，在这种前后矛盾的史料下，已经无法还原一个真实的毛文龙了。只能寄希望更多的史料出炉，来解决这个谜题。

当然，不管史料如何前后矛盾，有一个点是共同的，就是说——这个孩子天生“其貌不扬”，还“有大志气”，是一个能够成就大事的人。

何谓“其貌不扬”？

史料记载，毛文龙天生“美须”，很有“英气”，双目“闪闪如电”，为人“落拓”大方，他天生就是一个“很有魅力”的男人，长得可以。

何谓“有大志气”？

史料记载，毛文龙年少轻狂时曾跟狐朋狗友们“群饮酒楼”。喝得大醉时，毛文龙拍案而起，大喊道：“不封侯，不罢休！”

当然，其余人都认为他在说醉话，一笑置之。毕竟，你就是一个混混，还想拜相封侯，醒醒吧。后来毛文龙果然声名远播、名震中外，众人才知道他当年的志气。

虽然这个故事十有八九是后人杜撰，但不可否认的是，年轻人还是要有点志向的，万一实现了呢？也可以有一个奔头。

要记住，梦想再大，也不算大；追梦人再小，也不算小。年轻人嘛，有一个远大的理想，绝不是一件坏事。

综上所述，因“其貌不扬”加“有大志气”，毛文龙就变成一个刘备似的人物，他不想成功都难。

当然，根据中国的优良传统，身为名人的毛文龙在幼年期间，也一定会有特殊的故事。

《明季北略》记载，毛文龙天生喜欢下象棋，能从早上一直下到午夜，他一边下，还一直嚷嚷：“杀得北斗南归。”众人不解，问其原因。毛文龙解释道：“行棋如决战，对垒如交锋。痛快，痛快！”

众人一听，认为这个人有病，就笑着离开了。后来，这件事情传到了西湖慈净寺内一个叫逍遥子的道士耳中，这个人大吃一惊，马上让毛文龙拜自己为师，要传授他下棋之道。

对于这种要教自己下棋的人，毛文龙是没有兴趣的。但是，这个道士仅仅说了一句话，就让毛文龙心悦诚服地拜师了。

这句话就是——马融有围棋之赋，班固作弈旨之论，所谓的下棋，不过是“寓兵法于中”罢了。

一听这话，毛文龙就此开悟了，他一直跟随逍遥子学习下棋（兵法）。毕业时，逍遥子还送他兵书一本，以作奖励。

后来，就是凭借这个下棋的本领，毛文龙运筹帷幄于千里之外，成了一员有勇有谋的大将。

当然，这个故事是真是假，到底是杜撰的，还是真实的，不说自明。大家随便看看就好。毕竟，这就是一个造神故事罢了。

至此，凭借自己天生的本领（长得帅加有志气），以及后天的本领（会下象棋），毛文龙长成一个孔武有力的青年了，他准备一展宏图，去开创属于自己的事业。

那么，他是怎么从一个默默无闻的小卒，成为一个名震中外的将军的呢？

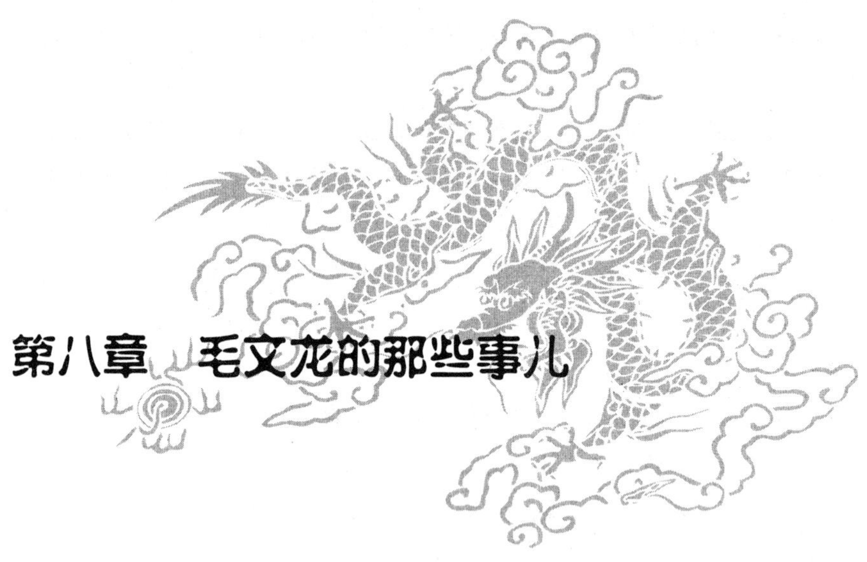

第八章 毛文龙的那些事儿

皮岛创业

毛文龙长大成人后，舅舅沈光祚见他是个人才（或者见他是一个不成器的混混），就把他送到了军营，想让他光宗耀祖、建功立业（或者是让他战死沙场，永绝后患）。

由于史料的匮乏，我们已经不知道毛文龙参军的本意了。我们唯一知道的是，毛文龙参了军，从此变成了一个保家卫国的战士。

毛文龙参军后，在李成梁手下当兵。当时，由于李成梁太有名了，投奔他的人有很多，所以毛文龙的前面一直有“插队”的，让他很难晋升。即使毛文龙通过了武举，得到了一个全国第六名的优异成绩，他也没有一丁点的上升空间。

在李成梁麾下期间，毛文龙一直没有升迁，他就像是一个留了级的学生，只能借酒消愁，感叹着世间的无奈。

殊不知，在毛文龙唉声叹气时，他的好运气却突然降临了。

原来，毛文龙混得不咋样，他的舅舅沈光祚却混得非常好。这些年，沈光祚官运亨通，步步高升。如今的他，官至山东布政使，是国家的二品大员了。

舅舅“得道升天”，要是不帮助外甥一把，就说不过去了。于是，沈光祚花费重金，结交了辽东巡抚王化贞，他希望王化贞提拔一下这个外甥，让毛文龙跟他混。

在“孔方兄”的面子下，王化贞就同意了沈光祚的请求，他把毛文龙调入了自己麾下，并给了他一个肥缺——练兵游记。

所谓“练兵游记”，官如其名，就是一个练兵的官员。在明朝管制中，此官负责招兵买马、训练部队，不用上战场，堪称幸福。

因为要给国家招兵买马，所以此官可以当国家的蛀虫，吃空额，喝兵血，肆无忌惮地贪污国家的经费，可谓赚了一个五谷丰登、盆满钵盈。此官还不用上战场，可谓安全无比，不像其他的武将，有命赚，没命花。

更可气的是，这个不用上战场的官员竟然还有战绩。因为，国家若打了胜仗，他有功劳，因为他是“练兵”的，练的兵好。国家若打了败仗，也跟他没有关系，因为他只是一个“练兵”的，跟打仗无关。

可见，得到了这么一个官职，毛文龙当时的内心，真可谓兴高采烈。

殊不知，毛文龙还没有高兴多久，在努尔哈赤的“帮助”下，他就失去了这个官职，并被迫走上另一条路。

天启元年（1621 年），努尔哈赤占领了辽阳，明朝无力反击，只能全线撤退，拱手将辽东土地送给了努尔哈赤。

在这种背景下，毛文龙面前就剩下两条路了。第一条路，跟随明军撤退，从此以一个败军之将的身份“后补”，等待着重新当官。第二条路，学习那个名臣之后，投降努尔哈赤，在新的国家谋取一个官职。

然而，面对这两条路，毛文龙根本没有选。而是选择了第三条路，一条其他人根本不敢想，也根本不敢去干的路。

毛文龙的这条路就是——他要进入敌占区，去那里建立一个敌后根据地，建功立业，报效国家。

毛文龙是这么说的，也是这么做的。

天启元年（1621 年）七月，在众人不可思议的眼神中，毛文龙率领一支百余人的残破之军，从海上偷偷摸摸来到了敌占区，一举攻下了战略要地镇江堡。

此战中，毛文龙全歼了后金军，佟养真等四百余名镇江守军被俘，其子佟丰年被杀。这四百余名镇江守军被押解入京，斩首示众，以儆效尤。

毛文龙的这次大胜，史称“镇江堡大捷”。得此消息后，明朝高兴无比，史称“缙绅庆于朝，庶民庆于野”。

毕竟，这场胜利，是努尔哈赤起兵以来明军获得的第一场大胜，下一次的胜利就要等到袁崇焕的“宁远大捷”了。

可想而知，得此捷报后，明朝欣喜若狂，立刻加封毛文龙为平辽总兵，并赐尚方宝剑、印玺，允许其开府（允许他建立子公司），让他再接再厉，继续收复失地。当然，得知有毛文龙这个平辽总兵后，努尔哈赤也清楚地知道自己要干什么了。

为了收复失地，努尔哈赤命皇太极、何和里统帅三千大军，出兵镇江。他又命阿敏、扈尔汉带领两千大军，作为支援。

在这五千大军的攻击下，毛文龙寡不敌众，被迫撤走，他退守铁山一代，继续抗金。当时，毛文龙无兵无将，铁山也城小墙薄，根本抵御不了后金的进攻。于是，大家一致认为，应该“谋择一岛驻军”，以抵御后金军。

对于这个岛屿的选择，熟悉各岛情况的李景先建议，“莫如皮岛，大可四百里，环山峭壁”，面积够大，易守难攻，是一个合格的人选。毛文龙接受了李景先的建议，全军退守皮岛，把这里作为了根据地。

皮岛名称的由来，有两种解释。

第一种解释，朝鲜的音译。

在朝鲜的文字中，此岛叫椵岛，又作椴岛。“椵”字朝鲜发音“皮”，所以明朝人就称这个岛为皮岛。

第二种解释，毛文龙自创。

《边事小记》记载，毛文龙上岛前，这里原名叫平岛。毛文龙上岛后，以“毛非皮不附”为由，将这里改名为皮岛。寓意自己要像毛依附在皮上一样，在这个岛上牢牢站稳脚跟。

当然，不管皮岛的解释是什么，在当时的官方文件里却不称这里为皮岛，而是将这里命名为东江镇。毛文龙也不被称为岛主，而是被称为东江总兵，后晋封为东江总督。

刚当上东江总督时，毛文龙报效国家的热情还是很高的。当时，毛文龙先后六次出兵后金，意欲收复故土。

这六次出兵的时间，如下：

天启四年即天命九年（1624 年）五月，毛文龙第一次派兵攻打后金，他沿鸭绿江进攻，攻打东北原辉发部地区（今天的磐石、桦甸、柳河、东丰、海龙一带），结果全军覆没。

同年八月，毛文龙第二次派兵攻打后金，他从义州出发，偷偷到后金的土地上屯田，准备打持久战。结果，明军被发现，随后被击退。

天启五年即天命十年（1625 年）六月，毛文龙第三次出兵后金，他偷偷攻打耀州城，结果被后金总兵杨古利击败。

同年八月，毛文龙第四次出兵后金，他派兵夜袭海州，结果兵败。

天启六年即天命十一年（1626 年）五月，毛文龙第五次出兵后金，他派兵偷袭鞍山驿，被后金城守巴布泰击败。后金称："杀其兵千余，擒游击李良美。"

同年十二月，毛文龙第六次出兵后金，他派兵偷袭萨尔浒城。结果被守军发现，被击退。

以上，就是毛文龙偷袭后金的六次过程。在这六次的进攻中，他除了留下一个"惨败"的可耻记录外，就一无是处了。

其实，毛文龙的这些记录，值得商榷。

这个原因很简单，因为这些记录都出自《清太祖高皇帝实录》。而咱们未来将知道，乾隆皇帝是一个篡改历史的高手，他统治时期，是中国篡改历史的一个高潮，堪比秦始皇时期的"焚书坑儒"，只是没那么血腥罢了。

在这种"篡改历史"的背景下，毛文龙的这些败绩就需要商榷了。他的这些败绩，很有可能是乾隆为了美化祖先、故意篡改的结果。

其实，《满文老档》等文献都记载了，毛文龙在与后金的战争中并不是一直打败仗，他也获得了几场大胜，并收复了金州和旅顺（注意这里），只是胜少负多罢了。毕竟，毛文龙真正的作用不是攻城略地，而是骚扰、偷袭后金军。

当时，后金军对于毛文龙这套"敌进我退，敌退我追，敌驻我扰，敌疲我打"的游击战术是一点对策也没有。他们恨死了毛文龙，却又无计可施、无可奈何。

在努尔哈赤的眼中，这个毛文龙就是他的心腹之患。如果努尔哈赤放松警惕，毛文龙就会渡海来战，放点火，打点劫，搞得后金不得安生。如果努尔哈赤不放松警惕……他也不可能不放松警惕。毕竟，努尔哈赤要干的事情太多了，他不可能天天警惕着一个小小的岛主。

就这样，在后金军的眼中，毛文龙俨然就是一只家中的"毛耗子"。他如同老鼠一般，"虽无大害，矣多不利也"。东江兵就是一群"跳蚤"，"犹人身之有蚤虱也，搔之则无处著手，听之则吮肤而不宁"。打他们吧，不知道怎么下手，不管他们吧，他们又会一直吸血，让人不得安宁。

碰上这么一群人，真是既没招，又没治。

写到这里，有的读者就会说了——后金何必那么难受，努尔哈赤派兵攻陷了皮岛，不就一劳永逸、解决后患了吗？

恭喜你，你也知道这个问题的症结了。但这里的问题是，努尔哈赤不是不想攻陷皮岛，而是根本做不了。因为，他的部队里还没有海军这个兵种。努尔哈赤只能望着大海兴叹，望着皮岛感叹。

科学技术就是第一生产力……此言不虚。

就这样，因为没有海军，努尔哈赤拿皮岛无可奈何，只能"视岛兵如肘腋之

癣”，成为自己的心腹大患了。为了这个毛文龙，努尔哈赤和他的继任者皇太极寝食难安、夜不能寐，他们甚至都不敢出远门。因为他们害怕自己出远门后，毛文龙会突然杀过来，偷袭他们。

虽然让努尔哈赤这么忌惮自己，毛文龙很是骄傲，但随着时间的推移，这个人报效国家的热情慢慢消退了。为了享受荣华富贵，毛文龙做起了买卖，结果他从一个合格的军人变成了一个更加合格的商人。

原来，初来皮岛时，为了生存，毛文龙“召集流民，通行商贾，南货缯币，北贷参貂”，在皮岛做起了买卖，勉强度日。结果，毛文龙的生意越做越大，在搞活内需的同时，他还做起了国际买卖。当时在日本、朝鲜等地都有他的固定客户；后金的内部，竟然也有他的金主。

就这样，凭借着稳定的对外贸易，毛文龙的收入非常多，他也不给国家缴税（位于敌占区，国家就是想征税，也没辙），所有的钱都归自己所有。最终，毛文龙富可敌国，成了一个穿金戴银的成功商人。

有了钱以后，毛文龙彻底变了，他不再热衷于刀口舔血的生活，反而喜欢纸醉金迷的日子了。

自从有了钱后，毛文龙一直以各种借口拒绝出兵，不管朝廷如何督促，他也不打算攻打后金，只想过自己的小日子。

当时，后金攻打朝鲜或者是攻打绵州时，毛文龙本可以出兵去攻打后金的老巢，牵制一下后金的兵力。结果，毛文龙就跟一个没事人似的，他一直明哲保身，看着双方火拼，也不出一兵一卒。

对于毛文龙这种“广招商贾，贩易禁物，名济朝鲜，实阑出塞”的办事态度，以及他这种不务正业，只干投机倒把、走私谋利事情的行为，朝中一些正义之士就怒了，他们要求严惩毛文龙，以儆效尤。

然而，因为毛文龙特殊的作用（他是后金境内唯一的明军），这些正义之士的呼声一直没有得到答复，只是得到了一个“再议”的结局。毕竟，朝廷不能“因小失大”，为了几个税钱就失去了这块重要的战略要地。

就这样，朝廷对于毛文龙的态度一直是睁一只眼闭一只眼，只要毛文龙不是特别过分，他们就基本上不管。

当然，即使毛文龙干了特别过分的事，朝廷也不管他。因为朝廷害怕把毛文龙逼急了，他会自立为王，或者是投降了清军。

最终，在朝廷的眼中，只要毛文龙不称王、不投降，还效忠大明王朝，他们就基本上不管这个人。即使毛文龙变成了一个不听指挥的法外之人，他们也默认了这个事实。

就这样，历任明辽东的军事长官，不管是熊廷弼，还是高弟，还是王在晋，抑或是孙承宗，基本上都不管毛文龙和他的皮岛，任由他当一个逍遥的岛主，一直快乐下去。

然而，伴随着那个新的辽东最高军事长官的上任，毛文龙这种逍遥快乐的日子就算是到头了。在那个人的管理下，毛文龙不仅失去了一切，还丢掉了自己的命。

这个新的辽东长官是谁，不说自明。

平台对策

所有的史料都记载了，袁崇焕之所以要杀毛文龙，是因为自己的承诺。他必须重新整合辽东这盘棋局，才能最大程度地发挥明军的力量，实现自己的诺言。

袁崇焕的这个承诺，就是那个著名的对策——五年复辽。

崇祯元年即天聪二年（1628 年）七月十四日，崇祯帝在北京紫禁城平台上召见了袁崇焕，询问他平辽对策。

当时，就这个共同感兴趣的话题，君臣谈了很久很久，也说了很多很多的话。不是所有的书籍都详细记录了这对君臣的对话，但所有的书籍都记载了这句永载史册的话：

> 臣受陛下特眷，愿假以便宜，计五年，全辽可复。
>
> ——《明史·袁崇焕传》

结合上下文，这句话的意思是说——袁崇焕告诉崇祯皇帝，如果全力支持臣，五年之内，我能收复整个辽东，消灭那个反贼皇太极！

五年复辽，这个言论，真是可以。

如今，讨厌袁崇焕的人都认为他的这句话就是一句吹牛皮的誓言。毕竟，就跟袁崇焕自己解释的一样，他这么说，不过是看皇帝焦急，安慰一下崇祯罢了，“圣心焦劳，聊以是相慰耳”。

反之，欣赏袁崇焕的人都认为，袁崇焕的这句话是一句“胸有成竹”的誓言。按照他的部署，一切顺利的话，他完全可以用五年时间复辽。

毕竟，袁崇焕的筹码很多，比如皇帝英明、内阁支持，自己位高权重，六部全力支援，言官听话，蒙古和朝鲜都是盟友，皇太极根本不是自己对手，等等。大家若有兴趣，可以自行查阅，看看在这些人的眼中，袁崇焕是怎么“实现承诺”、五年复辽的。

这些欣赏袁崇焕的人会不厌其烦地告诉我们，如果没有那件事情，袁崇焕一定能够五年复辽。他自己的历史，明朝的历史，清朝的历史，整个中国的历史，都会被彻底改写。

对于这些人的结论，我不反驳，也不参与。

我只想说一句话，在历史的词典中，永远没有“如果”二字。在历史面前，一切的假设和论证，全都没有意义。我们唯一能干的事，就是遵循历史的记载，见证这些人最后的结局。

冥冥中自有天注定……袁崇焕最后的结局，就是死于“五年复辽”这四个字。

未来的事情，未来再说。当时，为了摆脱悲惨的结局、实现自己的承诺，袁崇焕干了很多的事，其中最主要的一件事就是重新整合东江镇，让毛文龙发挥作用。若毛文龙不肯出力，就杀了他，换一个听话的来！

袁崇焕的这个想法，不是假设，就是事实。

崇祯元年即天聪二年（1628 年）七月，袁崇焕离京前夕，大学士钱龙锡亲自到袁崇焕寓所，咨询其“五年复辽”的方略。

对于这个问题，袁崇焕回答道：“当自东江始。文龙用则用之，不可用则处之，易易耳。”这个意思是说：“我要从辽东的皮岛开始，能够利用毛文龙这个人，就用；不能用，就处理了他，多大点事呀。”

对于处理毛文龙的办法，袁崇焕都想好了——“入其军，斩其帅，如古人作手，某能为也。”

从后面的事态发展来看，袁崇焕的这个计划绝不是一时之策，而是苦思冥想数天后的结果。

袁崇焕为什么这么重视毛文龙？因为在他的棋局中，毛文龙的这个棋子至关重要，甚至起到了决定性作用。

根据《曝书亭集·钱龙锡传》记载，在这次对话中，袁崇焕阐述了自己五年复辽的计划：“譬如弈然，局有四子，东江其一也。”

在袁崇焕的天下布武中，他的棋盘上有四个棋子可用，一个棋子是关宁防线，这是他的基本防线，也是整个战略的核心。

除了关宁防线这个棋子外，另两个棋子是蒙古和朝鲜，他们是袁崇焕的“左右两翼”，负责牵制后金，让其四面受敌。

当时，为了笼络蒙古，袁崇焕让皇帝花费了八万一千两黄金（这个吐血呀），用来收买林丹汗，以“维护”双方的感情。同时，袁崇焕还平价卖给蒙古人很多粮食，让他们渡过饥荒，以笼络这些蒙古牧民。

可惜的是，袁崇焕的这些办法都没有收到回报。这些事情反而成为他“通敌卖国”的罪状，把他送上了刑场。

除了关宁防线、蒙古、朝鲜这三枚棋子外，袁崇焕手中最重要的棋子，就是这个皮岛了。

在袁崇焕的棋盘中，皮岛这颗棋子至关重要，它深入后金境内，进可攻、退可守，可以牵制敌军，也可以作为我军进攻的桥头堡，因此这里至关重要。但是，这颗棋子却不听话，这让袁崇焕很是难堪，他也只能痛下杀手了（可用，用之；不可用，则处之）！

那么，这里有一个问题，袁崇焕为什么非要痛下杀手、诛杀毛文龙呢？

诛杀的原因

袁崇焕为什么要杀毛文龙，我个人认为，有三个原因。

第一个原因，袁崇焕要用毛文龙的首级跟后金谈判、复归全辽。

根据计六奇《明季北略·卷四》记载，这个谈判过程，是这么回事：

先是降将李永芳，献策于大清主曰：兵入中国，恐文龙截后，须通书崇焕，使杀文龙，佯许还辽。大清主从之。崇焕答书密允，复以告病回籍，乃寝。至是，再任，思杀文龙，则辽可得。

这段话的意思是说，皇太极使了一个诡计，他派人告诉袁崇焕：杀了毛文龙，我就把整个辽东土地还给你。

最终，袁崇焕中计了，他杀了毛文龙。

除了计六奇的《明季北略》，谷应泰的《明史纪事本末补遗》、张岱的《石匮书后集》、夏允彝的《幸存录》等书，也采用了这个观点。

大家皆认为，袁崇焕就是打算用毛文龙的首级跟后金谈判。用首级换领土，这也成为他未来惨死的一个罪状。

其实，傻子都知道，这个观点根本不成立。

毕竟，袁崇焕怎会不知道这是一个诡计？皇太极会傻到用一个人的首级，来换取后来两代人浴血奋战得来的土地？如此行事，这不是一个傻子吗？因此，袁崇焕根本不会中计，皇太极也不会用这种无聊的计谋来自取其辱。

因此，这个“袁崇焕要用毛文龙的首级跟后金谈判，复归全辽”的说法，根本

不成立。

其实，袁崇焕之所以要杀毛文龙，还得从下面两个原因考虑。

第二个原因，袁崇焕看毛文龙不顺眼，他也要杀鸡儆猴来立威，所以就“借用”了一下毛文龙的首级。

这个所谓“不顺眼”，是这么回事：

袁崇焕在自己的《天启六年六月初十日谢升荫疏》中，就这样评价过毛文龙：“且武人奔竞，少竖立，便欲厚迁；稍不合，辄思激去，要挟朝廷，开衅同类，今边疆始终不得一人之用，臣最疾之。”

可见，袁崇焕最痛恨的就是毛文龙这类人。他不想让这种人当下属，也想把这种人杀之而后快。

正好，身为书生的袁崇焕一直被当兵的看不起，他正好需要一个人头来树立威信。

这个所谓的“立威”，是这么回事：

前面讲过，袁崇焕手下有一个将领叫满桂，此人骁勇善战，跟袁崇焕的关系也不错。当时，“宁锦大捷”后，袁崇焕在报功的奏章中，力称功劳最大的人是满桂，根本不抢满桂的功劳，还玩命地给满桂邀功，足见他们之间的深厚友谊。

然而，袁崇焕根本不知道，没过多久，他和满桂就吵起来了，最终分道扬镳，老死不相往来了。

这个吵架的导火索，就是袁崇焕的另一个将领——赵率教。

原来，之前“宁远之战”时，满桂镇守的防区损失惨重，眼看就要支撑不住了，他就派人告诉赵率教，希望他派兵支援一下。结果，赵率教就回复了俩字，“不去”，全当不知道这件事。

赵率教之所以不去，原因很简单，因为他也扛不住了。大家都跟后金军作战，谁的处境都不好。在这个时刻，谁能帮助谁呀，自己解决，自求多福吧。

打赢了这场战役后，大家都很高兴，就都忘记了此事。结果，某一天，满桂想起了此事，认为赵率教欠他一个解释，就来找赵率教，对他兴师问罪了。

对于满桂的指责，赵率教根本不认，就跟满桂吵了起来。最终，双方越吵越激烈，只能让袁崇焕来解决。

对于这种问题，袁崇焕能有什么解决办法，只能和稀泥。结果，袁崇焕没和好泥，满桂根本不服，他痛骂袁崇焕拉偏架，帮助赵率教这个汉人欺负他这个少数民族的人。

要知道，满桂是一个蒙古人，说话直来直去，有啥说啥，所以他说的话肯定特别难听，也绝不给人面子。反观袁崇焕，这也是一个急脾气，说话毫不虚伪，有啥说啥。结果，这两个同样不会说话的人撞到一块，就彻底吵起来了。

最终，他们的争吵声越来越大，袁崇焕索性上奏朝廷，说满桂是一个优秀的人才，请求朝廷加以重用。这个潜台词是，这个家伙随便朝廷怎么用，反正老子不用了！

看见袁崇焕的告状信后，当时的辽东督师王之臣很是头疼，为了化解他们的矛盾，他就继续和稀泥。

结果，对于王之臣的劝解，袁崇焕根本不听，他反而跟王之臣吵了起来，最终把后者也说急了，嚷嚷着要退休（乞休），再也不管此事了。

见这个问题越吵越大，朝廷只能出马了。当然，他们的解决办法，还是那个老招数——继续和稀泥。

朝廷的这次和稀泥，水平就非常高了。朝廷首先下文书给当事人上了一堂历史课，好好地教育了他们一顿。

朝廷告诉他们，辽东之所以这么乱，不是因为女真多么的强，而是因为历任官员都不和。刘綎和杨镐、熊廷弼和王化贞，都是如此，你们也要步他们后尘吗？因此，你们要精诚合作，才能吸取教训，不再犯错。

教育完他们后，朝廷还是把他们分开了。朝廷任命满桂为山海关总兵，让他不再跟袁崇焕共事了。

就这样，伴随着满桂的离开，袁崇焕与满桂的这段恩怨，就此告一段落。

虽然与满桂的恩怨告一段落了，但袁崇焕清楚地知道，自己必须要建立威信，否则永远要被这些大兵们看不起。毕竟，自己不是“本科毕业”，就是一个白面书生，不干点立威的事情，他们永远不把自己当成将首（你道本部院是个书生，本部院却是个将首）。

那么，怎么树立威信呢？

运筹帷幄，决战于千里之外；弹指之间，敌虏灰飞烟灭（灭霸），这是一个办法。亲自出阵，浴血奋战，以身立功，鼓舞全军，这也是一个办法。然而，袁崇焕使用的办法是——杀鸡儆猴，杀一个有名有姓的大将，让那些猴子们服软！

这只“鸡”，无疑就是毛文龙。

当然，除了上述两个原因外，袁崇焕之所以要杀毛文龙，还是因为那第三个原因，那个大家公认的原因。

第三个原因，就是之前一直阐述的——袁崇焕要重新整合东江镇，让毛文龙发挥作用。若毛文龙不肯出力，就杀了他，换一个听话的来！

这就是诛杀毛文龙的根本原因。

同室操戈

为了让毛文龙听话，崇祯二年（1629年）四月，蓟辽督师袁崇焕下令：凡运到东江（皮岛）之物资船只，必须先经过宁远的觉华岛，接受蓟辽督师衙门的核查。检查后，才能发送东江。

《崇祯长篇》记载，接到这道命令后，毛文龙大吃一惊，他大喊道："此乃拦喉切我一刀，必定立死！"

不就是改一个航线吗？毛文龙至于这样大喊大叫，嚷嚷着必死无疑吗？

这里面的原因很简单，因为毛文龙的商船是见不得光的走私船，里面全是皮岛众人发家致富的私货。袁崇焕下令更改航道，就是断了他们的财道。没有钱财的他们，也只能散伙了。

就这样，为了不散伙，毛文龙立刻上疏朝廷，阐述自己的苦衷，要求恢复原来的航道。当然，毛文龙不敢告诉朝廷，自己的船都是走私船，他只能告袁崇焕的黑状。说他改道后，擅自克扣自己的兵饷，让自己无粮无钱，只能"悲惨度日"。

为了博得众人的同情，毛文龙还一再上疏朝廷，说袁崇焕此举就是"操戈矛于同室"，我们不能干这种窝里斗、同室操戈的事情。

毛文龙本以为，这样"偷换概念"地上奏会博得朝廷的同情，让他们重新商量此事。结果，对于毛文龙的请求，朝廷只是回复了四个字——从长计议。

可想而知，看见这个"官方标准"的回答后，毛文龙真是欲哭无泪、无处释怀。

其实，毛文龙根本不知道，他告状，能有什么用呢？为了能够平复辽东，皇帝现在极其信任袁崇焕，授予了他所有的特权。如今袁崇焕的话俨然就是圣旨，谁敢反对他干的事情？毛文龙就是喊破了天也没用。

无处告状，毛文龙痛苦不已。结果，在他最难受的时候，一个人帮了他一把，让他渡过了这个难关。

这个帮助毛文龙的人，竟然是那个最不可能帮助他的袁崇焕。

正当毛文龙痛苦不堪时，袁崇焕派人告诉毛文龙："既缺钱饷，何不前来？"他告诉毛文龙，自己在宁远准备了十船的军用物资，等待着毛文龙拿走。

对于袁崇焕的邀请，毛文龙不敢去，因为他怕这是一个"鸿门宴"，自己一去，就被袁崇焕软禁了。然而，为了那些钱财，毛文龙也不得不去。

最终，毛文龙一咬牙一跺脚，就去了一趟宁远，准备迎接自己的结局了。

到了宁远后，毛文龙惊讶地发现，什么事情也没有。袁崇焕对自己好酒、好菜、好招待，根本没有软禁自己的意思。最终，袁崇焕高高兴兴地把毛文龙送走了，还告诉他：下个月，我去一趟皮岛，咱们再喝一顿，不醉不归。

对于袁崇焕的请求，毛文龙想都没想就答应了。毕竟，在他的思维里，自己的地盘，自己做主。在自己的地盘，谅他袁崇焕也不敢造次。

可惜的是，毛文龙想错了，袁崇焕之所以要去他的地盘，就是要干掉他。

没错，就是要干……掉……他！

毕竟，在袁崇焕的眼中，若在宁远干掉毛文龙，他手下的将士们就可能哗变了。他们要么鸟兽散、要么当土匪、要么去投敌，这个烂摊子就没法收拾了。只有在毛文龙的地盘干掉毛文龙，才能第一时间善后，安抚他的士兵。

就这样，在“入其军，斩其帅”的思想下，袁崇焕准备去一趟毛文龙的地盘，干掉这个地头蛇。

崇祯二年（1629 年）五月三十日，袁崇焕的船队抵达距离皮岛很近的双岛，在这里休整。六月初一，毛文龙抵达双岛，跟袁崇焕会面，开启了他们的第一次对话。

刚开始的时候，他们的这次对话还挺愉快的，但随着时间的推移，双方就话不投机，越看对方越不顺眼了。

当时，袁崇焕喝着小酒，对毛文龙道：“辽东海外，止我两人之事，必同心共济，方可成功。历险至此，欲商进取大计。”他希望双方同心协力、共谋进取大计。

毛文龙同意袁崇焕的观点，他回答道：“某海外八年，屡立微功。因被谗言，粮饷缺乏，少器械马匹，不能遂心。若钱粮充足，相助成功，亦非难事。”然而，对于合作一事，毛文龙却狮子大开口，他对钱粮器械等物，提出了很多的要求。

对于这种不干活却要钱的主，袁崇焕很是反感，他只能换一个话题，道：“皇上神圣，与尧、舜、汤、武合为一君。臣子当勉旃疆场。”

对于袁崇焕的赞扬之声，毛文龙根本不感冒，他只称天启（明熹宗）对自己有“恩遇之隆”。这个潜台词是，毛文龙根本不认可崇祯皇帝，也不认可崇祯皇帝重用的人。

对于毛文龙的言辞，袁崇焕很是愤怒，但他压下怒火，询问对方收复辽东的方略。结果，不问不要紧，一问，袁崇焕更加愤怒不已了。

原来，毛文龙是这样回答的：“关、宁兵马俱无用，止用东江二三千人，藏云隐雾，一把火遂灭了东夷！”

毛文龙告诉袁崇焕，你的那些部队都没用。要想收复辽东，用我的二三千东江兵就够了。

可想而知，袁崇焕见过狂的，但没有见过这么狂的。他当时就想暴揍、痛骂毛

文龙一顿。然而，为了大局，袁崇焕还是忍下了这口气。

最终，袁崇焕强忍怒火，继续跟毛文龙推心置腹地交流，但是双方一直谈到二更天也没有达成共识，只能不欢而散。

至此，袁崇焕与毛文龙的第一次对话就以这样的结局告终。

六月初二，袁崇焕登上皮岛，检阅毛文龙的士兵。当天晚上，他们又进行了一次秘密会谈。这次会谈谈得很晚，直到三更天才结束，但依旧是不欢而散。

六月初三，毛文龙为袁崇焕设宴，双方在宴会上又举行了一次会谈，这是他们的第三次会谈。

这次谈话时，袁崇焕已经不客气了，他绵里藏针、含沙射影道："你长时间在边疆，太辛苦了，为什么不回杭州老家呢？西湖那里，可是一个乐土呀（久劳边塞，杭州西湖，尽有乐地）。"

袁崇焕这么说，就是在委婉地劝毛文龙退休，让他回西湖去养老。结果，毛文龙听出了这些潜台词，他反驳道："我也想这么干，只不过，等灭掉了女真、吞并了朝鲜后再说吧（久有此心，但灭了东奴，朝鲜文弱，可袭而有之）。"

毛文龙这么说，就有点吹牛皮了，也有点跟袁崇焕对着干了。因为，袁崇焕的目标，是五年复辽。结果毛文龙的目标比他的还宏伟，他不仅要灭掉女真，还要吞并朝鲜，根本不把袁崇焕当回事。

袁崇焕强忍怒火，道："放心，会有人替代你的。"

毛文龙大喊道："此处谁能代得？"

至此，听完毛文龙的"豪情壮志"后，袁崇焕气得咬牙切齿，但还是没有发飙（这口气忍得），他只是对毛文龙道："过几天我就要走了。走之前，你把全体官兵的花名册交给我，我好对他们进行封赏。"

袁崇焕要毛文龙的花名册，就是要查他的底，看看这小子到底有多少兵。结果，对于这个敏感话题，毛文龙直接敷衍了过去。他告诉袁崇焕："本人的士兵不多不少，一共三千五百七十人，可叫他们一起来领赏。"

至此，双方话不投机、再无对话，袁崇焕与毛文龙的第三次对话，就以这样的结局而告终。

六月初四，袁崇焕将三千五百七十名官兵的饷银交给毛文龙，随后又跟他展开了一段对话，希望毛文龙悬崖勒马。

当时，袁崇焕给出了折中方案：旅顺以东，归东江总兵毛文龙节制；旅顺以西，归袁督师节制。

对于这个方案，毛文龙还是不同意。因为，根据这种行政划分，胶东半岛和整个渤海湾都归袁崇焕了。毛文龙管辖的范围是整个辽东半岛。这个区域看着不错，但这里是女真人的领地，毛文龙根本管不了。他能够管辖的范围也就是几个小岛。

因此，毛文龙根本不同意这个方案，他要求重新划分，以维护自己的权益。最终，双方交涉了半天后，也没有达成共识，只能不欢而散。

至此，袁崇焕与毛文龙的第四次对话，又是无疾而终。

经过了四次谈话，袁崇焕也没有说服毛文龙。对于这种执迷不悟的人，他也只能将其“撤换”了。

就这样，六月初五，当太阳升起的时候，袁崇焕终于抽出了手中的尚方宝剑，准备将其斩首示众。

第九章　诛杀毛文龙

先斩后奏

崇祯二年（1629 年）六月初五，袁崇焕告诉毛文龙，自己明日就要走了，今日他要举行一场射箭大赛，犒赏三军。

得知这个“瘟神”要走了，毛文龙大喜过望，他立刻命令士兵布置会场，举行了一场别开生面的射箭比赛，请袁崇焕检阅。

此次“运动会”是在热情、洋溢的氛围中进行的，大家都玩得很开心，也没有一个人知道即将发生什么事情。

运动会结束后，袁崇焕站在中军大帐内，开始犒赏胜利的士兵。他对这些士兵道：“你们都姓什么？”

这些士兵回答道：“我们都姓毛。”

一听这话，一旁的毛文龙害怕士兵们说错话，他插话道：“这些都是敝户小孙，所以都姓毛。”

对于毛文龙的解释，袁崇焕不满意，他大声道：“岂有俱姓毛之理？”这就是在痛骂毛文龙拥兵自重，自己组建了独立的武装部队。

虽然对毛文龙的解释很不满意，但袁崇焕也懒得追究了，他对士兵道：“你们海外劳苦，每名领米一斛，且家口分食，你们受本部院一拜！为国家出力，自后不愁无饷！”说完，袁崇焕深深鞠躬，对士兵拜谢。

看见袁督师如此客气，士兵们受宠若惊，大家急忙“感泣叩首”，以报袁崇焕的恩情。结果，在这一片混乱中，没有人去在意袁崇焕的话，也没有人注意他的潜台词。

为国家出力，自后不愁无饷……

字面解释，就是继续为国家效力，不愁无钱无饷。但细细品味，这句话的意思就是——为国家出力，就有饷银。即使毛文龙死了，只要你们继续为国家效力，一样有饷银。

可见，从这一刻起，袁崇焕已经抽出了腰间的宝剑，准备斩杀毛文龙了。只可惜那毛文龙还被蒙在鼓里，继续听着袁崇焕的说辞。

犒赏完了士兵，袁崇焕转过身来，对毛文龙道：

“本部院节制四镇，请严海禁，恐天津、登、莱，受腹心之患，今请设东江饷部，钱粮由宁远达东江，亦无不便。昨与贵镇相商，必欲取道登、莱，又议移镇、定营制，分旅顺东西节制，并设道厅，稽兵马钱粮，俱不见允。岂国家费许多钱粮，终置无用？”

对于袁崇焕的质问，毛文龙都懒得解释了。毕竟，他们整整四天的时间都在讨论这些问题，现在再提，又有什么意义呢？

殊不知，正当毛文龙听得昏昏欲睡时，就见袁崇焕突然话锋一转，开始“痛骂”他，并要用国法惩罚他了。

“本部院披沥肝胆，与你谈了三日，望你回头是岸，那晓得你狼子野心，一片欺诳，目中无本部院犹可，方今圣天子英武天纵，国法岂能相容！”

说完，袁崇焕大喊一声，命左右捆缚毛文龙，脱去他的官服，要用国法惩罚他。

见有人要抓他，毛文龙不服，他一边挣扎，一边大喊“文龙无罪”，始终不肯就缚。

看见毛文龙如此“倔强”，袁崇焕大怒，对其大吼道：“你道本部院是个书生？本部院乃是朝廷一员大将，你这毛文龙有应斩十二罪。”随后，袁崇焕大声说出毛文龙的十二条大罪，让其伏法认诛。

根据《蓟辽督师袁崇焕题本》记载，袁崇焕宣布毛文龙的十二条罪状，如下：

兵戎重任，祖制非五府官不领兵，即专征于外，必请文臣为监。文龙夜郎自雄，专制一方。九年以来，兵马钱粮，不受经、抚管核，专恣孰甚！一当斩！

文龙自开镇来，一切奏报，有一事一语核实否？捕零夷，杀降夷，杀难民，全无征战，却报首功。刘兴祚忠顺奔来，止二十余人，而曰率数百众，当阵捉降，欺诳孰甚！二当斩！

文龙刚愎撒泼，无人臣礼。前后章疏，具在御前。近且有“牧马登州，取南京如反掌”等语。据登莱道申报，岂堪听闻？大臣不道。三当斩！

文龙总兵以来，每岁饷银数十万，无分毫给兵，每月止散米三斗五升，侵盗边海钱粮。四当斩！

皮岛自开马市，私通外夷。五当斩！

命姓赐氏，即朝廷不多行。文龙部下官兵，毛其姓者数千人。且以总兵而给副、参、游、守之札，不下千人。其走使、舆台，俱参、游名色，亵朝廷名器，树自己爪牙，犯上无等。六当斩！

由宁远回，即劫掠商人洪秀、方奉等，取其银九百两，没其货，夺其舡，仍禁其人，恬不为怪。积岁所为，劫赃无算，躬为盗贼。七当斩！

收部将之女为妾，凡民间妇女有姿色者，俱设法致之，或收不复出，或旋入旋出。身为不法，故官丁效尤，俱以虏掠财货、子女为常，好色诲淫。八当斩！

人命关天。文龙拘锢难民，不令一人渡海，日给之米一碗，令往夷地掘参，遭夷屠杀无算。其畏死不肯往者，听其饿死岛中，皮岛白骨如山，草菅人命。九当斩！

疏请内臣出镇，用其腹爪陈汝明、孟斌、周显谟等，辇金长安，拜魏忠贤为父，绘冕旒像于岛中。至今陈汝明等一伙，仍盘踞京中。皇上登极之赏，俱留费都门，是何缘故？交结近侍。十当斩！

奴酋攻破铁山，杀辽人无算。文龙逃窜皮岛，且掩败为功。十一当斩！

开镇八年，不能复辽东寸土，观望养寇。十二当斩！

一连十二个“斩”字，袁崇焕这篇文章，真可谓不达目的誓不罢休。

听完这十二条大罪后，毛文龙都吓傻了，他“魂魄不能言”，只能“叩头乞免”。

毛文龙认罪后，袁崇焕召集他的部将，对他们大声道：“文龙罪状当斩否？”

袁崇焕这么问，你让众人怎么回答？不讲道理的要杀他们的顶头上司，还要让他们心服口服，这世上还有这么“讲道理”的人吗？

面对这个问题，众人“惶怖唯唯”，无一人敢回答。

见众人不说话，袁崇焕大声道：“若你们认为我杀得不对，就杀了我吧！”

一听这话，众人只能跪地求饶。

看见众人都“认可”了自己的做法，袁崇焕继续道：“毛文龙不过一个布衣匹夫罢了，因他镇守边疆有功，朝廷让他位极人臣，满门封荫，酬劳可以了吧！结果，他竟然无视朝廷法度，干出这些无法无天的事情。若不杀他，何以警示后人？今天，我就替皇帝诛杀此逆贼！要知道，皇帝赐我尚方宝剑，就是为此！”

一听这话，众人皆沉默不语，毛文龙也只能伏法认诛。

因为，这句“皇帝赐我尚方宝剑，就是为此”，已经将此事“盖棺定论”，毛文龙已经必死无疑了。

毕竟，此乃皇帝的旨意，毛文龙焉能活命。

然而，皇帝赐袁崇焕尚方宝剑，真是为此吗？

其实，众人完全被袁崇焕唬住了，皇帝确实赐予了袁崇焕尚方宝剑，但皇帝并没有让他如此行事，更没有让他去诛杀毛文龙。

当时，皇帝的意思很明确，他赐予袁崇焕尚方宝剑，只是给了他一个名誉证明罢了，并没有赐给他“先斩后奏”的权力。

而且，皇帝在赐尚方宝剑时，还耍了一个心眼。要知道，崇祯皇帝在赐予袁崇焕尚方宝剑后，就下令把满桂、王之臣等人的尚方宝剑追回了，但他唯独没有追回毛文龙的尚方宝剑（天启帝赐予）。

崇祯皇帝这么做，态度已经很明确了。他希望袁崇焕与毛文龙精诚合作、一致对敌，而不是用尚方宝剑压人，上演兄弟阋墙、同室操戈的闹剧。结果，不管是毛文龙，还是袁崇焕，竟然都没有明白皇帝的意思，没有明白这位皇帝的良苦用心。

可见，平时读书，特别是读历史类书籍，是多么的重要。

书归正传，讲完道理、给毛文龙定罪后，袁崇焕拿出尚方宝剑，对众人道：“今日，我为了整顿兵马，只能杀了毛文龙。诸将若再学习毛文龙，一并诛杀！他日，臣不能实现自己的承诺，不能收复辽东，皇帝也能用这把尚方宝剑诛杀了臣！”

袁崇焕这么说，就更不讲道理了。

毛文龙固然有罪，可诛杀他，就能够收复辽东吗？不诛杀他，就收复不了辽东吗？袁崇焕非把这两件不相干的事情扯在一起，真不知道他是怎么想的。

其实，袁崇焕可能也不知道，他的这句莫名其妙的话，竟然成为了一句谶语。

未来，袁崇焕就是死在了这句话上。当然，死在自己的誓言上，袁崇焕也应该是无怨无悔。

至此，将此事盖棺定论后，袁崇焕把尚方宝剑放在帐前，对众人道：“诛止文龙，余无罪”。他当着众人的面，诛杀了他们的顶头上司。

毛文龙被杀时，他麾下数万“健校悍卒”无一敢动，大家被袁崇焕唬住了（惮崇焕威），只能眼睁睁地看着毛文龙被斩首示众。

至此，这个让后金忌讳颇深的毛文龙，就这样稀里糊涂地死在了自家人手中，享年五十岁。

毛文龙被斩杀后，袁崇焕做了七项善后工作。

第一，厚葬毛文龙遗体。上演了一出“猫哭耗子假慈悲”的戏（后面再说）。

第二，安抚东江诸将。袁崇焕再次重申，只杀毛文龙一人，其余不问。

第三，封赏东江官兵。袁崇焕拿出十万两饷银，分给众人，收买人心。

第四，整顿东江部队。袁崇焕把毛文龙的部队一分为四，交给四个将领管理。

第五，安抚各岛军民，释放狱中无辜。

第六，给朝鲜国王李倧送信，通报此事。

第七，上奏朝廷，向皇帝谢罪。袁崇焕告诉皇帝，说此事自己干了一件越权的事情，请求皇帝对自己进行惩罚（文龙大将，非臣得擅诛，谨席稿待罪）。

这七项善后工作，前六项可以忽略不计，唯独这第七项，袁崇焕必须给皇帝一个合理的解释。否则的话，他只能步毛文龙的后尘了。

因为，他自己也明白（这点很重要），在明朝这个法制社会里，想随便杀一个人可不是一件容易的事情，且他根本没有能斩杀一个人的权力。

事实正是如此。

杀一个人到底有多难

杀了毛文龙后，袁崇焕开始善后。

第二天，他亲自来到毛文龙的坟墓前为其祭祀，还痛哭道：“昨天杀你，是为了朝廷法律；今天祭拜你，是因为咱们的友谊。”

袁崇焕的这个假惺惺的表演，也算是可以了。简直比当年曹操祭拜袁绍、诸葛亮哭丧周瑜的表现，还要假，还要令人作呕。

毕竟，曹操虽然跟袁绍是死敌，但毕竟他们是发小，是儿时的玩伴。诸葛亮和周瑜再不和，他们也是英雄惜英雄、惺惺相惜。

然而，袁崇焕和毛文龙的关系，算啥？满打满算，他们不过喝了几桌酒，每次还都话不投机，以一拍两散的方式告终。

可见，就这点友情，袁崇焕也敢说“今祭尔，僚友私情”，真是表现得可以了。袁崇焕真的把自己当成了君子，把他们之间的友情比作平淡无奇的水了（君子之交淡如水）。

至于那句“昨斩尔，朝廷大法”，更是冒天下之大不韪，揣着明白装糊涂。

毕竟，袁崇焕不可能不知道，在这个法制的大明王朝，杀一个人，到底有多难！

要知道，如果想在大明合法地杀掉一个人，那绝对不是一件容易的事情。在古代，为了保证皇帝大权独揽，只有他一个人拥有杀人的权力。

这里补充一下，《周礼·天官·大宰》记载，帝王有八种权力，号称“八柄”，用来驾驭群臣、统治天下。分别是：爵、禄、予、置、生、夺、废、诛。

如果，帝国内出现了“人命”这样的大案，必须层层复审，先由地方政府审理，再由中央的刑部负责管审，交给都察院负责纠察，最后由大理寺负责驳正。这些部门审理后，可以给这个人盖棺定论（杀），但他们却没有“终审”的权力。能够决定这个人命运的人，有且只有一个，那就是皇帝。

也就是说，无论你是在市区、村庄、小山沟里，还是你犯了杀人、放火、奸淫、掳掠的罪；也无论你是张三、李四，还是什么高富帅、白富美，只要你犯了死罪，都需要层层报批，村庄报县城、县城报省会、省会报刑部、刑部再报告给皇帝，皇帝一打钩，才能把你干掉。

可见，只有皇帝才有资格干掉你。也只有这样，才能保证皇帝大权独揽。

举一个例子，用来说明。

明朝洪武年间，安徽合肥有一对兄弟，他们上街买了一口锅，在回家的途中，这口锅被人偷了。

因为东西丢了，这兄弟俩都不高兴，他们就互相指责，都认为是对方不小心，这才让贼人有机可乘。

这对兄弟越吵声音越大、越吵情绪越激烈。最后，兄弟两人反目成仇，动起了手。

在几个回合之后，哥哥技不如人，他被弟弟赤手空拳打死了。虽然弟弟获胜了，但根据大明法律，杀人偿命，所以弟弟必死无疑。

事后，安徽巡抚调查清楚后，他上报皇帝，请求法外开恩，赦免弟弟的死罪。安徽巡抚赦免的理由是：

第一，平时，这对兄弟感情很好，当时都是意气用事。如今弟弟已经有了悔过之心，希望给他一个改过自新的机会，轻判处理。

第二，弟弟是赤手空拳杀人，没有兵器。这是一个意外，因此可以从轻判罚。

减轻判罚的奏折递上去了，安徽巡抚的心却没有踏实下来，因为他惊讶地发现，有人跟他作对，跟他“打架”。

原来，对于安徽巡抚的这封赦免奏折，刑部那些大爷们根本不理，他们直接给驳回了。驳回的理由也很简单：

自古以来，长兄为父，弟弟打死哥哥，这就是以下犯上，造反作乱，杀他没商量，这样才能以儆效尤。

对于这种解释，安徽巡抚也不干，最后双方互相攻击、对簿公堂，一直闹到了朱元璋那里。在朱元璋一番和稀泥后，这件事情才得以解决。

这个解决的最终结果，已经不重要了。我之所以这么长篇大论地讲了这么一个故事，无非就是想告诉您——在明朝这个法制社会里，要想跳过皇帝随便杀一个百姓，都不行！何况被杀的这个人还是大明王朝的一品大员、封疆大吏。

再说一遍，在明朝，私自杀一个普通人都困难无比，而袁崇焕却绕过了所有人，擅自斩杀了一个国家一品大员，可见他捅了多大的娄子，也给他未来的惨死埋下了一个深深的伏笔。

这里有人会说了，袁崇焕可是有“尚方宝剑”的，他可以替天子行事，用尚方宝剑诛杀毛文龙，不犯法。

殊不知，明朝制度明确规定了，即使有尚方宝剑，也只能杀一些低级的、罪大恶极、证据确凿的官员。三品以上的官员需奏报天子，天子同意了，才能执行。

当时，毛文龙的官职是东江镇总兵、平辽总兵官、太子太保，他是国家一品大员。因此，在这个“保护”的条款下，袁崇焕说什么也不能先斩后奏，直接斩杀了这个国家重臣。

纵观明朝二百七十六年的历史，敢不经过皇帝批准擅自斩杀一品大员者，仅两个人而已。

其中一个人，就是洪武年间，以“杀李彬，天必雨”要挟皇帝，私自斩杀国家大臣的刘伯温。另一个人，就是这个手拿尚方宝剑的袁崇焕。

刘伯温的结局大家都知道（参见本人的另一部作品《大明神算师：刘伯温》），而这个袁崇焕的结局，大家也都清楚无比。

没有办法，自古以来，皇帝最恨大臣干什么？就是臣子独断专行，独断朝纲，不经允许，擅自行动。

对于这种“独断专行”的人，也只能杀之而后快。

刘伯温，是如此；这个袁崇焕，也是如此；未来，还会有无数的大臣走上这条不归路。

冥冥中自有天注定，从这一刻起，袁崇焕未来悲惨的结局，已被定性。

那么，这里有一个问题，袁崇焕行先斩后奏之事，已经是违法了，倘若他杀的这个毛文龙就是一个十恶不赦的坏蛋，他这么干还情有可原。

然而，毛文龙真是一个“十恶不赦”的坏蛋吗？袁崇焕诛杀毛文龙的那十二条大罪，真的都是“当斩”的罪名吗？

现在，开始辩论这十二条大罪，还历史一个真相。

明末第二大冤案

崇祯二年（1629年）六月初五，在与毛文龙洽谈四日未果后，袁崇焕起了杀心。他用下列招数，瞬间就制服了毛文龙，让后者“稀里糊涂”地惨死了。

袁崇焕使用的招数，如下：

第一步，不按常理出牌，用了三个神奇无比的招数，瞬间制服了毛文龙。

招数一，受我一拜。

招数二，我跟你聊聊天。

招数三，来人，把他绑了！

第二步，在毛文龙不服、准备反抗的情况下，袁崇焕用了下列技能，转危为安：

Q技能，昭告天下——祭出十二条罪状，把毛文龙说晕。

W技能，雷霆一击——大喊一声：“国法岂能容你！”毛文龙再晕。

E技能，死亡审判——“皇帝赐我尚方宝剑，就是为此！”毛文龙再次晕倒。

R技能，先斩后奏——拿出崇祯牌“水果刀”，二话不说，砍了再说。

第三步，斩杀毛文龙后，用下列办法收尾：

1. 当众立誓，如果不能平辽，甘愿以尚方宝剑偿命。

2. 主动认错，请求皇帝圣裁。

3. 表演话剧《猫哭耗子假慈悲》。

以上，就是袁崇焕斩杀毛文龙的全过程……很艺术，真的很艺术。

如此心智，你不服都不行。

然而，细细品味这个杀人的步骤，毛文龙真的该杀吗？袁崇焕给毛文龙罗列的那十二条大罪，真的都是“当斩”的罪名吗？

未必。

要知道，虽然在历史书中，袁崇焕给毛文龙列举了十二条大罪，号称条条“当斩”，但若细细分析，这些罪行都是断章取义，根本禁不起推敲，甚至就是一个

“欲加之罪，何患无辞”。

现在，开始分析这所谓的十二条大罪。

第一条罪状，袁崇焕说毛文龙“专制一方，九年以来，军马钱粮不受核”，该斩。

其实，当时的情况是，朝廷已经数次查核了毛文龙的兵马。最近的一次就是崇祯元年（1628 年）核查的。

毛文龙是崇祯二年（1629 年）冤死的，朝廷的审核记录还笔墨未干呢，怎么就变成“九年以来，军马钱粮不受核”了呢？

因此，这个罪状不成立。

第二条罪状，袁崇焕说毛文龙“虚冒战功，明明屡战屡败，却报首功。还杀降夷、难民充战功”，该斩！

如今，这一条的罪状是争议最多的。

在历史中，毛文龙是否“屡战屡败，虚冒战功”了呢？史料的回答：是。

毕竟，在《清太宗实录》里，毛文龙屡战屡败，无一胜绩。但是，大家都知道，所谓的《清太宗实录》，是百年后乾隆为了美化这位祖先，胡乱杜撰、篡改历史的文献，毛文龙怎么可能会屡战屡败呢？

要知道，如果毛文龙真的屡战屡败了，他早就被清朝收拾了，也不可能成为清朝的心腹之患，让皇太极寝食难安了。

说句难听点的，毛文龙从伍多年，身经百战，杀人无数，他之所以能够坐到“毛帅”这个位置，完全是凭借手中的刀。

因此，这个罪状，也不成立。

第三条罪名，袁崇焕说毛文龙“刚愎撒泼，无人臣礼”，他还说出了“牧马登州，取南京如反掌”的言论，就是要造反，该斩。

在今人眼中，袁崇焕说毛文龙说过“牧马登州，取南京如反掌”的话，就是一个诬告，可以与“莫须有”有的一拼。

毕竟，在那个等级森严的时代，敢说出这种“以下犯上、大逆不道”的话，必须严惩不贷，才能以儆效尤。

其实，何止是这种“以下犯上、大逆不道”，身为臣子，就是随便说句牢骚话也不行！

纵观历史，中国最著名的奸臣在坑害中国最著名的贤臣时，不就是因为贤臣目睹军队惨败后，说了一句牢骚话吗——“国家了不得了，皇帝又不修德！”

最终，正是这句话要了这个贤臣的命。毕竟，在那个“君君臣臣、父父子子”的时代，敢这么“痛骂”皇帝，也只能迎来属于自己的结局了。

这个中国最著名的奸臣，叫作秦桧；这个中国最著名的贤臣，就是岳飞。

综上所述，如果毛文龙说过这句“牧马登州，取南京如反掌”的造反言论，他就必死无疑。

当然，即使他没有说过，也得看皇帝的态度。皇帝说他“说过”，他也必死无疑。

因此，虽然大家不认可这个罪状，认为这就是一个诬告。但可惜的是，这条罪状，成立。

第四个罪名，袁崇焕说“毛文龙私吞军饷，又侵盗边海”，该斩！

其实，袁崇焕也知道，这个对任何将领都好用的“吃空额”罪状，根本不适合毛文龙。因为，毛文龙身居海外，若不想让朝廷起疑心，他只能少报兵马人数。而少报兵马人数，只能自己掏腰包了，否则他养不起这些人。

当时，毛文龙上报朝廷，说他有三千多人，结果他死后，袁崇焕查出了二万八千余人。由此可见，毛文龙自掏腰包养了多少人。因此，这个“私吞军饷”的罪名，不成立。

至于那个“侵盗边海”的罪名，更是无稽之谈。

从地理上看，毛文龙的周围就两个国家，一个是朝鲜，一个是后金。打后金，算是“侵盗边海”吗？打朝鲜，更是搞笑了，若毛文龙真打了朝鲜，朝鲜国王会说出“寡人与贵镇，事同一家，心肝相照，唇齿相须”的话吗？

因此，这个罪状，不成立。

第五条罪状，袁崇焕指责毛文龙“私开马市，私通外夷”，该斩！

假设毛文龙真的“私开马市，私通外夷”了，他确实该斩，但这里的问题是，史料已经明确记载了，开马市是得到朝廷允许的，皇帝也同意了。皇帝同意的事情，还算是“私开”吗？这不是诬告吗？

因此，这个罪状，也不成立。

第六个罪名，袁崇焕指责毛文龙创建了一支私人武装，组建了一支“毛家军”，该斩。

按理来说，大明王朝是不允许将领组建部队的，因为这种“只忠于一个人”的部队不好管理，也容易出事。因此，这条罪状可以坐实。但是，这里有一个前提，非常时期，也可以用非常手段的。

比如说，嘉靖年间，沿海倭寇动乱，朝廷就默认了戚继光组建“戚家军”的行为。李成梁镇守边关时，朝廷也给了他一些特权，允许他组建一支只听命于自己的“辽东铁骑”。在平定农民军时，朝廷也允许将领们组建自己的部队，如天雄军、洪兵、秦兵等。

可见，对于这种私人武装，朝廷基本上是睁一只眼闭一只眼，只要你效忠明朝，基本上就不惩罚了。

当然，如果要办你的话，用这条罪名，也足矣！

要知道，当年崇祯皇帝办魏忠贤时，用的就是“弄兵”的罪名，说他组建了一支私人的部队（太监军），图谋不轨。

因此，这个罪状，可有可无，就看朝廷如何界定了。

第七条罪状，袁崇焕指责毛文龙掠夺商人，成了一个海盗，严重影响了大明王朝的国际声誉，该斩。

对于这条罪名，无法界定。因为在那个动乱的时代，海盗与商人往往是一体的。你无法证明毛文龙掠夺的洪秀、方奉等人到底是正规的商人，还是打着商人的旗号招摇诈骗的海盗。

因此，这个罪状，很难界定，还需要继续考证才能得出答案。

第八个罪名，袁崇焕说毛文龙欺男霸女、逼良为娼，后宫成群，好色秽淫，当斩。

对于这个问题，还得具体问题具体分析。告子教育我们，“食、色，性也”。凡人尚且如此，一个天天在刀口上舔血，朝不保夕的将领，更是有这个方面的需求呀。因此，毛文龙因为好色而干出“欺男霸女、逼良为娼”的事情，也就不足为奇了。

当然，虽然毛文龙干了违法的事情，但只要皇帝宠爱他，也是可以忽略不计的。甚至有的时候，皇帝还会为将领的这种行为辩解，替他开脱罪名呢。

没错，就是皇帝替将领开脱罪名。而且这个皇帝还是一个永载史册的千古名君。

这个千古名君就是宋太祖赵匡胤。

《宋史》记载，宋太祖时期，有人状告齐州防御使李汉超贪婪，总是搜刮百姓的钱财。他还好色成性，只要看见美女就强抢回来做妾，为此齐州百姓苦不堪言。

得知此事后，赵匡胤大吃一惊，马上派人调查，结果属实。齐州百姓确实怨声载道，忍无可忍的他们还推举了几个人当代表，如今这些人已经来到了京城，告了御状。

这一下子，全天下人都屏住呼吸，看赵匡胤如何收拾李汉超，给百姓一个交代了。然而，赵匡胤的这个判罚，却让所有人都大吃一惊。

原来，赵匡胤深知，现在天下未平，五代十国的局面还没有结束，北方的契丹也一直虎视着中原，朝廷正是用人之际，若此时严惩了李汉超，确实能给百姓一个交代，但朝廷就损失了一员骁勇善战的猛将了，这对国家不利。

于是，赵匡胤选择了一种大事化小、小事化了的态度，他亲自去劝说那些上访户，让他们撤诉。

赵匡胤下令召见了这些百姓，他一句话不说，就听百姓诉苦。百姓说完后，赵匡胤才慢慢问道："你们的女儿，可嫁给什么人为妻？"

百姓们不解，回答道："我等都是农民，农民之女，自然嫁给农民。"

赵匡胤又问道："李汉超镇守齐州前，契丹人入侵的情况如何？"

百姓们回答道："几乎年年入侵，百姓深受其苦。"

赵匡胤问道："现在呢？"

百姓们回答道："李将军镇守期间，齐州固若金汤，契丹人不敢来。"

赵匡胤道："这不就结了，你们自己想想。李汉超镇守齐州前，契丹年年入侵，他们和李汉超比，谁掠夺的财富更多？若我严惩了李汉超，到时候谁去齐州为将？万一新上任的将领抵挡不住契丹，你们损失的财物岂不是更多？"

听完皇帝的这番话后，百姓们明显被说蒙了，大家皆沉默不语。

想了一会儿后，大家认为也对，李汉超虽然贪婪，但比万恶的契丹人好太多了，若没有他镇守齐州，百姓们可就受罪了。

见大家稍微"开窍"了，赵匡胤继续"教育"道："李汉超强抢民女，逼良为娼，是不对。但是，大家想想，你们的女儿只能嫁给农民，能够吃饱，就万幸了。现在呢，你们的女儿嫁给了李汉超，虽然为妾，但也好过嫁给农民吧？至少能够享受荣华富贵。而且，李汉超，朕之贵臣也，朕相信他的为人，不会亏待了你们的女儿。"

听完皇帝的"教育"后，百姓们一想，确实"有道理"，于是，大家不治李汉超的罪了，反而对皇帝感恩戴德。

就这样，成功把这些百姓洗脑后，皇帝就把他们送走了。紧接着，皇帝就开始训斥李汉超。

赵匡胤告诉李汉超："百姓的这次告状，让朕压下去了，你没事了，我暂且赦免了你。但是，下不为例，再让百姓来告状，我就弄死你。你小子要是缺钱，跟朕说，别搜刮当地的民脂民膏。欠百姓的钱，赶紧还。抢了谁家的闺女，赶紧还回去，要多多赔偿，别让百姓继续告状了。"

本来，李汉超得知百姓去京城上访后，已经惶惶不可终日，就等着圣裁了。结果，听完皇帝的训斥后，李汉超感动得痛哭流涕，他立刻按照赵匡胤的旨意，去弥补自己的过错了。

后来，在皇帝的教育下，李汉超竟然洗心革面、重新做人了。他"力修政治，吏民爱之"。李汉超死后，"军中皆流涕"，齐州百姓也悲恸不已，大家联名上书，请求为李汉超立碑纪念。

这个故事告诉了我们什么？重要大臣犯事了，皇帝一般选择睁一只眼闭一只眼，还会用“歪理邪说”给你洗脑，让你主动撤诉，并对他感恩戴德。

其实，我之所以说这个故事，就是想告诉大家——皇帝早就知道毛文龙欺男霸女、逼良为娼了，他也用对付李汉超的办法在对付毛文龙了。

《东江疏揭塘报节抄》记载，早在崇祯元年（1628 年），登州官员就上疏朝廷，痛骂毛文龙贪财好色、逼良为娼。结果，对于这个奏折，皇帝根本不理不睬，把这件事情压下去了。

可见，在崇祯眼中，逼良为娼，毛文龙是有错，但在这个动乱的时代，还需要毛文龙这样的猛将替他镇守边疆。因此，这种小错，就可以忽略不计了。

因此，这条罪状，也不成立。当然，如果你不认同我这个“强盗逻辑”，认为我这是一个歪理邪说，也行。我不辩论，就算这个罪名成立。

至此，在毛文龙的十二条罪状中，已经说了八条。这八条中，四条是诬告，三条需要商榷，一条是罪状。但这条罪状，也跟“莫须有”持平。因此，袁崇焕的前八条罪状，基本上都是小打小闹，根本告不倒毛文龙，更别说杀他了。

前八条罪状无法告倒毛文龙，那么后面的四条罪状，就能置毛文龙于死地吗？还是说，这些罪状也是诬告，也是在污蔑毛文龙呢？

为何不平反

第九条罪状，袁崇焕痛骂毛文龙“拘锢难民，不让难民渡海，不给他们饭吃，导致他们饿死岛中，草菅人命”。该斩！

对于这条罪状，我只能说，袁崇焕真是“睁眼说瞎话”呀。

要知道，是毛文龙在收纳难民，而不是难民要逃跑。袁崇焕说毛文龙“拘锢难民”，根本就是胡说八道。

此外，皮岛百姓之所以饿死岛中、岛中“白骨如山”，追溯源头，还不是袁崇焕搞海禁的结果。

当时，袁崇焕断了皮岛的粮饷，导致皮岛断了粮的东江镇百姓“人皆菜色”，才饿死这么多人。如今，是你的禁海令饿死了皮岛百姓，却把这个黑锅扣在了毛文龙头上，试问让他情何以堪？

因此，这条罪状，也是一个诬告，不成立。

第十条罪状，袁崇焕痛骂毛文龙“拜魏忠贤为父，绘冕旒像于岛中”，该斩！

对于这道罪名，简直让人无语了。

这个原因很简单，你袁崇焕给魏忠贤修的生祠刚拆多久呀？你给魏忠贤写的歌功颂德的文章笔墨还没干呢！怎么你能干，别人就不能干呢？

毕竟，在那个时代里，大家都得随波逐流，谁也别说谁。为了自己的理想，也只能投靠魏忠贤，成为一个阉党成员了。

毛文龙是如此，袁崇焕也是如此，你袁崇焕竟然还有脸说毛文龙“不要脸”，真是五十步笑百步，让人无话可说。

因此，这个罪名，也不成立。

第十一条罪状，袁崇焕痛骂毛文龙“铁山一战，丧军无数，却掩败为功”，该斩！

铁山一战，毛文龙确实败了，但这里的问题是，毛文龙在铁山用一千兵马死磕后金八万大军，这种敌我悬殊的战斗，你袁崇焕就能打赢吗？这不是扯吗？

而且，铁山一败后，毛文龙又在“丁卯之役”中建立了奇功，这个战绩袁崇焕怎么不提呢？只说毛文龙的败绩，却不说他的胜绩，这不是明显的“另有所图”吗？

因此，这个罪状，也不成立。

第十二条罪状，袁崇焕痛骂毛文龙“开镇八年，不能复辽东寸土，观望养寇”，该斩！

对于这个诬告，真是无语了。毛文龙从东江镇白手起家，艰苦奋斗了八年，没有功劳也有苦劳，怎么就“观望养寇”了呢？而且，毛文龙率军收复了金州和旅顺，这难道不是“复辽东寸土”吗？倒是你袁崇焕，奔赴辽东多年，可曾收复过一寸土地？

因此，这个罪状，也不成立。

综上所述，在袁崇焕弹劾毛文龙的十二条罪状中，其中第一、第二、第四、第五、第九、第十、第十一、第十二条罪名，都不成立。第六、第七、第八，需要商量，但未必能成为罪状。唯一成立的，是第三条，但这个成立的罪名也是一个“文字狱”的罪名，与“莫须有”齐名。

因此，我可以盖棺定论地告诉大家，袁崇焕弹劾毛文龙的十二条罪状，基本上都不成立。

对于这个情况，《明季北略》里的一句话，堪称一语中的：

> 袁崇焕捏造十二条罪状，矫制杀毛文龙，与秦桧以十二道金牌矫诏杀岳飞，古今如出一辙！

事实正是如此。

可见，毛文龙之死就是一个冤案。可惜了这个著名的将领，就这样成了一个冤死鬼，成了袁崇焕看不顺眼的牺牲品。

更可惜的是，毛文龙死后，竟然无人给他翻案。直到今天，他依旧无法沉冤得雪。

那么，为什么不给他翻案呢？

这个原因很简单。因为，就是没法翻案呀！

首先不给他翻案的，是明朝的崇祯皇帝。

崇祯帝之所以不给毛文龙平反，原因很简单，因为这里涉及一个最基本的面子问题。

要知道，如果崇祯为毛文龙平反，他就会面临一个巨大的问题，他必须承认自己有错。

对于这个问题，如果换成一个虚心的皇帝，就认错了，甚至会颁布罪己诏，请求大家的原谅。但是，崇祯皇帝不一样呀，他怎么可能去认错呢。

在中国历史上，崇祯皇帝是一个极度虚荣的主，是一个死要面子活受罪的人。他认定的事情，哪怕后来证明是错的，他也绝不认错，宁愿一条路走到黑（确实走到黑了）。即使在临死前，崇祯皇帝也不会认为自己有错，而是群臣有错，还发出了“诸臣误朕，文臣皆可杀”的唏嘘感叹。

对于这种皇帝，也只能无语了。

因此，碰到这么一个自认为英明无比、从不肯认错的主，你就没法为毛文龙平反了。

毕竟，如果你为毛文龙平反，不就是昭告天下说皇帝错了吗？说他被人忽悠了，让袁崇焕借自己的手杀了毛文龙，自己变成了一个“白痴冤大头”。

所以，为了自己的面子，崇祯也只能死扛到底，他绝不会为毛文龙平反，也不允许任何人为其平反。

崇祯会这么说，也会这么做。

史料记载，袁崇焕被杀后，毛文龙的东江镇旧部周文煌就给朝廷打报告，为毛文龙申冤，他希望朝廷为毛文龙平反，“伏乞皇上大奋乾断，特赐文龙骸骨以归葬，录其后人，世世不绝”。

结果，对于周文煌的建议，崇祯二话不说就给反驳了，还把他痛骂一顿：“逆督擅杀岛帅罪案已定，毛文龙历年糜饷，牵制无功，岂得乘机借端，饰称忠义……周文煌渎奏不伦，好生罔肆。本当究处，念系愚弁姑饶他。”

最终，崇祯颁布圣旨，把周文煌贬为庶民，轰回老家了。对于毛文龙，崇祯只允许将他的尸身交给亲人领回掩埋，以显示“皇恩浩荡”。

周文煌被贬后，终明一朝，无人再敢为毛文龙平反。

这里说一下周文煌的结局。

周文煌回家后，愤怒无比的他开始了创作生涯，他把毛文龙的“战绩”和袁崇焕的“劣迹”全部记录下来，传给后人。如今，那些黑袁崇焕的人，都是周文煌的忠实粉丝（没有读过的人，就别黑袁崇焕了）。

后来，崇祯四年（1631 年），得知东江旧友孔有德投清后，周文煌自认为是孔有德的故交，他就径直走入了清营，希望劝说孔有德弃暗投明、重新回归明朝。结果，已经在后金高官得坐、骏马任骑的孔有德根本不为所动，他反而杀了周文煌，以表明给满鞑子当奴才的决心。

就这样，周文煌慷慨赴义，死时年仅四十岁。

周文煌就这么死了，但他的书却保留了下来，流传给了后世。这本书其中的两句话更是一直在警示后人——“臣子不尽忠于国者，皇天以男盗女娼报之”。

联想到孔有德惨死的命运，周文煌的这句话真可谓一语成谶。

书归正传，明朝不给毛文龙平反，历史的车轮转到清朝后，他们会给毛文龙平反吗？

答案，不说自明……肯定不会。

其实，对于毛文龙的冤案，清朝是知道的。嘉庆年间，和硕礼亲王昭琏（代善子孙，清朝的著名学者，著有《啸亭杂录》等传世）就明确指出，“崇祯之杀文龙，其事甚冤”。然而，大家都知道这是一个冤案，但就是不给毛文龙平反。

这个原因很简单，因为毛文龙杀了一个不该杀的人——佟养正。

当时，毛文龙奇袭镇江时，他捕获了后金守军佟养正，并杀死了他的儿子佟丰年。后来，佟养正被押解入京，被斩杀示众。

本来，在当时的历史中佟养正就是一个小人物，在后金的编制里，佟养正也是一个可有可无的小角色，除了是最早投降的汉奸之一，据说跟努尔哈赤的原配夫人（元妃佟佳氏）是亲戚外，就没有什么显赫的履历了。

然而，没有一个人能够想到这个佟氏家族会“越长越大”，最终成为一个庞大无比、位高权重的家族。

史料记载，佟养正死后，他的另一个儿子佟图赖（原名佟盛年）继承了他的爵位，他开始走“后宫路线”，让这个家族一路平步青云。

当时，佟图赖的女儿嫁给了爱新觉罗·福临，即顺治皇帝，他成为一个皇亲国戚。虽然顺治皇帝钟情董鄂妃，不喜欢这个女子，但这个女子很争气，给他生了一

个儿子，叫作爱新觉罗·玄烨，即未来的康熙皇帝。

成为康熙皇帝的姥爷家，佟家就一发不可收拾了。佟图赖有两个儿子都混得不错，皆位极人臣。

其中一个儿子，叫作佟国纲，此人战功显赫，可惜在随康熙出征噶尔丹时战死了。另一个儿子，叫作佟国维，此人位高权重，把持朝政多年，堪称说一不二，人称“佟半朝”。

康熙年间，佟家就是这么猛。孰料，佟国维的下一代更加勇猛，堪称青出于蓝而胜于蓝。

佟国维有一个女儿嫁给了康熙，虽然因为先天原因，这个女人无法生育，但她却成了康熙最宠爱的女人，是康熙的四个皇后之一，史称“孝懿仁皇后佟佳氏”。

佟佳氏虽然无子，但康熙给她找了一个儿子，让其抚养，作为养子。后来，这个孩子在各种机缘巧合下，登基称帝了。这个孩子，就是爱新觉罗·胤禛，即雍正皇帝。

除了女儿给力，佟国维还有一个儿子非常给力。此子跟雍正皇帝相交甚好，他成了雍正的亲信，这个人就是雍正的舅舅隆科多。

可见，佟家就是这么一个人丁兴旺、声名显赫、历经三朝而不倒的大家族。而根据族谱计算，毛文龙杀的人，就是康熙的姥爷的父亲和他姥爷的兄弟。

至此，知道清朝不给毛文龙平反的原因了吧。

要知道，佟家一直忠心耿耿，为大清的建立可谓鞠躬尽瘁、死而后已，佟国纲还为大清王朝战死沙场了。佟家还为大清王朝“开枝散叶”，为这个国家的“延续”尽了犬马之力。因此，为了保护这个家族的面子，清朝也不能给毛文龙平反。

毕竟，毛文龙当年最大的政绩之一，就是擒杀了佟养正父子，如果给他平反了，就证明他杀得好、杀得对了。得此结果，你让佟家人情何以堪，让清朝皇帝如何为他平反？

因此，为了自己的面子，清朝也不可能为毛文龙平反，只能让他的冤情一直沉冤下去了。只是可怜了那毛文龙，只能一直这样“死不瞑目”。

第十章　北京保卫战

进击的皇太极

得知袁崇焕先斩后奏、未经允许私自斩杀了毛文龙后，崇祯皇帝都吓傻了，史称“帝骤闻，意殊骇”。

在皇帝眼中，袁崇焕是吃了多大的熊心豹子胆，才敢如此行事呀。若大家都跟袁崇焕一样，这个天下就没法治了。

然而，虽然皇帝痛恨袁崇焕这种“先斩后奏”的行为，但他却没有追究袁崇焕的责任。皇帝反而颁布了一道诏书，痛斥毛文龙的罪行，并把他京城的爪牙缉捕归案，一起论了罪。

崇祯皇帝这么干，原因很简单，他要安抚袁崇焕的心（以安崇焕心）。毕竟，皇帝还要仰仗袁崇焕去收复辽东，要是把他治罪了，谁去收复辽东呢？

何况，因为袁崇焕的鲁莽行事，明朝已经失去了一个“独挡敌军八年之久”的总兵了。再干掉这个总兵，崇祯就没人可用了。

就这样，虽然崇祯痛恨袁崇焕这种先斩后奏之行为，但他还是原谅了袁崇焕，让他踏踏实实地履行承诺，用五年时间收复辽东。

在皇帝眼中，要钱，给你；要人，给你；要权，给你；随便杀人，也可以！但这

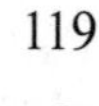

里有一个前提条件，必须五年之内收复辽东。只要平了，什么事情都好办；平不了，咱们新旧老账一起算！

对于皇帝的这个心思，袁崇焕清楚无比，但在他的眼中，自己还有整整五年的时间。鬼知道五年以后什么样，慢慢来，慢慢搞，到了规定的时间，再说。

袁崇焕的这种思想，无可厚非。毕竟，五年的时间太长了，确实能够出现很多的事情。

因此，整整五年时间，真是应了那句话——一切皆有可能。

然而，可惜的是，袁崇焕没有看见五年后的世界，他甚至都没有看见半年后的世界。因为，这个世界并不以他为中心，那个“天地主宰”的突然行动，打了袁崇焕一个措手不及，并把他打入了地狱。

这个天地主宰，就是后金的皇帝——皇太极。

得知毛文龙被杀后，皇太极根本不相信会发生这种事情，后金臣子也不相信明朝会干这种兄弟阋墙、同室操戈的闹剧，大家都认为这不可能（天下闻之，诧为奇举）。

后来，在确定这个消息准确无误后，皇太极欣喜若狂，他召开宴会，大家一起欢庆此事。

毕竟，在皇太极的眼中，这个毛文龙就是自己的一个心腹大患，他曾经告诉众人“毛文龙在，我不敢出远门，否则家中妇孺不保。”如今，这个“偷家”的人被自己人干掉了，这世上还有比这个更值得高兴的事情吗？

可见，袁崇焕诛杀毛文龙的举动，就是给皇太极送了一个大馅饼，还是一个肉馅的！

就这样，在笑纳了这个“馅饼”后，皇太极要是不采取行动，他就不是皇太极了。

崇祯二年（1629 年）十月下旬，解除了后顾之忧后，皇太极率领大军南下，正式开启了讨伐明朝之旅。

该来的，终于来了。

皇太极此次入侵，采用了一个极其高明的战术。他绕过了坚不可摧的关宁防线，转了一个超级大弯，借道从蒙古突袭明朝，直接攻击明朝相对薄弱的首都北京。

要知道，皇太极的这个战术，如今一直被军事家们（或者是军事迷）津津乐道，认为这是一个出其不意、出乎意料的奇招，打了明朝一个措手不及。

殊不知，“措手不及”，是有的；但“出乎意料”，真有点抬举皇太极了。

原因很简单，对皇太极的这个招数，袁崇焕早有预料。

当时，袁崇焕就多次上疏朝廷，“臣在宁远，敌必不得越关而西；蓟门单弱，宜宿重兵……惟蓟门陵京肩背，而兵力不加。万一夷为向导，通奴入犯，祸有不可知者”。

这里的“夷”，指的是蒙古；这里的“奴”，指的是皇太极。袁崇焕告诉朝廷，臣镇守的关宁防线，固若金汤，皇太极讨不到任何便宜。但是，万一他借道蒙古，从蒙古一带攻打北京，就危险了。因此，臣恳请修筑蓟门防线，派重兵把守这个战略要地。

事实证明，袁崇焕的预料完全正确。可惜的是，朝廷没有重视袁崇焕的奏折，才酿成了今日之苦。

其实，朝廷不重视蓟门防线，原因很简单。他们相信蓟门防线“坚不可摧”，也相信林丹汗会替他们“看家护院”。

必须承认，明朝在蓟门一代的长城防线确实坚固无比，比关宁防线有过之而无不及。毕竟，在戚继光十六年的全力修筑下，长城防线固若金汤，只能让敌人望城兴叹（今天著名的北京八达岭长城，就是戚继光修建的，足见这条防线的坚固程度）。

此外，在长城防线以外，还有林丹汗的四十万蒙古铁骑在替明朝“保驾护航”。皇太极若想攻打蓟门，必须先跟这位蒙古大汗交手。即使林丹汗打不过皇太极，明朝也能第一时间知道皇太极进犯的消息，调兵遣将，保护这条蓟门防线。

可惜的是，明朝的想法很好，却完全打错了算盘。

要知道，明朝的蓟门防线确实坚固无比，但那是很久以前。如今，在天启皇帝和魏忠贤的一顿乱搞下，蓟门防线已经名存实亡，“塞垣颓落，军伍废弛”，根本起不到保卫京城的作用了。

至于那个蒙古的林丹汗，还是忘了他吧。面对后金的进攻，这位仁兄没有一丝一毫的犹豫就率军跑路了。他就像当年抛弃王化贞一样，再次把这个盟友抛弃了。

得此防线，真是痛不欲生；得此盟友，真是欲哭无泪。

早知如此，何必当初……悔之晚矣，悔之晚矣。

就这样，在明朝的极度自信下，他们也只能咽下这杯苦酒了。然而，事情已经这样了，再后悔，又有什么用呢？还是赶紧想办法抵御后金的入侵吧。

袁崇焕目睹了皇太极的部队顺利突破了长城防线，开始进击中原，在这个危难时刻，他应怎么办呢？

当时，摆在袁崇焕面前的有两条路可以选择。

第一条路，就是围魏救赵，你进击中原，我就打你老巢，看谁吃亏！

说实话，袁崇焕的这个招数，才是一个出其不意、出乎意料的奇招，更能打皇

太极一个措手不及。

原因很简单，因为这一次进军期间，后金军一直矛盾重重，大家根本不是一条心，天天争执不断，还差点分道扬镳。

原来，根据《清太宗实录·卷五》记载，对于这次军事行动，大贝勒代善和三贝勒莽古尔泰根本不同意。因为，在他们的眼中，皇太极此举，就是一个孤军深入数千里的“找死行动”，若明军堵住他们的退路，再用绝对的兵力“合围环攻”，他们就死无葬身之地了。

更可怕的是，此次出兵，皇太极可谓倾巢而出。三个贝勒全部出战，只留下一个阿敏率领少得可怜的兵马守家。万一这个时候袁崇焕乘虚而入、直捣黄龙，他们就真的大势已去、无力回天了。

为了防止这个悲剧的发生，对于这次军事行动，代善和莽古尔泰一直唱反调，他们处处跟皇太极对着干，不让他一意孤行、干这种全军覆没的事情。

为了说服对方，这三个人展开了一番激烈的讨论。然而，他们一直吵到后半夜也没有达成一致，只能不欢而散，代善和莽古尔泰愤怒地走了。

当时，岳托、萨哈廉等年轻将领都在皇太极的大营外候旨，他们目睹了这三个贝勒争吵的全过程。代善和莽古尔泰走后，这些年轻将领走入皇太极的大营，请求指示。

看见这些将领后，面红耳赤、愤怒无比的皇太极大怒道：“还有什么请示？都回去休息吧。我的计划行不通，你们还待在这里干什么？”

听完皇太极的“驱逐令”后，岳托等人却没有走，他们反而询问皇太极的计划，希望这位皇帝解释给他们听。

见大家如此好奇，皇太极就阐述了一遍自己的计划。他说完后，诸将就跪安了，岳托等人也走了。

离开皇太极的大营后，岳托和萨哈廉没有回去睡觉，他们直接走进了父亲代善的营帐，他们要劝说父亲同意皇太极的计划，帮助这位大汗出兵。结果，就跟劝说代善拥立皇太极登基称帝时一样，代善又被这两个儿子“洗脑”了，他同意了皇太极的计划，答应出兵了。

至此，二比一，少数服从多数，莽古尔泰就是再不满、再有意见，他也只能同意了。皇太极这才出兵，他从蒙古借道，开始攻打明朝。

可见，此次出兵，后金军根本不统一，他们根本就是貌合神离。如果在这个时候，袁崇焕使用“围魏救赵”之计突然攻打后金的老巢沈阳，一定会让孤军深入的皇太极方寸大乱，后金军也一定会军心动摇。

届时，皇太极根本无法收拾这个局面，稍有不慎，内讧的后金军就可能被明军击败，迎来一个全军覆没的结局。

可惜的是，首先乱了方寸的人是明朝的袁崇焕。为了营救皇帝，袁崇焕根本没有时间思考这个“围魏救赵”之计，他想到的唯一解决办法就是赶紧率军回京，去勤王伴驾，去解救这位对自己有“知遇之恩”的年轻皇帝。

就这样，袁崇焕抛弃了第一条路，他选择了第二条路，那条最平庸，却最不容易出错的路——率领关宁铁骑入京，星夜驰援北京，勤王伴驾，与皇太极决一死战。

到底想干啥

为了保护皇帝，袁崇焕抛弃了所有的辎重部队，甚至是自己的步兵，他只率精锐的骑兵出战，由山海关进入中原，第一时间在各个城镇布防，抵挡后金军。

当时，袁崇焕深知，保卫京城最好的办法就是死守北京的东部重镇遵化。若能在遵化抵挡住敌军，就能缓解北京的危机。反之，若遵化失守，北京将再无险可守，战局也会彻底失控。

于是，为了保护遵化城，袁崇焕命他手下猛将赵率教出战，率领一万精锐骑兵星夜兼程地奔赴遵化，务必在敌军到来前进入遵化城，在这里抵挡住后金军。

得此命令后，赵率教立刻出发了，他披星戴月地赶了三天三夜的路，终于到了遵化城。

可惜的是，赵率教还是慢了。他到来前，后金军已经抢先来到了遵化城。他们在遵化城外设了一个陷阱，兴高采烈地“欢迎”赵率教的到来。

就这样，一天后，赵率教钻入了他们的“袋子”里。

可想而知，孤军深入、寡不敌众、深陷重围、中了埋伏，这样的战斗结果只有一种，且只有一种——必败无疑、必死无疑。

崇祯二年（1629 年）十一月初四日，在遵化（今属河北），赵率教被后金军团团包围，他奋勇杀敌，决不后退。最终，赵率教中流矢坠马，力战殉国。

赵率教死时，享年六十岁。这位老将为他热爱的祖国流尽了最后一滴血。

一天后，后金军攻陷了遵化城，袁崇焕就此失去了救援京城的最佳时机，他也只能对后金军进行追击了。

皇太极进入北京地区后，袁崇焕开始对其进行追击，但他所谓的追击，却成了一个让人完全看不懂的军事行动。

之所以让人看不懂，是因为袁崇焕一直秉持着四个字“只追不击”。整整五天，

皇太极去哪，袁崇焕就跟到哪。皇太极在北京近郊烧杀抢掠，袁崇焕全当没看见。不管崇祯如何督战，袁崇焕就是不出兵，就是不跟皇太极决一死战。

袁崇焕的这种行为让所有人都困惑不已，也让后世子孙争论不断。人家争论了几百年，直到今天，也还一直没有消停。

大家之所以争执不断，原因只有一点——袁崇焕这么干，到底想干啥？

大敌当前，既不防守，也不应敌，就这样以“盟友”的身份尾随敌军，袁崇焕到底想干啥？

当时，京城的流言蜚语，上到皇亲国戚，下到市井走卒，大家都纷纷议论此事，并产生了一个相同的看法——袁崇焕已经卖国投敌了，他已经变成明朝的叛徒了！

大家的这个想法，无可厚非。袁崇焕既不攻，也不守，就跟着敌军后面绕，甚至帮敌军“带路”，他不是投敌了，还能是什么？说他没当叛徒，真是只有鬼才信。

其实，我个人认为，袁崇焕没有投敌，也没有当叛徒，他之所以不跟敌军交战，是有自己的苦衷。

看看袁崇焕的处境吧，赵率教的鲜血已经“教育”了他，跟后金的八旗大军野战，根本没有获胜的机会。只有固守城池，“凭坚城，用大炮”，才能击退后金军，解救京城这次危机。

就这样，在没有城池做保护的情况下，袁崇焕不敢轻易跟后金军野战，他只能尾随后金军，寻找战机，再跟敌人决一死战。

这才是袁崇焕“追而不打”的根本原因。

当时，袁崇焕判断，敌军一定会攻打军事重镇蓟州城，于是他抢先一步，驻守蓟州城，准备凭借这座城池抵御敌军。结果，得知袁崇焕驻守蓟州后，皇太极选择了避而不打，他率军绕过了蓟州城，去攻陷其他城池了。

后来，袁崇焕又判断，敌军一定会经过战略要地通州。于是他继续抢先一步，屯兵至通州，准备跟皇太极决一死战。结果，皇太极再一次选择了避而不打，人家根本不跟袁崇焕纠结，直接绕过通州，直奔京城而去。

至此，三次拦截（遵化、蓟州、通州）都没有成功，袁崇焕只能目睹后金军把战火烧到了北京城。

在这种背景下，袁崇焕无计可施，他只剩下最后一个解决办法了。

殊不知，这也是一个绝对不能使用的办法。因为，袁崇焕就是死在了这个办法下。

《明史纪事本末·补遗》记载，三次拦截未果后，袁崇焕下令开会，商讨退敌之策。会上，副总兵周文郁阐述了自己的观点：

“大兵宜趋敌，不宜入都。且敌在通州，我屯张家湾，相距十五里，就食河西务，敌易则战，敌坚则乘，此全策也。”

我们要在通州一代布置防线，誓死抵御敌军，这才是万全之策。绝不能在京城抵御敌军，因为“未奉明旨，不宜入京”！

周文郁的话，一点也没错！因为，在明朝的制度内，边疆大臣私自带兵入京，就是隐含着四个字——图谋不轨！这是官场的一条十万伏特高压线，谁碰谁死。

对于周文郁的话，袁崇焕也明白。但是，为了保家卫国、报效皇恩，袁崇焕已经管不了那么多了，他对周文郁道：

“周君言是。弟恐逆奴狡诈异常，又如蓟州，显持阴遁，不与我战。倘径通都城，则从未遇敌之人心，一旦动摇，其关系又不忍言……君父有急，何遑他恤？苟得济事，虽死无憾！”

就这样，在“君父有急，何遑他恤？苟得济事，虽死无憾”的思想下，袁崇焕准备碰这条高压线了，他“不请自来、未奉入京”，率领部队奔赴北京，准备保卫京城，保卫江山社稷。

袁崇焕这么干，是把自己推到了地狱里。

换位思考一下，看看皇帝的想法吧。

在皇帝的眼中，袁崇焕就是一个不听指挥、不可理喻的疯子。他一直尾随敌军，不打也不守，到底要干啥？如今，未经自己允许，袁崇焕直奔京城，他又是想干啥？！

恐怕真的如大家所言，他已经叛国投敌、成为后金的“先锋部队”了。

殊不知，就在此时，上天也坑了袁崇焕一把，让他有苦难言。

因为，袁崇焕冲到京城后，仅仅过了一天，皇太极也率军来到了北京城。

这种情况下，如果我说“袁崇焕不是给后金军带路的”，你会信吗？

答案不说自明。

就这样，在皇太极的“帮助”下，袁崇焕就算是跳进了黄河里也洗不清了。他只能苦闷地迎来自己的结局。

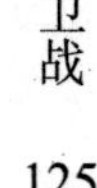

被君主“怀疑”的下场

崇祯二年（1629年）十一月十九日，袁崇焕“不请自来”，屯兵至北京外城广渠门外，在这里抵御敌军。第二天，即十一月二十日，皇太极率军兵临北京城下，准备攻打这座明朝首都。

这场明朝历史上，乃至中国历史上最著名的“北京保卫战”，就此拉开了大幕。

那么，在拉开大幕前，我们先看一下明朝的部署情况，看看他们是如何守护北京城的。

无奈地叹口气吧……这个年仅十九岁，从来没有经过战争洗礼的皇帝已经蒙了。按照史学家的说法，崇祯已经“方寸大乱”了。

当时，面对敌人的入侵，崇祯病急乱投医。崇祯下令，为了增加“防守力量”，他让京城官员、皇亲国戚、功臣宿将，带着自己的家丁到城墙巡逻和守卫。同时，还让太监来守城。

这些养尊处优的人怎么可能会打仗呀。他们除了会添乱，就一无是处了。

有个叫金生的翰林院官员，向崇祯皇帝推荐了一个叫申福的游僧，说这个人很有本事，会制造无坚不摧的战车，定能击退敌军。

很显然，这就是一个吹牛皮的家伙。他造的什么战车能够击退八旗大军？而且，现在敌军都兵临城下了，你再制造战车，怎么来得及呢？

孰料，方寸大乱的崇祯竟然重用了这个和尚，给他拨了很多钱，让这个和尚打造战车，还让他招募了一支由乞丐、群氓、叫花子组成的部队，来保卫京城。结果，可想而知，上战场后，这支部队一触即溃，被八旗大军打得全军覆没，这个和尚也被敌军砍了首级。

中央的指挥混乱不堪，北京城内的守备工作也同样混乱。

当时，北京城的守备士兵混乱不堪，兵不识将，将不识兵，守备系统一片混乱。更可怕的是，因为安逸太久了，京城的守备官兵竟然不知道火器的名称，甚至不知道这些火器如何发射。

这种说法绝非危言耸听，有兵科给事中陶崇道检查京城火器的报告书证明：

昨工部尚书张凤翔亲至城头，与臣等同阅火器。见城楼所积者，有其具而不知其名，有其名而不知其用。询之将领，皆各茫然；问之士卒，百无一识。有其器而不能用，与无器同；无其器以乘城，与无城同。臣等能不为之心寒乎？

——《崇祯长编·卷二八》

碰上这种部队，也只能让大臣寒心不已了。

后来，就是这些不会使用火器的士兵瞎射击，结果不小心打中了满桂，让这员骁勇善战的将领受伤，只能退居了二线。

令人瞠目结舌的是，这笔账竟然算在了袁崇焕的头上，成了他的一大罪状。

总之一句话，在这场战争中，明朝的部署情况，就是这样的混乱不堪。当然，也并不是一无是处。至少崇祯皇帝干了两件事情，堪称可圈可点。

第一件可圈可点的事情，就是维护自己的面子。

原来，面对敌军的大兵压境，崇祯最先想到的竟然是自己的面子。他二话不说，就以"尸位素餐、防守不利"为由，把兵部尚书王洽缉捕入狱了，还让他惨死在了监狱里。

就这样，崇祯把这个防守不利的锅扔给了王洽，让他当了这个替罪羊。

当然，我们要知道，这是崇祯第一次找替罪羊，但绝不是最后一次。未来，还将有很多的官员成为替罪羊，死在崇祯的屠刀下。

国难当头，为了自己的面子，这个皇帝还如此行事，也算是可以了。摊上这么一个君主，这个国家也只能迎来那个结局了。

对比为了自己的面子滥杀无辜，崇祯干的第二件事情，就堪称英明无比了。

第二件可圈可点的事情，就是复启孙承宗，任命他为内阁大学士、兵部尚书，负责保护京城。

事实证明，在这场永载史册的"己巳之变"中，这次任命，是崇祯做出的最英明的一个决定。

至此，在这一片混乱中，明朝迎来了"不请自来"的袁崇焕以及大兵压境的敌军，迎来了这场"北京保卫战"。

开战前，孙承宗派使者进入袁崇焕的大营，传达了自己的意思，希望他奋勇杀敌、报效皇恩。

孙承宗告诉他："皇帝十分赏识你，我也相信你的忠心，但是你私自斩杀了毛文龙，现在又把军队驻扎在城外，很多人都怀疑你了。希望你尽力为国效力，稍有差错，后果不堪设想。"

对于老师的这番谆谆教诲，袁崇焕立刻表示，一定奋勇杀敌，以报皇恩。

袁崇焕这样回答，很好。但是，他根本没有读懂老师的意思。

因为，孙承宗这句话的中心点，就是"怀疑"这两个字。他在告诫袁崇焕，皇帝已经"怀疑"你了，千万不要再让皇帝怀疑你了。否则的话，后果不堪设想！

不让皇帝"怀疑"你，才是孙承宗告诫袁崇焕的真正意思。

可惜的是，从后面的发展来看，袁崇焕根本没有听懂老师的教诲，也根本不懂“怀疑”二字的威力。

这里有一个问题，说君主怀疑臣子了，真的这么可怕吗？

真的，不可怕吗？

举一个例子，告诉你们“怀疑”二字的威力。

绍兴十一年（1141 年）十二月，一个贤臣被奸臣陷害，他深陷囹圄，痛苦不已。这时，一个老狱卒慕名前来，给他带了很多吃的。

见此情景，贤臣很是高兴，心想公道自在人心，我虽然被奸臣所害，但天下百姓还是向着我的。

孰料，老狱卒说的第一句话，直接把这个贤臣雷倒在地。

“大家都说，您是一个忠臣。但在我的眼中，您就是一个逆臣。”

一听这话，贤臣瞬间就暴怒了：

“什么叫逆臣？我一生光明磊落，忠心可比日月，必将千古流芳。多少人想陷害我都不能得逞，只能用一个‘莫须有’的罪名害我。你个小小的狱卒，竟敢说我是逆臣，真是大大的可恶！”

看着如此激动的贤臣，老狱卒叹了一口气，语重心长地道：

“大人，您别激动，我给您解释一番——自古以来，君臣之间是不能互相怀疑的。君主怀疑臣子，则必然杀之；臣子怀疑君主，则必然反之。君主怀疑臣子的，不杀，最终也会杀之；臣子怀疑君主的，不反，最终也会反之。如今，您被君主怀疑，深陷于此，怕是活不了了。即使侥幸不死，您出去后，也只能与君主继续猜疑。到了那个时候，您肯定会造反。既然造反了，您就是一个逆臣！”

这段话，真是精辟无比，说尽了中国五千年的君主政治。

中国历史上最著名的贤臣岳飞，其实就是死在了这个“君主怀疑论”上。

千万别跟我论证什么“宋高宗从来没有怀疑过岳飞”。

大家换位思考一下，当一个公司的领导要连续颁布十二道命令，手下才会去执行。这样的结果，到底意味着什么？对于这样的员工，领导又会做何感想？

可想而知，在颁布十二道金牌时，宋高宗就极度怀疑岳飞了，他也准备诛杀了这个“乱臣贼子”。

岳飞，死在了这个“君主怀疑论”上。而这个袁崇焕，也将成为下一个殉道者。

当然，“不积跬步，无以至千里；不积小流，无以成江海”。单凭“私自斩杀大将、不请自来”这些事情，不足以让崇祯斩杀袁崇焕。袁崇焕一定是干了什么“惊天动地”的事情，才让皇帝如此地怀疑他，必须杀之而后快。

那么，袁崇焕到底干了什么事情，让皇帝如此怀疑他呢？

北京保守战

崇祯二年（1629 年）十一月十九日，袁崇焕“不请自来”，他率领九千关宁铁骑来到北京城，驻扎在北京广渠门外，在这里抵御敌军。

同一时间，大同总兵满桂（改任命了）和宣府总兵侯世禄率领数万大军奉诏入京，屯兵至北京德胜门外，在这里抵御敌军。

第二天，即十一月二十日，他们等来了兵临城下的皇太极。

至此，“演员”都到齐了，就开工吧。让这场“好戏”正式上演吧。

于是，这场“北京保卫战”，正式拉开了大幕。

十一月二十日，在稍事休整后，皇太极亲自出征，他率领大贝勒代善、贝勒济尔哈朗、岳托、杜度、萨哈廉等人，统帅主力部队攻打满桂和侯世禄的部队，对德胜门发起了猛攻。

为了抵御敌军，明朝的对策是让满桂和侯世禄在城下激战，其余部队在城上用火炮支援，复制了一遍“宁锦之战”的战术。

这场战斗打得非常惨，双方厮杀在一起，拼搏厮斗，视死如归。战斗了一段时间后，侯世禄的部队全线溃败，只留下满桂跟敌军“单挑”了。

即使面对数倍于己的敌军，满桂也毫不怯战，继续与敌人奋勇作战。结果，他被明军的炮火打伤了，只能率众撤退。

没错，满桂就是被明军的炮火打伤了。

前面讲过，守城的明军根本不会使用火器，结果他们一失误，就把满桂打伤了。满桂浑身是伤，只能率军撤退。明朝守军打开城门，让满桂入城休整，休整好了，再跟敌军一战。

满桂溃败后，清军也没有趁势追击，因为他们也损失惨重，只能暂时撤退。

至此，这场德胜门之战，就以这样的结局告终。

北城的“德胜门之战”结束后，南城的“广渠门之战”却没有结束，袁崇焕正率军与敌军鏖战，在奋勇杀敌，以报皇恩。

原来，皇太极发动“德胜门之战”时，他也不失时机地发动了“广渠门之战”。皇太极命莽古尔泰为统帅，率领贝勒阿巴泰、阿济格、多尔衮、多铎、豪格等人，带领五万（也说四万）八旗精锐猛攻广渠门，直奔袁崇焕军而来。

当时，袁崇焕麾下只有九千余人，且没有任何的支援（明朝守军认为袁崇焕“有问题”，一直不予支援），但他毫不怯战，率军冲了上去，与敌军决一死战。

这场“广渠门之战”，可以称之为“血战”。袁崇焕与敌军从中午 12 点（午时）

开始打，一直打到晚上 18 点（酉时）。双方整整激战了六个小时，转战了十余里。

战斗期间，为了鼓舞士气，袁崇焕亲自上阵，去前线指挥战斗。为此，他付出了身中数箭的代价，只是因为身穿重甲，才没有被射死（两肋如猬，赖有重甲不透）。

最危难时，一个八旗军竟然冲到了袁崇焕的面前，对着他的脑袋就是一刀。好在袁崇焕的部将反应快，用刀挡住了这一击，袁崇焕才幸免于难（刀及崇焕，材官袁升高格之，获免）。

虽然袁崇焕付出了惨烈的代价，但在他的鼓舞下，辽军将士们士气倍增，他们英勇抵御，奋力鏖战，终于杀退了敌军，取得了这场"广渠门之捷"。

此战中，后金军损失惨重，贝勒阿济格的战马被射死，他也身中箭伤，几乎丧生。贝勒阿巴泰中了袁崇焕的伏击，全军覆没，只有他一人幸免。八旗军在撤退时，又遭遇了明军的追击，有一千人骑马慌不择路地跌到了护城河里，连冻带淹，死伤过半。

至此，这场"广渠门之战"就以这样的结局告终。

战斗结束后，看着被区区九千疲惫之师杀得溃不成军，狼狈逃回的八旗大军，皇太极不由得感叹，说出了一句千古名言——"十五年来，未尝有此劲敌也！"

袁崇焕，你真是一个令人敬佩的对手。

至此，知道了无法取得胜利后，皇太极放走了被俘的明军，让他们给崇祯致信，请求和谈。皇太极打算敲诈崇祯一笔，就撤兵了。

殊不知，皇太极根本不知道，面对他的议和请求，崇祯是不予理睬的。但是，他却干了另外一件事情，先让皇太极瞠目结舌，随后又惊喜不已。

因为，这件事就是明朝诛杀了袁崇焕，替皇太极解决掉了这个劲敌。

原来，广渠门大战结束两天后，崇祯下令开会，他要在平台召见众人，商量退敌之策，并对某些人兴师问罪。

当时，包括袁崇焕、满桂等将领，都来参加了这个会议。

按理来说，此次会议中，袁崇焕应该是充满自豪的。毕竟，他跟满桂同时开战，满桂被打残，只能抬着进殿（受伤动不了），自己却获得了一场胜仗，他绝对有骄傲的资本。

然而，这一次开会时，袁崇焕却非常低调，他甚至是以一个"戴罪之人"来进谏的。

史料记载，袁崇焕这一次进谏，没有穿官服，而是穿了一身青衣草帽。在明朝的制度中，只有戴罪之身的官员才能这样穿着。袁崇焕这么穿，就是承认自己有罪，他自请谢罪，请求朝廷发落。

袁崇焕这么穿，也算是一个聪明人了。

要知道，崇祯召集袁崇焕的地方是哪儿呀？就是那个平台！

这是崇祯在平台第二次召集袁崇焕了。第一次召集袁崇焕时，就在一年前，那个时候袁崇焕忽悠皇帝，承诺了一个“五年复辽”的宏伟计划。结果呢？一年后，不仅没有复辽，还让敌军兵临城下了！

解释一下吧！今天不解释一个清楚明白，朕就治你一个“欺君之罪”！

袁崇焕知道皇帝对自己颇有怨言，所以他采用了一种避而不谈的对话方式，根本不谈那个五年的复辽计划，而是大谈特谈敌军多么多么的强大，皇太极的野心多么多么的高，说他此次前来，就是要攻陷北京城，来这里登基称帝的。就连皇太极登基称帝的“时间”，袁崇焕都给他算好了。

对于袁崇焕这段令人匪夷所思的演讲，无数人都大惑不解，他们一致认为，袁崇焕是打算跟清朝和谈，才会这么说。他要给皇帝一个后金军“不可战胜”的事实，以逼迫皇帝就范，跟皇太极议和。

当然，他的这种议和想法，也成了他的一个“罪状”。

我个人认为，袁崇焕这么说，原因很简单，他就是要夸大敌人的强大，以掩盖自己无法收复辽东的事实。毕竟，袁崇焕一直在告诉皇帝：“敌人如此强大，我能打赢他们，就不错了，你就不要再要求其他了。”

袁崇焕这番演讲的真正含义，就仁者见仁、智者见智吧。但有一点公认的，就是他的这番言论确实把崇祯皇帝唬住了，他再一次把皇帝忽悠住了。

当时，崇祯皇帝被袁崇焕“忽悠”到了什么程度呢？他竟然相信了袁崇焕口中“敌人很强大、不可战胜”的言论，认为只有这个人才能杀退敌军，保护大明江山。于是，皇帝不仅继续对袁崇焕委以重任，还在众目睽睽之下干了一件让所有人瞠目结舌的事情。

在北京冬季的寒风中（平台是露天的），他把自己身上的貂裘大衣解了下来给袁崇焕披上，让他接受这份皇恩。

要知道，这是皇帝对大臣最高等级的礼遇了。未来，那个“誓死不投”的大明将领之所以背信弃义、投降了敌人，还不是因为皇太极给他披上了一件貂裘大衣，把他感动得涕泗横流，这才投降了清朝。

可见，在大臣的眼中，这件衣服的价值就是这样的珍贵。

当时，看见皇帝为自己披衣服后，袁崇焕被感动得热泪盈眶、不能自已，他当即表示，一定誓死效忠大明王朝，不杀退敌军，绝不苟活。

袁崇焕的这番誓言，把崇祯也说得激动不已。然而，听完袁崇焕的下一句话，崇祯就不再激动了，他反而愤怒不已，还开始对袁崇焕怀疑不断了。

因为，袁崇焕的下一句话，是这样的——“我连日征战，士马疲惫不堪，请求

率部队进城，休整一下，补充给养。”

就是这句话，最终要了袁崇焕的命。

袁崇焕这么说，自认为合情合理。毕竟，满桂战败后，他的士兵可以进入德胜门，在内城休息，自己为什么不能呢？满桂能，我却不能，这是一个什么道理？

自认为官职比满桂高，功劳也比满桂大，因此袁崇焕提出了这个要求——希望进城休整，再战敌军。

然而，袁崇焕根本不知道，满桂能进城，是因为他忠心耿耿，皇帝对他很放心，袁崇焕怎么能和满桂比呢？毕竟，此时此刻，袁崇焕已经上了皇帝的黑名单，已经被皇帝严重怀疑了。

其实，崇祯怀疑袁崇焕的程度要比咱们想象的还要严重得多。

皇帝对袁崇焕的怀疑，主要有三个：

第一，在皇帝眼中，皇太极率领十万大军入侵，虽然他是偷偷摸摸从蓟州入关的，但是这么大规模的入侵、这么大规模的军事行动，袁崇焕竟然一点消息也没有，这说得过去吗？因此，“真相”只有一个，袁崇焕跟皇太极之间，绝对有不可告人的秘密。

第二，皇太极进入中原后，总能第一时间避开袁崇焕的阻截，这是他诡计多端，还是他跟袁崇焕一起演的戏呢？答案不说自明。

第三，皇太极是兵分两路进攻北京城的，满桂数万兵马，都打不过后金军，为什么袁崇焕只有区区九千人马，却把后金打得溃不成军呢？这到底是袁崇焕厉害，还是后金军跟他在演戏呢？

至此，在这三点下，皇帝已经严重怀疑袁崇焕了。再加上其他人的流言蜚语，皇帝也无法百分之百信任袁崇焕了。

史称，崇祯对袁崇焕的态度是“颇闻之，不能无惑”。就是说，皇帝听了太多太多袁崇焕“造反”的话，已经对他无法信任了。

殊不知，就在此时，京城又出现了一个谣言，狠狠地撞了一下袁崇焕的腰，并把他撞到了地狱里。

这个谣言就是——开炮打伤满桂的人，就是袁崇焕。

要知道，这个谣言基本上就是胡扯。去过北京的人都知道满桂的德胜门距离袁崇焕的广渠门有多远。借助现代化交通工具还需要一个小时，何况是那个只能用腿的时代。

何况，袁崇焕是进不了京城的。他若想去德胜门，只能沿着北京的外城跑，突破了后金军的“围追堵截”后，才能顺利打到德胜门。而且，就算袁崇焕到了德胜门也没用呀，因为他还是进不去城池呀。进不去城池的他，又是怎么从城楼上发炮，打伤满桂的呢？

因此，这个所谓的“袁崇焕开炮打伤满桂”的事情，就是一个胡说八道的谣言罢了。“智者”一出现，这个谣言就不攻自破了。

可惜的是，当时的大明王朝境内，竟然一个“智者”也没有！

当时，下到市井走卒，上到大臣皇帝，大家都对这个谣言深信不疑。他们真的认为，就是袁崇焕用炮打伤的满桂，而他之所以这么干，就是要杀了明朝的这个擎天一柱，好帮助皇太极攻陷北京城，让他登基称帝。

不得不说，这些人的想象力真不是一般的高！

按照他们的定义，袁崇焕就是一个“叛徒”，已经“投降”了后金。但是，就是这个“叛徒”，把后金往死里揍，打得八旗部队伤亡惨重，打得皇太极痛苦不已，只能发出“十五年来，未尝有此劲敌也”的唏嘘感叹。

如此“智商”，真是令人无语。

当然，崇祯不会认为自己的智商有问题，他只会认为袁崇焕有问题，他也一定会怀疑袁崇焕“叛国投敌”。结果，在这种背景下，袁崇焕提出了一个“要进城”的要求，就彻底让崇祯绷紧了神经。

你要进城，到底要干啥？是真的休整，还是另有所图呢？这个问题，请解释一个清楚明白。

就这样，在没法弄清楚此事的情况下，崇祯给出了自己的答案——没门，不许进城！

可想而知，得此结果，如果袁崇焕是一个聪明人，或者是一个会察言观色的人，他就应该知道，此时皇帝的脸色很难看了，他就应该闭嘴了。结果，缺根筋的袁崇焕竟然认为自己没有说明白，他又重复了一遍自己的请求——希望能够进入北京城。

被皇帝二次拒绝后，袁崇焕竟然还不死心。他再次上疏朝廷，第三次提出了自己的请求，要进入北京城。

就这样，袁崇焕根本不知道，因为这些鲁莽行事，他已经变成了皇帝的“头号嫌疑犯”了。皇帝对他的猜测，已经到了深信不疑的地步。现在的他，就是一个要死的骆驼，只等待着最后一根稻草了。

没过多久，皇太极就拿出了那根稻草，把袁崇焕活活压死了。

这根稻草，就是那个永载史册的“蒋干盗书”的故事。

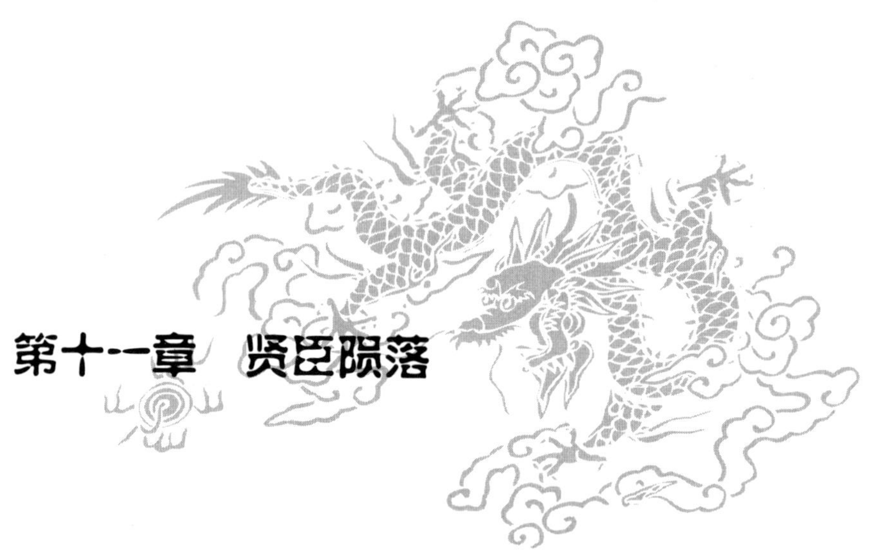

第十一章　贤臣陨落

最后一根稻草

因为遭到了皇帝的怀疑，袁崇焕的部队无法入城，他们只能在城外安营扎寨。

当时，冬季的北京无比寒冷，袁崇焕的部队在凛冽的寒风中度日，缺衣少粮的他们痛苦无比，却又无计可施。

身体上的痛苦，是小事；心灵上的创伤，才更加致命。

因为各种谣言，京城百姓根本不信任这些辽军，他们反而认为他们是叛军，对他们进行各种侮辱。

这些侮辱中，谩骂嘲笑算是轻的，百姓们甚至用石头、弓箭去打这些辽军，致使不少人受伤。他们甚至会绑架这些辽军，让袁崇焕花钱赎命。

当时，京城百姓就抓了一个巡逻的辽兵，声称对方是进入城池的奸细，要袁崇焕拿六十两银子来赎人。

虽然众人的不理解、不支持让袁崇焕痛苦不已，但为了这个国家，他选择了忍辱负重，继续为国家效力。当时，在这种饥馁严寒交加的情况下，袁崇焕鼓励他的官兵同后金军搏战，又取得了一场大捷。

这场大捷，史称“左安门大捷”。

经历了广渠门失败后，皇太极并不服气，稍事休整后，他又率军卷土重来。在今天的北京左安门外，皇太极又跟袁崇焕打了一仗。

此战中，虽然后金军勇猛无比，但他们还是敌不过更加勇猛无比的辽军。后金军被辽军打得全线溃败、惨败回营。

当时，皇太极就在前线督军，他目睹了后金军溃败的全过程。

上与诸贝勒率轻骑往视进攻之处，云："路隘且险，若伤我军士，虽胜不足多也。此不过败残之余耳，何足以劳我军！"遂还营。

这段话的意思是说：

皇太极同诸贝勒视察地形，发现战斗的场地既窄又险，认为在这种场地作战，即使能够获胜，也会牺牲掉很多士兵。于是，皇太极对众人道："袁崇焕这些残兵败将，不足以我动用大军，今日饶他一命。"说完，皇太极就率军回营了。

其实，就算是皇太极想"放过"袁崇焕，也得问问对方同不同意呀。毕竟，袁崇焕可一点也没有打算放过他。

皇太极撤兵后，他屯兵于南海子（今北京南苑），准备休整一下再跟袁崇焕决战。结果，袁崇焕根本不给他机会，他偷偷派遣五百火枪手潜入南苑，射杀敌军，打得后金军狼狈不堪，只能继续撤退。

至此，得到了一个与袁崇焕"屡战屡败"的事实后，皇太极愤怒不止，他就准备使用下三烂的招数，去陷害袁崇焕了。

皇太极用的这个招数，取自《三国演义》中的"蒋干盗书"的故事，他准备复制这个计谋，去陷害袁崇焕。

为了陷害袁崇焕，皇太极故意找来两个"给万岁爷养马"的宦官，把他们关在一个帐篷里。他派遣两个将领在帐篷外秘密细语，故意透露重要的信息，让他们听见。

其中一个将领道："今日这仗，很不痛快。老子正杀得兴起，大汗却鸣金收兵了，这是一个什么道理？"

另一个将领道："你懂啥！撤兵，那是大汗的计谋。你没看见吗？有两个明军进入了大汗的营帐，他们是袁崇焕的士兵。袁崇焕正在跟大汗秘约，准备里应外合，攻陷北京城。"

那个将领道："原来如此，那是得撤兵，咱们得演好这场戏。"

另一个将领道："你明白就好。嘘，不要再说了，小心隔墙有耳。"

说完这番话后，这两个将领就走了。随后，他们故意露了一个破绽，就让这两

个知道“重要机密”的太监逃跑了。

太监逃回来后，立刻把这件事情告诉了崇祯皇帝。皇帝听完后，大吃一惊，立刻把袁崇焕缉捕了起来，随后把他给办了。

这个故事，就是压死袁崇焕的最后一根稻草。

后来，因为这个“反间计”的故事太扯淡了，很多人都认为这是清朝后来篡改历史的结果。历史上根本就没有这么一回事。

其实，历史上真的出现过这个故事，有很多史料能够证明。

如今，无论是原始资料《满文老档》，还是清朝资料《清太宗实录》和《明史》，或者是明朝资料《崇祯长编》和《石匮书后集》，抑或是民间的《啸亭杂录》等书籍，都记载了这个“反间计”。

这个故事的确在历史上出现过，这点毋庸置疑。唯一不同的是，部分史料记载，是皇太极自己想出的这个计谋；部分史料记载，这个馊主意出自范文程之手。

当然，不管这个故事出自谁的手，它都是压死袁崇焕的最后一根稻草。

就是听完了这个故事后，崇祯皇帝再也按捺不住了，他准备杀了袁崇焕，以绝后患。

毕竟，在众人的挑拨离间下，袁崇焕已经干了太多太多他无法容忍的事情了。如今的袁崇焕，俨然成为崇祯的心腹大患了，在这位皇帝的眼中，他比皇太极还要危险。

对于这种“间谍”，只有将他斩杀殆尽，才能一劳永逸。

唉，没有办法，“谎言重复一千遍，就是真理”，此言不虚。

就这样，主意已定，崇祯准备抽出自己的尚方宝剑，让袁崇焕“得偿所愿”。那么，皇帝要怎么缉捕袁崇焕呢？

含冤入狱

崇祯二年（1629 年）十二月初一，崇祯下令召见袁崇焕，召见的理由是“议饷”，就是商量发多少工资。

得知皇帝要发工资了，袁崇焕大喜过望（毕竟他的部队缺银少粮已经很久了），他没有一丝一毫的犹豫就进城了。

其实，若袁崇焕有一点政治头脑的话，他就能从那三件反常的事情中察觉，知道皇帝要对自己下手了。

这三件反常的事情如下：

第一件事，早在一天前，崇祯突然颁布圣旨，要求撤换所有城门的将领。他命自己的心腹太监取代了这些将领，成了城门的最高指挥官。

崇祯此举，答案不说自明。他就是要直接控制城门，防止有人起兵造反，犯上作乱。而这个“起兵造反，犯上作乱”的人是谁，不说自明。

第二件事，崇祯在让袁崇焕进城时，三令五申，一定要他的副将祖大寿一起去。要知道，崇祯的这道命令，就有点莫名其妙了。发工资，一个人去就行了，何必拽上副将呢?

可见，崇祯此举，明显是另有所图。他打算对祖大寿委以重任，让他“顶替”袁崇焕的位置。

第三件事，进城的方式。袁崇焕此次进城是“缒城而入”的，就是说，城上扔下来一个大筐，袁崇焕坐在筐里，被人吊了上去，这才进入了城池。

大明王朝堂堂的兵部尚书、蓟辽督师、国家一品大员，进入自己的国家都城竟然不能走城门，而是坐在筐子里，被人吊上去。这只能说明一点，皇帝已经极其不信任他，怕他起兵造反，不敢让他走城池，才出此下策。

可见，出现了这么三件反常的事情，如果袁崇焕有一点政治头脑的话，他就应该清楚地知道，此次入京必定凶多吉少，有人要对自己不利了。

可惜的是，他要能够明白这些，他就不是袁崇焕了。

就这样，袁崇焕走进了京城，来到了紫禁城的平台，第三次面见了皇帝。

这是袁崇焕第三次来到平台。第一次，他在这里忽悠皇帝“五年复辽”，把皇帝说得惊喜无比；第二次，他忽悠皇帝敌人“不可战胜”，把皇帝吓得半死，得了一件貂裘大衣。这一次，他又将怎么忽悠皇帝呢?

这一次，袁崇焕没有忽悠成皇帝。因为崇祯皇帝根本没有给他机会，他问了袁崇焕三个问题，就把他问晕了，根本不知道怎么回答。

第一个问题，为什么要杀毛文龙?

第二个问题，为什么敌军能够轻易地长驱直入、兵临城下?

第三个问题，为什么要打伤满桂?

对于这三个问题，袁崇焕被问蒙了，他不知道怎么回答。其实，袁崇焕就算想明白了，他也不知道该怎么回答。

毕竟，第一个问题太复杂了，三言两语根本说不清楚。第二个问题更加复杂，给我一张地图，都未必说得清楚，何况现在一无所有。第三个问题就更加复杂了，满桂被打伤了，与我何干，怎么就算我头上了?

袁崇焕无法回答，他只能沉默不语。看见他不说话了，皇帝更加愤怒。他当即命令满桂脱下衣服，展示身上的伤痕，指责这是袁崇焕的蓄谋而为。

崇祯此举，更加让袁崇焕看不懂了。说好的议饷呢？说好的发工资呢？怎么变成看脱衣舞表演了，这是一个什么情况？

看不懂这些事情的袁崇焕，只能继续沉默不语。

看见袁崇焕沉默不语后，皇帝就认为他默认了“罪行”。于是，崇祯下令，脱去袁崇焕官服，下锦衣卫大狱。

见此情景，群臣都傻了。他们当中有聪明人，知道皇帝今天要惩罚袁崇焕，但大家都没有想到，皇帝竟然是这么惩罚袁崇焕。

一些大臣立刻上疏，请求皇帝谨慎处理此事。毕竟，敌军还在城外，你把他办了，谁来指挥？一定要谨慎、谨慎，冲动是魔鬼，冲动真是魔鬼呀！

虽然群臣玩命求情，但崇祯早就想好了对策。他下令，祖大寿接替袁崇焕的职务，指挥辽军。满桂担任明军总指挥，负责抵御敌军。就这么定了！

不得不说，崇祯的这手棋，下得确实漂亮。

祖大寿是辽军的二把手，只要他被委以重任，就不怕辽军哗变。满桂跟袁崇焕有仇，且他对皇帝忠心耿耿，让他来防御京城，皇帝可以放一百个心，也不怕辽军继续闹事。

如此心机，不服不行。

很多人说，崇祯是一个傻皇帝，但这一手棋，他确实精明。

不过，崇祯再英明，他也算错了两个人，最终引起了一场轩然大波，差点一招不慎，满盘皆输。

第一个算错的人，是满桂。

在皇帝眼中，满桂是一个忠心耿耿的人，且跟袁崇焕不和，让这种人带部队，能够让他放心。

要知道，袁崇焕被拘捕时，满桂就在“案发现场”，他还上演了一场“脱衣秀”。当时，如果满桂肯替袁崇焕说一句好话，甚至只要他肯澄清被打伤的事实经过，袁崇焕都不会是这样的下场。

然而，满桂跟袁崇焕有仇，恨他拉偏架（跟赵率教那次争执）；他也不服袁崇焕，一直想取而代之。因此，满桂就打算陷害这个顶头上司，成了崇祯的帮凶。

事后，因为“帮助”了皇帝，满桂得到了想要的回报，他取代了袁崇焕的位置，成了明朝军事第一人。然而，满桂有袁崇焕的野心，却没有他的能力。在即将爆发的战斗中，满桂马革裹尸、战死沙场。

满桂死后，明军群龙无首，若不是皇太极审时度势地撤兵了，这场战役鹿死谁手，真不可知。

第二个算错的人，是祖大寿。

在皇帝眼中，祖大寿确实是一个接替袁崇焕的人选。他资历老、战功显赫、人缘还不错，是一个合格的人选。

崇祯提拔了祖大寿后，他自信地认为，祖大寿一定能够带好关宁铁骑，继续抵御敌军，他也可以安心地睡觉了。毕竟，天天琢磨着“除奸”，太累了。如今，“奸细”已经被缉捕归案了，崇祯皇帝那颗悬着的心终于可以落地了。

落地？没错，崇祯是可以放心了。但他根本不知道，他的这个“落地”可是有时间的。

这不，仅仅过了三天，崇祯这颗落地的心，就再次悬起来了。

原来，目睹袁崇焕入狱的全过程后，祖大寿惊恐不已，在经过了三天的痛苦思考后，祖大寿做出了一个背叛国家、抛弃皇帝的举动，他不顾皇太极在城外的大军，直接率领辽军撤退，返回东北了。

祖大寿之所以擅自撤兵，原因有三：

第一，祖大寿目睹了袁崇焕被捕的全过程，这给他留下了极其深刻的印象。

在他的眼中，皇帝太可怕了。昨天，还对你恩宠无比，给你披衣服；今天，就对你翻脸无情，把你身上的衣服都给脱了。这太可怕了。

今天，皇帝对自己恩宠有加，提拔了自己的官职。明天呢？自己会不会步袁崇焕后尘呢？一想到这些，祖大寿就会心有余悸，痛苦不已。

第二，祖大寿跟满桂不和，无法共事。

在祖大寿眼中，袁崇焕对满桂多好呀，称兄道弟，还给他邀功。结果，他就是一头“忘恩负义”的狼，是一个栽赃陷害的小人。因此，祖大寿羞于与这种人为伍，他宁可离家出走，也不跟这种人合作。

第三，百姓对辽军的“不理解”，让祖大寿起了出走之心。

得知袁崇焕被缉捕入狱后，京城百姓举酒祝贺、额手相庆，在他们眼中，袁崇焕这个“汉奸”早就应该入狱了。

除了痛骂袁崇焕外，这些百姓还冲到了辽军的大营前，痛骂他们是“汉奸兵”，是“反贼的余孽”，应该被一起收拾，才能以儆效尤。百姓还对辽军扔砖头、射弓箭，这些都让辽军愤怒无比。

最终，在上述三点的作用下，祖大寿一咬牙、一跺脚，就彻底“造反”了。他不听皇帝的号令，私自带兵出走，弃京城于不顾。

辽军无故撤离战场，京城防守力量锐减。崇祯吓得无话可说，只能令众人想办法，来收拾这个残局了。

商量了半天后，群臣想出了一个无奈的解决办法——请狱中的袁崇焕写手谕，把祖大寿追回来。

这个办法，真可谓“无奈”也。

人，是你们抓的；如今，又要人家办事；你们这种办事态度，真的是……

得知要写劝祖大寿回来的手谕后，袁崇焕就回答了两个字——不写！

没错，我要是他，我也不写。

我们要理解袁崇焕的心情，被人当场拿下，官服被剥了，官职也被罢免了，还锒铛入狱了。更可气的是，自己都不知道因为什么被缉捕入狱的。现在，朝廷有难，又想起我来了，凭什么呀！

这种情况下，你要是袁崇焕，你也不会去写。

这个时候，就看出朝廷忽悠人的本事了。

当时，为了让袁崇焕乖乖听话，朝廷的大臣轮番上阵，好好地“教育”了袁崇焕一顿。他们先从“民族大义”出发，再用“戴罪立功、洗刷冤屈”来引诱，终于让袁崇焕同意了他们的请求。

于是，袁崇焕写了一封书信，恳请祖大寿以大局为重，回来抵御后金，报效朝廷。

看完袁崇焕的书信后，祖大寿很是难堪，他不想回去，也不敢回去，但袁崇焕请求他回去，他又不得不回去。

祖大寿在进退两难之际，他随军出征、已经年过八十岁的老母（祖大寿是孝子，一直带着母亲，好随时尽孝）说话了。

祖母告诉祖大寿：“所以致此，为失督师耳。今未死，尔何不立功为赎，后从主上乞督师命耶？”我们应该回去，去把后金军打退。这样一来，你就建立奇功，也可以用这个功劳救袁督师了。

就这样，在母亲的劝说下，祖大寿班师回京，准备去跟皇太极决一死战。

殊不知，祖大寿回京期间，没有跟后金交战，因为后金已经打了一场大胜仗，高高兴兴地回家了。

虽然使用了一个反间计，但皇太极也知道，这就是一个拙劣的计谋，明军不可能会上当。于是，他就撤兵了。

结果，撤退期间，皇太极惊讶地发现，明朝竟然中计了。他们竟然真的把袁崇焕当成了叛徒，把他缉捕入狱了。

得知袁崇焕入狱后，皇太极二话不说，他“班师回京”，继续攻打北京城，准备得到一些好处后再撤兵。

至此，清军卷土重来，重新跟明朝开战了。

崇祯二年（1629 年）十二月十七日，皇太极率军猛攻北京南门永定门。此战中，明军虽然打退了敌军，但也付出了惨烈的代价。

这场战斗后，明朝一口气失去了四个总兵，满桂和孙祖寿战死，黑云龙和麻登云被俘，可谓损失惨重。特别是满桂的战死沙场，更是让明朝失去了“擎天一柱”。

满桂的死，让我看着难受不已。

曾几何时，在那个弱小无助的宁远城内，默默无闻的袁崇焕带着更加默默无闻的满桂、祖大寿、赵率教一起死守孤城，对抗“不可能战胜”的天命汗努尔哈赤。

在那场永载史册的战斗中，他们彼此支援着、互相守护着，一起同心协力，共同御敌。最终，他们打赢了不可一世的努尔哈赤。随后，他们再接再厉，一起打赢了其继任者皇太极。

连续两场胜利，让他们站在了冠军的领奖台上，各种鲜花、奖金、升职接踵而至，让他们成为帝国的偶像，成了那个时代最瞩目的明星。

结果，在各种刺激下，他们变了，变得膨胀了，变得谁也不服谁了。

在各种看不顺眼、互相不服的心理下，他们互相排挤，互相陷害，最后反目成仇，变成了老死不相往来的敌人，一起迎来了最终的结局。

如今，这四位昔日并肩作战的战友，一个战死了；一个锒铛入狱，马上要被处死了；一个在陷害了对方后，也死了；唯一一个活着的人，也即将走上那条不归路……

这样的结果，真是令人唏嘘不已。

可以同富贵，不能共患难……此言不虚。

其实，何止是明朝的这四员将领，清朝也是一个德行。

在不久的将来，我们即将看见，那个所谓的“四大金刚”，也会反目成仇。他们可以一起并肩作战，但绝不可以共同富贵。

为了自己的荣华富贵，其中的一个人会痛下杀手，把剩下的人都送到地狱里，方才罢休。

钦定的“罪名”

虽然获得了“永定门之战”的胜利，但清军也损失惨重、无力再战。在这种背景下，皇太极只能不甘心地撤兵了。

孰料，在颁布了撤兵命令后，后金的将领们都不干了，他们希望大汗继续进军，攻陷北京城，登基称帝。

对于这些毫无脑子、只会逞匹夫之勇的“莽汉”，皇太极不好驳大家面子，只能笑道：

“城中痴儿，取之若反掌耳。但其疆圉尚强，非旦夕可溃者，得之易，守之难，不若简兵练旅以待天命可也。”

这段话的意思是说：

抓住北京城内的那个傻小子（崇祯皇帝），易如反掌。只不过，明朝的疆域还很大，根基还很深厚，不是一朝一夕能够搞垮的。我们即使得到了，也守不住。不如这样，等我们练好了兵马，等待天命降临，再取而代之不迟。

这个借口，真是说得可以。

如今，崇拜皇太极的人都认为，皇太极这么说太酷了。他的这段言论，也完全符合父亲的“砍伐大木理论”。皇太极就是要一斧一斧地“砍削”明朝，直到对方“气尽”为止。

然而，我却不这么认为。

要知道，皇太极要是能够打下北京城，他早就打下来了，何必在城外转悠呢？他的这番言论，不过就是吹吹牛，给自己一个面子罢了。

就这样，说完了这番言论后，皇太极看了北京城最后一眼，就心满意足地离开了，他指挥部队从容地撤了兵。

伴随着皇太极的撤兵，这场永载史册的“己巳之变”，就以明朝惨败、后金胜利而告终。

对了，这里再补充一句。

此次看北京城，是皇太极第一次，也是他最后一次。从那以后，皇太极至死也没有看过北京城，他入主这个城市的雄图霸业，只能交给后人来完成了。

这就是皇太极的命。

后金撤兵后，明朝开始善后。他们安抚灾民，重振家园，忙得心力交瘁。当然，在这些善后事情中，最主要的事情就是——如何处理袁崇焕这个奸细。

如今，很多书籍都告诉我们，因为中了皇太极的反间计，崇祯认为袁崇焕是一个奸细。于是，他以“谋叛欺君”的罪处袁崇焕以磔刑，肢裂于北京西市。

可怜的袁崇焕，就这么稀里糊涂地惨死了。当然，根据“反求诸己”原则，袁崇焕之所以被杀，自己也有责任，甚至是一多半的责任。

毕竟，袁崇焕犯了三个错误，只能慷慨赴死了。

第一个错误，不应该在新皇帝面前夸下海口，却不能如期完成。

第二个错误，不应该拿着鸡毛当令箭，让上级难堪。

第三个错误，不知道揣摩皇帝的心思，没有和同事搞好关系。

如果袁崇焕没有上述三条缺点，也许皇太极用尽《三国演义》里的计策，也不会动他分毫。

上述结论，是我刚刚研究袁崇焕时，写的他被杀的真正原因。

如今看来，自己是多么的肤浅无知、被天下笑。

因为，只有好好地研究了袁崇焕后，才会惊讶地发现——袁崇焕真正的死亡原因，要比上面阐述的严重得多。

在历史中，袁崇焕是死于党争。准确地说，他是死于奸臣陷害，成为攻击内阁辅臣钱龙锡的牺牲品。

现在，开始讲述这件事情的来龙去脉。

当时，明朝有一个大奸臣，此人叫温体仁。他当官的资历非常老，温体仁从崇祯爷爷万历时期，就是朝廷大臣了。可惜的是，到崇祯时期，温体仁还是一个小小的礼部侍郎，一直止步不前。

为了能够更上一层楼，进入内阁，成为国之重臣，温体仁就瞄上钱龙锡了。他准备把钱龙锡扳倒，好取而代之。

在这种心理下，这个袁崇焕，就成为攻击钱龙锡的最佳人选了。

于是，温体仁上疏朝廷，弹劾钱龙锡与袁崇焕“结党营私”，说他们互相勾结，狼狈为奸。这个理由有三个。

第一，钱龙锡知道袁崇焕要杀毛文龙，也知道他的方案，有他们的“对话”为证。因此，袁崇焕之所以敢杀毛文龙，是钱龙锡认可后的结果。

第二，祖大寿之所以擅自撤兵，是钱龙锡的主意。他让祖大寿擅离职守，就是要给朝廷施压，以拯救自己的盟友袁崇焕。

第三，袁崇焕贿赂了钱龙锡数万银两，让他多多关照自己。如今，这些银两就在钱龙锡的府邸。

可想而知，看完这份奏折后，崇祯皇帝的脑袋“嗡”的一下就大了，他不敢轻视这个案件，准备对袁崇焕痛下杀手、严惩不贷。

因为这个案件的性质已经完全变了。以前，袁崇焕是一个不听命令的将领，现在，袁崇焕就是一个结党营私、准备颠覆朝廷的“奸臣”了！

本来，袁崇焕被关押后，在朝廷正义之士的求情下，崇祯打算放袁崇焕一马，让他戴罪立功。毕竟，在大家的劝说下，崇祯明白过来了，袁崇焕根本不是奸细，他是中了皇太极的“反间计”了。

比如说，“袁崇焕跟皇太极达成了秘密协议，故意放皇太极入关”的说辞，根本就是无稽之谈。要知道，袁崇焕要想放后金入关，直接打开山海关就行了，何必让后金跋山涉水，绕一个大弯呢？

还比如说，“袁崇焕是皇太极的先头部队，他是皇太极的领路人”的说辞，也

是无稽之谈。袁崇焕若真的是皇太极的人，帮助他攻打北京城就行了。他何必跟这个“盟友”死磕，把对方打得溃不成军呢？

再比如说，祖大寿擅离职守后，袁崇焕忍辱负重，一肚子委屈的他以大局为重，写了一封信，把祖大寿劝了回来。这也说明了，袁崇焕对国家忠心耿耿，根本不是皇太极的奸细。

综上所述，崇祯皇帝醒悟过来了，他想放了袁崇焕，让他戴罪立功。即使袁崇焕犯了“擅自入京”之罪，崇祯也打算对其轻判了。

然而，看完温体仁的告状信后，这个性质就变了。因为袁崇焕已经涉及“结党营私”，不能对他轻判了。

要知道，在明朝的制度中，有几个错误是绝对不能犯的，它们就是官场的高压线，谁碰谁死！

在这些高压线中，不经请示、擅自入京，算一个；结党营私，边近相交（边境大臣和宫中近臣交往），也算一个！

因为，这些举动都隐藏了一个含义——图谋不轨！为了自己的权力，皇帝也只能杀死这些大臣，以绝后患。

因此，一旦被定罪，袁崇焕就死定了！不管谁来救，他都死定了！

得知袁崇焕与钱龙锡“结党营私”后，崇祯立刻派出特使调查此事。结果，钱龙锡忽悠祖大寿出走一事，就是诬告，不是事实；袁崇焕贿赂钱龙锡一事，也是诬告，不是事实。

然而，钱龙锡知道袁崇焕要杀毛文龙一事，确是事实。钱龙锡早就知道袁崇焕要动手了，他也没有将此事告诉朝廷，更没有阻止袁崇焕去杀人。因此他们之间，确实有“结党营私”的嫌疑。

殊不知，就在此时，袁崇焕的一句话，为本案彻底定了性，也把自己推到了地狱里。

原来，面对调查此事的官员，袁崇焕大喊道：“杀毛文龙一事，全是我自己的主张，是我自己擅自做主的结果，跟钱龙锡无关。”

正是这句话，要了袁崇焕的命。

要知道，袁崇焕一生光明磊落、敢作敢当，他一人做事一人当，说钱龙锡与毛文龙没有关系，就是事实。然而，皇帝听完了这句话，他反而下定了决心，必须置袁崇焕于死地。

换位思考一下，就能知道皇帝的心情了。

在皇帝眼中，你袁崇焕这么为钱龙锡两肋插刀，不惜一死也要保护他，这说明了什么？说明你们就是“死党”！你们就是在“结党营私”！我若不严惩了你，怎么警示后人，怎么继续统治这个国家！

皇帝有这种想法，无可厚非。毕竟，作为最高统治者，他最喜欢的事情，就是自己的群臣窝里斗，互相掐，这才是他想要的结果。否则的话，下面精诚团结了，就会一起对付皇帝了，就会出现抵制皇权、架空皇帝、操控帝位的事情了。到了那个时候，皇帝就没法治理天下了，他甚至会有性命之忧。

这种事情，在历史上有很多。远的不说，看那“阉党之祸”，崇祯就是这段历史的见证人。对于这个历史教训，他不得不防。

可见，到了这一步，袁崇焕的性质就彻底变了。如果之前他只是一个“不听指挥”的大臣，还可以被宽恕，但是现在，他是一个“结党营私，意欲颠覆皇权”的大臣了。对于这种大臣，皇帝也只能痛下杀手。

现在，大家明白为什么崇祯那么痛恨袁崇焕，非要给他一个凌迟的刑罚了吧。

因为，只有通过这种最极端的刑罚，崇祯皇帝才能警示后人，让大家心有余悸，不敢再干。

再看一下钱龙锡的结局，就能从侧面知道皇帝打击结党营私的决心了。

史料记载，处死了袁崇焕后，过了半个月，皇帝下令开会，商讨处理钱龙锡。有关部门知道皇帝的心思，他们做了一个痛快无比的判决——“大辟，决不待时！”

就这样，钱龙锡得到了一个“第一时间斩首示众”的刑罚，他只能慷慨赴死了。结果，就在刽子手开刀问斩前一刻，他却得到了赦免的圣旨，死里逃生，还免去了牢狱之灾。

原来，就在杀钱龙锡前一刻，皇帝读到了他在狱中自救的书信，其中有一句话感动了皇帝，因此对其改判了。

这句话就是——“斩帅一事，袁崇焕自知专杀有罪，借临别时无心问答一语，为分过之地”。

钱龙锡告诉皇帝，袁崇焕就是一个坏蛋，他知道私自斩杀毛文龙有罪，就故意给臣下套，把他杀死毛文龙的方法告诉臣，让臣成为他的帮凶，替自己分担责任。

此外，钱龙锡还在自救信中告诉皇帝，袁崇焕和自己谈话时，周围没有别人，没有人知道此事，我也没有说过此事。因此，这一定是袁崇焕告诉您的，他为了逃脱罪名，就把我拖下水，真是大大的可恶，还望皇帝明察。

其实，钱龙锡不知道，他们之间的这番对话，不是袁崇焕说的，而是皇帝自己知道的。毕竟，锦衣卫们不是摆设，皇帝完全可以通过他们知道此事。而且，钱龙锡更不知道，袁崇焕没有出卖他，他反而一人做事一人当，自己承担了罪名，替钱龙锡脱罪。钱龙锡此举，真是在用小人之心度君子之腹。

然而，历史就是这么荒诞不经，崇祯皇帝也是这么无比昏庸。结果，就是这番

话，救了钱龙锡一命。

原来，崇祯皇帝看完了这句话后，他大发感慨，认为钱龙锡不是袁崇焕的死党，他们之间，也没有结党营私的事情。

那么，既然什么都没有，钱龙锡也就不用斩首示众了。于是，皇帝放了他一马，也免去了他的牢狱之灾，仅判了一个发配了事。

发配了钱龙锡后，皇帝大笔一挥，就让那个“有功之臣”温体仁进入内阁，顶替了钱龙锡的位置，成了一个国家重臣。这个奸臣用袁崇焕的“首级”，达到了自己的目的。

崇祯此举，真是令人无语……

国家兴旺，用忠臣、能臣；国家衰亡，用庸臣、佞臣。崇祯皇帝在危急时刻，杀忠臣，用佞臣，这只能说明一点——大明皇朝，真的气数将尽了。

贤臣的结局

崇祯三年（1630 年）八月十六日未刻（13 ~ 15 时），崇祯召开平台会议，这是他的第四次平台会议。

第一次平台会议，他召见了袁崇焕。第二次平台会议，他赏赐了袁崇焕。第三次平台会议，他抓捕了袁崇焕。这一次的平台会议，则是要办了袁崇焕。

此次会议，堪称崇祯皇帝的独角戏。从始至终，就他一个人发言，群臣皆沉默不语，无一人敢发言。

为什么？因为群臣都知道，袁崇焕的案件就是一个冤枉。皇帝给袁崇焕定的罪名，也都是诬告。然而，君意以决，不容置疑，大家还能说什么呢？

当时，崇祯给袁崇焕定的罪名，如下：

以袁崇焕付托不效，专恃欺隐，以市米则资盗，以谋款则斩帅，纵敌长驱，顿兵不战，援兵四集，尽行遣散，及兵薄城下，又潜携喇嘛，坚请入城，种种罪恶……

——《崇祯长编·卷三七》

为了掩盖朝廷的内幕，崇祯只能用这些罪名给袁崇焕定罪。归纳起来，共是五条大罪。

第一条，付托不效，专恃欺隐。

就是说，皇帝痛恨袁崇焕忽悠他，给了他一个“五年复辽”的承诺，却无法兑现，这就是欺君。同时，皇帝痛骂袁崇焕防守不利，导致后金军入侵，把自己堵在了家里。

实事求是，皇帝的这条罪名，不成立。

毕竟，皇太极之所以入侵，是明朝疏于防范的结果，跟袁崇焕有什么关系呢？何况，袁崇焕给崇祯的承诺是“五年复辽”。如今，五年期限不到，皇帝怎么能治他的罪呢？

因此，这个罪名，不成立。

第二条，以市米则资盗。

就是说，皇帝指责袁崇焕擅自买粮食给蒙古人，结果这些蒙古人不感恩戴德，全都投降了后金，因此袁崇焕犯了“资助敌人”之罪。

皇帝这么说，就不讲道理了。毕竟，是这些蒙古人拿你的粮食，转过头来揍你，关袁崇焕什么事呢？最多，袁崇焕是识人不明，他扶贫时看走眼了，没有看对人。

此外，如果这个“资助敌人”也算罪名的话，那一直扶持努尔哈赤的明朝，是不是也是“罪孽深重”呢？毕竟，就是你们的资助，才养了这么一只白眼狼，你们是不是也应该“以死谢罪”呢？

因此，这个罪名，不成立。

第三条，以谋款则斩帅。

就是说，袁崇焕跟后金暗中议和，斩杀了毛文龙。

对于这条罪名，到底是成立还是不成立，我就不阐述了，还请各位自己定夺。

第四条，纵敌长驱，顿兵不战，援兵四集，尽行遣散。

就是说，袁崇焕纵容皇太极肆虐京城，他还不抵挡敌军。他还遣散了各地的援军，让他们不能保护京城。

对于这条罪名，我都懒得反驳了。这条罪名，根本不成立。

第五条，兵薄城下，又潜携喇嘛，坚请入城。

这里解释一下，因为明朝跟后金没有外交，所以要谈判的话，要找一些中间人来进行。当时，充当这些中间人的使者，就是“喇嘛”。

因此，这条罪名就是，袁崇焕擅自请求和谈，他违背了明朝的社会价值观，他犯了“通敌之罪”。

要知道，在明朝的思想中，跟后金议和就是大罪。未来，也将有很多人死在这上面。

所以说，这个罪名，成立！

综上所述，崇祯要杀袁崇焕的五条大罪，其中三条是诬告，剩下两条算是罪

行。但光凭这些罪名，袁崇焕罪不至死，更别说给他一个凌迟的重罪。

然而，不管是几条罪名、不管是什么罪名，皇帝挑明了要办袁崇焕，还能怎么办呢？群臣只能看着皇帝独断专行，让袁崇焕去死了。

在这个“商量”的过程中，群臣都知道皇帝的心思，无一人肯为袁崇焕求情。见群臣都不说话，崇祯就以为群臣都同意了他的说法，他就给袁崇焕定罪了：

种种罪恶，命刑部会官磔示，依律家属十六以上处斩，十五以下给功臣家为奴，今止流其妻妾子女及同产兄弟于二千里外，余俱释不问。

——《崇祯长编·卷三七》

就这样，在崇祯皇帝的“盖棺定论”下，袁崇焕得到了一个“千刀万剐”的下场。在明朝的历史中，有两个著名的人“享受”过这种待遇。其中一个人，是袁崇焕，另一个人，是正德年间祸国殃民的大太监刘瑾。

跟这个奸臣享受一样的待遇，不知道袁崇焕会做何感想。

除了自己遭遇极刑外，袁崇焕的家人也得到了一个“十六以上处斩，十五以下给功臣家为奴”的下场。侥幸不死的家人，也得到了一个发配两千里的惩罚。

在袁崇焕这些侥幸不死的后代中，有没有一个叫袁承志的人，我不知道。我唯一知道的是，有一个“皇帝”自称是袁崇焕的子孙，还把他封为“肇祖原皇帝”，这个人是袁世凯。

书归正传，在皇帝的宣判下，袁崇焕迎来了自己的结局。

崇祯三年即天聪四年（1630 年）八月十六日（公元 9 月 22 日），袁崇焕被押解西市，接受了那个万剐凌迟的刑罚。

一代贤臣，就以这样的结局告终，真是令人唏嘘不已。

更加令人唏嘘不已的，因为各种谣言，京城百姓们真的以为袁崇焕是卖国贼、是奸细，他们全都来给袁崇焕“送行”，让他痛苦不已。

京城百姓是这样给袁崇焕“送行”的：

是时百姓怨恨，争啖其肉，皮骨已尽，心肺之间叫声不绝，半日而止，所谓活剐者也……见磔崇焕时，百姓将银一钱，买肉一块，如手指大，啖之。食时必骂一声，须臾崇焕肉悉卖尽。

——计六奇的《明季北略·袁崇焕传》

遂于镇抚司绑发西市，寸寸脔割之。割肉一块，京师百姓从刽子手争取，生啖之。刽子乱扑，百姓以钱争买其肉，顷刻立尽。开腔出其肠胃，百姓群起抢之。得其一节者，和烧酒生啮，血流齿颊间，犹唾地骂不已。拾得其骨者，以刀斧碎磔之，骨肉俱尽。止剩一首，传视九边。

——张岱的《石匮书后集》

百姓群起抢之，和烧酒生啮，血流齿颊间……可见，京城的老百姓已经疯了，他们已经变成一群茹毛饮血的野兽了。

可怜的袁崇焕，就这么悲惨地死了。即使他死了，舆论也没有放过他，依旧“黑”他不止。

比如说，晚明的著名文学家、史学家，一代大儒张岱先生，他就是袁崇焕著名的“黑粉”。当时，他把袁崇焕比喻为一只小猴（小猱），天天不知所云。

袁崇焕短小精悍，形如小猱，而性极躁暴。攘臂谈天下事，多大言不惭，而终日梦梦，堕云雾中，而不知其着魔也。

——《石匮书后集·袁崇焕列传》

这番结论，真是把袁崇焕“黑”得可以。

同一时间，另一个著名的大儒黄道周对袁崇焕的评价也不高。他认为，袁崇焕被杀，完全是咎由自取，只能“为天下笑”。

可见，以张岱、黄道周为代表的舆论告诉我们，晚明时期，百姓对袁崇焕的评价并不高，也没有把他视为民族英雄，更没有把他请进神龛供奉起来。

那么，袁崇焕是怎么从一个汉奸，演变成一个民族英雄，甚至是中国历史上最著名的民族英雄的呢?

关于这个“造神”运动，可以分三部曲进行。

第一部曲，乾隆皇帝的翻案。

乾隆年间，这位皇帝突然昭告天下，告诉大家，袁崇焕是一个贤臣，崇祯之所以杀了他，完全是中了他祖先的“反间计”，这才自毁长城。

除了告诉我们“事实真相”外，乾隆还告诉了我们一个结论——“自崇焕死，边事益无人，明亡征决矣！”

听完乾隆的解释，百姓们才恍然大悟道：“哦，原来如此。”

真的，是如此吗?

一个词形容，扯淡！

要知道，乾隆皇帝之所以给袁崇焕平反，不是为了伸张正义，也不是为了替祖

先还债，而是为了忽悠老百姓，以维护自己的统治！

这才是乾隆给袁崇焕平反的原因。

原来，清朝是打着“为崇祯报仇”的口号入关的。当时，他们把崇祯比喻成了一个为国为民的明君，把李自成、张献忠等人比喻谋朝篡位的乱臣贼子。

对于这位皇帝，清朝给他的评语非常高，称他为“尧舜转世”，若不是反贼作乱，他一定能够开创一个盛世，等等。因此，清朝皇帝发誓要给这个“好皇帝”报仇雪恨，以告慰他的在天之灵。

说实话，这个“为崇祯报仇”的口号，确实漂亮无比，清朝不仅欺骗了明朝百姓，还欺骗了南明政权。结果，他们就在“报仇”的口号中，把李自成、张献忠等人消灭了，也顺便把南明政权消灭了，替崇祯掌管了这个国家。

清朝统一天下后，还是不改初衷，继续侍奉这位“英明神武”的明朝皇帝。结果，随着时间的推移，清朝统治者们发现——不妙矣。

原因很简单，因为清朝的完美宣传导致大家产生了一个误区——原来我们的崇祯皇帝是这么一个优秀的皇帝呀……那么，既然我们的崇祯皇帝那么优秀，明朝为什么还会亡国呢？

这个问题，请解释一下。

没法解释！

要知道，清朝之所以把崇祯捧起来，不过是为了政治需要罢了。可现在呢？你把人捧起来，却不能把他摔地下呀。因为，这种言而无信、自食其言的事情，清朝怎么能去做呢？他得维护自己“绝对正确”的形象呀。

鉴于此，对于这个“崇祯皇帝那么好，为什么明朝会亡国”的问题，清朝统治者毫无办法，直到乾隆登基后，才解决了这道难题。

乾隆使用的办法，就是玩命地吹捧袁崇焕。这样一来，他就能在不动声色之间，把崇祯皇帝推下神坛，让他身败名裂了。毕竟，崇祯干出了这种“自毁长城”的事情，明朝也只能亡国灭种了。

就这样，在不动声色之间，乾隆完成了对帝国百姓的洗脑。他把这个曾经“英明无比”的皇帝彻底推到了地狱，转而打造成了一个自毁长城、识人不明的昏君。

至此，为了政治需要，袁崇焕成为了乾隆合格的武器，也被“打造”成了现在的样子。

当然，光靠一个皇帝的打造不足以让袁崇焕由人变成神。要想让袁崇焕位列仙班，还得用民间的舆论才行。

清朝末年，民间出现了一个极其崇拜袁崇焕的人，他用自己的笔杆子把袁崇焕重新打造了一番，让他“一战封神”了。

最后的袁崇焕

那么，这个历史上大名鼎鼎的袁崇焕，他到底是一个精忠报国的好人，还是一个祸国殃民的坏蛋呢？

我不知道。

关于袁崇焕那些“祸国殃民”的事情，我真的不知道。

我只知道这些事情：

在辽东危在旦夕、无人肯为国分忧解难时，是他，大喊道：“予我军马钱谷，我一人足守此。”

在高第下令撤兵、明军兵败如山倒的情况下，又是他，大喊道：“我宁前道也，官此当死此，我必不去。”

在皇太极进攻北京、江山社稷即将崩溃时，又是他，冒着私自进京必死无疑的罪名，大喊道：“君父有急，何遑他恤；苟得济事，虽死无憾！”

最后，在凌迟之刑的痛苦下、在京城百姓的痛骂中，这个人还是不改初衷，他赋诗一首，以表自己最后的决心：

一生事业总成空，半世功名在梦中。
死后不愁无勇将，忠魂依旧守辽东。

能够写出这种诗，能够说出这种话的人，他到底是一个奸臣、汉奸，还是一个英雄、贤臣，请您自己定夺。

人民的眼睛是雪亮的。历史，自有定论。

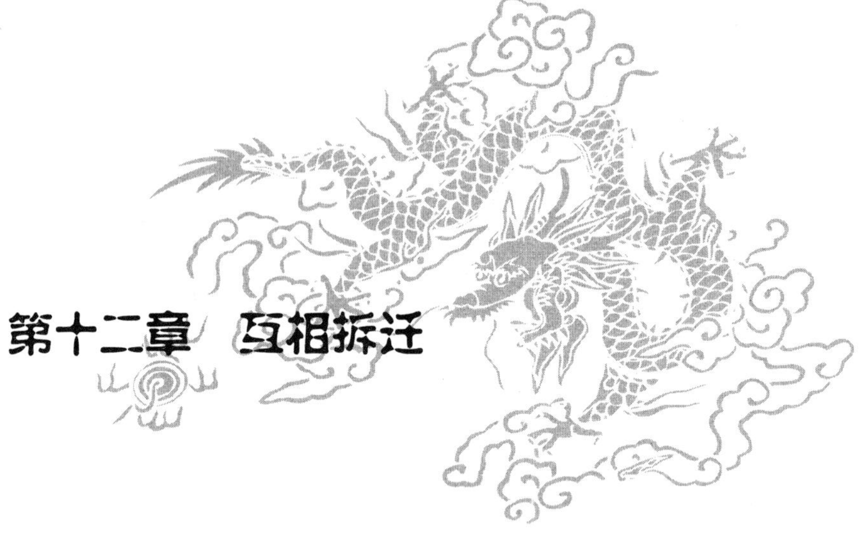

第十二章　互相拆迁

诛杀阿敏

北京战役结束后，皇太极率军返回关外。撤军期间，皇太极下令，屯重兵在遵化、永平、滦州、迁安这四座城池中。他要把这些城池变成攻打明朝的桥头堡，下次来抢东西时，就可以从这个“驻京办事处”出发了。

然而，皇太极的理想是好的，但现实根本不是那么回事。

毕竟，在明朝的眼中，你修建了这么四个未经许可就擅自经营的“店铺”，这怎么行呢？必须全力铲除。

在这种背景下，崇祯三年（1630 年）二月，孙承宗集结了辽东兵马，开始攻打这四座城池，准备拆迁。

得知孙承宗来攻后，皇太极二话不说就命二贝勒阿敏出兵，去支援这四座城池，以抵御明朝的进攻。

在后金的猛将中，阿敏算是能打的了，但他怎么可能敌得过孙承宗呢？

毕竟，老孙头打仗的时候，连后金最伟大、最能征善战的努尔哈赤都讨不到便宜，你个后起之秀，还是回家再历练几年吧。

此战中，阿敏败得那叫一个惨。他仅仅坚持了五天，就被孙承宗打得全军覆没、狼狈而逃。阿敏本身还负了重伤，要不是医治及时，就去见父亲了。

因为打了败仗，阿敏回来后，自请谢罪。

按理来说，对手是久经沙场、老谋深算的孙承宗，战斗方式也是后金军最不擅长的守城战，所以阿敏吃了败仗也是情有可原的，最多判一个罚俸、降级、削牛录，让他戴罪立功就行了。然而，没有一个人想到，皇太极的这次判罚，会这么狠、会这么不讲道理。

《清太宗实录》记载，在这个审判阿敏的大会上，皇太极一口气宣布了阿敏十六条（也说十一条）大罪，准备将其斩首示众，以儆效尤。

这十六条罪状很多，但归纳起来，主要有三条，即“滥杀无辜、心怀异志、以德报怨”。

何为“滥杀无辜”？

原来，皇太极命阿敏出兵时，曾三令五申告诉他：“宜严饬军士，毋侵害归顺之民，违者治罪。”他再三告诫阿敏，不许屠杀归顺的汉官，不许屠杀城内的百姓，以免造成恶劣的政治影响。若你敢干，必严惩不贷。

结果，来到四城后，不知道是阿敏忘记了皇太极的话，还是他压根儿就没听。他这样告诉士兵道：“既然已经拿下了城池，为什么不屠杀里面的百姓呢？既然已经来到了这里，为什么要空手而回呢？”

于是，阿敏下令，纵兵抢劫，掠夺四城内的所有财物。

后来，被孙承宗打得大败、准备逃跑时，阿敏又下令，杀掉四城的汉官和所有百姓，把城中的财物全部洗劫一空。办完这些事情后，阿敏才仓皇而逃。

阿敏的本意，很可能是“坚壁清野”，不给对方留下一针一线。但他这么做，与皇太极的思想背道而驰，也给后金带来了严重的政治影响。后来，后金军围困大凌河城时，城内守军就以“阿敏屠城”为戒，即使弹尽粮绝，也誓死不投。

可见，阿敏“不计后果、血洗全城”的行动，给后金带来了多恶劣的影响，真是不说自明。

单凭此举，皇太极确实有杀他的“理由”。

何为“心怀异志”？

原来，皇太极即位后，阿敏倚老卖老，他要求“出居外藩”，自成一国，这样才能显示出自己“尊贵无比”的身份。

阿敏是这么说的，他也是这么做的。

《东华录》记载，第一次讨伐朝鲜、逼迫朝鲜签署《江都和约》后，后金军就撤兵了。结果，撤兵期间，阿敏告诉其他将领：“你们回去吧，我不回去了，我要去一趟朝鲜的首都，找朝鲜国王单独聊聊。”

阿敏的这番话，很可能是认为抢得不够，他要去找朝鲜国王再敲诈一些钱财。然而，在大家的眼中，阿敏此举就是“不听皇太极号令，自立门户，背叛国家”了。

于是，众人赶紧劝他，让他打消这个念头。阿敏的弟弟济尔哈朗更是苦口婆心地劝说这位哥哥，终于把这个哥哥劝了回来。

最终，阿敏打消了去王京的念头，他下令士兵掠夺朝鲜百姓的财物，以“弥补”自己的损失。后金军整整掠夺了三天，阿敏这才心满意足地班师回朝。

可想而知，得知此事后，皇太极气得青筋暴起，他当时就想办了阿敏，干掉这个“心怀异志，谋求自立，杀人如麻，掠夺成瘾”的祸害。只不过，当时后金朝政不稳，又是用人之际，皇太极才最终忍下了这口气。

如今，见阿敏“不知悔改，继续滥杀无辜”后，皇太极再也忍不了了，他选择了旧案重提，准备跟阿敏来一个了断。

此外，皇太极也咽不下一口气，一口“当年老子对你那么好，你却以德报怨，当一只白眼狼”的气。他这才严惩了阿敏，以出心中这口怨气。

何为“以德报怨”？

原来，皇太极告诉群臣：

“昔日，叔叔舒尔哈齐畏罪自杀后（实际上，不是畏罪自杀，是被软禁至死），他的几个儿子图谋不轨，准备犯上作乱，结果东窗事发，被我父汗发现，将他们处死了（实际上，舒尔哈齐的儿子没造反，而是努尔哈赤怕他们造反，将他们杀死了）。

“见父亲和兄弟都惨死了，阿敏瑟瑟发抖，手足无措，天天怕得要命。这个关键时刻，是朕，亲自为他求情，让父汗饶了他一命。也是朕，玩命地推荐他，父汗才给他带兵打仗的机会，阿敏才能有今日。

“因此，朕对阿敏有救命之恩、再造之恩，朕没有对不起他。结果，阿敏位高权重后，他就目中无人了，就彻底飘了，谁也看不上了。他仗着战功，就敢忤逆朕了，就敢不听朕的话了，还敢‘自立为王’了。你们说，如此‘以德报怨’之辈，该当何罪？”

其实，皇太极这么说，完全是捏造历史。所有史料都记载了，舒尔哈齐死后，皇太极对他的儿子非常好，虽然他斩杀了两个舒尔哈齐的儿子，但他对阿敏非常好，双方情同父子，也没有闹出一点不愉快的事情。所以说，皇太极所谓的“求情之说”，完全是自己编造的。

那么，皇太极为什么要编造这段历史呢？

一句话形容：贬低阿敏的人品，以彰显自己的仁义。

通过这个故事，皇太极告诉群臣，阿敏就是一个“以德报怨、恩将仇报”的小人，朕对这个兄弟一忍再忍，对他仁义至尽，希望他悬崖勒马、回头是岸，结果他根本不听我的话，阿敏就是一意孤行，也只能自寻死路、咎由自取。

怎么样？皇太极这么说，就是要告诉群臣，我对这个兄弟仁至义尽了，我完全对得起这个阿敏！所以我杀他也完全合理！

到底是对得起，还是对不起，我不知道。我只知道，皇太极这么说，不过是想占领舆论制高点罢了。他要世人痛骂阿敏，并掩盖自己真正的动机。

这，才是皇太极说这段话的真正目的。

综上所述，在“滥杀无辜、心怀异志、以德报怨”三条罪状下，皇太极召集众大臣开会，让大家一起商量，给阿敏定罪。

可想而知，皇太极都铺垫了那么多，群臣还能不知道他的心思？于是，大家商议的结果是——将阿敏处死，家产全部充公，子孙全部为奴，以儆效尤。

对于这个结果，皇太极很不满意。他认为，阿敏是功勋之后，又是自己的兄弟，即使有错，怎么能这么严惩呢？

于是，皇太极赦免了阿敏的死刑，只是将其幽禁了起来。

从此以后，阿敏就被软禁了起来，整整十年。十年后，公元1640年，即大明崇祯十三年、大清崇德五年，阿敏在监狱中郁郁而终，享年五十四岁。

至此，舒尔哈齐与阿敏这对父子，都因为“心怀异志、背叛君主”的罪名，得到了相同的结局。他们都在监狱中被幽禁致死，真可谓殊途同归。

只不过，对于舒尔哈齐，我们认为他冤；对于阿敏，我们认为他该。毕竟，阿敏干了太多太多皇太极容忍不了的事情，他也只能痛下杀手了。

那么，在历史的真相中，阿敏真的该死吗？这里面，就真的没有内幕了吗？

当然不可能。

阿敏之死的真正原因

其实，阿敏之死，完全是皇太极一手策划的结果。即使阿敏没有干上述的事情，皇太极也一样能够找到借口，让他去死。

因为在皇太极的眼中，这个阿敏早就该死了！为了自己大权独揽，他也必须让阿敏去死了！

事实正是如此。

前面讲过，在努尔哈赤建立的“八和硕贝勒会议”制度下，皇太极虽然是后金

名义上的首领，但本质与其他旗主无异，就是“一旗之贝勒”，只是代理这个国家罢了。

当时，在这个制度下，皇太极根本体会不到当皇帝的乐趣，他毫无权力，也没有一丁点面子。因为，努尔哈赤明确规定了，任何事情都要大家一起商议。新的大汗也要尊重自己的兄长，尊敬孝顺他们，甚至给他们行“跪拜之礼”。

于是，在很长的时间里，我们在后金的朝廷上就看见了这么一幅神奇的画面——为了尊重另外三位兄长，每次朝会时，皇太极要率领文武百官给大贝勒代善、二贝勒阿敏、三贝勒莽古尔泰行礼。随后，四个人并排坐在汗位上，一字排开，共同执政。

这种局面，后金朝堂还给起了一字好听的名字——四大金刚共同执政。

出现了这种局面，皇太极郁闷的心情就可想而知了。时间一长，他自己都纳闷：“什么情况？如此受制于人，老子真是这个国家的大汗吗？”

必须改变这一切！

于是，老谋深算的皇太极下手了，他先拿阿敏开刀，就是要改变这种“四大金刚共同执政”的局面。

在这种背景下，阿敏只能去死了。所以他的死就是一个冤案，可怜世人不知道真相，真的以为阿敏是一个“滥杀无辜、心怀异志、以德报怨”的人，痛骂了他上百年，让他死后也不得安宁。

当然，我写这些话不是想给阿敏翻案，也不是想给他证明。毕竟，阿敏是一个头脑简单、滥杀无辜的主，即使他这次侥幸逃过了皇太极的屠刀，他也绝逃不过第二次。

在这里，我只是想告诉大家一个事实——皇太极杀阿敏，只是为了大权独揽罢了。他也要通过阿敏的血结束这种“四大金刚共同执政”的局面。其最终的目的，就是要当一个大权独揽、唯我独尊的皇帝。

废除了阿敏后，皇太极确实前进了一大步。当时，群臣全部上疏，以“阿敏已经被收监，不配坐汗位旁边”为由，把他的椅子搬走了。

从此以后，皇太极的身边只剩下代善和莽古尔泰了。这个“四大金刚共同执政”的局面，只剩下“三尊佛”了。

当然，四个也好、三个也罢，这些都不是皇太极的最终目的。为了那独一无二的“一”，皇太极还得继续努力，他要把剩下的人全都送上祭台，方才罢休。

路漫漫其修远兮，吾将上下而求索。

下一个祭品，你准备好了吗？

朕来了！

然而，在处理这个祭品前，皇太极还有一件事要干。毕竟，这件事比处理祭品重要得多，处理不慎，就会成为一个心腹大患。

这件事情，就是拆毁明朝的违章建筑——大凌河城。

大凌河之战

天聪五年（1631 年）四月，皇太极得到情报，孙承宗派祖大寿去了大凌河城，正在那里修城。

得此消息，皇太极敏感地意识到，孙老头在憋坏呢，他这是在用蚕食战术，慢慢吞并自己的土地。

皇太极的判断，完全正确。

毕竟，他们父子俩跟孙承宗打了这么多年仗，对对方的战术了如指掌。在他们眼中，孙老头修筑大凌河城，就是为了在这里站住脚，收复周围的土地。站住脚后，他会继续向前，再修筑一座城池，再占领周围的土地。因此，必须要趁他立足未稳之际，把这个城池拆除了，才能一劳永逸。

就这样，在密切观察了三个月后，皇太极亲率大军前往大凌河，准备拆迁。

皇太极这个时候出兵，是深谋远虑的结果。毕竟，去早了，敌人就不修了，就跑了；去晚了，敌人就修好了，就拆不掉了。

面对来势汹汹的敌军，明军只有一万守军，外加两万民工，根本无法反抗，他们最好的办法就是逃回故乡。但是，费劲心力修了一半，就这样放弃，祖大寿不甘心呀。于是，他选择了死守城池，并请求明朝派遣援军，一起迎敌。

按照祖大寿的定义，自己“凭坚城、用大炮”，能够抵御敌军的进攻，只要援军跟自己内外夹击，一定能够击退敌军，继续修筑城池。

可惜的是，看到皇太极的架势后，祖大寿就发现，自己打错了如意算盘。

原来，不得不说，皇太极是一个“善于总结失败”的高手。

此次出兵，皇太极堪称有备而来，他不再采用攻城战了，而是采用了围城战，并准备了“围点打援”战术。

按照他自己的话说：“攻城恐士卒被伤，不若掘壕筑墙以围之。彼兵若出，我则与战；外援若至，我则迎击。”

事实证明，这个战术正确。

当时，为了围困住明军，皇太极在大凌河城外修了三道围墙，把大凌河城围了一个水泄不通，让其与外界完全隔绝。

除了修围墙外，皇太极还命八旗部队分守四门，彻底围困死明军。当时，皇太极下令，命两黄旗守北面，命两白旗守东面，命两红旗守西面。南面是明朝援军来的方向，也是大凌河城守军突围的必经之所，所以皇太极把守南门的重任交给了两蓝旗，命三贝勒莽古尔泰守卫这里。

要知道，皇太极此举，明显是别有用心，他就是想让莽古尔泰打硬仗，来一个打死敌人平外患；打死莽古尔泰，平内乱。而事实证明，皇太极确实做到了。

书归正传，在布置好了防线后，皇太极就安心地“围点打援”了。在收拾了明朝三股小规模的援军后，皇太极迎来了一波数量众多的援军，整整四万明军。

得知如此规模的明朝援军前来后，皇太极和后金诸将们都头疼不已，大家皆认为，这种规模的敌军不好击退，若让他们与大凌河城内的明军联手，来一个里应外合、内外夹攻，战局会非常麻烦。稍有不顺，鹿死谁手，真不可知。

这场战斗，不好打。

然而，让所有人始料不及的是，这场战斗瞬间就分出了胜负，明军溃败而归了。

明朝史料记载，明军之所以溃败，是他们没有想到后金也有了大炮，把他们炮轰得找不到了北，只能溃败而逃了。其实，这并不是明军溃败的原因。

我承认，在与明朝的战斗中，后金也在不断进步，通过不断的学习和努力，后金也造出了大炮。虽然这个大炮的质量不敢保证（老炸膛），但至少能响，能炮轰敌军。就这样，在后金军大炮的攻击下，明军被打蒙了，全线溃败。

其实，通过史料分析，我们知道，明军溃败的原因，不是因为敌军的炮轰，而是因为这支部队的副将临阵脱逃，导致明军阵容崩溃，才得此大败。

后来，因为这个副将非常“会做人”，他花费重金，收买了朝中的奸臣替自己说好话，才免去了处罚。这个副将的儿子也非常了不起，他成为明朝的“擎天一柱”，为他老爹挽回了颜面。

这个临阵脱逃的将领，叫作吴襄。他的那个儿子叫吴三桂。

祖大寿投降

吴襄临阵脱逃后，导致明军阵容崩溃，全线溃败。此战过后，明军四万援军全军覆没，再也没有人能够救助祖大寿了。

目睹了此情此景后，祖大寿绝望的心情，可想而知。

得知祖大寿已经变成了煮熟的鸭子，飞不走后，皇太极反而不攻城了，他打算劝降祖大寿，把他收为己用。

即使祖大寿突围，把莽古尔泰害得够呛（这些事情未来再说），皇太极也不改初衷，他下令不许攻城，继续劝降祖大寿。

当时，皇太极整整围困了大凌河城三个月，他给祖大寿送去了二十余封劝降信，希望他投降。

刚开始的时候，祖大寿的回答就一句话："我宁死于此城不降也。"后来，随着时间的推移，特别是断粮后，祖大寿开始动摇了，他打算投降了。

我们也要理解祖大寿的处境，当时的大凌河城到了什么地步呢？马已经吃完了，开始吃人了，吃完了人，骨头也要留着，用来烧火。史称"城中食尽，杀人相食"，"炊骨析骸，古所没有"，大凌河城已经濒临崩溃了。

最终，在这种艰苦的情况下，祖大寿终于坚持不住了，他做了一件对不起生死战友的事情，投降了。

天聪五年（1631 年）十月二十八日，祖大寿杀死了誓死不降的战友何可纲，率领众人开城投降，正式归顺了皇太极。

得知祖大寿投降后，皇太极欣喜若狂，他亲自出营，用最高的礼仪迎接祖大寿等人。见面后，皇太极采用了"抱见礼"，还不让祖大寿下跪，给足了他面子。

看见皇太极如此器重自己，祖大寿很是感动。他当即提出了一个计划，让他去锦州，收编旧部，偷袭城池，把锦州作为见面礼，送给皇太极。

听完祖大寿的建议后，皇太极二话不说就同意了。他把祖大寿送进了锦州城，等待他偷袭得手了。当然，皇太极也不傻，他把祖大寿的家人留了下来，作为人质。

按照约定，祖大寿进城后，经过两天准备，他将杀了锦州城的守军，打开城门，放后金军进城。行动的标志，就是鸣炮。

结果，祖大寿进城后，过了两天，他没有放炮，也没有动手。三天后，祖大寿给皇太极写了一封秘信，告诉他，时间太仓促，敌军人数太多，需要时间，两天后再动手。

对于祖大寿的请求，皇太极同意了。毕竟，再多等两天也不是什么大事。

结果，过了两天，没消息；过了四天，没消息；过了六天，还是没有消息。

见此情景，皇太极都要发飙了，结果，他收到了祖大寿的另一封秘信。孰料，看完这封密信后，皇太极更加愤怒不已了。

原来，祖大寿是这样写的："皇上悯恤归顺士卒，善加抚养，众心既服，大事易成。至我子侄等，尤望皇上垂盼。俟来年相会，再图此事。"

归根结底，就是一句话——"偷袭这座城池，够呛，希望大汗给一年时间，咱

们明年再说。”

可想而知，看完这封密信后，皇太极都无语了。他也清楚地知道，自己被骗了。

这个祖大寿，就是一个诈降呀！

事已至此，后悔也没有用了，皇太极只能悔恨地班师回朝了。当然，他虽然后悔，但这场战役的目的，他已经达到了，也就心满意足了。

皇太极心满意足的原因，有两点。第一，他拆毁了大凌河城，把这个“钉子户”消灭了。第二，他逼迫孙承宗下台了，从此让这个老头远离朝廷。

原来，关于修筑大凌河城一事，明朝很多人就反对。大家认为，经费就那么多，与其修筑一座远离故土的孤城，不如修缮蓟州防线，这才更重要。结果，现在好了，城被人毁了，施工队被人收拾了，钱都打水漂了。于是，又是一番铺天盖地的口水，奔着孙承宗而来。

对于大家的指责，孙承宗很识趣，啥也没说，他再次辞职回家了。

孙承宗这一次回家，就再也没有回来，他的“档期”也暂时完结了。直到七年后，他才会再次回到这个舞台上，并上演了一场最悲剧的谢幕。

第十三章　后毛文龙时代的皮岛

袁崇焕留下的烂摊子

大凌河一战，皇太极打败了祖大寿，拆毁了明朝的违章建筑，还让孙承宗下了岗，让这个老头永远离开了朝廷。对于皇太极而言，这些结果是多么的美好。这样的战绩，又怎能不让皇太极欣喜若狂。

然而，皇太极根本不知道，他的好事还没有完。没过多久，他又碰到了一件好事，得到了两员虎将。

这两员虎将，竟然跟毛文龙和袁崇焕有关系。当时，若不是袁崇焕擅自斩杀了毛文龙，这两员虎将根本不会投奔清朝，也不会被封王。

因为，这两员虎将就是明朝历史上大名鼎鼎、无人不知、无人不晓的汉奸，三顺王之中的孔有德和耿忠明。

这一切的故事，还得从头说起。

孔有德，字瑞图，辽东盖州卫（今辽宁省盖县）人，原籍山东曲阜，此人号称“至圣之裔”。当然，孔子若知道有这么一个后代，不知会做何感想。

孔家族谱记载，孔有德的家族很穷，为了生计，孔有德的祖先就率众闯关东了。在一番艰苦创业后，孔有德的祖先在辽东扎下了根，他们一代一代地繁衍生

息，传到了孔有德这一辈。

这里多说几句，很多历史书籍断章取义，说孔有德家族是挖矿的，他也是挖矿的。其实呢，孔家是正统的农民世家，跟挖矿一点关系也没有。

之所以出现这些思想，也无可厚非。未来，孔有德在辽东混不下去，去山东登州时，他就是奔着挖矿去了，也可以说他是一个挖矿的。当然，人家去登州的目的，是因为登州那里有金穴，他要去那里挖金子。这么说的话，孔有德不是一个挖矿的，人家是一个淘金的。

当然，不管是挖矿的，还是淘金的，都是未来的事情，现在继续说孔氏家族。

孔有德出生后，他虽然是"至圣之裔"，却不识字，连自己的姓名都不会写，就是一个文盲。但是，在其他方面，孔有德就非常了不起了。此人"便辟多智，善言语，颇类文龙"，他跟毛文龙是一个类型的人，都是野心勃勃的狠角色。

除了有野心、有手段外，孔有德还非常能打。小时候的他就以"能战善战"而纵横乡里，长大后，更是战斗力爆表。史称他"躯干伟长，善骑射，工击刺，一时武才，无出其右者"，他天生就是一个优秀的武将。

就这样，仗着一身武艺，孔有德成为村里的一霸。在"战斗"的过程中，他结交了"志同道合"的好友，同为山东的老乡——耿忠明。

耿忠明，字云台，祖籍山东人。跟孔家一样，耿家也是一个贫苦的家庭，为了活命，只能闯关东了。

在一番艰苦创业后，耿家在辽东安家立业了，也跟孔家成为新的老乡（有资料记载，孔耿两家是联姻的家庭，但还需论证）。

史料上的耿忠明长得非常有特点。此人面目特别黑，跟墨水一个颜色，史称"深墨"。但他的身体却很白，特别是两个手掌，更是白得可以，史称"洁白如玉"。

大家想象一下吧，一个"面如深墨"的彪形大汉，一伸手，却伸出两双"洁白如玉"的手……这种两极分化的反差萌，想让人忘记都难。

对比不识字的圣裔之后孔有德，耿忠明有点文化，不是一个目不识丁的文盲，但也识字不多，仅识名字。当然，干他们这行的（武将），不认字很正常，能打才是正道。

相比能征善战的孔有德，耿忠明也毫不逊色，甚至青出于蓝而胜于蓝。当时，在毛文龙麾下，耿忠明跟李九成、陈有时齐名，被称为最能打的"三大王"之一（号曰三大王），而孔有德根本没有入选。耿忠明能征善战的本领由此可见一斑。

若在和平时期，像孔有德、耿忠明这类人是没有机会出人头地的，他们的一生，也只会在默默无闻中度过。然而，时势造英雄，在这个风起云涌的明末清初之际，历史给了他们机会，让他们出人头地，去建功立业。

天启元年（1621 年），努尔哈赤占领了军事重镇辽阳后，他开始抢夺周围的村镇。为了避祸，孔家与耿家只能放弃故土，流离失所。

当时，为了抢回家园，也为了让自己的一技之长（打架）能够发挥作用，孔有德和耿忠明二话不说就参军了。他们成了保家卫国、抵御敌军的大明士兵。

参军后，孔有德和耿忠明得到了南四卫总兵刘兴祚（记住这个人）的赏识，这个人加封了他们的官职，还把他们推荐给了毛文龙。

至此，在刘兴祚的推荐下，这哥俩就跟着毛文龙混了。

刚开始，毛文龙并不重视这哥俩，但是，随着时间的推移，特别是经历了皮岛的艰苦创业后，毛文龙就喜欢上了这哥俩，把他们当成了自己的亲信。于是，毛文龙把孔有德和耿忠明编入了自己的亲兵卫队，用“毛家孙辈族谱”命名，赐给了他们一个新的名字。

就这样，孔有德改名毛永诗，耿忠明改名毛有杰，他们都成为了毛文龙的“养孙”。

成为毛文龙的孙子后，孔有德和耿忠明非常高兴。毕竟跟着这个爷爷混，天天好酒好菜、吃喝不愁，生活美滋滋。

本来，孔有德和耿忠明认为，若能够一直这样逍遥快活下去，此生也足矣。然而，一个人的突然被杀，彻底打乱了他们的如意算盘，也彻底改变了他们的一生。

这个突然被杀的人，就是他们的爷爷——毛文龙。

隐患重重

前面讲过，为了以大局为重，袁崇焕私自斩杀了毛文龙，完成了对军队的“统一”。

不可否认，在斩杀毛文龙的方法上，袁崇焕是准备充足的。但是，毛文龙死后，在善后这个问题上，袁崇焕是准备不充分的。甚至可以说，他根本就没有准备。

《明史纪事本末补遗》记载，毛文龙死后，袁崇焕把他的部队一分为四。命毛文龙的养子毛承禄率领一路，副总兵陈继盛率领一路，参将徐敷奏率领一路，游击将军刘兴祚率领一路。

为了管理这四路大军，袁崇焕打算提拔他们其中一人，作为统帅。刚开始的时候，袁崇焕看中了刘兴祚，想让他当这四路大军的统帅。结果，对于这个任命，刘兴祚“哭泣不受”，死活不同意。见他如此反对，袁崇焕只能另选他人。

最终，袁崇焕命陈继盛为这四军统帅，刘兴祚是他的副帅，命这二人管理军

队。然而，陈继盛虽然为最高统帅，但他只是临时的，并不是最终的任命。

按照袁崇焕的意思，他只是让陈继盛代理（令继盛代掌），以后打仗的时候，谁的功劳最大，谁就是这四军的统帅。

安排好这一切后，袁崇焕就满意地回去了。结果，傻子都知道，袁崇焕这样安排，这四军要是不内讧，都新鲜。

按照袁崇焕的意思，他希望形成四大军团并立的局面，互相牵制，互相消耗，让自己坐收渔翁之利。然而，袁崇焕根本不知道，若一个军队没有最高统帅，他们只能是一盘散沙，不用敌人来攻，他们就会为了争夺老大之位而打起来，最终同归于尽。

事实正是如此。

这不，袁崇焕刚走，这四军就内讧了。当时，包括孔有德、耿忠明在内的很多将领都不服刘兴祚管束，他们认为这个人“不足共事”，强烈要求把他调走。其余的将领也谁都不服谁。

可见，毛文龙手下的这群悍兵强将们也就毛文龙能管理。一旦“大哥”不在了，这些人就开始上蹿下跳，跃跃欲试，准备当这个山大王了。

这样的结果是袁崇焕始料不及的。或者说，他根本没有往这个方面想，以为按照自己的安排，就能让这些人乖乖听话，为自己效命。

对于袁崇焕这种书生思维，我无话可说，还是留给各位来评。

最终，袁崇焕被这些告状信搞得焦头烂额，他只能下令，调走刘兴祚，撤掉徐敷奏、毛承禄的领兵权，军队由原来的四军改为东西二军。东军由陈继盛率领，西军由刘兴祚的弟弟刘兴治率领。

可想而知，袁崇焕的这一次和稀泥还是没有把问题处理好，甚至埋下了三个深深的隐患。

第一个隐患，他调走了刘兴祚，却不敢得罪他的手下，只能提拔他弟弟刘兴治管理部队。这给未来的兵变留下了一个伏笔。

第二个隐患，他无故撤掉了毛承禄，让后者非常不服。这给毛承禄未来叛明投金留下了一个伏笔。

第三个隐患，在两次重组期间，袁崇焕根本不安抚毛姓老兵，根本不理会这些精锐部队的心理。这给他们的反叛也埋下了一个深深的伏笔。

可见，还是那句话，杀毛文龙，袁崇焕是准备充足的。但善后这个问题，袁崇焕却根本没有想过。他所谓的善后，完全是走一步、算一步，走到哪算哪……这样的结果，不出事都新鲜。

这不，没过多久，他安排的“东西二军”又内讧了。而这次内讧的原因，是刘兴治认为哥哥刘兴祚受到了不公平待遇，刘兴治愤愤不平，最终发动了“兵变”。

这个兵变的原因，还得从头说起：

为了安定军心，袁崇焕只能挥泪斩马谡，他把刘兴祚调到了关内。对于这个调动，刘兴祚虽然一肚子委屈，但也认命了。他踏踏实实地在新的岗位上好好工作，继续保护大明王朝。

后来，“己巳之变”后，孙承宗临危受命，负责指挥明军，击退后金军，收复失地。

当时，为了对付后金军，孙承宗下达了集结令，他命令关内的所有部队都来京城集合，集结力量，收复失去的四城（阿敏负责防守的四城）。

得到命令后，刘兴祚二话不说，就率军出发了。在太平路一代，刘兴祚与后金军不期而遇。

为了收拾后金军，刘兴祚使用了一个诡计，他以“夷语夷旗”为掩护，打了后金军一个措手不及。后金军损失惨重，惨败而归。

得此大捷后，明朝很是满意，加封了刘兴祚的官职。被加官晋爵后，刘兴祚也很是满意，继续为大明王朝效忠了。

很满意，大家都很满意……然而，对面的后金军却不满意，他们准备报仇雪恨了。

就这样，后金偷偷集结了上万兵马，把刘兴祚包围了。等刘兴祚发现时，他已经身陷重围、插翅难飞。

当时，被敌军团团包围后，刘兴祚只剩下两个选择。第一，投降；第二，死战到底。结果，刘兴祚想都没想，就选择了第二条路。他跟敌人死战到底，以死报国。

《边城小记·卷四》记载，这场战斗打得非常惨烈，双方从早上五点开始打，一直打到晚上六点才结束，双方尸横遍野、血流成河。最终，因为寡不敌众，刘兴祚壮烈牺牲，以死报国。

按理来说，像刘兴祚这种以死报国的将领，其功实不可没，朝廷必须要追封他的官职，厚待他的遗孀，用国礼葬之，纪念其功绩，才能告慰刘兴祚的在天之灵，并感动生者继续努力。

然而，在这个问题上，就能看出昏庸无能的大明王朝的本领了。他们根本不告慰刘兴祚的在天之灵，还把他的家人逼得造反了。

最终，在朝廷这种表现下，忍无可忍的刘兴治为了给哥哥讨个说法，他就发动了一场兵变，史称“刘五兵变”。这场兵变不仅产生了极其恶劣的影响，还差点毁掉皮岛这个海外基地。

刘五兵变

刘兴祚战死沙场后，由于后金军对其恨之入骨，他们就把刘兴祚的尸体运回了八旗军营，将其肢解，挫骨扬灰，以泄心头之恨。结果，由于没有看见刘兴祚的尸体，再加上一些错误的情报，明朝就得到了一个错误的信息——刘兴祚没死，他投降了！

这个结果，就是这样让人无语。

当然，得到这么一个结果，明朝也认为合情合理。毕竟，连大明王朝最高统帅袁崇焕都会“叛变投敌”，一个小小的刘兴祚，为什么不呢？谁能保证，这是一个“忠君报国、战死沙场”的人呢？

就这样，在这个错误的思想下，明朝开始清算了，他们让刘兴祚的在天之灵痛苦不已，让他的家人也跟着遭了殃。

他的家人，就是皮岛的西军统帅——刘兴治。

当时，得知哥哥战死沙场，却得到了一个“兄死未恤”的结果，刘兴治已经愤愤不平了。结果在京城探子的汇报中，刘兴治彻底怒了，他打算起兵造反。

原来，刘兴治安排在京城的探子告诉他，“内地疑兴祚从贼”，怀疑他的哥哥“投降”了。同时，为了调查此事，京城已经派出了专案小组来皮岛处理。当然，这些人调查是假，其实就是“假调兵之名，杀其兄弟辈”！

得此结果，刘兴治清楚地知道自己该干什么了。

崇祯三年（1630年）四月，刘兴治秘密召集了弟弟刘兴基、刘兴良和族兄刘兴沛等人，告诉了他们现在的处境，最后大家一致决定——朝廷不仁，我等也不用义了，造反！

于是，这些人在刘兴祚的丧礼上突然大开杀戒，斩杀了东军统帅陈继盛和孙承宗派来的中央使者，起兵造反。

在历史中，由于刘兴治排行第五，所以他发动的这场兵变，史称“刘五兵变”。

“刘五兵变”爆发后，朝廷大吃一惊，史称“举朝大骇”。为了解决这场兵变，孙承宗马上派去了招安大使，负责解决这件事情，对刘兴治等人进行安抚。

最终，在朝廷的安抚（主要是给钱）下，刘兴治同意了招安。他跟朝廷达成了和解，认为“刘五兵变”就是一个“美丽的误会”。从此以后，双方都不许再提，刘兴治继续为明朝效力，明朝也继续重用刘兴治。

崇祯三年（1630年）九月，为了表示诚意，刘兴治率众攻打后金，他们在后金青山、凤凰城一代获得大捷。至此，刘兴治受到了朝廷的褒奖，他接替了毛文龙的位置，成为“皮岛第一人”。

本来，按照朝廷的意思，只要刘兴治在皮岛老老实实待着，别再惹事就行了。对于这个皮岛，朝廷已经被折腾烦了，不想再管了！然而，命运就是这么的荒诞不经，你想踏踏实实过日子，那也得别人同意才行。

殊不知，这里的别人，不是对皮岛虎视眈眈的女真人，而是皮岛内那些心怀叵测的明朝将领。

《边城小记》记载，崇祯四年（1631 年）三月，皮岛又爆发了一场大规模的内讧，刘兴治手下的将领们打成了一锅粥，他们相互残杀，战火不断。

由于史料匮乏，这些将领们为什么要内讧，已经不得而知了，但《明史》等文献都记录了这次内讧的结果。

这个结果就是，刘兴治死于这次内讧，叛军“杀死刘氏一门”。刘兴治死后，皮岛再一次陷入了群龙无首的境地。

这种背景下，对面的后金也不失时机地发动了进攻，虽然他们受限于没有“海军”这个兵种，最终没有攻陷皮岛。但在他们的攻击下，皮岛守军损失惨重，只能龟缩防守，再也无力进攻了。

见皮岛如此动荡不断，朝廷在无奈之下，只能继续收拾烂摊子。朝廷下令，提拔副总兵黄龙为总兵，命他统领皮岛军马。同时，征调山东、辽宁等地的官员，进驻皮岛，共同镇守。

就这样，黄龙这个名不见经传的将领，临危受命，成了皮岛的最高指挥官。

事实证明，朝廷的这次破格录用，又成了一大败笔。黄龙资历不够，根本镇不住手下，没过多久，皮岛又爆发了一场兵变。

这次兵变，史称“黄龙被缚”事件。

在历史文献中，“黄龙被缚”事件的原因，有两个。一个是明朝记录的“资助敌寇，东窗事发”。另一个则是清朝记录的“欺压到死，官逼兵反”。到底是哪一个原因，只能自己判断了。

先说明朝的版本：资助敌寇，东窗事发。

当时，毛文龙死后，他的将领们忙着火拼，大家都忘记了做生意，结果没过多久皮岛就“绝粮”了。在这种背景下，大家赶紧重开贸易通道，购买粮食。

贸易通道重开后，不知道是太着急了，还是有人就想中饱私囊。结果，有些将领竟然跟后金做起了买卖（阴与建州市）。

可想而知，得知此事后，黄龙气得咬牙切齿，他当即把那些与后金做买卖的将领缉捕入狱，准备严惩不贷。结果，这些人狗急跳墙，他们越狱造反了。

这些越狱的人手持兵器，攻陷了总兵府，把黄龙绑在了演武场上，打断了他的

腿骨，削去了他的耳鼻，还打算杀了他。

最终，一个叫毛永喜的将领冲了出来，在他的及时营救下，杀退了叛军，救了黄龙一命。

这个版本，是明朝的版本。可见，这场兵变的原因，是将领们狗急跳墙，这才聚众造反。然而，我却在清朝的版本中看到了不同。

再说清朝的版本：欺压到死，官逼兵反。

在清朝的史料中，黄龙是一个“专废军政，贪黩无厌”的人。他升调官员，不是按照战功，而是根据贿赂的多少来定。他还私吞军饷，导致诸军断粮，无恶不作。

最终，黄龙的这种做法导致“军中咸怨”，每个人都对黄龙不满，大家就打算发动兵变。

得知众人对自己不满后，黄龙打算杀一儆百，他就以“通敌资寇”的罪名把不服自己的官员缉捕入狱，还打算杀了他们。

于是，众人被逼无奈，只能起兵造反。他们把黄龙抓了起来，打断他的腿骨，削去了他的耳鼻，还打算杀了他。可惜最终功亏一篑，众人打不过那个叫毛永喜的将领，只能眼睁睁地看着黄龙被救走了。

这是清朝的版本。可见，这场兵变的原因，是将领们忍无可忍，这才聚众造反。因此，将领们无错，错的是黄龙，错的是昏庸不堪的大明王朝。

当然，由于史料的匮乏，这两个版本孰对孰错，已经无法判断了。

其实，我们也不需要判断。您只要记住，有这么一场兵变，以及这场兵变的意义，就行了。

这场兵变的意义就是——当时没有一个人能够想到，这场兵变，会给大明王朝带来那么大的影响，最终让这个国家毁于一旦。

正是这场兵变，让孔有德和耿忠明对明朝伤透了心，他们离开了皮岛，另谋高就，最终在一番机缘巧合下，他们投降了清朝。

谁能想到，这场小小的、几乎在历史上忽略不计的兵变，竟然变成了蝴蝶效应，最终改变了中国的历史。

这是天意，还是人为，无人可知……

对了，这里多说几句，这个叫毛永喜的将领，其实大家都熟悉。

这个毛永喜的名字，是毛文龙为了认子让其改名后的名字，跟孔有德改名毛永诗一样，不是这个将领原来的名字。这个将领原来的名字，咱们就熟悉无比了。

这个人，原本姓尚。他就是历史上大名鼎鼎、三藩之一的尚可喜。

孔、耿出走

毛文龙无故被害后，继任者不是能力太弱，就是不得民心，导致皮岛内讧不断。最终，在黄龙和尚可喜的强行镇压下，皮岛终于恢复了平静，但在这种“互砍”的过程中，一些将领对这个地方伤透了心，他们就申请调离皮岛，去其他地方任职了。

这些伤透了心、去其他地方任职的将领，就包括孔有德和耿忠明。

这两人之所以对皮岛伤透了心，原因有三个。

第一个原因，见物思人，心里受不了。

他们对毛文龙的死亡一直愤愤不平。孔、耿二人一直认为“文龙无罪，横受屠酷”，他的死，根本就是一个冤案。因此，若在皮岛无法为主子报仇，不如离开此地，免得见物思人，徒增烦恼。

第二个原因，待遇颇低，只能另谋高就。

袁崇焕杀死毛文龙后，在整顿他的部队时，一共有两大败笔。

第一个败笔，选了一些能力不足、威望不高的将领上位，导致内讧不断。另一个败笔，是没有安抚好毛文龙的嫡系部队，让这些“毛家子孙”寒心，进而起了反叛之心。

当时，袁崇焕在整顿毛文龙嫡系部队时，他根本没有给予足够的重视，“仅以老兵置之”，还打算将他们遣散，强行让他们退休。在这种背景下，孔有德和耿忠明在皮岛混不下去了，只能离开皮岛，另谋高就。

第三个原因，对上级不满，难以共事。

除了毛文龙外，孔有德根本不服管。不管是之前的刘兴祚、陈继盛，还是后来的刘兴治、黄龙，孔有德都认为他们徒有其表、不足共事。所以，他申请调职，去他地发展。

综上所述，因为见物思人、待遇颇低、还不服管，所以孔有德在皮岛的处境非常惨，他一直“落魄无聊，悻悻不得志”，无所事事（不服管，自己无法被委以重任）。

最终，孔有德过够了这种日子。黄龙上台后，孔有德拒绝听从黄龙指挥，他就提交了调任申请，希望朝廷把他派到其他地方，永远地离开皮岛（也有资料显示，是朝廷采用“散其部曲”的办法，把毛文龙的嫡系部队调离皮岛，以瓦解皮岛的势力）。

朝廷看见这个申请后，见登州那里缺人，就大笔一挥，同意了孔有德的请求，把他和耿忠明一起调离了皮岛，划入了登州巡抚孙元化的麾下，去那里报效国家了。

至此，孔有德终于如愿以偿，离开了皮岛，回到了梦中的故乡。

当然，他也不会想到，这趟登州之旅，将彻底改变他的命运。

崇祯三年（1630 年）年初，孔有德来到山东登州，归登州巡抚孙元化管理。

孙元化，字初阳，号火东，上海川沙县（今属浦东新区）高桥镇人。明朝著名科学家徐光启的学生（一说学友），也是著名的科学家、西洋火炮专家。

虽然孙元化是一个手无缚鸡之力的书生，但他可是见过大世面的主。此人在袁崇焕手下效过力，打过仗，更创造过大捷。

崇祯二年（1629 年），在那场北京保卫战中，孙元化虽然没有参与，但他在关外独立抵挡进犯的后金军，驻防的八城、二十四堡无一受损，打了一场漂亮的大胜仗。

获得大捷后，朝廷论功行赏，就加封了孙元化的官职，破格提拔他为登州巡抚。来到登州后，孙元化大搞科学研究（造大炮），他结交外国英才，大胆招募西方学者，组建了一支由 27 名欧洲人的外籍顾问团，大家天天在一起搞研究，玩得不亦乐乎。

搞研究，就需要“理论联系实际”，就需要不怕死的人去试炮。当时，鉴于大炮老炸膛这个原因，当地的百姓都不愿意去，孙元化只能去找外地人了。

就在这个时候，孙元化看见了孔有德的“求职简历”，他二话不说就上奏朝廷，把孔有德等人给收编了。

就这样，孔有德从一个在皮岛吃喝不愁的土财主，成为一个背井离乡的试验用的“小白鼠”了……他心中的苦，也就可想而知。

这种背景下，孔有德一肚子怨言，认为自己还不如赖在皮岛不走呢。现在好了，不仅啥都没有，还得天天去实验大炮，鬼知道哪一天大炮炸膛了，自己就死无葬身之地了。而且这种死，也只能当一个冤死鬼。

就这样，因为不满，满腹牢骚的孔有德就产生了二心，他打算再次另谋高就。

殊不知，就在此时，一件事的意外发生，彻底改变了孔有德的计划，也改变了他的一生。

这个意外的事件就是大凌河一战。

第十四章　山东叛乱

吴桥兵变

前面讲过，大凌河一战、祖大寿被围困后，朝廷就命孙承宗派兵支援。

当时，孙元化归孙承宗管，孙承宗就给他下令，命他派兵支援。在调兵遣将的过程中，孙元化看孔有德这帮人是辽东部队。他认为这些“辽人可用”，就派孔有德率领两千人出发，沿水路前进，去解救祖大寿。

对于这个命令，孔有德想都没想，就同意了。他清点好了部队，就上路了。结果，走到一半，孔有德造反了。

没错，他就是造反了！

孔有德之所以造反，原因很简单，这是一个天灾和人祸共同作用的结果。

先说天灾。

按照原先的计划，孔有德要沿水路前进，从山东半岛出发到觉华岛，再从觉华岛登陆，支援大凌河。结果，孔有德出发后，遇到了飓风，他无法前进，只能“逗留不前”。

按理来说，被飓风所困，不能按时达到，这是一件无奈的事情。然而，由于“增兵援缴”紧急，孙元化并不了解孔有德的苦衷，他再次下令，命孔有德上岸，

率领一千人（发辽卒千人）走陆路，从山海关出关，全军直奔大凌河。

对于这个命令，孔有德气得不行，也颇有怨言（不胜怨望）。他根本不想执行这道命令，但君命难违，他只能勉强前进。结果，由于准备不足（辎重都在船上），孔有德刚刚走了一半路程，他的军队就断粮了，进而哗变。

殊不知，就是这个时候，出现了一件或者是两件人祸，让孔有德下定了决心造反。

再说这个人祸。

孔有德援助大凌河时是崇祯四年（1631 年）闰十一月，当时天气很冷，还下着鹅毛大雪。在这种情况下进军，别说缺粮食了，就是一个满配的部队也有可能发生哗变。

当时，孔有德率军来到吴桥县城时，他手下有几个士兵饥饿难耐，就想开小灶打打牙祭。于是，他们偷了当地百姓的一只鸡，偷偷摸摸吃掉了。

鸡被偷了，当地百姓就不干了，他们跟孔有德的部队吵了起来。吵架期间，当地百姓非常彪悍，他们把偷鸡的士兵抓了起来，“捆打贯耳”，狠狠地打了一顿。

得此消息后，孔有德彻底怒了。心想，老子真是龙游浅水遭虾戏，虎落平阳被犬欺！朝廷欺负我，不给我应有的待遇，我忍了；山东官员欺负我，让我当实验用的“小白鼠”，我也忍了；你们这帮小小的当地百姓，竟然也敢欺负我，真是读书的可忍，老子绝不忍！

反了，反了，都甭过了，爱咋咋地！

最终，已经被愤怒冲昏了头脑的孔有德下令，全军给我抢！于是，孔有德的士兵立刻变成了土匪，他们烧杀抢掠，无恶不作，瞬间就把吴桥县城“夷为平地”了。

就这样，为了一只鸡，孔有德起义了。这个“为了一只鸡”造反的故事，也算是前无古人，后无来者了。

抢痛快了，人也杀了，这里的问题是，怎么善后呢？要知道，大明王朝可是法治社会，犯了法，是要偿命的。何况，孔有德的这种行为等同于“造反”了。面对这个局面，孔有德决心破罐破摔，彻底造反！

以上，就是孔有德造反的全过程，这个说法流传甚广，成为一个耳濡目染的历史了。如今，在很多人的添油加醋下，已经变成了一个“一只鸡引发一个王朝更迭”的荒唐故事了。

然而，随着研究的不断深入，史学家们认为，孔有德造反的原因，不是为了泄愤、报偷鸡挨打之仇，而是他被人“绑架”了，不得不反。

没错，堂堂一个大明将军，就是被人绑架、不得不反了。

这个绑架孔有德的人，叫李九成。

前面讲过，这个李九成是毛文龙手下一员猛将，此人与耿忠明、陈有时齐名，被称为最能打的“三大王”之一。毛文龙死后，他也离开皮岛，来到了登州，在孙元化手下效力。

当时，孙元化很器重李九成，给了他一个任务，让他携带重金去塞外购买战马。结果，李九成过惯了大手大脚的日子，得到这些银两后，全都投资在了风花雪月事情上了。

逍遥快活了数日后，李九成把银两花干净了，也彻底慌了。他清楚地知道，这些银两是要用来购买马匹的，不是用来玩女人的。现在好了，银子耗尽了，怎么买马匹呢？买不着马匹，李九成怎么回去交差呢？

就这样，无法交差的李九成只能漫无目的地四处游荡。后来，他知道自己的儿子李应元在孔有德麾下效力，而孔有德正好就在附近。于是，他急忙赶到吴桥县城，来跟儿子商量解决办法。

父子见面后，商量了半天，最终，这对父子达成了一个共识，买马的银子已经耗尽，朝廷不可能放过他们了，今日“反亦死，不反亦死，不如一逞”。于是，这爷俩就打算造反了，他们也打算把孔有德拖下水。

就这样，为了逼迫孔有德造反，李九成把他绑架了。他把孔有德绑缚在了演武场上，将刀架在他脖子上，逼迫他当带头大哥，率领他们造反。

在“万般无奈”下，孔有德只能选择了造反，当了李九成等人的“首领”。

当然，这个说法太离奇了，无法让人相信，也无法辨别真伪。但是，不可否认的是，孔有德确实是一个好领导，他也早就打算造反了。

因为，孔有德当上首领后，他下达的第一道命令，就是“抢夺当地百姓，报偷鸡被打之仇”。

可见，没有李九成的逼迫，孔有德也会造反。

就这样，在这个“报偷鸡之仇，被人逼迫”的人祸下，孔有德正式造反了，他杀死了自己的监军和吴桥县城的官员，正式与朝廷宣战。

因为这场兵变发生在吴桥县城，所以史书称这个事件叫作“吴桥兵变”。

攻取登州

“吴桥兵变”后，孔有德放弃了李九成“占山为王、落草为寇”的想法，他有一个更加大胆的想法，就是先攻陷登州城，再攻陷莱州城。他要把登州和莱州所属

的八县作为自己的领地，当一个王中之王，一个逍遥快乐的藩王。

不得不说，孔有德的这个想法……真不是一般的高。

在这种思想下，孔有德开始班师回营了，他的兵锋直指登州城。在这个班师的过程中，孔有德是见村抢村，见城灭城，一路上烧杀抢掠、无恶不作。当时，他甚至创造了“日下一城”的惊人纪录。

这里说明一下，孔有德之所以在山东无人可阻，并不是当地驻军害怕他，不敢与之敌。而是登州巡抚孙元化为了掩盖事实，下达了“不许反抗”的命令，他希望用招安的方式，化解双方的误会，让孔有德重新回归朝廷，以弥补自己“用人不识”的罪名，保住自己的官位。

事情到了如此地步，还妄想隐瞒事实，保住自己的官位，真不知道孙元化是怎么想的。

可想而知，孙元化的这条招安令，正中孔有德的下怀。于是，在“招安令”的保护下，孔有德大摇大摆地来到了登州城下，随后下达了一道命令——攻城。

直到此时，孙元化才如梦方醒，赶紧组织部队防守。虽然孙元化是理工出身，但不可否认的是，他打仗，特别是打防守仗，绝对是一个行家里手。

当时，在孙元化的防守下，登州城坚不可摧（下文再说，确实如此），让孔有德苦不堪言。他率军攻打登州城的东城，被打了回来；随后又攻打登州城的西城，还是被打了回来。

这两次攻城失败后，孔有德再也不敢轻易攻打登州城了，他只能望城兴叹、望着孙元化的大炮肝儿颤。

没有办法，对方的武器太狠了。对于这些武器，他也是深有体会……毕竟，他就是试验用的“小白鼠”。

按照孙元化的定义，凭借这些无敌的西洋大炮，自己守个一年半载，不是问题。到时候，等明朝的援军到来，他可以与援军里应外合，消灭这些叛军。届时，自己一定要痛骂这个白眼狼孔有德，老子对你这么好，你竟然敢造反！

可惜的是，孙元化的想法挺好，但他却算漏了一个人——当时在登州城内，负责守卫的耿忠明。

要知道，作为孔有德的发小、老乡、战友和同事，耿忠明和孔有德的关系，那就是铁！这种关系下，耿忠明不拉兄弟一把，是说不过去的。

于是，在一个伸手不见五指的深夜，耿忠明偷偷摸摸地打开了东门，把孔有德放了进来。而伴随着孔有德的“不请自来”，登州城就此沦陷，成为孔家的不动产。

《平叛记》记载，耿忠明开城门时，孙元化正在城头指挥防守，他目睹了孔有德进城的全过程。自知大势已去，孙元化抽出宝剑，准备自刎。结果，可能是求生的念头太强烈了，也可能是叛军的速度太快了，孙元化自杀未果，他被敌军俘虏了。

看见被俘的前领导，孔有德还算有点江湖道义，他念及孙元化的收留之恩，就把他放走了，让其“纵之航海而去”。结果，孔有德万万没有想到，他自认为干了一件好事，却把孙元化害死了。

原来，孙元化逃跑后，他去衙门自首了。明朝政府在一番讨论后，以“有眼无珠、坐观寇乱、畏缩失机”等罪名，将其斩首示众，以儆效尤。

至此，可怜的“理工男”孙元化，就以身首异处的结局，结束了自己的一生。真是识人不明，害人害己。

当然，对于崇祯而言，他可以斩杀了孙元化，以泄自己心头之恨。但是，他不能通过斩杀孙元化这件事，让孔有德等人投降。

毕竟，对于这些乱臣贼子，你不出兵讨伐他们，指望他们主动放下屠刀、立地成佛，这种情节连《西游记》里都没有。

因此，对于这些反贼，必须出兵讨伐，把他们打一个尸骨无存，这才是正道！

何况，现在这些反贼已经越闹动静越大了，朝廷再不管他们的话，他们就真的成气候了。

山东叛乱

《平叛记》记载，孔有德占领了登州城后，他立刻干了下面三件事情，让自己的事业越做越大。

第一件事情，拉更多“赞助商”入伙。

占领登州后，孔有德立刻派遣三十艘战舰去辽东，去忽悠那些同样郁郁不得志的辽东将领们来山东，跟自己共谋大事。结果，在一番忽悠下，旅顺副将陈有时、广鹿岛毛承禄等人响应了号召，他们率领六千人马入山东，打算跟着孔有德混了。

得到了这么多的兵马，孔有德兵势“益张”，他更有资格跟明朝叫板了，完成自己的造反事业。

第二件事情，对这些人加官晋爵。

为了让这些“勇夫”效忠自己，他也必须要用重赏这个办法。于是，孔有德开始对这些人加官晋爵。

当时，孔有德自封为替天行道都元帅，李九成为副元帅。其余众人，也都加官晋爵，并全都配上相应的官印。

比较搞笑的是，因为封的官太多了，大家全都需要官印，导致登州城内刻印章的生意兴隆，这些刻印的都狠狠地发了一笔。

第三件事情，跟明朝谈判，表明自己的心意。

孔有德造反后，他给明朝写了一封信，信中阐述了自己造反的原因，以及未来的打算。孔有德希望朝廷认可他“登州房主”的事实，并给他颁布“房产证”。

若朝廷同意他的要求，孔有德可以归顺朝廷，但登州不归朝廷管，要变成他的独立特区，朝廷要承认他这个政权。作为回报，孔有德可以“年年纳贡，立功报效”。

很显然，看见孔有德干了这三件事情，特别是第三件事情后，明朝彻底怒了，崇祯气得咬牙切齿，他立刻下令，命通州、山东、天津、保定等地的兵马联合行动，一起前往山东，去灭掉这个不知天高地厚的孔有德。

孰料，朝廷的兵马还未行动，孔有德却抢先下手了，他率领大军出发，开始攻打登州的门户莱州城。

要知道，作为一个有勇有谋的将领，孔有德深知莱州跟登州是唇亡齿寒的关系，不占领莱州，明朝就会把这里作为剿灭登州叛军的桥头堡，让自己永无宁日。然而，话虽如此，但孔有德却没有第一时间攻陷莱州，且放了他们一马。

原来，孔有德去辽东支援时，沿途的州县对他很不好，视他们为兵痞，唯独这个莱州知府朱万年对孔有德还不错，好酒好菜好招待。孔有德是一个知恩图报的人，在攻打登州期间，他是遇城攻城，遇村屠村，但对莱州城没有下屠手，算是还了朱万年一个人情。

孔有德没有打算攻打莱州，但在登州称王称霸后，莱州城就成为叛军的眼中钉、肉中刺了，孔有德也必须攻下莱州城，才能安枕无忧。

于是，在这种背景下，孔有德率领一万五千大军（骑兵五千，步兵一万）出征，开始攻打莱州城。

对于孔有德的来犯，朱万年早有防备，他在城上奋力防守，多次打退孔有德的进攻，让他毫无办法。

最终，这场莱州之战竟然打成了一个长达四个多月的持久战，双方也没有分出胜负。当然，之所以变成这么一个旷日持久的战役，还得赖明朝。

毕竟，若明朝调兵遣将、认真平叛的话，这场战役不可能持续这么久。终其原因，是朝廷主和派在从中作梗，他们希望招安孔有德，达到“不战而屈人之兵”的效果。

当时，对于这些主和派的言辞，主战派气得咬牙切齿，他们痛骂对方“谋国误事”，就是一群百无一用的书呆子，孔有德造反都成气候了，还想招安，真是贻笑大方。当然，主和派也有话说，成气候怎么了？宋江当年的规模比孔有德胜过百倍，还不是老老实实地接受了招安。因此，不战而屈人之兵，这才是正道。

就这样，为了“是招安，还是讨伐”这个问题，主战派和主和派天天大吵大闹，舌战、笔战、骂战，争吵不断，连个中场休息的时间都没有。双方整整吵了四个月，也没有达成一致。可怜那莱州知府朱万年，摊上这么一个朝廷，也只能欲哭无泪了。

殊不知，朝廷在争执期间，他们突然得到了一个消息，一个让他们瞠目结舌、无话可说的消息——孔有德上呈了降书顺表，他正式投降了。

没错，孔有德就是投降了。

看见孔有德的投降信后，朝廷不知怎么办了。毕竟，在他们的思维里，孔有德的攻城方，身陷重围的守城方还没有投降，他一个围城的却要投降，这是什么道理？

虽然大多数官员认为，孔有德此举肯定有诈，这多半是一个诈降。但是，在主和派的据理力争下，朝廷还是接受了孔有德的投降，他们命朱万年去敌营，去接受孔有德的投降。

《明史》记载，朱万年进入敌营后，孔有德对他非常尊重，好酒好菜好招待，双方谈得非常好。最终，孔有德恭恭敬敬地把朱万年送走了，双方还击掌约定，明天正式投降。

就这样，第二天天亮后，当地最高统帅谢琏（巡抚）带领莱州知府朱万年、监军太监翟升等人，一起出城宣诏，准备接受孔有德的投降。结果，见面后，孔有德二话不说，就把这些人给绑架了，随后以他们为人质，开始攻城。

原来，此次投降，就是孔有德的一个诈降。他深知不好攻陷莱州城，就使用了这么一个诡计，以这些官员为人质，攻陷莱州城。当然，他之所以不第一时间绑架朱万年，是嫌他官职太小，还需要他去“钓大鱼”。

就这样，钓到这些“大鱼”后，孔有德以他们为人质，开始逼迫莱州城投降。结果，莱州守军根本不吃这一套，他们宁愿打死谢琏等人，也决不投降。

最终，孔有德说得口干舌燥，也没有劝降莱州城守军，他只能郁闷地回营了。当天晚上，孔有德见这些人没有了利用价值，就把他们残忍地杀害了。

虽然孔有德的诈降计没有得逞，他还是没有攻陷莱州城，但经过这件事情后，朝廷却达成了共识。朝中官员一致认为，开战吧！必须灭了这个反复无常的小人，彻底平息这场叛乱，才能告慰谢琏等人的在天之灵。

于是，朝廷终于同意了主战派的建议，他们征调关宁军入关，去征剿孔有德了。

此次入关的关宁铁骑领袖，是祖大寿的弟弟（一说堂弟）祖大弼。此人骁勇善战，作战时喜欢呼喝呐喊，人送绰号“祖二疯子”。朝廷相信，让他出马，定能不负众望。事实证明，祖大弼也没有让朝廷失望。

除了祖大弼外，在这些关宁将领中，还有一个将领不得不提。虽然在当时，这个将领不值一提。

因为这个人刚刚打了败仗，他是以原任总兵的身份出现在这里来戴罪立功的。但是，谁也没有想到，在这场战役后，这个原任总兵会建立奇功，不仅官复原职，还加官晋爵。他的儿子也通过这次战役，建功立业，从此进入了朝廷的眼帘，开启了一条平步青云之路。

这个戴罪立功的原任总兵，就是之前临阵脱逃的吴襄；他的儿子，就是大名鼎鼎、永载史册的吴三桂。

谁能想到，这场小小的莱州之战，竟然会是吴三桂父子的扬名之战。

谁又能想到，在不久的将来，吴三桂竟然会跟这些叛军携起手来，投奔了一个新的王朝。

这是天意，还是人为……无人知晓，也无人可知。

收复登州城

为了消灭反贼孔有德，崇祯皇帝下令，命祖大弼率领关宁铁骑入关，讨伐敌军。同时，命“原任总兵吴襄父子亦从军立功”，一起去讨伐孔有德。

就这样，年轻有为、意气风发的吴三桂（根据时间推断，不到二十岁）随军出发了，他准备建功立业，开创属于自己的历史。

为了戴罪立功，吴氏父子勇往直前，他们在距离莱州五十里的“沙河店”与敌军交战了。

此战中，关宁铁骑把敌军打得大败，孔有德的部队死亡一万三千人，被俘八百人，逃散、坠海者“不下数万”。经过此战，孔有德的部队被打得“胆落”，他们再也不敢围困莱州城了，全军溃败而走，回归登州城。

其实，孔有德的部队打不过关宁铁骑，很正常，打得过，那才叫见了鬼。毕竟，孔有德的部队虽然也是辽东部队，比关内部队强（关内部队连农民军都打不过），但也不过是一个游击队水平。反观关宁铁骑，他们是唯一一支敢跟满洲八旗抗衡的部队，是当时最强的部队之一。这种部队去打孔有德，也只能用“杀鸡用牛刀”来形容了。

至此，打跑了孔有德后，莱州城顺利解围。当然，关宁铁骑的使命还没有结束，他们开始进军，准备攻陷登州城，把孔有德等人彻底消灭。

结果，关宁铁骑到了登州城后，他们就开始犯难了。毕竟，对于攻城战，他们非常不擅长，何况还是攻陷这样一座易守难攻的城池。

原来，作为宁远、锦州的后方补给站，登州一直就是明朝的重要军事基地。这样的一座城池，自然坚固无比。更要命的是，“理工男”孙元化来到后，更是按照自己的标准，把这个城池好好重修了一番。

在孙元化的重修下，登州城变成了一座“大炮之城”。城墙上全是大炮，炮口多，无死角，能把任何来犯之敌打得苦不堪言，叫苦不迭。

除了架设大炮外，孙元化还用大炮的破坏力来计算，重新修筑城池。最终，在他的修筑下，别的城池，也就抗一个锥子凿，他的城池，是能抗炮弹的，可见其城池的坚固程度。

除了修城墙、架大炮外，更麻烦的是，孙元化还充分利用了登州的地形，他把城池扩建到了海上，专门修了一个海门。这样一来，一旦被围困，他可以从海路运输粮食，不至于被围困至死。一旦战局不利，他也可以通过海门逃跑。

可见，对于这么一座易守难攻的城池，是绝非一朝一夕能够打下来的，必须做好打持久战的准备。

实际上，明朝也确实打了一场旷日持久的战争。绝不是某些书本记载的那样，短短数日，就攻陷了登州城。

根据《平叛记》记载，崇祯五年（1632 年）九月，明朝官兵将登州城团团包围，奋力攻打，结果到当年十二月底也没有攻陷这座登州城，可见此城易守难攻的程度。

当然，明军接近四个月的奋力攻打，也得到了想要的结果。在明朝的围困中孔有德断粮了，史称“贼中乏食已久，杀人为粮，熬人为烛，朝不谋夕”，叛军已经到了濒临崩溃的地步。但即使这样，孔有德也绝无降心，他要顽抗到死。

孔有德虽然想顽抗到死，但大家却不想跟他一起死。最终，大家商议的结果是，十二月初三，大家同时从西、北两个门突围。谁能突围，突围后去哪，结果如何，就看个人的造化了。

叛军的逃跑计划是很周密的，但可惜的是，因为叛徒的告密，外面的明军知道他们的逃跑计划了。

于是，在逃跑那天，官军分布埋伏，给了孔有德等人一个大大的“惊喜”。

就这样，一场激战后，叛军损失惨重，副元帅李九成当即被斩杀，重要将领陈有时战死。孔有德力不能支，他只能率军逃回了登州城。

回到城中后，孔有德下令检查军队，结果精锐大半已尽，剩下的士兵也毫无斗志，只会“惟日大哭”，他的军队彻底崩溃了。

为了不死在这里，大家再一次决定，继续突围。这次突围的地点，就是登州城东面的水门。

本来，在围困登州期间，围城明军就看出了东面的漏洞，他们上疏朝廷，希望朝廷派出水军，堵塞东门。结果，昏庸的明朝政府置若罔闻，对此事不理不睬，终于给了孔有德可乘之机。

就这样，在朝廷的不作为下，孔有德收拾好了所有行礼，从东门坐船出海，大摇大摆地走了。

因为防范疏漏，等明朝察觉时，孔有德早就逃跑得无影无踪了，朝廷就是派船去追，也为时已晚了。

崇祯六年（1633 年）二月，明军进入了空无一人的登州城，宣布收复失地。至此，这场接近两年的山东叛乱，就以这样的结局告终。

当然，所有人也明白，这场叛乱还远远没有结束，毕竟孔有德等人还没有伏法认诛，只要他们还活着，这个故事就还没有完。

是的，他们的故事，还远远没有完……

旅顺之战

《清太宗实录》记载，逃离登州后，孔有德等人成了过街老鼠，惶惶不可终日，他们不知道自己的未来将何去何从。

当时，为了得到明朝的原谅，孔有德曾上疏朝廷，以夺取南四卫最重要的城市金州为赎罪条件，希望重新回归明朝。结果，鉴于孔有德之前的所作所为，明朝极度怀疑他的诈降，或者是另有所图，就断然拒绝了。同时，朝廷继续围追堵截孔有德等人，誓死要干掉这个乱臣贼子。

至此，在这种背景下，北归，即投降东北的后金，就成为孔有德唯一可走的路了。

好吧，既然要当汉奸，那就去吧，谁让自己要活命呢！

于是，孔有德派遣使者前往后金，递交了自己的降书顺表，他打算投降了。同时，为了表示自己的诚意，孔有德决定，攻陷军事重镇旅顺，作为给新东家的见面礼。

旅顺，隶属辽宁省大连市，位于辽东半岛最南端。自古以来，旅顺都是兵家必争之地，这里是“登、津之咽喉，南卫之门户”。作为一个军事迷，特别是海军军事迷，会更清楚地知道“旅顺港”三个字代表的意义。

就这样，为了解除皇太极的南顾之忧，也为了给新东家打开一条新的南下通道，孔有德就打算攻陷这里，作为给新东家的见面礼。

崇祯六年（1633 年）二月，孔有德率领“甲兵数万”，战舰一百八十余艘，开始偷偷摸摸地奔旅顺而来，准备偷袭这里。结果，在行军途中，孔有德却被自己的老冤家黄龙打了一个偷袭。

原来，身为孔有德的老领导，黄龙太清楚孔有德的心理了。他清楚地知道，孔有德一定会进犯旅顺。于是，他亲自坐镇旅顺，派自己最得意的将领尚可喜移居鹿岛，互为掎角，一起抵御孔有德。

就这样，二月二十二日，黄龙等来了进犯的敌军。由于以逸待劳，又加上打了一个偷袭，孔、耿的部队瞬间被打散，叛军也被打得落荒而逃、无力再战。

当时，为了歼灭叛军，尚可喜一舟冲前，“斩杀甚众”，他杀得孔有德苦不堪言，狼狈逃窜。耿忠明也被他打得苦不堪言，无奈地乞降了。可惜的是，明朝不接受这种有前科的将领投降，耿忠明无奈，只能继续逃窜。

就这样，在这场“三藩内乱”中，孔有德和耿忠明被尚可喜打得苦不堪言，眼看就要全军覆没了。就在这个关键的时刻，这里突然“飓风大作”，孔、耿二人抓住这最后一根救命稻草，赶紧逃跑了。

至此，这场“旅顺之战”，就以孔、耿二人的惨败，尚、黄的大获全胜告终。

兵败旅顺后，孔有德败退至双岛，结果没过多久，他又遭遇了老冤家尚可喜的追击。在一番激烈斗争后，孔有德再次兵败逃走。

随后，在经历了广鹿岛、石城岛、鹿岛、黄骨岛、獐子岛等一系列的追击后，孔有德被尚可喜打得苦不堪言，他损失了一半以上的部队，麾下毛承禄、陈光福、苏有功、李应元等人，不是被俘虏，就是被明军斩获。

这里说一下被俘的毛承禄的结局。

本来毛文龙死后，袁崇焕对其委以重任，将他命为四军统帅之一。结果，这个毛承禄难堪大用，他不仅被众人推翻了，还意气用事地造反了。当然，成了乱臣贼子后，他也只能迎来属于自己的结局了。

崇祯六年（1633 年）三月，毛承禄被押解至京城，验明正身后，崇祯下令，将他跟陈光福、苏有功等人一起凌迟处死，以儆效尤。

毛承禄就这样死了，真是生得荒唐，死得糊涂。

书归正传，在一系列惨败后，孔、耿二人想明白了，别说什么“建功立业”了，能够活着就不错了！于是，这哥俩开始突围了，他们不惜一切代价北上，去投

奔皇太极了。

最终，在一番激烈的战斗后，孔、耿二人终于突破了明朝与朝鲜军的联合围剿，他们来到了后金的地盘，见到了迎接自己的金人。

崇祯六年（1633 年）四月，孔有德、耿忠明率叛军在鸭绿江口与济尔哈朗、阿济格、杜度率领的后金兵会合，随即剃发明志，正式投降了后金。

至此，明朝出现了两个祸国殃民的汉奸；而后金，则出现了两位骁勇善战的将军。

那么，对于这两个败军之将、惶惶不可终日的丧家之犬，皇太极将怎么对待他们呢？

第十五章 “三藩”降清

特殊的待遇

《清太宗实录》记载，虽然孔有德是以败军之将的身份投奔后金的，但皇太极还是热情接待了他们，他甚至用了极其隆重的礼仪来接待孔有德等人。

这个极其隆重的礼仪规格，主要有四点：

第一，皇太极亲自出城十里迎接这群人。

得知孔有德来降后，皇太极立刻率众人出城，采用了“十里迎接”这种隆重的接待仪式。

在满洲的文化里，“十里迎接”是最高等级的欢迎仪式了。在清朝的史书中，只有重要人物或者是身份尊贵的蒙古酋长，才能享受这个待遇。孔有德等人不过是名不见经传的小人物罢了，能得到这种殊荣，也算是未有之格局。

第二，见面后，皇太极要用“抱见礼”的仪式欢迎孔有德等人。

咱们都知道，“抱见礼”是满洲最重要的礼节，也是皇帝给予大臣最大的恩赐。鉴于此，满洲大臣不同意皇太极这么干，他们认为，不过是区区两个降将，皇上用普通的礼仪接待就行了，不宜用抱见礼。

对于群臣的劝慰，皇太极微笑地解释道：“从前张飞尊上而凌下，关公敬上而爱

下，今天朕以恩遇，岂不更好？”原来，皇太极是读《三国演义》入魔了，他希望重现“关羽礼贤下士”的优良作风，完成一段千古美谈。

然而，皇太极想这么干，群臣却死活不同意。最终，皇太极说不过群臣，只能接受了大家的建议，用了一个“令孔有德等人近御座前叩头抱膝见，次与代善及诸贝勒俱行抱见礼”的接待礼仪。

第三，保留孔有德的军队编制，不进行重组。

当时，孔有德、耿忠明投诚后，文臣宁完我建议重新组合孔、耿的部队，“收入我汉军军营”，并“分置部伍，置立将帅”，彻底打乱孔、耿的部队，以防止他们图谋不轨，再次叛乱。

对于宁完我的建议，皇太极拒绝了。他认为，既然孔、耿二人投降了自己，自己就应该百分之百信任他们，何必再防范他们呢？

皇太极下令，不打乱孔、耿的军队，还命令他们“自成一军”，可以单独树立旗帜，可以拥有自己独立的番号。于是，孔有德的部队自成一军，命为“天佑军”。耿忠明暂时没有分家，隶属孔有德麾下。

皇太极此举，不仅完整地保存了孔、耿的军队，他也为组建“汉八旗”部队搭建了一个框架，更为以后的“三藩制度”埋下了一个伏笔。

第四，对孔有德等人加官晋爵，待以诸侯之礼。

《清太宗实录》记载，接待完孔有德等人后，皇太极下令，封孔有德为都元帅，耿忠明为总兵官，并“赐之敕印”。

同时，皇太极下令，元帅孔有德、总兵耿忠明的地位“与八和硕贝勒同列，行止与俱”。上朝时，孔、耿“于第一班行礼”，他们站在朝堂的第一行，以视尊重。

可见，不管是从物质奖励，还是精神奖励，皇太极都给予了极限。所有史书称，对孔有德和耿忠明的赏赐，可谓“待以诸侯之爵，隆重极矣”。

那么，这里有一个问题，皇太极为什么要这么赏赐孔、耿二人呢？他这么赏赐，就不怕其他人羡慕、嫉妒、恨吗？

《清代通史》记载，皇太极之所以这样善待孔、耿二人，是因为这两个人功劳不小。按照他的定义，就是“率众航海来归，厥功匪小”。

这个“厥功匪小”的功劳，主要有三。

第一个功劳，孔、耿带来了一支精锐部队。

虽然在攻打旅顺前，孔有德号称有“甲兵数万”，但在一系列战斗后，孔有德的部队损失惨重，几乎荡然无存了。然而，归顺清朝后，孔有德还是带来了四千余名精壮之兵，加上随军的家属，总共有一万二千余人。

这种数量的部队，已经不容小觑了。凭借此举，孔有德绝对能够记上一功。

第二个功劳，孔、耿带来了当时最先进的武器——大炮。

《明清史料》记载，孔有德投降后，带来了一堆当时最先进的武器，其中“红夷大炮二十余位，西洋炮三百位。其余火器和甲仗，不可胜数”。

除了这些武器外，更重要的是，孔有德还带来了一群使用这些武器的技术人员，等于带来了一个全套的“说明书”。

至此，孙元化一生的科研成果等于被后金“一锅端”了。从此以后，后金也拥有了自己的炮兵部队，明朝的大炮优势已经荡然无存了。

凭借此举，孔有德绝对能够再记上一功。

第三个功劳，孔、耿为后金带来了一个全新兵种——水军。

虽然从登州逃跑时，孔有德“尚拥船一百八十号”，但经过了两个月的海上战斗后，孔有德损失惨重，战舰也所剩无几了。他到达后金时，已经一艘战舰也没有了，只剩下“轻舟百余”只。

话虽如此，但孔有德有造船的技术和造船的工人。当时，孔有德给后金带去了很多优秀的工匠和船工，只要给他们材料，他们就能打造出无敌的战舰，只是需要时间罢了。

此外，孔有德还带去了很多优秀的水兵，他们成了后金水军的主要框架，最终帮助后金组建了一支强大的水军。

前面讲过，八旗之强，在于无坚不摧的陆军，一旦水战，八旗部队就无计可施了，这也是毛文龙能在皮岛逍遥快活这么多年的根本原因。然而，从现在起，毛文龙之流的人再也逍遥不起来了。因为，后金也有了强大的水军，甚至对比明朝的水军丝毫不逊色。

后来，正是因为有了强大的水军，清朝才可以全力南下，与南明一决雌雄。而凭借此举，孔有德也绝对能够再记上一功。

综上所述，孔有德归顺后，他给大清带来了一支能征善战的军队，还给大清带来了最先进的火炮，并给大清带来了一个全新的兵种，如此“丰功伟绩”，还不值得让皇太极对其以礼相待、加官晋爵吗?

毕竟，按照孔有德自己的话说:“本帅现有甲兵数万，轻舟百余，大炮、火器俱全。有此武器，更与明汗同心协力，水陆并进，势如破竹，天下又谁敢与汗为敌乎?”

是的，得到这些东西后，天下又谁敢与汗为敌乎?

历史名人屈大均评价:“崇祯间有三叛臣，其首恶为孔有德。”……此言不虚。

尚可喜的那些事

孔、耿二人的归顺，已经让皇太极欣喜若狂了。然而，他的好事还没有结束。

原来，没过多久，孔、耿二人就攻陷了战略要地旅顺，给了他一份大礼。他们还间接逼迫一个明朝将领投诚了，为本方又添了一员虎将。

这个投诚的虎将，就是之前把孔、耿二人打得到处跑的明朝著名将领——尚可喜。

如今，一说到尚可喜投降，很多人都会用“最优美”的词语来调侃、辱骂他，只恨自己才疏学浅，词汇量不够。还有人会这么损他——“当英雄很累，当汉奸很轻松。”

其实，若大家细看尚可喜的历史，就会惊讶地发现，尚可喜的投降另有隐情，完全是被逼迫的结果。

只不过，逼迫他的人，不是清朝，而是明朝。

如果说，孔有德、耿忠明的投诚，是诸多因素累积后、自己心甘情愿的结果。那么尚可喜的投降，完全是明朝腐败的官吏所致。可以说，尚可喜是一个赤胆忠心的明军，他不被明朝接纳，反被明朝迫害，才不得已投奔了皇太极。

那么，在这个历史中，尚可喜是一个什么样的人呢？这个赤胆忠心的名将，又是怎么变成两姓家奴的呢？

现在，开始还原一个真实的尚可喜。

尚可喜，字元吉，号震阳。明万历三十二年（1604 年）生人，卒于康熙十五年（1676 年），享年七十二岁。

此人是“三藩”之中最长寿的人，他生活的时代，经历了明朝的万历、泰昌、天启、崇祯；清朝的天命、天聪、崇德、顺治、康熙共九个朝代，堪称那个时代的“活化石”之一。另外一个活化石，是吴三桂，他也经历了这么多朝代，但没有尚可喜长寿。

尚可喜的祖籍，是山西省洪洞县人。跟孔、耿两家一样，尚家也出生于一个贫苦家庭，为了生计，尚家迁徙到了河北真定府衡水县（今衡水市），在这里安家落户、开枝散叶。

可惜的是，好景不长，在尚可喜祖父尚继官一代，尚家为了生计，被迫再次迁徙了。尚继官带着儿子尚学礼一路北上，由衡水闯关东，在一番艰苦的创业后，他们在辽东海州卫罗家堡安居乐业了。尚继官为儿子娶了一个媳妇，让尚家开枝散叶。

在辽东期间，尚学礼生儿育女，他一共有四个儿子，即尚可进、尚可爱、尚可和、尚可喜。尚可喜排行老四，是最小的儿子。

虽然在家中是幺子，但尚可喜天生就与众不同，是一个能成大事的主儿。从很小时候起，他就有侠烈的性格，善于“结纳豪杰”。遇到不平事，也会该出手时就出手，路见不平，就得一声吼。

就这样，在“拉帮结派”的玩耍中，尚可喜慢慢地长大了。他长大后，要么就去参军，保家卫国；要么就误入歧途，跟耿忠明、孔有德一样，浪费自己的一生。然而，尚可喜还没来得及有选择自己的人生，上天竟然就给他规划好了，硬是逼着他走上了一条不归路。

这条不归路……堪称悲惨无比。

原来，天启元年（1621 年）二月，年方十七岁的尚可喜随父亲出远门，去辽西拜访亲戚朋友。结果，这一年的三月，努尔哈赤发动了辽沈之战，让尚家发生了翻天覆地的变化，最终家破人亡。

当时，在努尔哈赤的攻击下，明军损失惨重，辽阳和沈阳相继失守，明朝经略袁应泰自杀殉国。攻陷了辽、沈后，努尔哈赤以这两个城为圆点，开始侵略周围的乡镇等地，要好好地抢夺一番。

在八旗铁骑的攻击下，尚可喜的老家海州被攻陷。当地尸横遍野、血流成河，幸存的百姓只能背井离乡，四散而逃。

在这场动乱中，尚可喜的母亲死于战火，其兄、嫂、侄，以及尚家的仆人等全部走散，大家皆杳无音讯，不知生死。

见此情景，尚学礼和尚可喜这对父子痛不欲生，却又无可奈何，他们只能天天以泪洗面。为了活命，这对父子相依为命，跟随难民来到了松山，这才安顿了下来。

把尚可喜安顿好后，为了打探亲人的下落，也为了保家卫国，尚学礼毅然决然地参军了。当时，辽东巡抚王化贞正打算把毛文龙送到辽东（那顿酒席的结果），尚学礼就作为毛文龙的手下，一起开赴辽东。

父亲走后，尚可喜就在松山过上了寄人篱下的生活，他一边学习自己想要的知识，一方面不断打探消息，想知道父亲的现状。

刚开始的时候，因为毛文龙的部队不是作战部队，所以会一直传来好消息，这让尚可喜放心不已。然而，仅仅过了一年，尚可喜就“喜转悲”了，他跟父亲也失去联系了。

原来，天启二年（1622 年）正月，六十四岁的天命汗冒着刺骨的严寒，亲率五万大军，发动了“广宁之战”。

此战中，因为将帅不和（王有贞和熊廷弼），明军根本无力反抗，他们只能全线溃败，把广宁城拱手相让了。

这场溃败中，到处都是四散奔逃、流离失所、惶惶不可终日的明朝百姓和士兵，大家皆奔着关内跑，再也没有人去关心关外的情况了。

在这种情况下，明朝的驿站失去了作用，再也没有人去传递信件了。关外的明军跟关内失联了，尚可喜和父亲也就“不得音问”了。

当时，见大家都往关内跑，无依无靠的尚可喜只能随着这个难民潮，一起前往山海关，准备进入关内避难。结果，到了山海关后，守军不敢打开城门（怕奸细进入），也不肯接纳这些难民。

最终，孤苦无依的尚可喜无法入关，只能在山海关外的难民营居住，干一些力气活，吃一些明朝的救济品，勉强度日。

这种生活持续了一年后，尚可喜不干了，他厌倦了这种生活，准备换一种活法。于是，天启三年（1621 年）四月，不顾其他人的反对，尚可喜毅然决然地独自返回辽东，去寻找自己的父亲。

尚可喜离开了相对安全的山海关避难所，独自返回辽东，去寻找父亲尚学礼。

当时，在经历了“道途多梗，生死呼吸，冒险独行，困苦万状”的奔波后，尚可喜也没有找到父亲。为了活命，他只能“编入卒伍”，成了明朝的一个水军。

成了明朝水军后，在一次无意之间，尚可喜得到了一个消息，他得知毛文龙并没有死，而是打入了敌后，占据了皮岛，在敌占区打游击抗战。

得知这个消息后，尚可喜欣喜若狂。因为，毛文龙是父亲尚学礼的顶头上司，他若没死，那父亲很可能也没死。毛文龙在皮岛，父亲也很有可能在皮岛。

就这样，说明了情况后，尚可喜离开了原有部队，他被派遣到了皮岛，划入毛文龙的麾下。

在经历了数月的艰苦跋涉后，天启四年（1624 年）二月，尚可喜终于来到了皮岛。这对失去联系长达四年的父子，终于见面了。

父子见面后，自然悲喜交加、抱头痛哭。哭完后，双方都开始看到了对方的现状。尚学礼惊讶地发现，儿子变壮了，他再也不是一个十七岁的瘦弱少年了，而是一个二十一岁的孔武有力的大小伙子。

女大十八变，这句话没错，男子到了十八岁，变化也是很大的。

反观父亲，尚可喜惊讶地发现，父亲竟然混出人样了。此时的他，已经不是一个小兵，而是明朝的一个中级将领了。

原来，在战斗期间，尚学礼和毛文龙结下了深厚的友谊，双方竟然结为兄弟了。如今，毛文龙加官晋爵，作为他兄弟的尚学礼也肯定会晋升。于是，朝廷加封尚学礼为游击将军，让他当上了一个营将。

至此，尚学礼加官晋爵，尚可喜平安归来，这对父子在皮岛胜利会师了，可谓得到了一个皆大欢喜的结局。

然而，没有一个人能够想到，他们这种幸福的生活仅仅持续了一个月，就再次分离了。且这一次分离，是永远的分离。

精忠报国

这对父子重逢后，仅仅过了一个月，尚学礼就要出任务了，他奉命带兵出征，去辽阳一代打游击战。

本来，尚学礼一直打这种战斗，他也不认为这种战斗会有危险。结果，他轻敌冒进，中了后金军的埋伏。虽然在战斗中，尚学礼奋勇杀敌，所向披靡，但还是寡不敌众，战死沙场。

看见尚学礼的尸体后，尚可喜痛不欲生，不能自已。毕竟，在他的眼中，昔日久别重逢的场景还历历在目，这才过了多久呀，就阴阳两隔、永无再见之日了，这叫尚可喜如何接受。

哭吧，哭吧，唯有眼泪，才能代表尚可喜此时此刻的感情……

尚可喜的哭泣之声，最终感动了其他人，大家皆认为这是一个“至孝之人”，都来照顾他了。尚可喜作为好兄弟的遗属，毛文龙也一定会好好地照顾他，让他开开心心地长大，以告慰尚学礼的在天之灵。

于是，毛文龙上奏朝廷，让尚可喜世袭罔替，接替了老爹的职位，成为新一任的“游击将军”。同时，毛文龙正式收尚可喜为养子，赐名毛永喜。

这里多说一句，按照辈分，孔有德和耿忠明是毛文龙的“孙子”，尚可喜是毛文龙的“儿子”，他们之间差了一个辈分。

因此，这“三藩”见面时，孔有德和耿忠明要给尚可喜行礼，大喊一声：“大爷好！”

就这样，在毛文龙的照顾下，尚可喜开开心心地长大，他跟着毛文龙大口喝酒、大秤分银，活得不亦乐乎。然而，伴随着毛文龙的惨死，他的这种幸福生活戛然而止。

前面讲过，毛文龙死后，皮岛众人就树倒猢狲散、各奔东西。在这种情况下，尚可喜没有跟孔有德、耿忠明、李九龙一样选择闯山东，他选择了留守，自己在皮岛驻守，以报效国家。

后来，就在驻守期间，尚可喜干了一件漂亮的事情，映入了朝廷的眼帘，被委以重任。

这件事情，就是“解救黄龙”事件。

前面讲过，崇祯四年（1631 年）十月，在原因至今不明的情况下，皮岛再次爆发了内战。皮岛总兵黄龙被绑缚在演武场，眼看就要性命不保了。

在这个危急时刻，尚可喜率军冲了进去，救了黄龙一命。

《尚氏宗谱》记载，尚可喜和黄龙的关系并不好，因为黄龙驭下严苛，曾经侮辱过尚可喜，但尚可喜心胸大度，不计前嫌，得知黄龙有危险后，他还是拼尽全力，救了黄龙。

黄龙被救出后感动无比，对尚可喜道：“公大度，非人所能，且驭变定乱，济世才也。”从此以后，黄龙对尚可喜委以重任，让他变成了自己的副将。

傍上了黄龙这棵大树，从此以后，尚可喜的仕途之路终于步入正轨了。可惜的是，没过多久，他就出事了，还差点有了性命之忧。

原来，崇祯五年（1632 年），孔有德、耿忠明、李九龙在登州造反，为了平叛，朝廷急令黄龙出兵，去讨伐孔有德。于是，黄龙命尚可喜率领八十艘战舰扬帆南进，去登州支援祖大弼，消灭叛军。

孰料，尚可喜南下后，遭遇了一场飓风，他还没有开战，就全军覆没了。尚可喜和幸存的官兵们乘坐一艘破舟，“沉浮水上一日夜”，这才漂流到了登州城外的明军大营，可谓历经艰辛，死里逃生。然而，好不容易死里逃生后，迎接尚可喜的，不是温暖的饮食，而是冰冷的屠刀。

原来，围城的祖大弼等人不认识尚可喜，他们认为尚可喜是叛军，就打算杀了他们，以充战功。好在，就在行刑前，有人认出了尚可喜，就将此事上报给了朝廷，请求朝廷圣裁。

最终，在黄龙的担保下，祖大弼只能郁闷地收起了屠刀，把尚可喜等人释放了。而出现了这么大的纰漏（差点被误杀），朝廷竟然一点表示也没有，这让尚可喜很受伤。

至此，年纪轻轻的尚可喜第一次认识了朝廷的凶险，也明白了那些忠心报国将领的心情。毕竟，摊上了这么一个是非不分、腐败无能的朝廷，你让尚可喜情何以堪。

在这种背景下，赌气的尚可喜不想参加登州之战了，他请求黄龙把自己调回去。在黄龙的申请下，尚可喜离开登州，回到了辽东，他离开了这块伤心地。

没错，登州这里，就是尚可喜的伤心之地。因为不久的将来，他还得来一次登州，在这里再伤一次心。

回到辽东后，尚可喜继续跟着黄龙混，慢慢地也忘记了那场不愉快的登州之旅。

后来，孔有德等人离开登州后，尚可喜就敏感地意识到，孔有德等人要偷袭旅顺，作为给金人的见面礼。

于是，尚可喜立刻与黄龙商量，由黄龙亲自坐镇旅顺，他移师鹿岛，准备给偷袭旅顺的孔有德一个偷袭。

前面讲过，尚可喜的这场偷袭战，打得非常漂亮。孔有德万万没有想到，自己是来偷袭的，结果被打了一个偷袭。他损失惨重，若不是飓风帮助，就全军覆没了。

孔有德逃跑后，尚可喜对他展开了追击，一直把孔有德打到了后金的领地，才不甘心地退兵。

这场追剿战结束后，因为战功显赫，黄龙就上疏朝廷，加封了尚可喜的官职，封他为广鹿岛副将。

至此，尚可喜终于凭借自己的努力，成为一个独当一面的大将。虽然这个官职还与“位高权重”之类的词语无缘，但不管怎么，尚可喜算是混出来了，他准备继续建功立业，报效国家。

可惜的是，就在这个时候，一个人的突然战死，打乱了他的人生规划，也彻底改变了他的一生。

这个战死的人，就是他的顶头上司——黄龙。

攻陷旅顺

孔有德等人投降后，为了显示自己的能力，也为了给新东家一个见面礼，他们又重申了先前的计划——攻陷旅顺，解除皇太极的南顾之忧，并开启一条新的南下通道。

在一番激烈的讨论后，皇太极认可了这个计划。于是，崇祯六年（1633 年）六月，皇太极命岳托为左翼；德格类、多铎、孔有德、耿忠明等人为右翼，各自率领马步兵一万人，分兵两路，开始攻打旅顺城。

当时，镇守旅顺城的，是皮岛的最高统帅黄龙。他虽然骁勇善战，但也架不住群狼战术呀。何况，这些来犯之敌还不是狼，而是后金军内一等一的猛虎。

最终，在八旗将士凶猛的攻击下，旅顺城被攻破。看见进入城内的敌军后，黄龙选择了“向南拜辞，披重铠巷战”，最终力战而死。其统帅的部将，也都俱已

阵亡。

黄龙战死的消息传出后，在旅顺城掀起了一场自杀殉国的浪潮。所有人都愿追随他而去，他们或举家自尽，或奋勇杀敌，与敌人共存亡。

在这场自杀狂潮中，尚可喜的家族起到了很好的表率作用。尚可喜的三位夫人王氏、刑氏、李氏相互携手，一起赴海自尽。尚家的家仆们也“相从投水，无一存者”，尚家只有一小部分家人贪生怕死，没有自尽，被清军捕获了。

旅顺城破、尚家举族自杀时，尚可喜正从鹿岛出发，去支援旅顺。结果走到一半，就得到了城破人亡的消息。

得此结果，尚可喜悲痛欲绝，他只能“南望恸哭，招魂社位祭奠黄镇及逝世的将佐并夫人”，随后率众南下，投奔登州去了。

没有办法，旅顺已经被攻陷了，皮岛朝不保夕，尚可喜能去哪里呢？他不去登州，难道要投降后金吗？至少在当时，尚可喜还没有当汉奸的打算。

然而，历史将证明，尚可喜投奔登州的举动绝对是一个败笔，也注定了是一场悲剧。

本来，在尚可喜的眼中，自己是烈士之后；父亲为了抗金事业战死沙场，长兄尚可进被金人俘虏，至今音信全无；旅顺一战，自己的三位夫人为报皇恩，跳海自尽。自己的家族为国家做出了如此大的牺牲，朝廷肯定会补偿自己，这样才能告慰他们的在天之灵，并让生者继续努力。

结果呢？想象和现实根本不是一回事。

对于尚可喜这种忠烈之家，朝廷不但什么抚恤也没有，还处处排挤他，希望他赶紧离开登州，另谋其他生路。

朝廷之所以这么干，是因为中了山东官员的诡计。

原来，登州官员清楚地知道，尚可喜以勇略闻名，他们害怕尚可喜接替他们的位置，就玩命地陷害尚可喜，希望把他调离他处。

此外，因为孔有德的事情，山东官员已经“一朝被蛇咬，十年怕井绳”了，他们不再相信辽东将领。在他们眼中，尚可喜很可能就是一个“孔有德第二”，若他也上演一次山东叛乱的事情……当地官员都不敢继续去想。

就这样，因为嫉妒，也为了“防患于未然”，山东官员玩命地排挤尚可喜，甚至诬告他“谋反”。昏庸的朝廷也不明真相，真的相信山东官员的说辞，认为尚可喜来到山东是“另有所图”了。

就这样，因为防范着尚可喜，所以朝廷就没有给他任何抚恤。除了不给抚恤外，对于尚可喜的要求，朝廷也以“再议”为由全部拒绝。最终，尚可喜在山东孤立无援，他的部队还断粮饷了（靳不给粮）。

就这样，因为前后失据，尚可喜只能率军离开了这片伤心之地。他率军返回了鹿岛，去独自面对自己的未来了。

从这里能够看出来，明朝官吏的腐败已经到了何种程度。竟然让这种忠臣良将无家可归，毫无容身之地。

这样的一个国家，要是不灭亡，就没有道理了。

尚可喜降清

《明清史料》记载，尚可喜回到鹿岛后，他准备整顿兵马，继续为明朝效力，随后出兵后金，报仇雪恨，好告慰家人的在天之灵。

然而，还是那句话，想象和现实，真不是一回事。

这不，刚刚回到辽东后，尚可喜就得到一个情报：新任命的皮岛总兵准备陷害他，要置他于死地。

这个要害死尚可喜的人，就是原皮岛副将——沈世魁。

沈世魁，明代登州总兵，抗清名将。此人是辽东商贾出身，国破家亡后，他投奔了毛文龙，当上了毛文龙的前协副将。后来，他把女儿嫁给了毛文龙，成为了毛文龙的亲家。

因为是毛文龙的姻亲，所以沈世魁在皮岛有恃无恐，他“颇用事”，在皮岛仗势欺人，不得民心。毛文龙死后，经历了几代变迁后，黄龙上位，他不听黄龙号令，还打算发动“岛兵鼓噪”事件，取而代之。

因为不服自己的管教，黄龙恨死了沈世魁，准备将其严惩不贷。结果，是尚可喜一直说好话，才让黄龙改变了主意，放了沈世魁一马。

殊不知，尚可喜此举，却得到了一个“东郭先生”的结局，他救了一只“中山狼”。当时，对于尚可喜的救命之恩，沈世魁“不知德也”，反而恨之“刺骨”。因为在他的思维里，尚可喜是黄龙的人，是他实现大帅梦的挡路石，必须杀之而后快。

后来，旅顺失陷，尚可喜逃到了山东，沈世魁也打算逃到山东。结果，他看见尚可喜去了登州，他就不去了。这个人来到了皮岛，去整顿兵马。

结果，沈世魁此举，竟然因祸得福了。

原来，朝廷见沈世魁如此“忠心”，还如此“忧国”，就大笔一挥，册封他为东江总兵，让他代替了黄龙。

阴差阳错，沈世魁的“大帅梦”竟然成真了。结果，他还没有做够这个梦，就

传来了一个不好的消息，尚可喜率军返回了辽东。

得知“仇人”来到了自己的地盘，沈世魁清楚地知道自己该干什么了。

于是，为了拉拢这员虎将，沈世魁主动伸出了橄榄枝，他邀请尚可喜去皮岛，共谋发展。

对于沈世魁这种“雪中送炭”的举动，尚可喜想都没想就高高兴兴地出发了。结果，他行至长山岛时，突然遭遇了一场暴风雨，导致舟师不能行，他只能暂时躲避，等暴风雨结束后，再出发。

就在这个时候，尚可喜开始怀疑，沈世魁可能在给自己下套了。

原来，得知尚可喜不前进后，沈世魁表现得非常急躁，他三番五次地“急调”，命令尚可喜马上出发。同时，沈世魁的亲信们也频繁地给尚可喜送信，希望他赶紧动身，我等已“备好酒肉，必亲自迎接”，等等。

对于这种极其反常的举动，尚可喜起了疑心，他就偷偷派遣亲信去皮岛，一探虚实。结果，亲信回禀道：“您别来了，这是一个‘鸿门宴’。您要是来了，就成食材了。”

得此结果，尚可喜仰天长叹，欲哭无泪。

想到自己无法报仇的心情，被人到处排挤的命运，尚可喜仰天长叹，大喊道：

“吾束发行间，海上立功，血战十余年，父母兄弟妻子先后丧亡，出万死一生，计不过为朝廷追亡逐叛，而冒功忌能之人，乃出力而挤之死地。今权归世奎，欲杀一营将如疾风卷叶特易易耳。大丈夫将扫除天下，宁肯以七尺之躯俯首就戳乎？”

天哪，这天大地大，竟然没有我尚可喜安身之地了。

敢问路在何方？敢问路在何方！

其实，路就在脚下，就看你走不走了。

在这种绝境下，众人开始商量未来，尚可喜及部将们皆认为，“时闻太宗皇帝豁达神武，延揽英雄，视汉人如同体，遂决策输诚”，他就有了投诚的意思。后来，尚家幸存的二十七名家属联合给尚可喜写了一封劝降信，更加坚定了他投降的决心。

就这样，崇祯七年（1634年）元旦，尚可喜率领手下大小将领共一万名士兵，正式投降后金，给了皇太极一个满意的“新年大礼”。

得知尚可喜投降后，史称皇太极“大悦”，他立刻颁布圣旨，给予了尚可喜应有的待遇。

这个待遇，还是那个“老四样”。

第一，出城十里迎接。

第二，命尚可喜使用“抱大腿”礼仪，命其他贝勒用“抱见礼”接待。

第三，让其独立成军，组建了一支“天助军”，与孔、耿二人的“天佑军”遥相呼应。

第四，任命尚可喜为总兵官，赐麟钮银印、敕书、蟒袍等物。上朝时，也要站在第一排，以显示身份。

就这样，在皇太极的厚爱下，尚可喜感动得涕泗横流，誓死效忠后金，这个明朝的英雄，终于自甘堕落成汉奸了。

当英雄很累，当汉奸很轻松……对，我不反驳这句话，我只是希望大家跟我一样，在说这句话前，先思考一个问题：

为什么当英雄，很累？为什么当汉奸，很轻松？又到底是一个什么原因，把一个英雄逼成了汉奸？

这个问题，值得反思，也是我们都要反省的问题。

补充一段，说一下坑害尚可喜的小人沈世魁的结局。

崇德元年（1636 年），在逼迫朝鲜真正臣服后（后面再说），皇太极携凯旋之锐气，开始攻打皮岛了。他意欲消灭这个不请自来、已经在大清身边酣梦了十四年之久的“钉子户”。

此战中，沈世魁根本不是满洲八旗和三顺王的对手，他被一个叫马福塔的清朝将领捕获，被押解到阿济格帐中。

来到清朝大营后，沈世魁不参不拜，他还箕踞而坐，即张开双腿坐在地上，是一种傲慢不敬的坐法。

马福塔见他如此轻慢无礼，大怒，遂呵斥说：“你怎么敢这个样子坐！”

沈世魁冷冷回答道：“但求速死，要杀便杀，何必废话！”

马福塔道：“想死可以，先把衣服脱下来。”这个意思是说，你这身衣服不错，还能穿，别回头溅上血，就可惜了。

沈世魁大怒道：“我为何要脱衣服？你们杀人，还要穿被杀人者的衣服吗？这是你们常干的事情吗？你杀我之后，染上血的衣服，由你自取好了！”

被沈世魁冷嘲热讽一番后，马福塔恼羞成怒，随将他推出帐外，斩首示众了。

至此，这个曾经坑害大明“英雄”的小人，就成为一个大明“英雄”，也永远被世人铭记于心了。

有的时候，读史书读多了，真是把人读糊涂了。到底谁是奸臣？谁才是忠臣？真的分不清楚了。

真相到底如何，还请您自己定夺。

第十六章 “傻很儿”家族惨死记

开始陷害

大凌河一战后，虽然皇太极拆毁了明朝的“违章建筑”，还意外地得到了三员虎将，但这些事情并不能让皇太极高兴无比。

真正让皇太极高兴的事只有一件——他通过这场战役，成功收拾掉了那个贝勒，就此开启了“大权独揽、唯我独尊”的模式。从此以后，他成了这个国家真真正正的皇帝了！

这件事情，才是让皇太极最高兴的事情。

这个被收拾掉的贝勒，就是三贝勒莽古尔泰。皇太极收拾他的事件，史称“御前露刃事件”。

这一故事，现在开始讲述：

前面讲过，在大凌河一战中，被围困的祖大寿打算逃跑，他从南门突围，准备从这里逃出生天。同样，为了防止祖大寿逃跑，莽古尔泰全力死守南门，防止其逃出生天。

最终，虽然莽古尔泰打赢了这场南门的争夺战，但他也损失惨痛、无力再战了。为了防止祖大寿继续突围，莽古尔泰只能请求增援。他来到皇太极的大营，提出了自己的要求。

莽古尔泰提出的要求是，调回被派遣出去巡逻的正蓝旗部队，加固防线，防止祖大寿突围。

在莽古尔泰的眼中，这个要求合情合理，我不管你皇太极要援军，只是调回自己的部队，这个要求很正常，理应被批准。

结果，莽古尔泰万万没有想到，他的这个要求，却得到了一个既不合情，也不合理的结果。

《清史列传·和硕贝勒莽古尔泰》记载，对于莽古尔泰的请求，皇太极只是冷冷地告诉他："不能调遣你的部队，因为你的部队一旦被调遣，总是违规，耽误事儿。"

一听这话，莽古尔泰大怒道："我的部队何时违规、误事过？倒是我的部队被调遣时，总是比别人多一倍，这是何道理？"

皇太极回答道："果真如此吗？那就调查一下吧。如果是诬告，我定会严惩诬告的人。如果这不是诬告，我就要严惩违规的将领。"

莽古尔泰急了，大怒道："大汗这么说，什么意思？身为大汗，就要公平公正，你为什么总跟我过不去？因为你是皇帝，我一直顺着你，你却这么不知足！难道要杀了我吗？"

说罢，莽古尔泰就和皇太极吵了起来。争吵期间，莽古尔泰大步上前，怒不可遏地瞪着皇太极，手握住了腰间的刀柄（遂举佩刀之柄前向，频摩视之）。

见此情景，莽古尔泰的同父同母的弟弟德格类吓得不轻，他急忙冲上去，对着哥哥大怒道："你要干什么？如此行事，这是大逆不道呀！"一边说，德格类一边还用拳头打他。

对于弟弟的好言相劝，莽古尔泰根本不理解，他反而对其大怒道："蠢东西，为何打我？"在痛骂德格类期间，莽古尔泰不自觉地把佩刀抽出了五寸左右。

看见哥哥"拔刀"了，德格类再也不管什么礼仪了，他赶紧把莽古尔泰推出了大营，把他轰走了。

当时，大贝勒代善就在现场，他目睹了整个事件的全过程。看见莽古尔泰如此不懂君臣礼仪后，代善大怒，谏言道："如此狂徒，留之何用，不如处死！"

莽古尔泰走后，怒气冲冲的皇太极下令开会，他要痛骂此事的相关人员，以泄心头之恨。此次会议中，皇太极一共干了两件事情。

第一件事情，当众揭莽古尔泰的丑闻，痛骂他是一个小人。

皇太极告诉大家："朕对莽古尔泰非常好，天地可鉴。他要吃的，我就给他吃的；他要穿的，我就给他穿的。结果，这个家伙毫无感恩之心，竟敢当众与我争持，

轻视我！现在想想，他不过是一个‘弑母邀宠’的家伙罢了，本来就不懂得感恩，朕不过是养了一只白眼狼。”

在痛骂期间，皇太极就把这段“彼潜弑其生母，幸事未彰闻，彼复希宠于皇考”的故事讲述了一遍。大家这才知道当年的那段历史，也知道了莽古尔泰没有当上大汗的原因。

痛骂完莽古尔泰，皇太极开始干第二件事——痛骂自己的贴身侍卫。

皇太极痛骂这些侍卫：“朕养你们何用？莽古尔泰都拔刀了，你们也不上前护驾！古人有云：‘持刀必割，持斧必伐。’这厮都拔刀了，你们完全可以砍了他，为什么不干！朕养你们，完全是瞎了眼！”

对于皇太极的指责，大家无话可说，只能沉默地听着。皇太极骂痛快后，大家这才散去，各自回营。

当天晚上，莽古尔泰来到皇太极的大营前，以“空腹喝酒、口出狂言”（以枵腹饮酒四卮，对上狂言）负荆请罪，叩首请罪于上。

对于莽古尔泰的请求，皇太极不许，他以“你白天来，就敢刺杀朕，如今晚上来，不定干什么事情”为由，把莽古尔泰轰走了。

就这样，这场战役结束前，双方再无言语，全都专心致志地打仗了。

后来，天聪五年（1631 年）十月，大凌河一战刚刚结束，皇太极就下令召开会议，讨论“三贝勒莽古尔泰御前露刃”一事。

众人商量后，得出的结果是：莽古尔泰不敬大汗，大逆不道，必须严惩不贷。夺取他和硕贝勒头衔，降为多罗贝勒，削减他五个牛录的兵力，罚十匹特级宝马（驮甲胄雕鞍马）给皇太极，罚一匹一级宝马（驮甲胄雕鞍马）给代善，罚普通马（素鞍马）数匹，送给诸贝勒。另外罚银一万两，以充国库。

对于这个惩罚，莽古尔泰和皇太极都没有异议，马上执行。

同时，众人还建议，以“莽古尔泰干了如此大逆不道之事，不应该与陛下并坐”为由，请求搬走他的椅子，已作惩戒，以儆效尤。

对于这个建议，皇太极很是为难，他回复道：“莽古尔泰一直与朕并坐，今不与坐，恐怕他国会起疑心，以为我国出现了内乱，因此朕认为不妥……不过，既然大家都是这个意思，你们再商量一下，共同议论后，再给我一个结果。”

皇太极都这么说了，群臣焉能不知道他的意思。于是，群臣玩命上书，要求撤掉莽古尔泰的椅子，而皇太极依旧“不同意”。

最终，为了打破这种僵持不下的局面，还是代善打了一个圆场。

代善告诉众人：“莽古尔泰犯了错事，确实不适合再跟大汗并坐了。不如这样，大殿上不是有三层平台吗？从今以后，大汗一人南面独坐，坐在最高处。我跟莽古尔泰坐在大汗的两侧，坐在第二层平台上。诸位站在第一层平台上，对我们参拜。大家看看我这个建议，可否？”

就这样，大家接受了代善的建议，让皇太极坐在了最高处、独自南座了。

虽然这个大殿上，还是“三个坐着”的人，但对比之前的与汗并坐，代善和莽古尔泰明显矮人一头了，皇太极又获得了一场胜利。

以上，就是清朝历史上大名鼎鼎的“御前露刃”事件的全过程。

至此，这个“御前露刃”一事以这样的结局告终，莽古尔泰虽然憋屈，但也只能认栽了。好在，这件事情并没有影响这对兄弟的感情。

天聪六年（1632 年），在讨伐林丹汗、入关侵明的战斗中，我们依旧看见了莽古尔泰奋战的身影，也看见了他在这些战役中为大清做出的贡献。

可见，皇太极还是一如既往地“信任”这位哥哥，没有给他另外的惩罚。

真是这样吗？

当然……不可能啦。

这不，上述战役刚刚结束，天聪六年（1632 年）十二月，在没有任何征兆的情况下，莽古尔泰突然“中暴疾卒”了，享年四十五岁。此时此刻，距离“御前露刃”事件，仅仅过了一年。

莽古尔泰的死，成为了大清历史上的一个千古之谜（也是清初“四大疑案”之一）。没有人知道莽古尔泰是怎么死的，但所有人都知道杀人凶手，以及他杀人的动机。

《清太宗实录》记载，得知哥哥突然病逝后，皇太极悲痛不已。他亲自来到莽古尔泰的府邸，为其立牌祭祀。

在祭祀期间，皇太极放声大哭，悲痛欲绝。月上枝头了，皇太极也不肯离去，一直到三更天，才在众人的搀扶下依依不舍地离开。

可见，皇太极真的很悲痛。然而，所有人都明白，这不过是皇太极的表演罢了，他的眼泪，也不过是“鳄鱼的泪水”。

因为，大家都知道，为了大权独揽，皇太极已经把阿敏送上了祭坛，把“四大金刚共同执政”的制度改为了“三尊佛协同执政”的制度。如今，他只是故伎重施，结束这个“三尊佛”罢了。

就这样，通过莽古尔泰的死，皇太极成功地把“三尊佛”变成“哼哈二将”，他只剩下代善这一个对手了。

殊不知，就在此时，代善投降了，他彻底臣服了。

代善可不傻，看见“前辈”的下场后，代善彻底慌了。他清楚地知道，自己就是再装傻，再嘻嘻哈哈下去，也无法逃过怒气冲冲、永远对自己哼哼唧唧的皇

太极。

在这种背景下，代善选择了臣服，他知趣地上奏，主动提出不再坐着听政了。同时，没等皇太极批复，代善就知趣地在大殿上站着了。

我个人认为，代善的这个决定堪称英明无比。因为，他不这么干的话，他一定会成为下一个殉葬者，没得跑。

后来，因为代善的这种主动退让的壮举，终皇太极一生，他也没有再难为这位兄长。代善成功地躲过了皇太极的屠刀，安享晚年。

这样的结果，可谓明智矣。

至此，在代善的主动退让下，皇太极终于完成了大权独揽。从此以后，这个雄伟的金銮殿上，只能坐着一个人了，他终于可以“南面独尊”了！

一个新的时代，终于到了。

当然，还是那句话，不是每一个人，都能在新时代里生存。

诛杀莽古尔泰兄弟

天聪六年（1632 年），伴随着莽古尔泰的死，皇太极终于巩固了自己的宝座，从此成为一个真正一言九鼎的皇帝。虽然在这个光辉璀璨的宝座上，染上了他兄弟们的血，皇太极也毫不在意，他也不需要在意。

即使这个宝座上面，再继续摊上两摊血，皇太极也不会在意……

这两摊血，来自莽古尔泰的余孽，他的同父同母的弟弟德格类，以及他同父同母的妹妹莽古济。

那么，到底是什么原因，让努尔哈赤痛下杀手，把这对姐弟送上了祭坛的呢？

这个故事，还得从头说起。

《清太宗实录》记载，莽古尔泰死后，为了安抚正蓝旗的将士，皇太极大笔一挥，就任命自己的十弟、莽古尔泰同母的弟弟德格类为新一任的正蓝旗旗主。

德格类，努尔哈赤第十子，大妃富察氏·衮代之子。此人非常了不起，共有三个特点。

第一个特点，这个人很仁慈。

后金出征后，基本上以烧杀抢掠为己任，闹得民心尽失。结果，在这个“众人皆抢”的背景下，德格类却选择了“独醒”。

每次出征时，德格类都下令，部队不得扰民，不得掠夺百姓财物，士兵们要在外面露宿，不得进入民宅。他的部队，完全是一支“冻死不拆屋，饿死不打掳”的仁爱之师。

鉴于此，德格类成为后金的一块“金字招牌”，他成了后金的招降大使，被委以重任。

第二个特点，这个人很能打。

身为努尔哈赤的子嗣，德格类也是一个能征善战的将领。在远征大明、讨伐蒙古的战役中，都能看见德格类奋战的身影。在招降汉人将领的过程中，他也屡建奇功，建立了自己的功绩。

第三个特点，这个人很聪明。

对比鲁莽无比的哥哥，德格类则聪明得多。别的不说，从把哥哥推出大帐、不让他继续犯错的“御前露刃”事情上，就能看出他的智商了。

此外，德格类还是女真人中少有的读书将领，他饱读诗书，明白很多汉人的治国之道。有一年，皇太极命诸贝勒畅所欲言，直言论政。德格类侃侃而谈，他提出国家要富强，就要“屏谗邪，远奸佞，举孝廉，重贤臣”的说法，得到了皇太极的青睐，随后被命管理刑部和户部，被委以重任。

可见，这样一个大仁大义、有勇有谋，还聪明无比，非常“识时务”的人，确实是正蓝旗旗主的一个合格人选。皇太极也坚信，自己没有选错，德格类能够不负众望。

可惜的是，皇太极心中的“不负众望”，最终还是变成了“不孚众望”……

原因很简单，德格类虽然不惹事，但他管不了那些惹事的下属，只能被他们拖下水了。最终，在正蓝旗将士的“帮助”下，皇太极只能痛下杀手，把德格类送上了祭坛。

天聪七年（1634 年）十二月初二，这是莽古尔泰去世一周年的祭日。当时，为了怀念这位昔日的首领，正蓝旗将士们自发地举行了一场声势浩大的扫墓仪式（这是示威呀）。

扫墓结束后，正蓝旗将士们在固山额真（一旗长官，管理全旗户口、生产、教养、训练等事）色诺的带领下，组建了一个二十五人的慰问团。他们来到莽古尔泰的府邸，要慰问莽古尔泰的遗孀，给莽古尔泰的福晋们敬酒。

突然来了这么多人，莽古尔泰的福晋们吓得不轻，她们就闭门谢客，不让他们进入。结果，色诺根本不听劝阻，他径直闯了进来，还是给福晋们敬了酒。

敬完酒后，色诺等人并没有第一时间离开，他们在莽古尔泰的府邸大吃大喝，喝得酩酊大醉。其间，色诺还跟其他将领争执了起来，他们互相对骂，唾沫星子满天飞。

可想而知，得知此事后，皇太极就清楚地知道自己该干什么了。

为了打击这些不服自己的正蓝旗将士，皇太极亮出了屠刀。他以“色诺不尊重莽古尔泰福晋”为由，将其斩首示众；其他将领，也以“喝酒闹事”为由，全部革职查办；莽古尔泰的福晋们也没有得到好果子，皇太极以她们“祭拜莽古尔泰时，不够悲伤”为由，对她们进行各种辱骂和侮辱，命她们闭门思过。

“小菜们”处理完了，该轮到“主食”了。

虽然在这个事件中，德格类没有参与，甚至被蒙在鼓里，但皇太极还是痛恨他，并开始严惩他了。

毕竟，在皇太极的思维里，你正蓝旗干出这么大的事情，身为旗主的你竟然不知道，这说得过去吗？没有你德格类的允许，这些将领们敢干这种事情？

就这样，皇太极开始严惩德格类，玩命地给他穿小鞋，让其“在劫难逃”了。

当时，德格类不管干什么事情，都会被皇太极痛骂一番。他提出减免一些赋税的建议，就被皇太极痛骂“诳言”；他上奏事情，会得到一个“居心不良”的答复；他率军作战，会得到一个“违抗军令”的惩罚。最终，就连德格类随口说的一些小事，也会被皇太极抓住把柄，痛骂一番。

天聪八年（1634年），在视察牧场时，德格类随口说了一句：“牧场的牲畜乃八旗所出，人选不可忽视。”结果，皇太极就借题发挥，质问他：“出自八旗的牲畜，人选就要谨慎。难道国家其他的牲畜，人选就可以疏忽吗？”

可见，皇太极这样干，就是欲加之罪、何患无辞……就是要玩死你！

就这样，在皇太极“钝刀子杀人”下，德格类“惊疑终日”，他受不了这种生不如死的生活了。他宁愿一死，也不愿再受这种罪了。

最终，德格类得偿所愿，他真的……死了。

《清太宗实录》记载，天聪九年（1635年）九月底，皇太极因为莽古济与自己的矛盾冲突而迁怒德格类，给了他一个降级、罚俸的处分。结果，判罚一周后，德格类就“中暴疾，不能言而死”，享年仅仅三十九岁。

他的死，也成了清朝历史上的一个疑案。毕竟，兄弟俩都毫无征兆地“中暴疾卒”，世间哪有那么巧合的事情，不由得让人浮想联翩……

然而，虽然清朝官员都知道，德格类的死也是一个冤案，但大家都不敢调查此事，也不敢让这个事情真相大白。因为，跟莽古尔泰的死一样，所有人都知道杀人凶手，以及他杀人的动机。

如今，很多历史都写到，德格类的死是一个冤案；德格类这个人，也是一个受冤之人。毕竟，他什么都没干，就被皇太极往死里整。

其实，我个人认为，德格类一点也不冤。他的死，完全是“咎由自取”的结果。

原因很简单，换位思考一下，看看皇太极眼中的德格类吧。

在皇太极眼中，德格类根本管理不住手下的人，甚至是一个能被手下要挟的人。今日，他就无法管理属下，让他们举办了一场扫墓的“示威游行”。他日，他也一样无法管理属下，让他们来一场造反，甚至逼迫他登基称帝。

这个结论，绝非危言耸听。看看宋朝初年那场“陈桥兵变”吧，它是怎么发生的，你我心知肚明。

没有办法，身为管理者，不怕他平庸无能，就怕他管理不了自己的手下。因为，在手下的“蹿腾、鼓励、帮助”下，即使这个人没有野心，也会爆发出野心，最后干出“错事”，让“领导”痛苦。

对于这个管理不了手下的人，也只能把他“撤换”了。

这才是德格类死亡的真正原因，也是他的死留给我们的经验教训。

一个找死的女人

即使诛杀了正蓝旗的两代首领，皇太极还是对这些将领们不放心。为此，他准备来一场冤案，把这些将领们一网打尽。

无独有偶，就是此时，一个女人出现在了皇太极的眼里，她成为一件合格的工具，让皇太极有借口清除异己了。

这个女人，就是莽古尔泰同父同母的妹妹、德格类同父同母的姐姐、努尔哈赤的三女——莽古济。

莽古济，大妃富察氏·衮代之女，努尔哈赤三女，莽古尔泰的妹妹，皇太极的姐姐。因为她嫁入了哈达部，所以史书称其为“哈达格格”或“哈达公主”。

按理来说，像莽古济这种金枝玉叶，应该一辈子吃喝不愁，也会幸福不已。然而莽古济的一生却非常不幸。终其原因，因为她有三段失败的婚姻。

第一段失败的婚姻，是嫁给哈达部的首领——孟格布禄。

前书讲过，万历二十七年（1599年）九月，努尔哈赤亲率大军讨伐哈达部，在经过六昼夜的殊死战斗后，他“尽收其国而回”，哈达部的首领孟格布禄成了努尔哈赤的俘虏。

为了控制这位哈达部的首领，努尔哈赤决定跟其联姻，他把刚刚十岁的莽古济许配给了孟格布禄，成了他的一个妻子。

年仅十岁，就要被迫出嫁，还要嫁给一个年纪能当自己父亲的人。莽古济当时的心情，可想而知。

殊不知，还有更加始料未及的事情在等待着她。

前书讲过，努尔哈赤这个联姻，就是一个精心设计的诡计。一方面，他把自己的女儿许嫁给孟格布禄为妻；另一方面，努尔哈赤又纵容自己的妃子跟孟格布禄有染。最后，努尔哈赤以孟格布禄跟丈母娘私通的"罪名"，把他射死了，也让莽古济成了一个寡妇。

年仅十岁，就成了一个寡妇，莽古济当时的心情……自己去想。

第二段失败的婚姻，是嫁给孟格布禄的儿子——武尔古岱。

前书讲过，万历二十九年（1601 年），在明朝的干涉下，努尔哈赤只能让哈达部复国。他命武尔古岱（孟格布禄的长子）接替了父亲的位置，成为了哈达部新一代的酋长，还把女儿莽古济嫁给了他。

这一年，莽古济十二岁，她已经再婚了。

莽古济的这一次婚姻，可谓平淡如水。因为武尔古岱一点野心也没有（就是在他的统治下，哈达部亡国），也完全听莽古济的话。

后来，莽古济这种与世无争的生活，过得还不错。她跟武尔古岱举案齐眉、恩爱有加，一共生了两个女孩（可能有男孩，但还在考究，无法定论）。一个女儿嫁给了代善的长子岳托，另一个女儿嫁给了皇太极的长子豪格。

至此，莽古济婚姻美满，儿女成人。在这种平静的生活下，她一定会寿终正寝。

可惜的是，伴随着两个人的病逝，莽古济的生活发生了翻天覆地的变化，彻底改变了她的命运。

这两个病逝的人，就是她的父皇——努尔哈赤，以及她的丈夫——武尔古岱。

武尔古岱和努尔哈赤都是同年病逝的。丈夫的死，让莽古济再一次成了寡妇。努尔哈赤的死，让莽古济再也没有了保护伞。

就这样，在新的大汗皇太极的"帮助"下，莽古济被迫出嫁，她再一次嫁人了。

天聪元年（1627 年）七月，蒙古敖汉部的首领琐诺木杜棱归顺了皇太极。对于这个结果，皇太极大喜过望，他准备跟琐诺木杜棱联姻，来维护双方的关系。

皇太极想到了"待字闺中"的姐姐（莽古济比皇太极大两岁），逼迫她嫁给了琐诺木杜棱，成了他的妻子。

就这样，莽古济以高龄的身份，再次嫁人了。这一年，她三十七岁。

殊不知，这对夫妻结婚后，不管是莽古济，还是琐诺木杜棱，他们都开始了自己的噩梦。

莽古济的噩梦是——自己根本没有嫁入这个家庭，她永远是一个外人。

原来，跟“一身清白”的武尔古岱不同，琐诺木杜棱早就妻妾成群了。他最宠爱的妃子，是亲信大臣托古的妹妹，且在妹妹的帮助下，托古把持着朝政，他“挟天子以令诸侯”。托古这个人，才是敖汉部真正的首领。

就这样，当时敖汉部众人的地位是：托古第一，托古的妹妹第二，琐诺木杜棱第三。莽古济嫁进来后，她只能当“小四”了。这样的结果让莽古济情何以堪，心中怎能释怀。

要知道，莽古济绝不是一个软弱的女子，她可是一个要求大权独揽、独宠于一身的女子。从她后面的“阻止豪格再婚，维护女儿权力”这件事实上，就可见一斑了。

因此，莽古济嫁进来后，她一定会“谋朝篡位”，要成为这个家新的主人。她也一定会跟托古兄妹打起来，不是你死，就是我亡。

无法争到权力，这是莽古济的噩梦。那么，琐诺木杜棱的噩梦，又是什么呢？

琐诺木杜棱的噩梦是——他从来不认为莽古济是自己的妻子，而是一个皇太极派来的奸细。

对于琐诺木杜棱这种寄人篱下的人来说，他能产生这种想法，很正常。何况，当时就有那么一些事情，论证了莽古济就是奸细的事实。

有一次，琐诺木杜棱上山打猎，莽古济因为和托古兄妹不合，就没去。结果，琐诺木杜棱刚刚打完猎，就被皇太极以“没有申请，无故带兵出行”为由，狠狠地骂了一顿。

挨骂后，琐诺木杜棱就很生气，他认为是莽古济打了小报告。虽然没有任何的证据，但他也认定这个事实了。

于是，琐诺木杜棱开始冷落莽古济。在托古兄妹的挑唆下，她甚至把莽古济打入冷宫，再也不跟她见面了。

就这样，双方都看对方不顺眼，矛盾越来越深。他们都玩命地告对方的状，请求皇太极圣裁。

琐诺木杜棱状告莽古济飞扬跋扈、目中无人，天天欺负自己；莽古济则状告琐诺木杜棱管不住托古的妹妹，让这个女子天天欺负自己。莽古济还要求皇太极杀了托古兄妹，让自己成为这个家的掌门人。

听完双方的陈述后，皇太极很是头疼。一方是自己的姐姐，一方是需要笼络的伙伴，这个案件，要怎么判呢？何况，清官难断家务事，这种事情本来就闹心，你让皇太极怎么判？

最终，皇太极只能牺牲莽古济了，他劝莽古济以大局为重，忍耐一下，息事宁人。

毕竟，身为皇族女子，就应该以国家利益为主，怎能谈儿女私情呢？朕为了这个国家，也牺牲了很多呀，也娶了自己不喜欢的女子（他就娶了蒙古部落一个没人要的老福晋）。朕能这么干，姐姐为什么不能呢？你就不能消停点，让弟弟省点心吗？

结果，莽古济给的答案就两个字——没门！

就这样，为了自己的幸福，莽古济玩命地跟皇太极闹，要他“用权压人”，让她当琐诺木杜棱家的掌门人。而在这个胡闹的过程中，莽古济与皇太极的积怨越来越深，没法化解了。

最终，在“豪格再婚”这个事情上，矛盾终于爆发。

严惩不贷，以儆效尤

天聪九年（1635年）林丹汗死后，他的遗孀们投奔了清朝，请求庇护。一听说来了很多美女，豪格和他的小伙伴们就坐不住了，大家皆来看这些遗孀，准备挑选几个带回家。

在挑选期间，豪格一眼就看中林丹汗的侧福晋伯奇了。豪格二话不说，就上奏父皇，要求把伯奇迎娶回家。

本来，皇太极的初衷，就是希望豪格选一个遗孀当福晋，用这种联姻的方式，笼络林丹汗的部落百姓（他自己就娶了林丹汗的两个女人）。于是，皇太极立刻同意了此事，他安排聘礼，让豪格迎娶了这个女子。

结果，就在这个迎娶的问题上，豪格的爹同意了，豪格的“娘”，却绝不同意。《清太宗实录》记载，得知豪格要再娶，莽古济大为不满，绝不同意。她不同意的理由，就一句话：“吾女尚在，贝勒豪格何得又娶一妻也？”

原来，莽古济不希望女儿走自己的后路，她也希望豪格能够忠贞不贰，自始至终爱自己的闺女，不要喜新厌旧、欺负她，甚至杀死她。

莽古济这种危言耸听的说辞，不是想象，而是事实。《满文老档·太祖》记载，为了笼络“五大臣”之一的何和里，努尔哈赤把孙女嫁给了何和里的儿子巴拜为妻。结果，巴拜有了新欢后，就冷落和凌辱公主。最终，巴拜怕公主向娘家人告终，就杀人灭口，把公主活活踢死了。

公主死后，巴拜伪造了现场，谎称公主自缢而死。结果，在官员的验尸检查下，巴拜东窗事发（怎么可能隐藏），遂被赐死了。

可见，每每想到这个公主惨死的例子，莽古济就吓得浑身颤抖、心有余悸。因此，对于豪格再婚这个事情，她不得不防，也必须全力反对。

事实证明，莽古济的这种担心，并无道理。豪格就是一个畜生，他根本不爱莽古济的闺女，且为了自己的权力，他会毫不犹疑地杀掉妻子。

虽然莽古济全力反对，可又有什么用呢？在皇太极眼中，她这么干，只是无理取闹罢了。

毕竟，我们再婚，是为了江山统治，又不是为了什么爱情。何况，男人妻妾成群，此千古不变之道。你只让豪格娶一个女子，是想让他背上一个“妻管严”的头衔吗？

于是，就这个问题，双方争论了起来，最终不欢而散。

反对无效后，莽古济恨透了皇太极，史称“深怀怨望”，她再也不打算给皇太极好脸了。

在这种心理下，莽古济干了一件错事，一件绝对不能干的错事。

原来，在豪格的婚礼上，因为愤怒，莽古济不给这对新人好脸，也不给任何人好脸。婚礼进行一半时，莽古济就离席出门了，只留下一脸茫然的众人。

试问一下，这样的结果（当众甩脸子），让皇太极情何以堪，心中怎能不怒火中烧！

就在此时，莽古济又干了一件事，让皇太极忍无可忍了。

原来，砸了新人的宴会，回家途中，莽古济路过代善的府邸。不知道是代善知道妹妹不痛快，要开导一下她（有史料记载，是代善派福晋迎接的她），还是莽古济想找人喝酒，以发泄心中的怒气，她就敲了代善的府门，进来做客了。

有一个说法，代善之所以宴请莽古济，是因为他们同病相怜。此时此刻，代善的心里也不痛快。

原来，就在前不久，林丹汗的遗孀苏秦太后归顺了后金（后面再说），代善就看上了这个女子，打算迎娶她为妻。

请大家记住这个“苏秦太后”，此女非常了不起。她虽然是林丹汗的第三个福晋，但她其实是蒙古的第一娘娘。因为这个女子的儿子，就是林丹汗的继任者——额哲。

因为继承了林丹汗的所有遗产，所以这个女人地位尊贵、非常有钱，结果代善就看上她了。代善准备迎娶她，把她的钱财占为己有。

然而，这个女人看不上老迈的代善，人家看上更年轻的济尔哈朗了。苏秦太后打算嫁给济尔哈朗，进入他的家门。

见此情景，代善急眼了（钱没了），他知道自己抢不过济尔哈朗，就请求皇太极“圣裁”，把这个女子赏给自己。结果，皇太极尊重苏泰太后的意思，让她跟济尔哈朗结婚了。

皇太极这么判决，很公正，但这样的结果却让代善很伤心，也愤怒不已。所以，他才会宴请同病相怜的莽古济，一起诉苦。

兄妹落座后，借助酒精的作用，莽古济就说了好多的话，代善也说了很多话。期间，代善热情款待莽古济，还送给她很多礼物，以安慰妹妹这颗伤心的心。

妹妹不痛快，当哥哥的劝慰妹妹（何况双方还有共同语言），这种事情很正常。结果，皇太极知道此事后，他就清楚地知道，自己该“干活”了。

《清太宗实录》记载，得知此事后，皇太极勃然大怒，他以此事为契机，开始对莽古济兴师问罪了。

当时，皇太极派人告诉代善、莽古济等人，因为他们的所作所为，自己非常生气。他已经闭门潜居，不再见任何人了。

得知大汗变成了“宅男”，代善等人吓得不轻。代善、莽古济、琐诺木杜棱、岳托、豪格、德格类等人立刻组成了一个“谢罪团”，他们跪在皇宫门口，请求皇太极治罪。

得知众人来到后，皇太极派了一个官员出宫，宣读了一篇诏书，痛骂了他们一番。

皇太极痛骂代善“明明跟哈达公主不和，却在哈达公主跟自己闹翻时善待她，不知是何居心”？皇太极痛骂琐诺木杜棱、岳托、豪格等人，说他们就是“一群怕女人的货，连自己的妻子（岳母）都管不住，要你们何用”！

骂完后，皇太极告诉他们：“既然你们都不听朕的话，不给朕面子，那就换人吧。从此以后，朕将杜门而居，你们另选一个强有力者当君主吧，朕将安心守己地过日子了。”说完，不管众人怎么劝，皇太极都关闭宫门、绝不出来了。

看见大汗如此行事，后金的官员们都清楚地知道，该干什么了……

于是，一场讨伐莽古济等人的大会，就此开幕。

诸贝勒大臣同六部官员讨论数天后，得到一场初审判罚——拟定革去代善大贝勒头衔，夺十个牛录，罚雕鞍马十匹，甲胄十副，罚银一万两。其余众人，也得到罚俸、降级的处罚。

初审结束后，终于拿着这份判决书跪在宫门外，请求皇太极出宫“视政”，来一个终审判决。

得到想要的结果后，皇太子这才满意地出宫。他下令宽免代善，毕竟大哥是初犯，情有可原。其余众人，也减少了他们的惩罚。岳托罚银一千两，德格类和豪格各罚银五百两，这个事情就算过去了。

其他人，就这么过去了，但作为主犯的莽古济，就没法过去了。

对于这个主犯，皇太极要求严惩不贷、绝不姑息，才能警示世人。于是，对莽古济的判罚是——命她闭门思过，不得与任何人往来。其他亲戚，也不许与哈达公主往来。一经发现，与哈达公主同罪。

嗣后一应亲戚之家，不许哈达公主往来。亲戚有私相往来者，被旁人举首，照哈达公主之罪罪之。

——《清太宗实录》

这种判罚，等于是把莽古济终身软禁了。

就这样，被终身软禁后，不惑之年的莽古济只能归隐山林，与青灯古佛为伴了。当然，这样的结果，对她而言不是痛苦，反而是一种解脱。毕竟，她可以远离尔虞我诈的世界，获得一份安宁的生活了。

然而，命运就是这样的荒诞不经，莽古济忘掉了这个世界，这个世界却没有忘记她。因为，一些心怀叵测的人不会放掉这个女人，他们会拿这个女人做文章，得到想要的一切。

最终，就在这些人的“帮助”下，莽古济失去了一切，她的财物，她的身份，她的子女，以及……她的命。

唯愿来生做牛马

就在莽古济“闭门思过”期间，清朝爆发了“那场”疑案，德格类“中暴疾，不能言而死”，离奇地病逝了。

对于莽古济而言，德格类的病逝不是一个好的信号。很显然，世界没有忘记她，那个人也一定对自己颇有顾忌，必须杀之而后快。

就这样，该来的，终于来了……

《清太宗实录》记载，德格类死后仅仅两个月，莽古济的仆人冷僧机就告发莽古尔泰、莽古济、德格类、琐诺木杜棱等人，说他们“谋反”，要“共夺御座”。

在冷僧机的嘴中，这个造反过程，是这样的：

莽古尔泰生前，曾召集德格类、琐诺木杜棱、莽古济等人，准备造反。他告诉众人：“自己已经把皇帝得罪，必死无疑了。今日，不造反，是死；造反，还有一线生机，所以不反不行。除掉了皇太极，我就是大汗。如果造反失败，我就退守琐诺木杜棱的领地开原，那个地方很坚固，皇太极奈我不得。”后来，因为莽古尔泰暴

亡，这个计划才没有实施。

听完冷僧机的状告后，皇太极大吃一惊，马上派人搜查莽古尔泰的府邸。结果，果然查出了造反的证据，就是十六面刻有“金国皇帝之印”的木牌。

就此，人证物证俱在，莽古济就是跳进黄河里也洗不清了。何况，就在这个关键时刻，一个人突然跳了出来，他自愿成为第二人证，继续攻击莽古济，让她真是有理说不清了。

这个第二证人，就是莽古济的老公——琐诺木杜棱。

原来，得知冷僧机状告自己谋反后，琐诺木杜棱二话不说，立刻认罪服法了。他坦白了自己造反的过程，请求宽大处理。

交代罪行期间，琐诺木杜棱一再声称，莽古尔泰之所以选择自己领地开原作为最后的根据地，完全是莽古济出的主意。自己是一个“妻管严”，无法反抗这个妻子，只能听命。

至此，在“人证物证俱在、自己又众叛亲离”的结果下，莽古济只能乖乖认罪，接受了属于自己的结局。

天聪九年（1635 年）十二月，皇太极下令，将莽古济斩首示众，以儆效尤。莽古济就这样走了，年仅四十六岁。

如今，通过对《清皇室四谱》等文献的研究，史学家们得到一个全新的结论——莽古济不是被斩首的，而是被凌迟处死的。

如果这是真的，那么这个莽古济，她是大清历史上第一个被千刀万剐的公主，也是唯一的一个被千刀万剐的公主。

得此结果，真是令人唏嘘不已。

莽古济伏法后，莽古尔泰和德格类以及他们的子嗣，也迎来了属于自己的结局。

皇太极下令，以“谋反罪”把莽古尔泰和德格类从宗室中除名。他们的后代，以“知情不报”的罪名，斩首示众。他们不懂事的后代，贬为庶人，从宗室中永久除名。同时，莽古尔泰和德格类同母的小弟弟费扬古也没有躲过这场浩劫，他被“座罪赐死，削宗籍”。

莽古尔泰所率领的正蓝旗将士们，也被皇太极好好地过了一遍筛子。最终，有一千多名正蓝旗将士参与了“叛乱”，他们被斩首示众了。

一千多名正蓝旗将士是什么概念？理论上，一个旗子只有七千五百名将士，皇太极一口气清除了七分之一的兵力，可见其打击力度之大、迫害程度之高。

其实，就连清朝史料也承认，莽古济等人的造反案就是一个冤案。此案不过是皇太极诛杀异己、好大权独揽的手段罢了。

因为，此案发生的时间和结果，已经说明了一切。

先说此案发生的时间。

此案发生的时间非常蹊跷。冷僧机为什么不在莽古尔泰、德格类活着的时候告发，偏偏在他们死了以后再告发？

要知道，有那些刻有“金国皇帝之印”的木牌做物证，莽古尔泰等人只能伏法认罪。然而，人活着，不告；人死了，才告。这样死无对证的结果，如何让世人信服？

可见，这里面到底藏了多少猫腻、藏了多少不能说的秘密。

再说此案的结果。

在对冷僧机、琐诺木杜棱这些“自首”人员的判决中，岳托强烈建议，说这些人都是叛乱的参与者，虽然他们“自首”了，但他们的叛乱也是事实，因此“亦无功”，只是免死罢了。

结果，对于岳托的建议，皇太极不同意，他还是高调地赏赐了这些人，以奖励他们“坦白从宽”的行为。

在皇太极的赏赐下，冷僧机摆脱了奴隶的身份，他被任命为三等梅勒章京。随后，冷僧机官运亨通，在皇太极死时，他成了两黄旗最重要的八个大臣之一。

对于琐诺木杜棱，史书虽然没有记录他得到了什么赏赐，但从他的名字频繁地出现在皇太极宴请的重要人物的名单中，就能看出他的待遇情况了。

通过对他们的赏赐，我们就能看出来，皇太极跟他们之间绝对有不可告人的秘密。他们就是皇太极的帮凶，帮助他完成了这场戏，解决了莽古济。

冷僧机帮助皇太极，是为了摆脱如隶身份，更上一层楼；琐诺木杜棱帮助皇太极，不过是为了摆脱那个让自己有“妻管严”的女子，解决这个眼中钉、肉中刺罢了。

这，才是历史的真相。这个案件，也绝对是一个冤案无疑。

其实，从皇太极事后“惊恐不安”的行动中，已经证明他炮制了一个冤案。《清太宗实录》记载，为了严惩莽古尔泰和德格类，皇太极下令把他们的坟墓全部铲平，把他们的尸骨抛弃在荒郊野岭，让他们成为孤魂野鬼，以儆效尤。

要知道，人在做，天在看，若莽古尔泰等人真的谋朝篡位了，自有上天收拾他们。皇太极这么干，岂不是多此一举？

可见，皇太极这么干，根本不是为了严惩莽古尔泰等人。他是怕莽古尔泰等人阴魂不散，找自己算账，才出此决策，一劳永逸。

综上所述，这个案件到底是不是一个冤案，已经无须再议了。难得的是，清朝皇帝知道这是一个冤案，他们也没有忘记此事。

康熙年间，皇帝下令为莽古尔泰等人平反，他们的子孙后代们才重见天日，复归皇籍。虽然距离平反的时间已经过了七十余年，但莽古尔泰等人若在天有灵，也足以安慰。

至此，在康熙的平反下，这场围绕莽古尔泰、莽古济的“谋反案”，正式落下了大幕，只是可怜了那些无辜的人，他们以自己的生命为代价，成了皇太极为了实现大权独揽的殉葬品。

特别是这个莽古济，她只是一个执着于家庭、爱情的女子，根本没有任何参与朝政的野心，结果却稀里糊涂地被卷了进来，成了一个血淋淋的祭品。

对于这个结果，真是既可叹，又可惜……

其实，何止是莽古济一个女子。当时，一共有三个女子，成为了这个祭坛的祭品。

另外两个女子，就是莽古济的两个女儿。

也不生在帝王家

前面讲过，莽古济一共有两个女儿，一个嫁给了代善的长子岳托，另一个嫁给了皇太极的长子豪格。

莽古济死后，为了不被这个岳母牵连，豪格二话不说就学习父亲的做法，“杀妻明志”了。他用自己妻子的头颅，对父亲表明了忠心。

豪格的这种表现，得到了回报。继莽古尔泰、德格类后，豪格成了新一任的正蓝旗旗主，他成了大清位高权重的大臣。

让自己儿子掌控正蓝旗后，皇太极就从理论上拥有正黄旗、镶黄旗、正蓝旗、镶蓝旗（镶蓝旗统帅济尔哈朗誓死效忠他）四个旗的兵力了，他成了后金军事第一人，再也没有人能够忤逆他的意志了。

豪格的表现，让我想起了春秋时期的吴起。对于这种吴起似的人物，也只能默默祝他好运了。

未来，在跟多尔衮的争夺中，为什么豪格那么不得民心？为什么豪格明明是正蓝旗首领，正蓝旗却不跟他一条心，反而还不希望他上位？其原因，就在于此。

毕竟，在大家眼中，豪格不过是一个“为了成功不择手段”的畜生罢了。他这种“只是凑巧长得像人”的畜生，不值得效忠，也不配当这个国家的大汗。

天作孽，犹可恕；自作孽，不可活……此言不虚。

为了保住权力，豪格杀妻明志。那么，为了保住自己的权力，岳托要怎么办呢？他也要杀妻明志吗？

对于这个问题，岳托绝对是一个真男人，赞！

《清太宗实录》记载，得知豪格杀妻明志后，岳托陷入了两难的境界。不杀，豪格都杀了，自己不杀，算怎么回事呀？杀，那可是自己的结发妻子，岳托下不去手。

最终，陷入两难的岳托耍了一个诡计，他把这个难题交给了皇太极。岳托上书皇太极，以“豪格既杀其妻，臣妻亦难姑容”为由，请求皇太极降旨，让自己杀妻。

大家想呀，皇太极可不傻，你想让我背上“随便杀人”的恶名，没门！于是，皇太极马上颁布圣旨，阻止岳托杀妻，饶了那个女子一命。

就这样，岳托略施小计，保住了妻子的性命。然而，岳托为了保护妻子，也付出了沉重的代价。

在未来的岁月里，皇太极一直认为他“怀异心”，对他进行了严厉的报复，动不动就进行降爵、罚俸、解任等惩罚，还一度把岳托软禁了起来。

崇德三年（1638 年）八月，岳托奉命攻打明朝（第四次讨伐明朝，后面再说）。因为不是皇太极的嫡系部队，所以岳托基本上都要打硬仗、啃硬骨头。

在高阳（今河北高阳），他与明朝一代贤臣孙承宗展开了激战，虽然最终的结果，岳托逼迫后者自尽，但岳托也付出了激战三天三夜的精力。

随后，在巨鹿（今河北邢台），岳托与明朝一代名将卢象昇进行了激烈的战斗。虽然岳托取得了胜利，但他也体力不支、心力交瘁，战尽了最后一滴血。

因为受伤感染，再加上体力不支，岳托不幸染上了天花。没过多久，他就病逝了。

崇德四年（1639 年）四月，岳托的棺椁被运回了盛京（今沈阳）。看见丈夫的遗体后，岳托的福晋悲痛欲绝、伤心不已。随后，她就殉夫而死了。

其实，这个女子真有先见之明。她不死，也只能……生不如死。

《清太宗实录》记载，岳托死后，仅仅过了两个月，就有人告发岳托曾与莽古尔泰、莽古济等人秘密聚会，共同谋反，又来了一次“死无对证”的诬告。

对于这个诬告，皇太极连调查都省了，他立刻断定岳托有“不轨之心”，给了他相应的惩罚。

皇太极让岳托跟莽古尔泰、德格类、莽古济一个待遇，岳托的夫人也得到了相应的惩罚，被逐出了宗籍，尸体也被抛尸荒野。

可见，在这种背景下，岳托夫人不死，也只能去殉葬，所以她只能“先行一步”了。

可想而知，这个女人在临死前，是多么的怨恨、多么的不甘。也许，她在临死前，一定也说过那句很多人都说过、未来也一定会有很多人说的话——唯愿来生做牛马，也不生在帝王家。

世上所有的女子，都向往可以生在帝王家，穿金戴银，锦衣玉食，前拥后簇，一呼百应，成为一个天之骄女。然而，公主背后的那些苦楚，又有几个人能够明白呢?

看看这些金枝玉叶吧，背负不幸的婚姻，无法追求属于自己的幸福，只能郁郁而终，死后还不得安宁……如果可以的话，她们宁愿变成高墙外的女子，虽荆钗布裙、粗茶淡饭，但可以追求属于自己的幸福，找一个真正喜欢的人，相夫教子，颐养天年。

可惜的是，人生没有如果，也无法重来，她们也只能无奈地接受这一切。

可喜的是，康熙年间，皇帝知道岳托夫妇的苦楚，他下令给岳托平反了。岳托恢复了清白之身，他的夫人也得到了应有的待遇。

虽然这个平反的结果对岳托无任何作用，但不管怎样，得此结果，岳托夫妇在天有灵，终于可以安息了。

至此，伴随着这些女子的死亡，莽古济一家被杀得干干净净了。这三个女人也用自己的血，为这个大清帝国举行了奠基礼。

没错，就是为这个大清帝国。因为，诛杀了莽古尔泰家族、大权独揽、唯我独尊后，皇太极下一步行动，就是要建立一个“一言九鼎、唯我独尊”的帝国。

一个新的国家即将诞生。

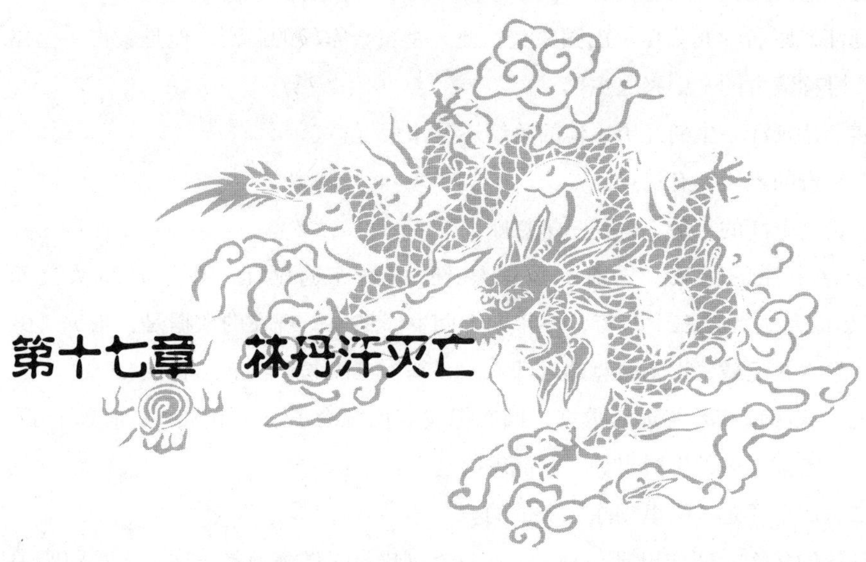

第十七章　林丹汗灭亡

蒙古故事

《清太宗实录》记载，皇太极曾告诉众人，他有这么一个毛病："予自来左耳鸣，必有喜音；右耳鸣，必无佳兆。"就是说，他左耳鸣叫，必有好事；他右耳鸣叫，必要遭殃。

虽然这种说法，只有皇太极一个人能够证明，但不管怎样，他自己高兴就好。

如今，皇太极就很高兴。因为他的左耳一直在鸣叫不止，且停不下来。

皇太极的好事是——自己多年的宿敌林丹汗已经病死在了大漠；他的部落，也已经归顺了；更重要的是，他得到了林丹汗的传国玉玺，可以实现那个梦想了。

林丹汗……部落归顺……传国玉玺……那个梦想……这都是什么意思呢？这些名词背后，又有什么样的故事呢？

关于这段历史，现在开始讲述。

林丹汗，初名林丹，又名陵丹、灵丹，号呼图克图汗。明朝一直鄙视少数民族，所以就取谐音，给他取了一个轻蔑的名字虎墩兔憨。

林丹汗和天聪汗皇太极同岁，都生于1592年。他是黄金家族的后裔，据说是成吉思汗的第二十二世孙。林丹汗长大成人后，继承了父亲的事业，他是蒙古最强

的察哈尔部的首领，也是蒙古最后一位大汗。

林丹汗的祖先，可以追溯到一位雄才伟略的草原霸主——达延汗。

达延汗，原名孛儿只斤·巴图蒙克，此人是黄金家族的后裔。他是蒙古一位伟大的汗，号称蒙古的“中兴之主”。

其实，达延汗一生的经历比他的政绩还要伟大得多。

这个神奇的经历，有三点。

第一，这个汗的年龄，就是一笔烂账。

对于这个汗的记载，先前的数据是：巴图蒙克达延汗，在位时间从公元1479～1517年，为期三十八年，终年四十四岁。结果，现在的数据是，根据《蒙古源流·卷六》记载，巴图蒙克达延汗六岁登基，在位七十四年，享年八十岁。

可见，这两种相差甚远的数据，彻底把我们搞糊涂了，也不知道该信哪个了。也许，只能指望更多的史料出炉，才能解决这个谜题。

第二，这个汗是“糊里糊涂”上位的。

达延汗的父亲，叫作巴延蒙克；他有一个叔叔，叫作满都鲁。这二人是同盟关系，兄弟同心，其利断金。

后来，在选举大汗时，大家拥立巴延蒙克为大汗，但巴延蒙克主张拥立满都鲁为大汗。于是，大家接受了这个提案，拥立满都鲁为大汗，巴延蒙克为济农（相当于辅政、副汗）。

本来，巴延蒙克这种谦让的事情，理应成为草原上的一段佳话。但可惜的是，古往今来，这种禅位的壮举，只能得到一个凄惨的结局。

没过多久，因为利益问题，这对兄弟就产生了矛盾，随后愈演愈烈。最终，这对兄弟兵戎相见了。

在一番激烈的战斗后，二人同败，相继而死。

这俩人战死后，其部落就群龙无首了。在这种背景下，达延汗幼年登基，被推举为下一任大汗，就这样稀里糊涂地上位了。

第三，这个大汗的老婆，非常了不起，她不仅是一个文韬武略的女强人，还是自己的婶母！

没错，就是他的婶母。

因为这个女人，是达延汗叔叔满都鲁汗的遗孀。

史料记载，满都鲁汗死后，他的遗孀满都海福晋执掌汗廷大权，统辖蒙古各部。在少数民族的思想中，丈夫死了，妻子可以继承他的遗产，统帅蒙古部落，这没有问题。这里唯一的问题是，这么多的遗产，这要是娶进门，不就发了！

于是，为了替满都海福晋“解决问题”，蒙古贵族皆上门提亲，把帐篷都快挤爆了。结果，对于这些来提亲的人，满都海福晋都给拒绝了，她就一门心思抚育巴延蒙克之子巴图蒙克，也就是这位达延汗，抚养其长大成人。

后来，等巴图蒙克六岁时，满都海福晋扶立他即汗位，尊称达延汗。同时，满都海福晋还做出了一个惊人的举动，让所有人都震惊不已。

这个举动就是，她要嫁给这个侄子为妻!

根据史料推断，他们结婚的那年，巴图蒙克六岁，满都海福晋三十三岁。

这样的婚姻，真是让人无语……

这对新人结婚后，到底产生了什么样的爱情故事，史无记载，不得而知。唯一的记录是，在满都海福晋的辅佐下，达延汗成为一个贤智卓越的杰出君主，他“驰骋大漠，打败枭雄，消灭仇敌，巩固统治，厉行改革，废除太师，恢复济农，强化汗权，重分领地”。最后，达延汗控弦十万骑，成为草原上的一代枭雄，也成了蒙古的中兴之主。

唯一美中不足的是，达延汗死后，他将势力一分为二、分封给诸子了。达延汗建左、右两翼，共六个万户，让蒙古帝国再次分裂。

当时，左翼的三个万户，分别是察哈尔万户、兀良哈万户和喀尔喀万户，这三个万户由大汗直接统辖，大汗驻帐在察哈尔万户内。右翼的三万户，分别是鄂尔多斯万户、土默特万户和永谢布万户，这三个万户由济农（副汗）代表大汗统辖，驻帐在鄂尔多斯万户内。

后来，这六个万户在不断的演变中，就重新划分了蒙古各部的势力，让蒙古帝国重新分裂。

达延汗死后，由他的长子图鲁博罗特统领蒙古察哈尔部。图鲁博罗特死后，其子博迪继承王位。博迪汗死，其子打来孙继承王位。

结果，打来孙汗即位后，明朝就开始“做噩梦”了。

原来，打来孙汗继位后，举部东迁，驻牧于了蓟、辽地域，跟明朝接壤了。蒙古和明朝接壤后，谁都看谁不顺眼，交流也费劲（语言不通），只能兵戎相见了。

就这样，察哈尔部东迁后，与明朝开始了长期、反复、激烈的厮杀，至打来孙汗之子土蛮汗即位后，这种矛盾更是到了顶点。

当时，土蛮汗仗着人多势众，动不动就组建一个几万人的“采购团”，来明朝大肆抢劫一番。为了反击，张居正为相期间，他用“李成梁镇辽，戚继光镇蓟门”，以对付这个土蛮汗。

为了收拾这个土蛮汗，李成梁镇守辽东期间，与土蛮汗先后打了五场决战，终于把土蛮汗的势力镇压了下去，让蒙古暂时服软了。结果，蒙古服软了，女真却偷偷摸摸“站了起来”，最终尾大不除。

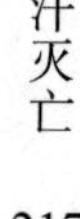

后来，为了对付女真，明朝只能暂时饶了蒙古一命，开始专心镇压女真部落了。结果，女真大部落被镇压了，却让名不见经传的努尔哈赤的建州部渔翁得利，也让蒙古的察哈尔部死灰复燃了。

得此结果，明朝真是欲哭无泪。

就这样，土蛮汗的孙子林丹汗（也说是曾孙）登基即位时，他"自恃士马强盛，横行漠南，破喀喇沁，灭土默特，逼喀尔喀，袭科尔沁"，南征北战，吞并了数个蒙古部落，成了草原一霸。

林丹大汗

《明神宗实录》记载，察哈尔部实力最强时，其势力范围东起辽东，西至洮河，拥有八大部、二十四营，牧地辽阔，部众繁衍，牧畜孳盛，兵强马壮。林丹汗有"帐房千余"，号称拥有四十万蒙古大军。

当时，拥有这等实力后，林丹汗非常嚣张，他自称全蒙古大汗，还叫嚣道："南朝止一大明皇帝，北边止我一人。"

敢跟大明皇帝平起平坐，这个人嚣张的程度，可想而知。

虽然林丹汗很是嚣张，但因为明朝要专心对付后金，就没有功夫追究他"大不敬"之罪。

后来，由于林丹汗位于明朝和后金之间，具有重要的战略意义，他就成为明朝和后金的争夺对象了。

为了联合蒙古抵御后金，明朝采用了"以西虏制东夷"的策略，册封了林丹汗的官职，答应每年给他赏银四千两，用来"维护"双方的盟友关系。

再后来，随着战争的不断扩大，明朝只能继续给银两，以"维护"这种盟友关系。当时，明朝答应每年给林丹汗白银四万两，后增至八万两，尔后又增至十四万两。

这个无底洞，真是越填越深了……

崇祯二年（1629 年），崇祯让众大臣商量了一下，还要不要继续给钱。毕竟，崇祯认为这个钱确实有点多，林丹汗也不管用（确实如此）。他认为继续给这些钱，也没有。

结果，商议期间，王象乾与袁崇焕等人强烈要求，必须给，还要给更多。因为只有这样，才能收买林丹汗的心，用羁縻之计，让他对付后金。最不济，也要花钱买平安，不让林丹汗捣乱，以防止明朝两线作战。

就这样，听从了袁崇焕等人的建议后，崇祯只能含着眼泪继续给钱了。他下令，给林丹汗八万一千两黄金（这个吐血呀），用来维护双方的感情。

其实，对于这笔钱，崇祯一点也不想给。因为在他的思维里，这个林丹汗就是一个外强中干的窝囊废，一点用也没有。

事实正是如此。

还记得吗？前面讲过，天命四年（1619 年）十月，为了照顾广宁城的小弟（王化贞），林丹汗遣使，送给努尔哈赤一封信。

这封信的大意如下：

“蒙古国统四十万大军的英主青吉思汗（自封的）告之仅有三万人马的建州首领努尔哈赤，大明是我的朋友，广宁城我罩定了。你若敢攻广宁，我必跟你兵戎相见，小心你那点人马，还不够我塞牙缝”，等等。

收到这么一封嚣张的信件，努尔哈赤的手下们义愤填膺，大家强烈要求出兵察哈尔部，去收拾那个不知天高地厚的林丹汗。最不济，也要割掉来使的鼻子，以示惩戒。

对于诸将的请求，努尔哈赤摆摆手道：

“你们的发怒是对的，我也很愤怒，但此事跟使者无关，还是放他回去吧。何况，我还要让他带一封回信。”

没过多久，林大汗收到了努尔哈赤的回信，大意如下：

“仅有三万人马的努尔哈赤致敬拥有四十万大军的蒙古之主，你有四十万大军，好厉害呀！你拥有的兵力，跟当年朱元璋夺取天下时消灭的蒙古军数量相同呀！本人不才，仅有三万人马，就敢打得大明见我肝颤，接连夺取了抚顺、清河、开原、铁岭等地；你有四十万大军，却不肯为祖先报仇雪恨，竟依附昔日的仇人，甘心当人家的鹰犬，若成吉思汗在天有灵，看见你等这样的子孙后代，不知会做何感想？我都替你丢人现眼！”

可见，努尔哈赤的这封书信，哪里是什么致敬呀，他直接把林丹汗狠狠地奚落了一番。

努尔哈赤揭露其短处，嘲笑其祖先被明朝赶出北京，却不思报仇，只会吹牛唬人。还讽刺其忘记祖先被驱逐的耻辱，贪财忘义，投靠仇敌，被明朝利用，等等。

林丹汗读完这封信后，恼羞成怒，直接将这封书信撕得粉碎，还下令整顿兵马，摆出一副要跟努尔哈赤玩命的架势。然而，对于这个咄咄逼人的林丹汗，努尔哈赤根本就没搭理他，也没打算搭理他。

天命七年（1622 年），努尔哈赤发兵广宁，一举攻占了这座城市。而林丹汗慑于努尔哈赤的强大，不敢与之交锋，也早就忘记了那个“广宁是我的，你不许动”

的誓言了。可怜那被欺骗的王化贞，直到步入刑场的那一刻，才明白自己被林丹汗忽悠了。

后来，因为这个背信弃义的壮举，明朝自丢失广宁后，就不再联系这位拥兵四十万的“成吉思汗”了，也不打算继续给钱以维护双方的友谊了。

明朝与林丹汗的这种状况，一直持续到努尔哈赤兵败宁远城为止。

前面讲过，努尔哈赤兵败宁远后，林丹汗误以为努尔哈赤全军覆没了，便借此良机出兵，意欲用武力统一蒙古诸部，同后金争夺天下霸权。

结果，林丹汗打错了如意算盘，在努尔哈赤这个“死诸葛”的攻击下，林丹汗这个“活司马”被打得丢盔卸甲、屁滚尿流。林丹汗损失了数万大军，只能逃跑至大漠深处。若不是努尔哈赤油尽灯枯，他就被收拾了。

虽然林丹汗被后金打得大败，但他的这种表现却让明朝眼前一亮。

毕竟，那句话说得好，“敌人的敌人，就是朋友”。于是，在这种背景下，袁崇焕等人才强烈建议皇帝给钱，继续用金钱维护双方的关系，一起对付后金。

在这种情况下，林丹汗与明朝达成了同盟，准备一起收拾皇太极。而对于这种情况，皇太极也清楚地知道自己该干什么了。

于是，为了永绝后患，皇太极对林丹汗发动了三次大规模的军事行动，准备消灭这个“蒙古大汗”，将他的土地并入大清版图。

第一次征讨林丹汗

为了消灭这个卧榻之侧的鼾睡者，天聪二年（1628 年）九月初三日，天聪汗皇太极以“盟主”的身份发号施令，他下令蒙古诸部军队配合清军行动，一起讨伐林丹汗。

九月初六，皇太极率领大军离开沈阳，开始西征。两天后，在都尔鼻城（今辽宁彰武）这个地方，皇太极与蒙古大军汇合。

当时，按照约定，蒙古大军都要在这里集结，等待大汗的到来。结果，以科尔沁为首的一些部落不守信用，迟到了，这让皇太极很生气。

后来，在这些部落迟到的情况下，皇太极毅然决然下令：不等了，大军出发，去讨伐林丹汗。至于那些迟到的部队，等老子回来后，再收拾他们。

于是，九月初八，皇太极率领后金与蒙古的联军，开始攻打林丹汗。

《清太宗实录》记载，在这场战斗中，皇太极攻无不克，战无不胜，“遣精骑追捕败军，至兴安岭，获人畜无算”，他打得林丹汗丢盔卸甲，苦不堪言。

天聪二年（1628年）十月十五日，在获得胜利后，皇太极班师回到了沈阳城。

对于这一次战斗的结果，皇太极很是满意。第一，他确立了自己是蒙古诸部的盟主地位，也建立了蒙古各部对后金的臣属关系。第二，经过这次大战后，林丹汗被迫西迁，处境更加艰难了。

《崇祯实录·卷十》记载，为了躲避皇太极，林丹汗“拔帐而西，骚动宣、云”，他只能率领察哈尔部西迁，到宣府、大同的塞外居住了。

林丹汗西迁后，因为远离了明朝，明朝就对其中断了抚赏，让其内部更加困难重重。最终，在缺粮少饷的情况下，林丹汗众叛亲离，四面楚歌，他的帝国岌岌可危，即将覆灭。

在这种情况下，皇太极不失时机地发动攻击，第二次讨伐林丹汗。

当然，在讨伐林丹汗前，皇太极还是得先干一件事才行。

这件事情，就是严惩那些不听话的部落，才能以儆效尤，让所有人都服软。

这个不听话的部落，就是之前姗姗而来的科尔沁部落。

那么，皇太极要怎么收拾这个部落呢？他又是用什么手段控制蒙古诸部的呢？

且看皇太极高超无比的驭人之术。

对于蒙古部落，皇太极一直采用恩威并施的政策。愿意跟自己交好的，给胡萝卜；愿意跟自己为敌的，大棒招呼。

当时，对于归顺自己的蒙古部落，皇太极都会慷慨地赠予数量惊人的财物，各种金银、绸缎、瓷器、衣帽、铠甲和战马等，都是一车一车地送，堪称应有尽有。

就这样，在皇太极玩命的送礼下，蒙古部落心悦诚服，他们都心甘情愿地跟着这个大哥混了。

毕竟，跟着这个大哥，吃喝不愁，穿金戴银。我要是他们，我也这么干。

当然，皇太极投入了这么多的钱，无非就是想建立一个联盟，让这些人听话罢了。若这些小弟不听话，皇太极就翻脸无情了，他会轻则谩骂，重则出兵讨伐。

就这样，科尔沁部落成了一个典型代表，准备挨大棒了。

前面讲过，皇太极亲征察哈尔部时，要求盟友们一起出兵。结果，身为盟友的科尔沁首领土谢图额驸奥巴（他迎娶了努尔哈赤弟弟舒尔哈齐的女儿）因为行动缓慢（他脚一直有病），就没有按照约定的时间与后金军汇合。战役结束后，奥巴也没有跟皇太极打招呼，自己就率军返回了科尔沁，直接一走了之了。

可想而知，对于这种违背盟约、还不给自己面子的人，皇太极很是生气，他就叫来大臣阿朱户（也叫阿珠祜），命他带给奥巴一封谴责信，要好好地骂他一顿。

后来，皇太极怕阿朱户语言表达能力不够，说不清楚，他又委派了一个精明能干的侍卫同行，让他去帮助阿朱户。

事实证明，皇太极的这次任命，堪称是一个妙笔。这个侍卫确实没有让皇太极失望，也对其刮目相看了。

临行前，皇太极特意嘱咐这两人："你们此次去，见了奥巴后，不用对他行礼，也不要吃他的饭，更不要给他好脸色看，看奥巴如何反应。你们只是去见公主，看完公主后，你们就做出要走的样子，看奥巴如何对待。若奥巴悔改，你们就劝慰他；若奥巴执迷不悟，你们就回来，我去收拾他……其他的事情，见机行事吧。"

交代完了这些事情后（其实也没交代啥），皇太极就命他们出发了。话不多说，这两人来到奥巴的部落后，没有去见奥巴，而是径直走进了公主的营帐，呈上了礼物。

当时奥巴正患足疾，不便移动，听说大汗的使者来了，他马上一瘸一拐地来到公主的营帐，来见大汗的使者。结果，这两个人就跟没看见他一样，根本不搭理他，对他的态度也极其冷淡。

见此情景，奥巴就有点慌了，问其原因。那个侍卫回答道："我们是天聪汗的使者，你毁约在先，我们要和你绝交。我们此次是来看公主的，与你何干？"

一听这话，奥巴彻底慌了，他马上安排酒宴，要款待使者。结果，对于奥巴的盛情款待，这两个人看都不看，直接回自己的营帐了。

见两个使者拂袖而去，奥巴的心里更加没底了，他急忙让儿子塞冷出面，去两个使者那里谢罪。

看见塞冷后，那个侍卫道："我们不是为了见你父亲而来的，为什么要对他行礼呢？又何必吃他的饭呢？你的父亲违背了盟约，大汗很生气，要跟你们绝交。如今，大汗让我们带来一封信，你交给你父亲吧。"说完，就把信件交给了塞冷。

塞冷把信件交给了奥巴，奥巴打开后，他吓了一跳。

原来，这真是一封绝交的信件。在信中，皇太极历数了奥巴很多的罪行，如：不遵守盟约；不及时上供；帮助叶赫攻打建州；努尔哈赤死后，奥巴不及时来吊唁；即使来了，也不够重视，只是派了一个低级官员代劳；等等。

可想而知，看完这封书信后，奥巴吓得冷汗直流，他再次不顾足疾，一瘸一拐地来到使者的营帐，恳请谢罪。

因为皇太极没有交代具体事情，阿朱户看见谢罪的奥巴后，不知道该说什么了。反倒是那个侍卫，不卑不亢，不慌不惊，开始有条不紊地质问奥巴了。

侍卫对奥巴道："我跟您儿子已经说清楚了，我们此次来，不是来看您的，是来看公主的，顺便送趟信。如今，拜见完公主了，您也收到信了，我们就回去了。明天一早，我们就启程了。"

奥巴赶紧挽留道："我知道自己罪孽深重，十分惶恐，不知所措。我希望跟使者一起回京，当面谢罪。”

侍卫道：“与我们一起回京，怕是不妥。汗没有说让你跟我们一起回京。”

奥巴哭道：“那如何是好？”

侍卫道：“不如这样，汗没有授意让你随我们一起回去谢罪，但汗也没有授意让我们阻止你去谢罪。可见，去与不去，全在于您，您自己考虑便是。”

一听这话，奥巴大喜过望，马上决定进京谢罪。但他还是有顾忌的，他对侍卫道：“我非去不可，但我害怕大汗不见我。如果他不见我，我怎么办呢？”

侍卫道：“您若真心实意地谢罪，天地可鉴，汗一定不会怪罪您的。”

听完侍卫的劝言后，奥巴下定了进京的决心。于是，他不顾自己的足疾之痛，随使者一起回京了，准备迎接自己不知吉凶的未来。

结果，奥巴还没有到达京城，他那颗忐忑不安的心，就彻底放下了，他也知道自己的未来了。

原来，得知奥巴进京后，皇太极选择了冰释前嫌，他亲自出城十里迎接，还用“抱见礼”接待，并给奥巴举行了一场隆重的宴会。

宴会期间，皇太极与奥巴把酒言欢，毫无谴责之意。只是宴会结束后，皇太极才例行公事了一下，派遣一个大臣重读了一遍信中谴责奥巴额罪行。

对于这些罪行，奥巴全部认错，他愿意罚骆驼十四、马一百匹，另献十四匹宝马良驹和一副精致的甲胄，作为谢罪之物。

皇太极见奥巴认错态度良好，就大笔一挥，免去了他的惩罚。皇太极还赏赐他一堆好东西，以示自己的交好之心。皇太极还让御医给奥巴治足疾，让奥巴感动不已。

过了一段时间，奥巴回去了，他离开时，皇太极又赠送他一堆好东西，还命令诸贝勒、诸大臣出城十里相送，给足了奥巴面子。

至此，奥巴高高兴兴地回去了，从此以后，他“闻令即至”，再也没有发生过一次违约的事情。

可见，皇太极就是通过这种恩威并施的办法，收复了众人的心，顺利地解决了蒙古这个难题，让蒙古对自己心悦诚服，成为自己的得力盟友了。

如此心机，此人不夺取天下，何人能夺？

这里说一下那个侍卫的结局。

凭借自己的口才和临场发挥，这个侍卫步入了皇太极的眼帘，从此被委以重任，成为一个重点培养的干部。事实证明，这个侍卫也没有辜负皇太极的期望。若干年后，正是这个侍卫的临危受命，才让多尔衮没有得逞，把皇位成功传给了皇太极的子嗣。更在若干年后，他被皇帝委以重任，成了他的托孤重臣，成为新皇的四

大辅政大臣之一。

现在，猜出这个侍卫是谁了吧？

对，这个年轻的侍卫，就是清朝开国功臣之一、一等公爵、顺治帝指定辅助康熙帝的四位辅政大臣之首——赫舍里·索尼。

第二次讨伐林丹汗

为了防止林丹汗死灰复燃，在与明朝的战争告一段落后（大凌河之战），皇太极立刻马不停蹄地调兵遣将，开始第二次亲征林丹汗。

《清太宗实录》记载，天聪七年（1633 年）四月初一，皇太极再次以盟主自居，率领后金与蒙古联军讨伐林丹汗。

这次战争中，皇太极还打出了一个很响亮的口号，以证明自己师出有名——“此次出征，一欲为我藩国报仇，一欲除却心腹大患”。

这个口号，确实不错。

《清太宗实录·卷十一》记载，得知皇太极大兵压境后，林丹汗二话不说，就“弃本土西奔……仓卒逃遁，一切辎重，皆委之而去”了，他抛弃了百姓，逃到了大漠深处，跑到了青海大草滩那里。

林丹汗逃跑后，皇太极下令追捕。结果，到了大漠后，皇太极吃尽了苦头，也明白了当年“汉武帝征讨匈奴”的苦。

要知道，跟当年的汉武帝一样，皇太极不怕这个“匈奴”跟自己决战，他最怕的，是林丹汗跟自己躲猫猫。因为，林丹汗一旦逃入大漠，要从这茫茫无比的大漠草原、塞外荒凉的大地上抓人，这根本就是大海捞针，哪里找得到！

《清太宗实录》记载，在这场战役中，林丹汗一直采用避战逃跑的战术，导致后金收获甚少。后金所有的战绩，不过是“仅斩一人、获六人，又获马一匹、骆驼一峰”而已。反之，因为深入大漠，后金军补给困难，缺水少粮，他们甚至断水、断粮了。

《满文老档·太宗朝》记载，深入大漠后，后金军断粮了，大家饿得都不行了。眼看大家都要饿死了，就在这个时候，突然天降大礼，草原上出现了无数的黄羊，漫天遍地，不可数计。

见此情景，后金军大喜，他们“分道而猎，及合围，遂杀死数万，脯而食之”。在这个“天降大礼”下，后金军才度过了粮食危机。

在黄羊的帮助下，缺粮的问题解决了。下一个问题，就是缺水。

后金军在大漠中行走时，“天气炎热，无水，人亦晕倒”，可见已经到了濒临崩溃的地步。后来，在牧民的帮助下，皇太极才解决了水的难题。

《满文老档·太宗朝》记载，皇太极下令，向牧民买水，“以一只黄羊换水一碗”，这才解决了水源问题。当然，这个记载不过是后人杜撰、为了显示皇太极“仁义”罢了。

毕竟，皇太极麾下，有多少万大军？每一个士兵，又要喝几碗水？他又斩获了多少只黄羊？因此，皇太极怎么可能拿得出那么多的黄羊。他所谓的“换水”，不过是为了掩饰某些历史真相罢了。

这些历史真相是什么，大家心知肚明。

希望，我不是在以小人之心、度君子之腹……

就这样，费尽千辛万苦，解决了缺水断粮问题后，皇太极一琢磨，不能再追击林丹汗了。若这样毫无目的地进军，就会全军覆没了。于是，审时度势的皇太极下令——“察哈尔知我整旅而来，必不敢撄我军锋，追愈急，则彼遁愈远。我马疲粮竭，不如且赴归化城暂住”。

皇太极下令撤兵，率军返回了归化城（今呼和浩特市）。这场为期四十余天的第二次讨伐林丹汗战役，就以这样的结局告终。

对于皇太极而言，劳师远征，就获得这么点战利品（马一匹、骆驼一峰），这怎么行呢？回去后都不够分呀。

于是，为了能够满载而归，天聪七年（1633 年）五月，皇太极毅然决然下令，大军返回沈阳期间，顺路去一趟明朝的宣府（今山西宣化）、大同（今山西大同），去那里抢夺一番，好回本！

就这样，在皇太极的号令下，后金军蜂拥至明朝境内，在这里烧杀抢掠、无恶不作，让明朝苦不堪言，却又毫无办法。

这次入侵中，后金军展开了惨无人性的大屠杀，当地明朝百姓尸横遍野、血流成河，死尸腐烂。死者“盈街遍野”，就连水井里也塞满了死尸，臭秽难闻。

当时，对于这些无恶不作的强盗，明军吓得瑟瑟发抖，只能躲在城池里，根本不敢出来交战。即使他们在绝对的优势情况下，这些明军也不敢出城一战。

有一次，后金军的一支两千人的小部队路过代州（今山西代县），这支部队装备不整，还携带一千多俘虏，若代州官兵出城一战，就能把他们消灭了。结果，代州明军畏敌如虎，根本不敢出城，甚至连一支箭都不敢射，生怕惹怒了这支后金军。

见此情景，被俘的明朝百姓失声痛哭，后金军则高兴无比。最后，代州明军眼巴巴地看着后金军走了，这才松了一口气。

这群孬人，这群毫无血性的明朝官兵……当然，这不是一个，而是一群，当时明朝的军队都是这副德行，畏敌如虎，不敢与后金军一战。

就这样，天聪七年（1633 年）七月，在大肆抢掠一番后，皇太极“饱欲而返”，他高高兴兴地率军返回了沈阳城，给大明留下了一片生灵涂炭的土地。

皇太极的这次入侵，是继“己巳之变”后，后金的第二次大规模的入侵。因为这次战役主要发生在长城一代，所以这场战争，史称“入口之战”。

当然，虽然对明朝发动了两次大规模的进攻，但皇太极的入侵还远远没有停止。未来，他还有第三次入侵、第四次入侵，以及最后的第五次入侵。

殊不知，就在这次入侵时，爆发了那件永载史册的历史事件，让那个年轻的将领一战成名，成为大明帝国一颗冉冉升起的新星。

这个事件叫作——“勇冠三军，战场救父，孝闻九边”。

原来，得知后金在宣府一代大肆掠夺后，明朝马上命关宁铁骑开赴大同，去那里镇守，抵御敌军。

镇守大同期间，明朝有一个将领率领五百骑兵外出巡逻，结果他跟四万后金军不期而遇，被对方包围了。

皇太极非常藐视这点明军，把这五百人包围后，皇太极准备慢慢玩，慢慢打，玩死这群明军。他下令，围而不战，让对方“谓饥渴甚”，让这五百明军绝望，逼迫他们投降。不投降，就全部杀之。

当时，被围困的明朝将领的儿子正在大同城内，得知父亲被困、危在旦夕后，他立刻冲到舅舅的大营内，请求舅舅出兵，去救父亲。

亲家被围困后，舅舅也很着急，但他无可奈何。毕竟，他守城的兵力一共才三千人，如何去救？去跟四万的女真大军打野战，无疑就是以卵击石，主动找死。

最终，舅舅为了大局着想，只能不去救亲家了。他含泪下令布置追悼会，准备为亲家招魂。

见舅舅如此行事，此子跪在地上，声泪俱下道：“总爷不肯发兵，儿请率家丁死之！”

史书原文，对于外甥的请求，舅舅回答了一个莫名其妙的字：“嘎！”

得到这个“嘎”后，此子跪在地上大声回复道：“得令。”于是，他下楼开城，率领二十名家丁冲了出来，来救父亲。

看见二十余名士兵冲向自己后，皇太极都傻了，从来没有见过这个阵势的他下令，先看看再说，以防有诈（明显懵了）。

结果，皇太极看见了这么一幅画面：

但见那个小将冲来后，他命令部队分成左右两翼，自己居中，冲入敌营。冲锋期间，那小将拉弓射箭，射死了两个后金军，还射中了一个“拥纛红缨王子”，让其下马。

在后金的官职中，拥纛旗的官员，为章京。这是一个中级官员，类似于老总身边的秘书，虽然官职不高，但是国家重点培养的对象，前途不可限量（范文程、索尼等人都是章京）。结果，这个前途无量的官员，就这样被明朝小将射倒了。

虽然被射了一箭，但这个章京也不白给，他从地上爬了起来，抽出手中的刀，就跟小将打了起来。

最终，虽然明朝小将把他斩杀了，但章京也砍中了小将的鼻子，给他鼻梁上留下了一道伤痕。

这个伤口对于小将的影响，不可谓不深。当然，这里的深，不是指伤口，而是指精神。

当时，由于这个小将年轻，伤口也不是特别深，所以恢复得很好，愈合后，伤疤也不是特别明显了。但是，在以后的生活里，小将认为这是一个缺陷，他非常在意这个伤口，以至于都产生了一种习惯。

在未来的岁月中，小将跟人交谈时，一旦话不投机，他就会把嘴唇闭拢，用鼻子出声，还会不自觉地用手摸鼻子。众人用这个习惯来揣测他的心思，百发百中，无一失手。

鼻梁伤痕，右高左低，中有黑纹如丝，非缔视不见。忤意，即自扪其鼻。与人语，如疾言，则意无他；或中变，则闭唇微咳，声出鼻中。以此两者测，百不失一。

——《庭闻录·卷六》

书归正传，杀了这个两红旗的章京（拥纛红缨王子）后，明朝小将把他的旗子撕碎，简单地包扎了一下伤口（裂红旗裹面），就继续奋战了。

得知外面来了一个“猛人”后，包围圈内的五百明军士气大振，他们与这二十个明军里应外合，杀出了重围。等后金军反应过来时，他们已经逃出生天了。

就这样，这员小将用自己的勇气，完成了一个“独闯敌营、勇救父亲”的壮举。

事后，父亲拍着儿子的肩膀，惊魂未定道：“非吾儿，儿不复见矣。”

监军太监高起潜是这个孩子的义父，他也高兴道：“真我儿也。”

舅舅也很高兴，道：“壮哉，甥也！儿不忧不富贵，吾即题请封拜，易事耳。”

就连对面的皇太极，目睹了这个小将的所作所为后，也感叹道：“好汉子！吾家若得此人，何忧天下！”

是的，这个孩子，真是一个好汉子。你得到了这个孩子后，真的不会再担忧天下了……

写到这里，聪明的读者已经猜出这个孩子是谁了。不知道的，也不用沮丧。毕竟，这个故事太充满正能量了，与这个人的身份不符。

因为，大家根本不相信，这个在明清历史上赫赫有名、杀父卖国、两姓家奴，只爱女人不爱江山的人，竟然曾经是一个“战场救父，孝闻九边”的人。我若不写，大家根本不相信，他还曾经有过这样的壮举。

现在，知道这个人是谁了吧？

对，这个现在“战场救父，孝闻九边”的小将，就是未来大名鼎鼎“恸哭六军俱缟素，冲冠一怒为红颜”的吴三桂。

第三次讨伐林丹汗

《明史·鞑靼传》记载，经过两次惨败和西迁后，林丹汗的处境非常惨。他的部落没有吃的，只能“食尽马乏，暴骨成莽”。牲畜吃完后，部民们为了不饿死，只能“杀人以食”。

在这种背景下，林丹汗的部落“人心离散，势不可为”，他的部下们开始叛逃至后金，请求庇护。最终，就连林丹汗的福晋们也都抛弃了他，叛逃至后金了。

对于这个归顺自己的人，皇太极是来者不拒，全都好酒好肉好招待。他还让满洲子弟迎娶林丹汗的福晋，给她们一个好的归宿。他自己也迎娶了两个林丹汗的福晋，以做表率。

后来，在这些归宿人的嘴中，皇太极得到了一个好消息，他准备第三次征讨林丹汗。当然，准确地说，是第三次征讨林丹汗的部落。

因为此时此刻，林丹汗已经“出病痘，殂于大草原”了。

1634年，即明崇祯七年、后金天聪八年，林丹汗因天花死于青海大草滩，终年四十三岁。他带着自己的野心去那个世界了。留下的烂摊子，也只能让后人苦不堪言了。

林丹汗死后，他的第三福晋苏秦太后之子额哲即位称汗。这对可怜的孤儿寡母，只能继续瑟瑟不安地生活了。

得知林丹汗病逝后，皇太极大喜过望，他立刻命岳托、萨哈廉、豪格等人出兵，率骑兵万人，三征察哈尔，去讨伐林丹汗的余孽。

殊不知，此次出征，将是那个人第一次被委以重任，第一次以统帅的身份登上历史的舞台。

这个人，就是那个大名鼎鼎、无人不知、无人不晓的多尔衮。

现在，开始讲述这个传奇人物的前世今生。

咱们都知道，这个大名鼎鼎的摄政王叫作多尔衮。但是有多少人知道多尔衮在满语中的意思呢?

跟努尔哈赤在满语中是“野猪皮”一样，这个多尔衮在满语中的意思，也不咋样，就是“獾”的意思。其他人的名字也很有意思。

汉名“阿济格”在满语中的意思，就是“小儿子”；“多铎”在满语中的意思，是“胎”，他就是一个“胎儿”；最小的儿子“费扬古”在满语中的意思，就是“最小的儿子”，起名可谓简单明了。

虽然满洲人起名比较随意，但不可否认的是，“獾”这个名字还挺符合多尔衮的。

毕竟，在自然界中，獾是一种极其狡猾、凶猛的动物，甚至比老虎、狮子还要凶猛。

纵观多尔衮的一生，他完全符合这个名字。这个人，就是一只狡猾无比的“獾”。

前面讲过，皇太极登基称帝后，为了大权独揽，他会不停地挑衅诸贝勒，进而找到他们的罪状，对他们严惩不贷。然而，不管皇太极如何挑衅，他也没有找到多尔衮的罪状，足见这个人的聪明程度了。

此外，除了会“明白形势、明哲保身”外，多尔衮也会一直表忠心，誓死效忠皇太极，还不给他惹事。

最终，就是因为自己优异的表现，且在哥哥、弟弟全部犯错的情况下，多尔衮取代了他们，得到了他们的权力和地位，变成了一个位高权重的首领。

还记得吗？努尔哈赤在世时，他最宠爱的孩子是阿济格和多铎，跟多尔衮没有任何关系。继承他遗产的人也是阿济格和多铎，只是努尔哈赤为了弥补他，才把镶白旗赐给了他。

因此，在这三兄弟中，多尔衮是最不得宠的一个孩子。然而，就是这个不得宠的孩子，却得到了皇太极的信任，还继承了他兄弟的遗产，成了皇太极最亲信的人。

那么，这个不得宠的孩子，他是怎么做到的呢？多尔衮的哥哥、弟弟们接连犯错的事情，又是怎么回事呢？

先说犯错的哥哥——阿济格。

阿济格之所以得不到皇太极的宠爱，完全是咎由自取。因为，他根本不听皇太

极的话，还跟他对着干，只能被严惩不贷了。

当时，阿巴亥殉葬后，皇太极怕这个女人背后的势力报复自己，就不再重用阿巴亥的族人了。皇太极甚至颁布了一道圣旨，禁止诸贝勒与阿巴亥的族人联姻，以防止她的势力死灰复燃，威胁自己的统治。

结果，阿济格明知道有这么一道圣旨，他还是干了让皇太极不高兴的事情。

当时，阿济格以“长兄为父”的名义，让弟弟多铎迎娶了阿巴亥弟弟阿布泰的女儿，让这对表兄妹结婚了。

得此结果，皇太极都快气疯了。他立刻颁布圣旨，严厉惩罚了阿济格，不仅革去了阿济格固山贝勒的身份，还夺去了他镶白旗旗主身份。

这个惩罚对于阿济格而言，真可谓“深矣”。

后来，阿济格不仅被剥夺了身份，还终生不被皇太极信任。即使阿济格战功显赫（他是第三次征讨明朝的总指挥），也不得皇太极的器重。终皇太极一朝，他也不过是一个郡王。

郡王是一个什么身份？跟阿济格同一代的人，不管年龄大小（比如多尔衮、多铎等），都是亲王。只有比阿济格小一辈的人（比如豪格、岳托等），才是郡王。

可见，皇太极就是让阿济格矮人一头，让他跟小字辈为伍，好让他难堪。

就这样，阿济格被皇太极收拾了，他只能夹着尾巴做人。结果，阿济格倒霉后，多尔衮却得意了。

因为多尔衮接替了阿济格的身份，他成了新一任的镶白旗旗主。

这一年，多尔衮十七岁。

年纪轻轻，就成为一旗之主，多尔衮堪称非常幸运了。殊不知，他的好运气还没有完。因为，没过多久他的弟弟多铎也出事了，让多尔衮更上了一层楼。

再说犯错的弟弟——多铎。

多铎是一个典型的双面人。平常生活中，他文静无比，给人一种温文尔雅的感觉，就是一个“小鲜肉”。然而，只要一上战场，多铎就能化身为一个鬼神，他打仗不要命，每战“嗷嗷”地向前冲，不杀退敌军誓不罢休。

鉴于此，皇太极很喜欢这个小弟弟，就对其委以重任，让他成为正白旗旗主。然而，皇太极根本不知道，这个弟弟不仅喜欢杀人的战场，对另外一个“战场”，他也情有独钟。

这个“战场”是什么，不说自明。

史书中的多铎，就是一个多情动物，他妻妾成群，却又不满足。只要是漂亮的美女，多铎就一定要占有，否则他根本睡不着觉。

就这样，多铎成了京城内出了名的“摧花高手”，所有人都避之不及。然而，即使得到了这么一个恶名，多铎也毫无悔改之意，他继续拈花惹草，玩得不亦乐乎。后来，多铎越玩越大，光天化日之下，他就敢强抢美女，不管对方是什么背景，他都照抢不误。

最终，多铎这么有恃无恐地“伸来伸去”，就把魔爪伸向了范文程的府邸。

前面讲过，范文程的老婆很漂亮，结果让多铎看中了。这个人二话不说，就逼迫范文程的老婆进入他的府邸。为此，老范很是生气，气得都称病不上朝了。

得知这个事情的缘由后，皇太极也很生气，他二话不说就把多铎骂了一顿，罚了他一千多两银子，还夺去了他十五个牛录。

后来，皇太极索性剥夺了他正白旗旗主身份，命他跟多尔衮换旗主，让他去当镶白旗旗主了。

就这样，在弟弟的“帮助”下，多尔衮再次提高了身份，他成为正白旗旗主，成了一个握有实权、位高权重的大臣了。

当然，多尔衮之所以不断上位，哥哥弟弟犯错只是其中的一部分。他上位的真正原因，还是因为他非常努力，干事不出差错，还深得皇太极的心。

在皇太极推行汉化期间，诸贝勒皆反对，只有三个贝勒一如既往地支持皇太极，才让他完成了汉化。

这三个贝勒，就是皇太极的亲信礼部官员萨哈廉，一直誓死效忠的刑部官员济尔哈朗，以及这个从不出错的吏部官员多尔衮。

单凭此举，就能看出皇太极对他的信任了。

有勇有谋，听话不出错，还誓死效忠，试问哪个领导会不喜欢这样的下属呢？于是，在未来的岁月里，皇太极对多尔衮信任有加，对他的关爱甚至超过了自己的儿子。

不止一次，皇太极告诉众人，在他的眼中，听自己话，为国尽忠的人，就是贤。而多尔衮“举动皆合朕意”，因此就称他为贤贝勒。

对于这段话，诸位贝勒是知道的，蒙古外藩也是知道的，就连多尔衮本人，也承认皇太极确实宠爱自己，给了自己这么一个头衔。

当然，有这个头衔，也没用。在那场夺嫡之战中，他还不是玩命地抢夺皇位，成了一个让皇太极失望的人。

若皇太极在天有灵，看见这位贤贝勒干出如此不贤之事后，不知会做何感想？

好吧，未来的事情，未来再说。现在，多尔衮还是一个贤贝勒的，皇太极也一如既往地信任他，并对他委以重任。他也清楚地知道，这个人不会让自己失望。

事实，正是如此。

此次出征，多尔衮一如既往地谨小慎微，他圆满地完成了任务，成功招降了察哈尔部人，替皇太极解决了察哈尔部这个难题。

多尔衮建功立业

作为一个狡猾的“獾”，多尔衮用了三个手段完成了这个任务。

第一个手段，偷偷摸摸进军。

对比前两次大张旗鼓的进军，多尔衮深知这么做的弊端。他清楚地知道，若再敲锣打鼓地去，察哈尔部落只能再次逃入大漠。到了那个时候，再抓他们，就困难无比了。

因此，这次出兵，多尔衮选择了“轻骑速推”战术，他用最快的速度进军。等额哲等人反应过来时，他们已经身陷重围，无法逃脱了。

第二个手段，按兵不动。

包围了额哲等人后，多尔衮选择了按兵不动。因为他清楚地知道，此次前来，最好的办法就是兵不血刃地招降额哲等人。若跟他们开战，得不偿失，也会让两国的矛盾越来越深。因此，不战而屈人之兵，才是最好的选择。

那么，怎么让额哲等人投降呢？

对于这个问题，多尔衮自有妙计。

第三个手段，选好使者，派人去劝降。

包围了额哲等人后，多尔衮马上派人去请叶赫部金台石贝勒之孙南褚，让他来劝降额哲等人。

为什么选择南褚呢？因为这个人是苏秦太后的弟弟，可以“进语福晋”。

当时，南褚单人独骑地来到察哈尔部，请求面见姐姐。得知亲弟弟来到后，苏秦太后又惊又喜，在确定无误后，亲自出营接见弟弟。

这对姐弟见面后，双方抱头痛哭。随后，在弟弟南褚的劝说下，苏秦太后做出了决定——她要宴请多尔衮，并举行归顺仪式。

在这个归顺的宴会上，苏秦太后亲自为多尔衮敬酒，额哲也亲自为多尔衮敬酒，他们用这种方式表达自己的感激之情。同时，苏秦太后赠送多尔衮四头骆驼，四匹宝马良驹，四十两黄金，八十一匹绸缎等，以感谢多尔衮的不杀之恩。

宴会结束后，苏秦母子正式归顺了后金，他们统帅的察哈尔部也正式过户给了皇太极。

苏秦母子归顺后，皇太极将察哈尔部安置于义州，分设左右翼察哈尔八旗，设都统和副都统管辖。同时，他封林丹汗子额哲为亲王，将次女固伦温庄长公主嫁给了他。苏秦太后也得到了一个好的归宿，她嫁给了济尔哈朗，终生荣华富贵至死。

除了这个福晋，林丹汗剩下的八大福晋们也都得到了一个好的结局。皇太极下令，命皇族子弟迎娶了这些女子为妻，给了她们一个好的归宿。他自己也迎娶了两位林丹汗的福晋为妻，起到了一个好的表率作用。

至此，伴随着这些女人的重新改嫁，那个显赫一时的察哈尔部就这样消失在了历史的长河里。而那个曾经不可一世的蒙古大汗林丹汗，慢慢被世人遗忘了。

对这个曾经的蒙古大汗以及这个察哈尔部，盖棺定论一下吧：

曾几何时，林丹汗不仅是察哈尔部的大汗，更是蒙古各部的盟主。伴随着察哈尔部的灭亡，既标志着察哈尔部归属了后金，也标志着整个蒙古都臣服在了后金的旗下。

同时，林丹汗的死，也标志着成吉思汗家族的完结。自孛儿只斤·铁木真 1206 年称“成吉思汗”开始，一直到林丹汗 1634 年病逝为止，这个蒙古→元朝→北元帝国先后传位二十二世，共经历四百二十八年，终于国祚乃终、完结撒花。

这个国家灭亡后，对明、清两朝，都产生了巨大的影响。

对于清朝而言，林丹汗之死、额哲降清后，标志着从此以后，东起东海，西到贝加尔湖这片长城外的版图，全部过户到了大清门下，它成了一个真真正正的庞大帝国，一个绝不输给明朝的大国。

反之，对于明朝而言，察哈尔部被后金征服后，明朝将失去北面屏障，入塞通道被彻底打开。从此之后，明朝再也没有手段抵御后金的入侵了，只能看着它慢慢蚕食自己。

难怪，《明史·鞑靼传》这样悲观地记载道：“明未亡，而插（林丹汗）先毙，诸部皆折入于大清。国计愈困，边事愈棘，朝议愈纷，明亦遂不可为矣。”

明亦遂不可为矣……明亡清兴的那个时间，不远矣。

第十八章　再次登基称帝

我有一个梦想

1963年，为了争取种族平等，美国黑人民权运动领袖马丁·路德·金发表了一篇千古名文《我有一个梦想》。

其实，皇太极也有一个梦想。只不过，对于马丁·路德·金的伟大梦想，皇太极的这个梦想就小得多，甚至只是为了一己私欲罢了。

皇太极的这个梦想就是——登基称帝，成为一个九五至尊的皇帝。

其实，早在天聪三年即崇祯二年（1629年）十一月时，皇太极在自己的《告谕》中，就已经阐述了这个梦想。

若谓我国褊小，不宜称帝，古之辽、金、元，俱自小国而成帝业，亦曾禁其称帝耶！且尔朱太祖，昔曾为僧，赖天佑之，俾成帝业。岂有一姓受命，永久不移之理乎！天运循环，无往不复。有天子而废为匹夫者，亦有匹夫起而为天子者。此皆天意，非人之所能为也！

——《清太宗实录·卷五》

这篇《告谕》很长，但归纳起来，一共有三个思想：

第一，引述中国历史，说明偏隅的小国也一样能够完成帝业。昔日，辽、金、元都是小国，但他们都入主了中原。因此，自己的这个后金帝国一样可以入主中原，统一天下。

第二，引述明朝历史，论证明朝的太祖爷根本不是天潢贵胄，不过是一个穷和尚罢了。因此，天命不是特定不变的，有能者居之。一个和尚可以登基称帝，自己一样可以完成这个壮举。

第三，告诉世人，天道循环反复，历史轮回不断，皇位易主频繁，没有万世的帝国，只有被上天眷顾的人。如今，上天眷顾我，佑我称帝，此乃天意，明朝皇帝岂能禁之？

这段文字已经证明了，皇太极早就有了称帝的野心。只不过，名不正、则言不顺，皇太极就是想登基称帝，他没有名分，无从下手。所以，这么多年了，皇太极只能隐忍不发，把这个梦想深深藏在了心里。

然而，此时此刻，皇太极终于可以不用隐藏自己的梦想了，他可以名正言顺地去登基称帝了。

因为，他得到了一件宝物，即传说中的传国玉玺。有了这个东西，他终于得到了想要的名分了。

这个名分的故事，还得从头说起：

天聪九年（1635 年）三月，成功收编了察哈尔部后，多尔衮将此事上奏给了朝廷。没过多久，多尔衮又上奏了一件事情，让皇太极兴奋不已，也让朝廷为之一振。

原来，多尔衮上奏朝廷，额哲母子在反复思考后，把一件珍宝进献给了朝廷。在多尔衮眼中，这件珍宝太珍贵了，太重要了，他赶紧上疏朝廷，让皇太极也跟着高兴——“皇上洪福非常，天锡至宝，此一统万年之瑞也。”

这个珍宝，就是那个传说中的传国玉玺。

可见，得此珍宝，皇太极又怎么能不欣喜若狂呢？在这个宝物的帮助下，他就可以完成心中的梦想，登基称帝了。

那么，这个传国玉玺是一个什么宝物呢？

现在，开始讲述这个宝物的前世今生，以及这个玉玺的重要性。

身为中国人，咱们对“奉天承运，皇帝诏曰”这八个字再熟悉不过了。如今，受各种影视作品的熏陶，宣读的太监刚刚拿出圣旨，咱们就都能猜出这八个字。

但是，您知道这八个字的意思吗？

“皇帝诏曰”，就是皇帝要告诉你事，这四个字就不解释了。咱们解释一下前半

句，什么叫“奉天承运”？

这里的“天”，指的是天命；这里的“运”，指的是德运。

“天命”好理解，但是“德运”是一个什么玩意呢？从字面解释，就是我获得了好运气，最终创建了这个王朝。

但是，这所谓的好运气，可以用什么来表示呢？

就这样，代表“德运”的东西，就是传国玉玺了，也可以称为传国印玺。只有这个东西，才能证明皇帝身份。

印章如此重要，所以对于统治者而言，他们一定要用最好的材料来创造一枚最好的传国玉玺。

那么，这里的问题来了，贵重的材料有很多，比如黄金、白银、玛瑙、牛角等物，都贵重无比。为什么古人要选择玉作为首选的材料呢？

其实，之所以选择玉作为材料，是因为中国的文化非常喜欢玉，古人对于玉的偏爱，几乎到了无法自拔的地步。

别的不说，咱们从字面解释，就能知道玉的重要性了。

什么叫玉，就是王加一个点，代表着只有大王腰上才能佩戴的东西。玉字怎么读？就是域，代表着疆域。

对于帝王而言，从这两个方面讲，玉就代表着自己的信仰了。

秦始皇统一六国后，为了匹配他建立的这个史无前例的庞大帝国，下令一定要用最好的玉来制作传国玉玺。

这块最好的玉，就是那块大名鼎鼎的和氏璧。

如今，我们都知道这块和氏璧的故事。但大家还不知道吧，除了“完璧归赵”这个故事外，它本身的经历，也是一个传奇故事。

据说，在春秋时期的楚国，有一个叫卞和的人，他无意间在山中捡到了一块玉璞（没有经过加工的玉，包裹在石头里）。卞和是一个识货的人，他异常地兴奋，就赶快把这块玉璞献给了楚国的国君楚厉王。

楚厉王看着这块石头，他不识货，就让手下的珠宝家来鉴定。结果，这些珠宝家都不识货，他们根本不知道这块玉的价值。

珠宝家告诉楚厉王，这根本不是一块玉，最多是一块珉，就是一块像玉的石头。它还是一个小珉，如果做成印章的话，就是一个章小珉，毫无用处。

可想而知，知道这个结果后，楚厉王大怒，他就以欺君的罪名砍掉了卞和的左脚，把他轰走了。

没过几年，楚厉王病逝，楚武王即位。面对这位新任国君，卞和拄着拐棍，他又来进献这块玉璞。

楚武王看着这块石头，他也不识货，只能让手下的珠宝家继续鉴定。结果可想而知，这些珠宝家还是不识货，他们鉴定的结果跟之前一模一样，就说这是一个章小珉，还可能是一块石头，一点用也没有。

知道这个结果后，盛怒之下的楚武王跟他父亲一样，自然不会轻饶了卞和。他砍掉了卞和的右脚，又把他轰走了。

没过几年，楚武王病逝，楚文王即位。面对这位新任国君，已经残废的卞和来不了了，他就抱着这块玉璞，在荆山脚下号啕大哭。

卞和整整哭了三天三夜，哭得眼睛都肿了，眼泪都干了，最后愣是哭出了血来。

听说这件事情后，楚文王甚是奇怪，就派人问卞和："天下被砍脚的人多了，也没有见过你这么痛苦的，你为什么这么痛哭呀？"

卞和回答道："我不是为自己被砍掉双脚而痛哭，我是为这块宝玉痛哭。它明明是一块宝玉，你们却说它是一块石头，这是给忠贞的人扣上欺骗的罪名呀！国家是非颠倒、黑白不分，这不是一个好兆头呀。"说完，卞和继续哇哇地哭。

这些使者听完这番话后，大发感慨。他们如实地向楚文王报告，说明了此事。

听完此事后，楚文王也大发感慨。他私掏腰包，派人加工这块玉了。结果，事实胜于雄辩，这块玉璞里面是一块洁白无瑕、晶莹剔透、价值连城的宝玉。

因为这块宝玉是卞和所献，为了纪念这件事情，就把这块宝玉命名为和氏璧了。

和氏璧诞生的故事，就是这么的神奇。殊不知，它接下来发生的故事，更加神奇。

历史的车轮转到了楚威王时期，这块和氏璧就到了楚国太子熊槐的手中。

有一次，熊槐组织了一场盛大的宴会来招待各路豪强、达官显宦、有头有脸的大人物。宴会期间，熊槐见大家玩得很嗨，为了继续尽兴，他就拿出了这块和氏璧，让大家传递欣赏、共同把玩。

看见这么一块无价之宝，宾客们立刻蜂拥而上，无不交口称赞，互相传递把玩。结果，你传一下，我传一下……就传没了。

在自己的地盘、自己的眼皮子底下，居然有人敢偷东西！楚国太子熊槐大怒，他下令："查！给我狠狠地查！要是让我知道是谁拿的！我直接弄死他！"

命令一下，手下开始调查了。然而，说得容易，怎么查呀？在座的几百位宾客，全是有头有脸的大人物，你如何搜人家身呀？况且，人家有的是钱，犯得着偷你的璧玉吗？

出身高贵的人，不可能是凶手；只有那种低微卑贱之人，才犯得上干这种"鸡

鸣狗盗”的事情。

于是，熊槐就武断地认为——这场宴会中，身份最低微卑贱的人，就是偷他璧玉的凶手。为此，熊槐将这个人狠狠地揍了一顿。即使那个人不承认，熊槐也没有停手。

殊不知，熊槐的这顿拳，彻底改变了楚国的历史，也彻底改变了秦国的历史，并彻底改变了中国的历史。

因为，他揍的这个人，是一个永载史册的人物。他的名字，叫作张仪。

对，就是那个以“连横”破“合纵”，挑唆六国关系、坑害楚国、让秦国富强无比的大秦明相——张仪。

就这样，丢了最宝贵的和氏璧，还导致张仪背楚入秦，最后成了楚国的死敌，让秦国成了“天下首富”。楚国太子熊槐这顿拳，真是“赔了夫人又折兵”。

后来，铁的事实证明，这块和氏璧，真不是张仪偷的。

和氏璧销声匿迹了数十年后，突然出现在了赵国，被一个识货的宦官买走了。

至于和氏璧为什么流落到了赵国，一直是一个千古之谜，只能等待更多的史料出炉来解释了。或者是说，根本就是另外一块玉，只是借和氏璧这个名字，抬高一下身份罢了。

宦官买到和氏璧后，非常高兴，就私藏了。结果，赵王知道了此事，他就强行征缴了这件宝物，把它收入了赵国的皇宫。

后面的事情，大家都知道了。秦昭襄王知道和氏璧后，立刻动了心，他不惜以十五座城池为诱饵，意欲骗取这块和氏璧。结果，面对赵国“护玉使者”蔺相如，秦昭襄王毫无办法，不仅没有得到和氏璧，反而成就了一段“完璧归赵”的千古美谈。

这之后，和氏璧一直保存在赵国的宫廷中。直到公元前228年，秦国吞并赵国后，和氏璧才落入秦始皇手中。

秦始皇统一六国后，他需要一块独一无二的玉玺来显示自己的身份。于是，在秦始皇的授权下，秦国的能工巧匠们连夜加工，制作了一块“方圆四寸，上纽交五龙”的传国玉玺。

玉玺完成后，秦始皇命令李斯在它正面，用大篆书写的“受命于天，既寿永昌”八个字，作为自己“皇权神授、正统合法”的信物。

至此，这块永载史册的和氏璧，就成为另外一个永载史册的“传国玉玺”了。

有的学者认为，传国玉玺的原料可能不是和氏璧。因为，《晋书·舆服志》《玉玺谱》等都记载了传国玉玺“色绿如蓝，温润而泽”，说明传国玉玺很可能是蓝田玉制作的。当然，也有学者会反驳这个结论，认为传国玉玺的原料就是和氏璧，除此之外，再无其他。

传国玉玺的材料到底是不是和氏璧，这可能是一个千古之谜，只能指望更多的史料出炉，来解决这个难题了。

我们唯一知道的是，不管传国玉玺的材料是什么，它都是统治者眼中的宝，必须得之。

传国玉玺的前世今生

在历代皇帝眼中，传国玉玺就是权力的最高象征。

君主得之，则象征自己“受命于天”；天子失之，则表示自己“气数已尽”。所以，凡登大位而无此玺者，都被称为“白板皇帝”，显得底气不足而被别人耻笑。

此玉玺就是这么重要，引无数英雄竞折腰。

公元前206年的10月，刘邦率军打到了咸阳。面对无法挽回的局面，秦王最后一位国君子婴投降，他将传国玉玺献给了刘邦。

这之后，刘邦没有把这块玉玺交给项羽，而是私藏了。夺取天下后，刘邦把它作为自己新王朝的传国玉玺，让它永住长乐宫。

西汉末年，大臣王莽篡权，他急切地需要这块玉玺来证明自己的合法性。

在王莽的逼宫下，汉孝元太后知道肯定保不住了，她就将这块玉玺扔到了地上，这一下狠狠的撞击导致传国玉玺被摔掉一个角。虽然事后王莽等人用黄金极力弥补（这就是“金镶玉”的由来），但是这块传国玉玺还是留下了一个瑕痕。

王莽垮台时，天下大乱，传国玉玺被绿林军与赤眉军抢来抢去。最后，它被刘秀抢到了手里；同时，它也见证了一个新王朝的诞生。

东汉末年，天下又大乱。这块传国玉玺先后在董卓、孙坚、袁术、袁绍、曹操那里传来传去，几经辗转后，回到了正统汉献帝的手中。

当然，您再是正统，也得交出来。

公元220年，曹丕逼汉献帝禅位，自己建立了曹魏。这块传国玉玺，自然成了曹魏皇权的象征。在登基后，曹丕画蛇添足，他在传国玉玺的肩部，刻下了“大魏受汉传国玺”七个大字。

也许，冥冥中自有天注定，曹丕的所作所为彻底“激怒”了传国玉玺，它不再保佑曹魏王朝了。没过多久，魏国灭亡，三国被西晋统一，传国玉玺就此归了司马氏所有。

西晋末年，中国陷入了“五胡乱华”的时代，朝代更迭频繁，社会动荡不安。

传国玉玺被大家夺来夺去，开始了颠沛流离的生活。

永嘉之乱后，传国玉玺被汉国的刘渊、刘聪父子所得，后来又辗转到了后赵石虎的手中，最后被冉魏、冉闵父子所得。

公元350年，借赵石虎死后诸子争位之机，冉魏谋朝篡位，建立了一个不属于十六国，但应该算进去的国家，国号大魏，史称冉魏。

冉魏建国后，为了对抗强大的前燕，他就想跟东晋结盟。对于这个请求，东晋同意了，但他们有一个条件，就是要拿回传国玉玺。

后来，在花费了一笔不小的费用后，东晋征西将军谢尚拿到了传国玉玺，他立刻派遣三百精壮骑兵日夜不停地返回东晋，让这个传国玉玺"重归正统"。

从此以后，东晋这个白板皇帝才正式有了"公章"。

南北朝期间，东晋灭亡后，南朝经历了宋、齐、梁、陈四个朝代，传国玉玺就在他们之间传来传去。公元589年，隋朝统一全国后，就把传国玉玺并入了隋宫，成了自己王朝的象征。

公元618年3月，隋炀帝杨广被杀于江都（今扬州），隋亡。萧后携隋炀帝孙杨政道（《北史》称为杨愍）以及传国玉玺遁逃，逃到了漠北突厥那里。

唐朝建立后，因为没有传国玉玺，李世民只能刻了数方"受命宝""定命宝"等传国玉玺，聊以自慰。

公元630年，李靖率军讨伐突厥。在唐军的攻击和招抚下，杨政道选择了返回中原，他把传国玉玺交给了李世民，唐朝这才有了名分。

唐末，天下大乱，群雄四起。唐天佑四年（公元907年），朱全忠废唐哀帝，夺传国玉玺，建立后梁。十六年后，李存勖灭后梁，建立后唐，传国玉玺转归后唐。又十三年后，石敬瑭引契丹军至洛阳，后唐末帝李从珂知道大势已去，他怀抱传国玉玺登玄武楼自焚，传国玉玺就此失踪。

至此，这块秦始皇创造的传国玉玺，在折腾了一千一百多年后，终于消停了。从此以后，没有人知道它的踪迹了。

郭威建立后周后，因为找不到传国玉玺，只能雕刻了"皇帝神宝"印玺，聊以自慰。后来，这块玉玺被北宋缴获，成了北宋王朝的传国玉玺。

北宋哲宗时期，有一农夫在耕田时，发现了丢失已久的传国玉玺，立刻将此物上交给了朝廷。当时，虽然宋哲宗信誓旦旦地告诉天下，此物就是秦始皇的传国玉玺，但当时的很多士大夫对此物表示怀疑，认为这是一个假货，根本不是传国玉玺。

靖康之耻后，北宋亡国。宋朝史料记载，传国玉玺加上徽钦二帝一起被金人掳走了。但金国史料显示，他们只是掠走了徽钦二帝，根本没有拿走传国玉玺。

就这样，伴随着北宋的灭亡，传国玉玺又失踪了，它再一次不知所踪了。

当时，不管是金，还是南宋，或者是元，抑或是西夏，大家全都花费重金，到处寻找这块传国玉玺，但都没有找到。

1294年，传说中的传国玉玺竟然出现在了元大都的集市中，朝廷立刻将此物拿走了。从此以后，传国玉玺并入大元宫殿，成为元朝的象征。

当时，很多人都认为此物是一个假货，只是无法目睹、无法分辨真伪罢了。结果，明朝建立后，可以分辨这块玉玺的真假了，却没有机会分辨了。

原来，元顺帝遁逃后，就把这块玉玺带走了。朱元璋之所以多次对元朝余孽动武，一是为了斩草除根，二是为了追回这块传国玉玺。但可惜的是，蒙古朝廷被明朝消灭了，朱元璋也没有拿回传国玉玺，他只能雕刻了一块新的玉玺，作为这个国家的象征。

从那以后，终明一朝，虽然偶尔会有传国玉玺现身的说法，但都是捕风捉影的假消息，不值一提。这块传国玉玺一直没有现身，它彻底从历史上消失了。

如今，传国玉玺早被历史的黄沙所掩埋，已经不知所踪了。但是我坚信，由于它是特殊材料和氏璧所铸，因此从理论上讲，这块玉玺可以流传万年而不朽。所以，也许在某个不为人知的地方，这块传国玉玺正在静静地等待着，等待着有心人来把它找出来。

那么，额哲母子进贡的这块传国玉玺，它是怎么出现的呢？它是不是真正的传国玉玺呢？

前面的铺垫很重要

额哲母子进贡的这块传国玉玺的由来，是这么回事：

元顺帝死后，他手中的传国玉玺就消失了。两百多年的时间里，没有人知道它去了哪里。后来，一个牧羊人放牧期间，惊讶地发现，自己的一只羊三天三夜不吃不喝，一直用蹄子刨地。

见此情景，牧羊人很是奇怪，他就拿起铲子，把这块地给刨了。结果，牧羊人就发现了这块传国玉玺。

得知传国玉玺重见天日后，林丹汗很是重视，就把这块玉玺抢走了。林丹汗死后，玉玺就传给了他的接班人额哲。额哲投降后，就把传国玉玺交给了多尔衮。

以上，就是这块传国玉玺的由来。

当时，得知多尔衮获得了传说中的传国玉玺后，皇太极很是高兴。然而，当他

知道这块玉玺不是传国玉玺，而是元朝的玉玺后，就没有那么高兴了。

原来，多尔衮呈上来的这块传国玉玺，上面没有李斯撰写的“受命于天，既寿永昌”八个字，也没有曹丕画蛇添足刻下的“大魏受汉传国玺”七个大字，它上面只有“制诰之宝”四个字。

饱读诗书的皇太极知道，这是元朝皇帝使用的玉玺，并不是传说中的传国玉玺。这块玉玺跟传国玉玺根本就是两个东西。对此，皇太极很是失望，他还是希望得到秦朝流传下来的传国玉玺，这样才能名正言顺，受命于天，既寿永昌。

不是传说中的传国玉玺，这让皇太极很失望，但他转念一想，干吗非要传说中的传国玉玺呢？哪个玉玺不是玉玺呀？何况，元朝的玉玺也是传国玉玺啊。通过这个玉玺，也能完成自己的梦想了。

于是，在这种背景下，皇太极开始做文章，准备告诉大家自己的想法了。

当时，得知获得了传国玉玺，皇太极甚是高兴，他立刻颁布圣旨，要举行一次极其隆重的迎接仪式，迎接这块玉玺。

为了迎接这块传国玉玺，天聪九年（1635年）九月，皇太极率领文武百官、诸位贝勒、后宫家眷，大家举行了一个声势浩大的迎接团，出城一百里，来迎接这块传国玉玺。

迎接后，皇太极下令，就在当地搭设一个祭坛，将这块玉玺供奉在高案之上，对其行三跪九叩之礼。同时，皇太极亲自虔诚地捧起玉玺，对天行叩拜大礼，并传下口谕，告诉世人——“此玉玺乃历代帝王所用之宝，天以畀朕，信非偶然也。”

皇太极干这些事情，又说了这种话，到底意欲何为，真是不说自明。

可惜的是，群臣貌似没有明白皇太极的意思，这让他很是伤心。

原来，听完皇太极的这番话后，开窍的大臣就上书了，希望皇太极顺天承命、登基称帝。结果，对于群臣的请求，皇太极只是微笑地拒绝了。

其实，皇太极拒绝群臣的请求，不过是“例行公事”罢了。毕竟，这个男人做梦都是登基称帝的事，他想当皇帝都快想疯了。只不过，在皇太极眼中，让他登基称帝，必须要热烈、隆重、激情四射，千呼万唤始出来，这样才行。一请即从，未免太过草率。

咱不能掉这个价！

结果，让皇太极始料不及的是，群臣竟然不按剧本演戏。见皇帝反对登基称帝后，群臣竟然同意了，他们再也不表态、不发言、不劝皇帝登基称帝了。

看见群臣如此表态后，皇太极都快急哭了。但他也不能表态，只能独自伤悲了。

就在这个时候，那位“开陈及此，实获我心”的人出手了，他为皇太极解决了这个燃眉之急。

这个人，就是皇太极最好的亲信——萨哈廉。

前面讲过，这个萨哈廉堪称“深得朕意”。努尔哈赤病逝后，是他劝自己的父亲代善放弃皇位，拥立皇太极继位的。讨伐明朝时，在众人皆反对的情况下，又是萨哈廉力排众议，坚定拥护皇太极从蒙古孤军深入，攻打大明王朝。

这回，为了完成皇太极的心愿，萨哈廉又出手了。

身为皇太极的亲信，萨哈廉太清楚这位主子要干啥了。于是，他率领一部分官员来到皇太极面前再次上疏，请求皇太极登基称帝。

当然，为了给皇太极一个台阶，萨哈廉在劝进时采用了一个迂回前进的办法。萨哈廉阐述了两个皇太极不愿意称帝的原因，在给皇太极排忧解难时，也阐述了他真正的想法。

这两个原因如下：

第一，萨哈廉告诉大家，皇太极之所以不愿意登基称帝，是因为我们做得不好。我们没有尽心尽力地辅佐大汗，让大汗很不满，所以才不愿意上位。这是我们的责任，我们要好好检讨，要尽力辅佐大汗，以完成大汗的心愿。

第二，萨哈廉告诉大家，皇太极之所以不愿意上位，除了我们不尽力外，还有一个更加重要的原因，宗室中有不忠、不义之徒。比如莽古尔泰、德格类这两位，他们就是这样的人。因此，我们要立誓言、表忠心，让大汗放心，好让大汗登基称帝。

可想而知，萨哈廉说完这番话后，群臣全都顿悟了，大家就此清楚地知道该干什么了。而且，萨哈廉第二个原因一说，立刻为皇太极解决了一个难题，一个他无法提，却必须要解决的难题。

这个难题就是——让代善下跪。

要知道，身为一个一言九鼎、唯我独尊的皇帝，皇太极是要单独享受众人的跪拜的，而不是像以前一样，还得跟别人分享。

然而，这个矛盾，就在于此。

根据努尔哈赤建立的“八和硕贝勒会议”制度，身为皇帝的大哥，代善是无须给皇太极下跪的，相反，皇太极还得给他下跪。如今，代善虽然服软了，但他只不过是不让皇太极给他下跪罢了，他怎么可能给皇太极下跪呢？

曾经一度接受皇太极下跪的人，如今却要给皇太极下跪……试想一下，您要是代善的话也会不甘心，不同意皇太极登基称帝。

因此，在登基称帝这个问题上，代善一直选择装聋作哑，根本不提此事。可现在呢？萨哈廉已经把父亲将死了（这个好儿子）。代善若不立誓、不表忠心的话，他就是一个乱臣贼子，只能跟莽古尔泰等人一个待遇了。相反，代善若立誓的话，

他也只能“苦不堪言”。

因为，所谓的“立誓”，是要写一篇检讨书，跪在大汗的面前，亲自宣读，然后举火烧掉。因此，代善若立誓的话，就等于是给皇太极下跪了。

再说一遍，如此“将军”，萨哈廉真是代善的“好”儿子，堪称“亲子”也。

可见，萨哈廉的这个建议，让代善陷入了两难的地步。他不跪，就是一个“乱臣贼子”；他跪，面子就彻底荡然无存了。

最终，在这个两难的处境下，代善想明白了，还犹豫啥？老老实实地跪吧。毕竟，命这个东西，比面子要重要得多。

于是，代善主动找到了皇太极，请求立誓，要求下跪。双方就此展开了一段有趣的对话。

代善告诉皇太极：“大汗这么照顾我，不让我立誓（下跪），我很感激。可是，我如果不立誓，不就犯错误了吗（就成乱臣贼子了）？因此，我一定要立誓，不干违背大汗意思的事情，让大汗放心。”

皇太极心中窃喜，慢慢回答道：“我是怕你太劳累，才不让你立誓的。我怎么会怀疑大哥呢？大哥即使不立誓，也永远是我的大哥。”

就这样，双方说了一番心知肚明，却无法表达的话后，就愉快地结束了谈话。皇太极免去了代善下跪立誓的仪式，代善也表示一定会劝说所有人下跪立誓，拥护皇太极登基称帝。

至此，得到了代善的同意后，皇太极终于清除了所有的障碍，他可以说出自己的心里话了——“若皆修身盟誓，则愿就位。”

就这样，在诸贝勒挨个“下跪叩首、承认错误、宣读誓文”后，皇太极终于实现了梦想，他选择了一个良辰吉日，准备登基称帝了。

一个新的时代，就此到来。

登基称帝

天聪十年（1636 年）正月初一，在诸位贝勒的效忠誓言中，皇太极终于打算登基称帝了。

至此，一个历史上屡见不鲜的标准流程，开始启动。

同年三月二十二日，蒙古四十九位贝勒联名上书，请求皇太极登基称帝。结果，皇太极不许。

同年三月二十六日，投降汉官在都元帅孔有德、总兵耿精忠的带领下，联名上书，请求皇太极登基称帝。结果，皇太极还是不许。

同年四月初八，代善、济尔哈朗、多尔衮、多铎、岳托、豪格、阿济格、杜度等宗室贝勒联名上书，推举多尔衮为代表，上“满洲劝进表”，恳请皇太极登基称帝。同一时间，蒙古推举科尔沁首领土谢图智浓巴达理为代表，上“蒙古劝进表”；汉官推举孔有德为代表，上“汉人劝进表”；大家一起恳请皇太极登基称帝。

至此，折腾了数次后，皇太极才“勉为其难”地答应了诸位的请求，同意了登基称帝。他在群臣的欢呼声中，准备成为一个一言九鼎、唯我独尊的皇帝。

最终，大家议定，天聪十年（1636年）四月十一日是一个好日子，适宜举行登基大典，皇太极可在那一天完成心中的梦想。

就这样，一个永载史册的日子，就此到来。

十一日黎明，皇太极率诸贝勒及满洲贵族、蒙古亲王、汉官降将，出德胜门，至天坛下马。大家由满、汉两名引导官领至天坛前，向上帝神位上香、跪拜，行三跪九叩之礼，随后献帛，奉酒。

结束这些“基本流程”后，皇太极率诸大臣跪在坛前，负责朗读祝文的官员捧祝文至坛上，北面跪拜，大声朗读祝文，其文曰：

惟丙子年四月十一日，满洲国皇帝、臣皇太极感昭告于皇天后土之神曰：臣以眇躬嗣位以来，常思置器之重，时深履薄冰之虞，夜寐夙兴，兢兢业业，十年于此。幸赖皇穹降佑，克兴祖、父基业，征服朝鲜，混一蒙古，更获玉玺，远拓疆土。今内外臣民，谬推臣功，合称尊号，以副天心。臣以明人尚为敌国，尊号不可遽称，固辞弗获，勉循群情，践天子位，建国号曰大清，改元崇德元年。

至此，公元1636年，即大明崇祯九年、后金汗国天聪十年，在皇太极的诏书下，他正式废除“后金”国号，改国号“大清”，并用新的“崇德”年号，改年号为“崇德元年”。

从此以后，历史进入了一个拐角处，一个大清帝国出现在了历史上，一个叫作崇德皇帝，也叫作清太宗的人，登上了这座历史的舞台。

一个新的时代，终于到来。

这里多说几句，在清代十二位皇帝中，只有皇太极拥有两个年号，即“天聪”和“崇德”，其余的十一位皇帝都是一个年号。

这一点，与明朝一样。明朝一共十六帝，除了朱祁镇有两个年号，即“正统”和“天顺”外，其余十五帝都是一个年号。只不过，不同的是，朱祁镇是遭遇了软禁后的二次上位，皇太极则是“欲穷千里目，更上一层楼”。

书归正传，读完这篇祝文后，皇太极在大家的簇拥下，坐在了天坛的中间阶梯上（天坛一共三层），诸贝勒大臣按左右序列站毕，开始行两遍三跪九叩头大礼。

跪拜完后，代善代表满洲、额哲代表蒙古、孔有德代表汉官，他们分别捧满、蒙、汉三种文体的奏文，用自己本国的语言，对皇太极宣誓：

“我皇上应天顺人，聿修厥德，收服朝鲜，统一蒙古，更得玉玺，符瑞昭应，鸿名伟业，丕扬天下。是以内外诸贝勒大臣，同心推戴。敬上尊号曰‘宽温仁圣皇帝’，建国号曰‘大清’，改元为‘崇德’元年。”

请大家注意，用三种文字和三种语言宣誓，不仅代表着对皇太极的效忠，更是一种极其重要的政治象征。

这说明，从此以后，皇太极不仅代表满洲利益，也代表蒙古利益，还代表汉人的利益。也就是说，他不仅是满洲的皇帝，也是蒙古的皇帝，还是汉人的皇帝。从此以后，他将是满、蒙、汉所有人的“天下共主”。

这个意义，不说自明。

当然，即使皇太极得到了所有人的拥护，变成了一个宽温仁圣皇帝，也无法让所有人信服。

毕竟，这个宣誓过程不过是皇太极的自吹自擂罢了。而且，他的那个宽温仁圣皇帝的头衔，根本就名不正、言不顺。

纵观皇太极的一生，我没有看见“宽”，没有看见“温”，也没有看见“仁”，我只看见了烧杀抢掠、四处征战。他一征女真（指的是北面的野人女真，努尔哈赤时期没有征讨完），二征朝鲜，三征蒙古，五征大明，其间攻城略地，杀人放火，无恶不作。这样一个人，也配“宽温仁圣皇帝”这个头衔？这完全是欺世盗名、自欺欺人罢了！

书归正传，众人宣誓后，开始进入下一个流程。皇太极正式晋级为皇帝，他开始祭拜祖陵，追尊先祖，并开始大封群臣。

至此，这个登基仪式的过程，终于到达了顶点。

首先被加封的，是满洲的自家人。

天聪十年（1636 年）四月十二日，皇太极按照兄弟子侄的军功，挨个儿加封官职。他封代善为和硕礼亲王，济尔哈朗为和硕郑亲王，多尔衮为和硕睿亲王，多铎为和硕豫亲王，豪格为和硕肃亲王，岳托为和硕成亲王。

此六人，便成了“清初六王”。其余众人，按照军功来定，也被加封为郡王、贝勒等。

在这些人中，有两个人不得不提。

其中一人，就是多尔衮和多铎的哥哥阿济格。

本来，按照阿济格的身份和战功，他应该被封为亲王。结果，因为皇太极痛恨他跟自己对着干，就剥夺了他亲王的头衔，只封了一个“多罗武英郡王”了事。直到若干年后，皇太极病逝，多尔衮摄政后，才册封这个哥哥为亲王。

另一个人，就是号称他“深得朕意”的萨哈廉。

本来，按照萨哈廉的身份和功劳，他是可以被封为亲王的。然而，在皇太极登基前，因为炮伤，他英年早逝了。对此，皇太极只能含泪不册封他了。毕竟，在这个大喜的日子里，你不能追封一个死人呀，这太不吉利了。

后来，虽然萨哈廉生前没有享受亲王的待遇，但他死后，却完成了夙愿，他被追封为和硕颖亲王，他的长子阿达礼也世袭罔替，继承了他的爵位。皇太极也玩命地培养阿达礼，希望他继承父业，成为自己的另一个贤臣。

可惜的是，皇太极费尽心力，却培养了一个白眼狼。

阿达礼就是一匹忘恩负义的狼，未来，在那个争夺皇位的关键时刻，就是此人狠狠地摆了皇太极一道，差点让他的儿子没有即位，让这个皇位大权旁落。

当然，这些都是未来的事，咱们未来再说。

书归正传，册封完本家亲戚后，下一个被册封的，就是清朝的同盟蒙古了。

第二个被加封的，是蒙古诸部。

在中国的文化中，“汗”即“可汗”的简称。在蒙古语、汉文中，意为“王”或“帝”。当时，东北地区的女真族与蒙古族相邻，受蒙古文化影响很深，也称自己的最高统帅为“汗”。努尔哈赤建国前，就称“汗”；称帝后，也不改初衷，称自己为“汗”。

在少数民族的文化中，“汗”跟“帝”是同等的，甚至“汗”就是“帝”。少数民族在给万历皇帝的国书中，就称万历皇帝为“万历汗”。

话虽如此，但在明朝文化中，只有大汉天子、中原王朝的最高统治者，才能称“帝”。“帝”是独一无二的存在，也比“汗”更加尊贵。

之前讲过，皇太极和袁崇焕议和时，不是称自己为“大金国皇帝”吗？结果他遭到了袁崇焕的强烈谴责，并单方面终止了谈判。皇太极最终做出了让步，声明自己不称“帝”而称“汗”，这个谈判才继续了下去。

可见，在明朝人眼中，只有明朝皇帝才能称“皇帝”，“帝”与“汗”是不同等级的尊称。区区一个蛮夷的首领，焉能称“帝”？

当时，皇太极称帝前，他自称为“汗”。于是，为了不与这位大汗平起平坐，蒙古诸部的首领们全部降级，大家都不称“汗”，只称“贝勒”，或称“酋长”“族

长”。

皇太极升级后，他称“皇帝”，不再称“汗”了。于是，皇太极大笔一挥，就把这个空出来的“汗位”赏赐给了蒙古众人。

从此以后，蒙古的王公贵族们终于有了“汗位”，可以称自己为“大汗”了。

册封完本家亲戚和蒙古盟友后，下一个被册封的，就是那些投降的汉人。

皇太极大封汉人降将，封孔有德为“恭顺王”，封耿忠明为“怀顺王”，封尚可喜为“智顺王”。至此，这三个最早投降大清的汉奸，终于得道升天，成为大清的“王爷”了。

这里解释一下，孔有德等人的“三顺王”，与大清的王爷们有区别。虽然这“三顺王”的待遇，等同于清朝的和硕亲王，但他们的地位却等于是清朝的郡王。

他们是介于清朝亲王和郡王之间的一群人，拿着亲王的俸禄，却享受着郡王的待遇，没有世袭罔替之说，也没有分封之地，只能留在京城。

后来，在灭亡明朝的战役中，这些王爷建了奇功，才被加封为藩王，拥有自己独立的领地和军队，最终尾大不除，成了永载史册的人。

这些永载史册的王爷，就是这“三顺王”，以及后来归顺的吴三桂。他们这四人，也被称为“清初四王”。

再后来，孔有德战死、耿忠明自杀后，“清初四王”只剩下吴三桂和尚可喜了。随后，耿忠明之孙耿精忠继承了爵位，他跟吴三桂和尚可喜一起被清朝封为藩王，拥有了自己独立的领地。

耿精忠、尚可喜、吴三桂这三个人，就是历史上大名鼎鼎的“三藩”。这三人，也将在历史上留下极其辉煌的一笔。

大清王朝的秘密

天聪十年（1636 年）四月十一日，皇太极举行了一场极其隆重的登基大典，他正式颁布诏书，废除“后金”国号，改国号为“大清”。

这里有一个问题，为什么皇太极建立的这个国家，叫作“清”呢？

对于这个问题，民国时期著名的清史大师萧一山先生就在自己的《清代通史》中写道：“金号涂改之原因，皇太极何为而涂改国号耶？”

可见，连著名的史学家也不知道皇太极改国号的原因。如今，皇太极为什么改“金”为“清”，已经是一个千古之谜了。

虽然史学家们不知道皇太极为何要“改金为清”，但大家一致认为，即使不改成“清”，皇太极也会改了这个“金”。

因为，“金”这个国号，已经跟不上时代的脚步了，甚至严重拖了皇太极的“后腿”。

咱们都知道，“金”是历史上女真人建立的国家，努尔哈赤用“金”作为自己的国号，“既有继承金国事业之旨，也有团聚女真各部之义”的意义。然而，随着时间的推移，以及事业越做越大，“金”这个年号，就严重制约皇太极的发展，甚至严重影响他的事业了。

因为，立志要当“天下共主”的皇帝，皇太极太清楚“金国”干的那些事情了，也太清楚中原汉人对于“金国”的痛恨和忌讳之情了。

毕竟，对于一个中原汉人而言，只要一看见这个“金国”，就会想起跟其对抗的两宋；进而想起那段不堪回首的、导致北宋亡国的“靖康之耻”；以及那段永载史册、脍炙人口、众人皆知的千古名文《满江红·怒发冲冠》。

怒发冲冠，凭阑处，潇潇雨歇。抬望眼，仰天长啸，壮怀激烈。三十功名尘与土，八千里路云和月。莫等闲，白了少年头，空悲切。

靖康耻，犹未雪；臣子恨，何时灭。驾长车，踏破贺兰山缺。壮志饥餐胡虏肉，笑谈渴饮匈奴血。待从头、收拾旧山河，朝天阙。

最后落款四个大字——还我河山！

可见，一听到这首词，中原汉人对后金的憎恨之情，就可想而知了。在这种情况下，皇太极又怎么可能让汉人臣服，当这个“天下共主”呢？

因此，在这种背景下，皇太极必须更改国号了。他更改“金”这个国号，是大势所趋，必须修改。

那么，皇太极为什么要“改金为清”呢？

对于这个问题，皇太极没有做出说明，文献资料如《太宗皇帝实录》《满文老档》等也无记载，甚至清朝的官员和皇帝也不知道为什么叫“清”，因此只能让后人凭空猜测了。

后人的猜测很多，归纳一下，有五种说法还算合理。

第一种说法，纪念“大青马”之说。

上本书讲过，李成梁发现努尔哈赤脚下有三颗红痣后，就想杀了他。结果在小妾的帮助下，努尔哈赤知道了此事，他就骑着一匹大青马逃跑了。

逃跑期间，努尔哈赤经历了很多惊心动魄的事情，如乌鸦遮树、忠犬救主等。最终，虽然努尔哈赤成功逃跑了，但这匹大青马却被万箭射死了。

看着惨死的爱马，努尔哈赤痛苦不已，他悲伤地对大青马说道："大青马呀大青马，你救了我一命，他日我飞黄腾达、夺取了天下后，我一定不会忘记'大青'！"

后来，努尔哈赤登基称帝后，他履行了自己的承诺，下令永远记住"大青"二字。他的儿子皇太极登基称帝后，遵从了老爹的遗嘱，把这个国家改名为"大清"。

以上，就是"大清"国号的由来。当然，大家都知道，这不过就是一个民间传说罢了。

第二种说法，五行之说。

根据齐国人邹衍的"五德终始学说"里，国家分为五个王朝，即木德王朝、火德王朝、土德王朝、金德王朝、水德王朝。这五个王朝就跟五行一样，是可以相互承接、相互替换的。

在这种思想中，我们认为元王朝是一个"金德王朝"。因为这是一个骑在马背上夺取天下的王朝，元朝人除了金戈铁马、滥用暴力外，什么都不会，所以他们建立的王朝，就是一个"金德王朝"。

既然元王朝是一个"金德王朝"，根据五行相克来说，"火"克制"金"，所以朱元璋建立的明王朝是"火德王朝"。

那么，为了克制朱明的"火德王朝"，皇太极就要建立一个"水德王朝"。于是，他取"清"这个字，就建立了一个"水德王朝"，用"水克火"之法，克制大明王朝。

这就是"清"字的由来。

第三种说法，独一无二说。

有人认为，皇太极要建立一个历史上没人用过、独一无二的国号，所以定国号为"清"。

第四种说法，满文的含义说。

有专家认为，在满文中，"大清"就是"大金"，所以皇太极根本没有改国号，只是汉人翻译错了。

第五种说法，文字解释说。

有专家认为，皇太极之所以选择"清"这个字，是因为这个字孕育了很多美好的含义，如"廓清天下"等。"清"又与"青"字同音，有"青云直上""万古长青""青春年少"这些吉祥的词语。所以，他选择了这个字作为国家的名称。

当然，除了上述五种比较"权威"的解释，还有一些特立独行的解释。

比如说，乾隆皇帝就认为：我国之所以叫"大清"，是因为东方的颜色是青色；我国建国在东方，所以叫"青"，后取同音字"清"。

还比如说，一些清朝学者认为，管理西方的神灵，叫作"少昊"。此人姓

"金"，也号"青阳氏"，于是皇太极就取了"青"这个字，以代表自己是天神的后代。后来，取同音的"清"，就建立了这个大清王朝。

综上所述，虽然对于皇太极取"清"的解释有很多很多，但到底是什么意思，还是仁者见仁，智者见智吧。如今，清朝为什么叫"清"，还是一个历史之谜。

当然，虽然"清朝"名字的由来是一个历史之谜，但有一点毋庸置疑，皇太极之所以"改金为清"，就是要消除中原汉人对金国的敌视，以防止他们"以宋为鉴"，拼死抵抗自己。他要蒙蔽中原汉人，让他们乖乖听命于自己，接受这个"大金王国"的统治。为此，皇太极可谓无所不用其极。

没错，他就是无所不用其极！

因为，皇太极不仅改了自己"金"的国号，他还把自己"女真"的名字改了，他要让世人彻底忘记"女真"二字。

明崇祯十年、天聪九年（1635年）十月十三日（11月22日），清太宗皇太极发布诏谕：

我国原有满洲、哈达、乌喇、叶赫、辉发等名，向者无知之人，往往称为诸申。夫诸申之号，乃席北超墨尔根之裔，实与我国无涉。我国建号满洲，统绪绵远，相传奕世。自今以后，一切人等，止称我国满洲原名，不得仍前妄称。

——《清太宗实录》

这段话的大概意思是说：

无知的人，一直叫我们女真，即诸申（萧一山先生已经考证，诸申就是女真的意思）。其实，女真是席北超墨尔根人的后裔，跟我国毫无关系。我国一直叫"满洲"，历史悠远，流传至今。从此以后，任何人都要称呼我国"满洲"原名，不许再称呼其他名字。

其实，历史已经证明，皇太极就是女真的后代，那个所谓的"满洲"，无非是他自己杜撰的名字罢了。

那么，皇太极为什么要杜撰一个"满洲"的名字呢？

还不是为了防止中原汉人仇恨自己。

要知道，皇太极之所以极力否认历史，否认自己是女真人的后代，就是想告诉世人，特别是中原的汉人，我们与女真人毫无关系，我们就是一群满洲人，也跟历史上的金国没有任何关系。因此，虽然金国屠杀过汉人，灭了汉人建立的宋朝，但跟我们没关系呀，那是女真人干的事情，跟我们这些满洲人无关。

可见，为了给汉人留下一个好印象，让他们心安理得地接受自己统治，皇太极

真可谓无所不用其极。

当然，就跟自己选择“清”作为国号一样，皇太极创造了“满洲”这个名字，也同样没有给出解释，只能让后人猜测不已了。

如今，在世人的解释中，“满洲”这两个字的意思，有以下几种解释：

第一种说法，“满洲”一词取自人名。

前面讲过，女真有一位大英雄，此人叫李满主，曾掌管过建州卫（也称建州中卫）。因此，就取他的名字，命名“满洲”。

第二种说法，地名说。

东北有一个地方叫曼遮，皇太极就以此为由，命名“满洲”。

第三种说法，部落名说。

女真诸部中有一个部落，叫作“满洲部”，皇太极就以此为由，命名“满洲”。

第四种说法，佛教说。

在佛教历史中，释迦牟尼的老师叫作曼殊室利，皇太极就取“曼殊”的谐音，命名“满洲”。

另一种解释，有专家考证，“满洲”的发音与“文殊”接近，而文殊就是“文殊菩萨”的简称。皇太极之所以称自己为“文殊”的后代，就是希望借助文殊菩萨这块金字招牌，感化中原的老百姓，让他们乖乖听命自己。

当然，跟“清”这个国号一样，虽然史学界对“满洲”一词有很多种解释，但时至今日也无法达成共识。

如今这些词语，只能成为清史之谜、满学之谜，也只能指望更多的史料出土，才能解决这个千古难题了。

也许，皇太极之所以没有给出解释，是因为他认为根本不需要解释。

总之一句话，不管是创造了“大清”二字，还是篡改出了“满洲”这个崭新的名称，皇太极的目的就是一个，他要篡改自己是女真人的后裔的事实，以安抚中原汉人的心，让这些百姓心悦诚服地归顺自己。虽然事实证明，这样做，没啥效果，但皇太极还是干了，并乐此不疲。

皇太极的故事，也告诉了我们一个永恒不变的道理——正如王阳明所说：“人人自有地盘针。”真正的历史，不在那些后世杜撰的历史书中，也不在那些顶礼膜拜的庙堂之内，而是在天下人的心里！

真正的历史，不可能被篡改。历经千年，一直如此。

书归正传，既然皇太极已经登基称帝了，那么，我们不妨去看看这位皇帝的后宫，看看他的后宫禁地内，能够爆发出什么样的故事。

第十九章 皇太极的女人们

休掉一朵花

既然皇太极登基称帝了，我们就来聊一个有趣的话题，聊一聊皇太极的后宫，说一说他的那些女人们。

在说皇太极的后宫前，咱们先说一个有趣的问题——家庭和事业，哪个更重要？

对于这个问题，你会怎么回答？对于这个问题，皇太极将怎么回答？

毋庸置疑，对于这个问题，皇太极一定会选择后者。他会这样告诉我们："当然是事业最重要，为了事业，一切皆可抛！"

他会这么说，也会这么做。

为了维护自己的地位，当家庭与事业发生冲突时，皇太极一定会维护自己的事业，不惜把家庭破坏，甚至让儿子成为"无娘之子"。

作为一个优秀的政治家，皇太极清楚地知道自己的地位比什么都重要。当时，他的大福晋阻碍了他前进的脚步，皇太极就毫不犹豫地把她休了，把这个女人轰回了娘家。

皇太极的大福晋，叫乌拉那拉氏。此女是皇太极的原配夫人（注意这里，她才

是元妃），他为皇太极生了三个孩子，两男一女，其中一个男孩还是皇长子豪格。

《清列朝后妃传稿》记载，乌拉那拉氏生豪格的时候，皇太极刚刚十七岁。这么年轻就当上了爸爸，皇太极高兴的心情可想而知。从此以后，他就开始宠爱乌拉那拉氏，给予这个女人想要的一切了。

得此结果，乌拉那拉氏很是满意。结果，这却变成了一个“恃宠而骄”的故事……

仗着皇太极的宠爱，乌拉那拉氏为非作歹、恣意妄为，家中奴婢稍有怠慢，她就将他们殴打致死。对待外人，她也毫不客气，趾高气扬，目中无人。

乌拉那拉氏这种傲慢无礼的个性，终于遭到了报应。

天命七年（1622 年）冬，为了拜见公公努尔哈赤，乌拉那拉氏坐着一个狗拉的拖车，慢悠悠地出发了。

或许，是因为当时天气太冷了；或许，是这个车太舒服了；或许，是乌拉那拉氏懒得动。结果，一路之上，乌拉那拉氏就坐在车里，一动也不动，舒舒服服地去拜见公公。

乌拉那拉氏的车路过代善府邸时，按照规定，乌拉那拉氏该下车请安。结果，乌拉那拉氏懒得下车，就在车上请安了。这辆车路过阿济格门口时，按照规定，乌拉那拉氏也应该下车请安，结果，乌拉那拉氏还是懒得下车，她依旧在车上请安。最终，乌拉那拉氏就这么一直坐着车前进，她直接开到了努尔哈赤的大营里。

可想而知，看见儿媳妇如此行事后，努尔哈赤当时就怒了，他大吼道：“你是何人？不懂规矩吗！竟敢躺着进来！”

最终，努尔哈赤痛骂她“轻慢有恶行”，严厉训斥了乌拉那拉氏一顿，把她轰走了。

得知此事后，皇太极会怎么办呢？

没有一丝犹豫，皇太极就痛下狠手，把这个女人休了。可见，皇太极绝不会为了区区一个女人，就断送了自己的前途和事业。

得知皇太极主动休妻后，努尔哈赤甚是满意，他就原谅了皇太极，继续重用这个儿子了。只是可怜了乌拉那拉氏，平白无故被人丢弃，只能悲惨地回家了。同时，乌拉那拉氏的儿子豪格也甚是可怜，他从此变成一个无娘的孩子了。

这个事情，对豪格的打击可谓深远。

第一，从此以后，豪格成为一个“废妃之子”。虽然他是皇太极的长子，但他却成为身份最低的皇子了（没办法，子凭母贵）。这给他未来争储失败埋下了一个深深的伏笔。

第二，这件事情彻底改变了豪格的世界观。当爱情与事业发生冲突时，豪格也会毫不犹豫地杀妻，这也导致了他不得民心，无力争夺储君之位。

可见，这对父子的故事告诉我们——孩子的一生，完全取决于家长。他们一生的行为模式，也是学家长做的，而不是学家长说的。

即使家长能够说得口若悬河，到处也都有颂扬自己功德的文章。但是，您怎么做，您的孩子就会怎么学。不管您如何掩盖自己的行为，您内心的真正行为，也会被您孩子原封不动地学去。历经千年，一直如此。

因此，若想培养出一个合格的子嗣，请先从自己做起，以圣贤为榜样，做一个优秀的人。

书归正传，即使休了结发夫妻，皇太极也毫不在意。

皇太极一生的行为模式，就是如此。为此，他抛弃了不少女人，酿成了不少人间悲剧。

蹂躏两朵花

皇太极对自己的女人不仅无情，而且无义。他甚至干了一些让人瞠目结舌的事来虐待自己的女人。

这件事情，就是逼迫她们改嫁。

《满文老档》记载，皇太极有一女人，叫叶赫那拉氏。此女的丈夫是努尔哈赤的仇敌，丈夫被努尔哈赤杀死后，这个女人成为努尔哈赤的“战利品”。为了笼络儿子，努尔哈赤大笔一挥，就把这个“战利品”赏给了皇太极。

史料记载，皇太极不喜欢这个女人，但为了讨父皇开心，他还是“高高兴兴”地接受了。十年后，叶赫那拉氏为皇太极生下了五子硕塞，也算是“建功立业”了。

历史上的这个硕塞，非常了不起。他战功显赫，被封为亲王，还成了清初“八大铁帽子王”之一。

何为铁帽子王？

明朝灭亡，清朝建立后，清朝统治者开始总结明朝亡国的教训，他们认为，明朝亡国的主要原因之一，就是公爵不降级。祖先是什么爵位，后代还是什么爵位，养出了一群社会蛀虫。

于是，清朝下令，所有的爵位隔代降级，若后代不努力，几代之后，家族就成为平头老百姓了。

当然，为了表彰功绩特别大的功臣，清朝下令，一些亲王享受“世袭罔替”特

权，自己是王爵，子孙永远是王爵，除非家族绝后，或者是清朝灭亡，这个特权才会停止。

这些拥有“世袭罔替”的亲王，就被民间称为“铁帽子王”。清朝初年，一共有八大铁帽子王。清朝灭亡前，又增加了四位铁帽子王，所以清朝一共有十二位铁帽子王。

书归正传，虽然铁帽子王的地位荣耀无比，但可惜的是，叶赫那拉氏没有等到儿子扬名立万的那一天。

原来，儿子成名前，叶赫那拉氏早就被迫改嫁了，她成为别人家孩子的母亲了。

皇太极登基后，他就迫不及待地处理这个女人。因为不喜欢她，皇太极下令，允许她另外嫁人，了结这段孽缘。当然，她不能嫁给民间的男人，否则的话，皇家的隐私不就外泄了吗（其实还是外泄了）?

在皇太极的“做媒”下，叶赫那拉氏改嫁了一个内大臣土谢图。内大臣，自然是皇太极的亲信了。土谢图对她的出身守口如瓶，也对叶赫那拉氏相敬如宾，没有欺负她。

嫁给这么一个好男人，叶赫那拉氏也知足了，就准备踏踏实实过日子。然而，天有不测风云，在一次打猎中，土谢图被老虎所伤，病逝了。他死后，叶赫那拉氏又被迫嫁人了。

这一次，叶赫那拉氏嫁给了一个镶黄旗轻车都尉，夫妻双方的感情不算好、也不算坏，就这么凑合着过日子。过了几年后，叶赫那拉氏就病逝了。

至此，这个一生“嫁给了四个男人，四度易主”的女人，终于结束了自己悲惨的生命。

这个女人，终于得到了长久的安息。

其实，对比下一个女人，叶赫那拉氏的待遇已经很好了。毕竟，她能够全身而退，而不是在“休产假”期间，被人扫地出门!

没错，就是在自己最虚弱的时候，被丈夫扫地出门、流落街头。这样的结果，何其悲也。

这个被扫地出门的女人，叫作博尔济吉特氏。

《满文老档》记载，博尔济吉特氏是一个蒙古贵族之女，她才貌双全，在草原上远近闻名。

得知有这么一颗沧海遗珠还漂流在外，皇太极龙颜大悦，他颁布了一道圣旨，命这个女人入宫，“中则留于宫中，不中则遣之还”。

后来，看见了这个传说中的美女，皇太极认为还不错，就把博尔济吉特氏留下了。当时，皇太极的中宫空虚，他就颁布圣旨，册封这个女子为东宫福晋。

东宫福晋入宫后，很是得宠，没过多长时间，她就生下了皇六女。过了几年，又给皇帝生下了皇九女。可见，皇太极对其很用心。

然而，谁也没有想到，等博尔济吉特氏生下皇九女后，灾难却突然降临了。

原来,《天聪九年档》记载，生下皇九女后，皇太极颁布了一道圣旨，以“不遂汗意”为由，把这个女子休了，命她改嫁叶赫部德勒格尔台吉之子南褚。

这个女人都不知道怎么回事，她就拖着自己病重的身体（还没过月子期）离开了皇宫，改嫁南褚了。

根据《八旗满洲氏族通谱》记载，这个南褚是叶赫那拉氏人，是皇太极姥姥家人。按照辈分，他应该是皇太极的表侄。就这样，皇太极把自己的女人嫁给了南褚，把自己的老婆变成了侄媳妇。

那么，博尔济吉特氏到底干了什么事情，让皇太极“不遂汗意”呢?

也许，皇太极对她没有兴趣了，也看她不能生儿子，就卖了一个人情，把这个女子作为奖品赏给了南褚这个有功将领了（劝降了苏秦母子）。

就这样，这个女子被迫嫁人了。在无限的怨恨中，博尔济吉特氏的身体每况愈下，没过几年，她就香消玉殒了。

一个美丽、活泼的女子，就在皇太极的蹂躏中，草率地结束了一生，真是可叹、可惜、可怜。

综上所述，通过这两个女人的悲惨遭遇，我们就能知道，皇太极对于自己的女人就是这样无情。

皇帝女人的来源途径

自古以来，皇帝女人的来源，主要有四种途径。

第一种途径，明媒正娶。

对于皇帝而言，这是最有效的途径。对正室的皇后叫“娶”，对侧室的妃嫔叫“纳”，只要自己想结婚，来几次都行。

第二种途径，叫“选秀”，就是我们常说的“选秀女”。

从汉朝开始，为了不断更新后宫的队伍，每隔一段时间，地方官员就要向皇帝进献美女，以保障后宫的“新鲜度”。

选美程序一般是这样的——这些女子到了皇宫后，先由太监选择，太高、太胖、太矮、太瘦，以及四肢比例不协调、长得不好看、举止不端庄、发音不清楚的

女子，全部被淘汰。

此外，古代女子选美，还有一套自己的标准，跟现在还有点不同。

古代选美，一选脚，三寸金莲；二选头发，乌发蝉鬓；三选发式，云髻雾鬟；四选眉毛，蛾眉青黛；五选眼睛，明眸流盼；六选牙和嘴，朱唇皓齿；七选手指和手臂，玉指素臂；八选腰和皮肤，细腰雪肤；九选化妆，红妆粉饰；十选体香，肢体透香。

以上内容，构成了古代人选美比赛的标准。

十条全占者，精品；占八条者，优质品；占六条者，合格品；六条以下者，不及格，直接遣送回家，推荐的官员也要连带受罚。

面试合格后，这些女子留在宫中工作，学习礼仪。经过几个月的培训，再由皇帝亲自挑选（或者是皇后代劳），她们成了宫中的秀女，或者是干活的宫女。

当然，进入深宫后，这些女子未来是深受皇恩，飞上枝头变凤凰，还是人老珠黄，孤苦伶仃地度过余生，就看她们自己的造化了。

第三种途径，叫作“笑纳”。

古代的女子身份地位低，没有什么权力。

在这种背景下，男人把女人当成礼物送来送去，没有人认为不妥，也没有人认为不对。当时，臣子们会费尽心力收集美女，献给皇帝，以博得皇帝的欢心。皇帝也乐于接受这种礼物，他甚至会回礼，犒劳自己的臣子（比如上面的博尔济吉特氏），以拉拢臣子的心。

第四种途径，叫“接收”。

在古代，战胜了对手，往往把失败者的妻子、女儿当成战利品，变成自己的嫔妃，让他们为自己生儿育女。

比如说，唐太宗李世民的后宫中就有隋炀帝的妻子，还有隋炀帝的女儿。在“玄武门之变”后，其后宫又添加了他哥哥李建成、弟弟李元吉的妻子。

在今天看来，李世民这种“来者不拒，对嫂子、弟妹一锅端”的行径，有点令人发指。但对于李世民而言，却毫不介意。因为这些女人是他胜利的标志，是他作为胜利者的证明。

这种情况，也可以理解。

毕竟，自古以来，男人对男人最高等级的侮辱，就是通过女人来完成的。皇帝只不过借这些女人的手，继续羞辱自己的对手罢了。

在这种背景下，作为胜利者的皇太极，他也要干这种事情了。于是，他“接收”了两个女子，招降了两朵美丽的草原之花。

这两朵草原之花，就是林丹汗的两位福晋。

先讲这第一朵花——博尔济吉特氏。

林丹汗病逝后，他的部落就作鸟兽散了。他的福晋们也各自单飞，准备另攀高枝。

在这种情况下，林丹汗的一个叫博尔济吉特氏的侧福晋（此女原名叫巴特马·璪，是林丹汗的窦土门福晋）瞅准时机，投降了皇太极。

对于她的归属，皇太极非常重视，不仅亲自接见，还以国礼款待了她。这些国礼，主要有三。

第一，准备了丰厚的礼物，赠送了四匹宝马良驹（蒙古人喜欢宝马，所以这个礼物对口）。

第二，见面时，皇太极使用了最高礼仪“抱见礼”，拥抱了这个女子，显示了自己的诚意。

第三，出席宴会时，博尔济吉特氏可以坐在皇太极的旁边，以视尊重，众贝勒还要依次为她敬酒。

可见，这个接待礼仪，不可谓不高矣。

这里有一个问题，博尔济吉特氏不过是林丹汗的一个侧福晋，按照中原王朝的规矩，她不过就是一个普通的嫔妃罢了。那么，到底是什么原因，让皇太极如此礼遇这个女子，把她当成一个“皇后”来对待呢？

这个问题很简单，因为博尔济吉特氏是第一个归顺皇太极的。就凭这个第一，皇太极也得给足她面子，以笼络人心，好让更多的林丹汗部下归顺自己。

虽然博尔济吉特氏的待遇不过是皇太极的面子工程罢了，他也不会发自内心地去尊重这个女子。但不可否认的是，博尔济吉特氏是一个很有心计的女子，再加上她非常年轻漂亮。结果，宴会结束后，博尔济吉特氏成功勾引了皇太极，让皇太极对她动心了。

最终，皇太极打算收了她，把她变成自己的女人。

然而，皇太极可以这么想，真要这么做，他还是有顾虑的。

毕竟，这是林丹汗的遗孀呀，林丹汗尸骨未寒，就霸占了他的妻子，这要是传出去，林丹汗的将士们会怎么想，这不利于招降他们。

为了招降他们，皇太极不能迎娶这个女子，但为了自己，皇太极又想吃这口腥。这种两难的局面，让皇太极痛苦不已。最终，皇太极想了一个主意，他打算让群臣为自己做主。

没错，就是让群臣做主。

在一天早朝时，皇太极对群臣讲了一个故事：

“在博尔济吉特氏归来的两个月前，朕做了一个梦。梦中，朕看见一只漂亮的

雌雉在空中盘旋，后来飞到了朕的大营里。朕认为这件事情很蹊跷呀，就算了一卦，结果得到了一个‘汗必遇贤美福晋’的卦。大家看呀，这是多么的神奇呀。原来博尔济吉特氏的归属，是天意，天意不可违呀。记住了，天意不可违呀！”

皇太极讲完后，群臣就知道该干什么了。毕竟，皇帝都给了这么多提示，这要是还听不懂，就别在这里混了。

于是，群臣马上劝谏皇帝，让他迎娶博尔济吉特氏，让这个梦圆满。

听完群臣的劝言，皇太极摆摆手，道："朕怎么能迎娶博尔济吉特氏呢？她是林丹汗的遗孀。林丹汗尸骨未寒，朕就迎娶了他的女子，天下人会怎么说朕呢？林丹汗在天有灵，又会做何感想呢？"

群臣心里跟明镜似的，大家马上谏言："陛下不欺辱败军家属，这是仁爱之君呀。林丹汗在天有灵，看见福晋幸福无比，足以含笑九泉。陛下如此善待败军家属，林丹汗的部下见到后，也一定会心悦诚服，主动来降。因此，陛下只管迎娶，何来顾忌之说？何况，迎娶这个女子，此乃天意。记住了，天意不可违呀，陛下！"

就这样，在群臣的劝谏和"天意不可违"的说辞下，皇太极终于"勉为其难"地答应了。

皇太极下令，迎娶了博尔济吉特氏，册封她为淑妃，即非常善良的妻子（《尔雅》记载，淑，善也），把她接入了后宫，让其做了衍庆宫（相当于次东宫）的主人。

淑妃入宫后，皇太极对她还不错，对她宠爱有加，也没有让她改嫁他人。可惜的是，淑妃一生无子，这个比较遗憾。

为了弥补这个遗憾，淑妃领养了一个蒙古女儿，作为自己的养女，以解心中的寂寞。这个女孩长大后，嫁给了睿亲王多尔衮为妻。

至此，这朵草原之花的故事，咱们讲完了。现在，开始讲述另外一朵草原之花。

招降两朵花

对比博尔济吉特氏，这朵草原之花，可相当了不起。

因为，此女是林丹汗的大福晋，是他的八大福晋之首，真正的正宫娘娘。

此女叫博尔济吉特·娜木钟，史称囊囊太后。"囊囊"就是汉语"娘娘"的谐音，所以她就是中原文化里的太后娘娘。

在博尔济吉特氏归顺的第二年，即天聪九年（1635年），大福晋娜木钟在草原混不下去了，她率众投降了皇太极。

得知这个女人归降后，皇太极非常重视。毕竟，这是林丹汗的正宫娘娘来投降，其意义、其影响，不说自明。

于是，皇太极用最高的礼仪，来接待这位真正的皇后。各种赏赐，更是不计其数。

款待完后，皇太极下令，要给娜木钟找一个好娘家。让她嫁一个满洲贵族，下半辈子无忧无虑地生活。

命令下达后，大家一致认为，大贝勒代善是一个合格的人选、也是唯一的一个人选。毕竟，娜木钟曾经是"王的女人"，身份尊贵无比。皇太极不娶的话，论资排辈，只能是代善上了，谁让他是这个国家的"二号首脑"呢。

结果，得知此事后，代善给了一个干净利索的答案——不娶，没门!

代善之所以不娶娜木钟，有三个原因。

第一，娜木钟的财产太少，代善看不上。

《清初内国史院满文档案译编》记载："该福晋无财畜，故不娶。"代善嫌她太穷了，看不上，所以不娶。而且，《清史稿》明确记载了，娜木钟归顺时，带着一千五百户部众来的。换句话说，她是带着一千五百户"难民"来的，代善可不想自掏腰包，养活这么多张嘴。

第二，代善嫌她老，看不上。

一般来说，能成为大福晋的女人，要么就是入宫时间早，要么就是斗争的时间长，否则她爬不到那个位置。这么一算的话，娜木钟只能跟"年轻貌美"这类词语绝缘了。所以，代善嫌她是一个年老珠黄的女人，不愿意娶，也就情有可原了。

第三，代善嫌她有一个"拖油瓶"，不愿意娶。

原来，娜木钟归顺时，是带着她的儿子，即林丹汗的遗腹子阿布鼐来归顺的。代善不想给仇人养儿子，也看不上这个拖油瓶，故不娶。

这里说段题外话，在清朝历史中，这个阿布鼐（也称阿布奈）鲜为人知，就是一个小人物，但他的儿子却非常了不起。此子狼子野心，一直想恢复爷爷的事业，再现昔日的大元帝国，成为蒙古新的大汗。

康熙年间，此子看见清朝为了平叛，清军全部南下、京城空虚之际，他毅然决然地造反了。此子率领十万大军（实际上也就三千人）南下，意欲攻陷北京城，重建昔日的大元帝国。

后来，得亏阿布鼐的儿子不得民心，清朝也有隐藏的力量。在一番交战后，阿布鼐的儿子死于乱军之中，这场叛乱被清朝平定了。

阿布鼐的儿子，叫作布尔尼，他的这场叛乱，就是清朝历史上大名鼎鼎的"布

尔尼之变”。当然，布尔尼之所以乘虚而入，是因为清朝在忙着收拾另一场叛乱，才给了他机会。这场叛乱，就是清朝历史上更加大名鼎鼎的“三藩之乱”。

未来的事情，未来再议，现在书归正传。

就这样，因为这三个原因，代善悔婚了。其实，代善的秉性也决定了他肯定会悔婚。因为这个人，“只认钱，不认人”。

不信？请参考前面“苏秦太后”的故事。同样都是老女人，同样都带着拖油瓶，代善对她们的态度，就可见一斑了。

得知代善“悔婚”后，娜木钟羞愧难耐，恨不得找个地缝钻进去。毕竟，被代善当众抛弃，这让她情何以堪。而且，代善把她贬得一无是处，她还怎么再嫁呀。娜木钟只能躲在家里，天天以泪洗面，连死的心都有了。

好在，就在这个时候，皇太极站了出来，把她收入了后宫。

皇太极之所以娶这个人老珠黄的女子，原因很简单。因为，在皇太极的眼中，他跟娜木钟的结合，不是爱情，也不是财产，而是为了政治，就是为了满蒙联盟更加巩固。

皇太极要用善待娜木钟的行为感动整个察哈尔部落，好让他们归顺自己。相反，这个事情处理不好，寒了娜木钟的心，就等于是寒了察哈尔部落的心。届时，这些寒心的人投奔了明朝或者其他势力，与大清为敌，就不好办了。

因此，在皇太极的眼中，这个女人长什么样，有多少财产，是不是有一个拖油瓶，这些都不重要。重要的是她的“身份”，以及她背后的势力和利益，这些才是最重要的。这也是一个合格政治家的必修课。

从这里就能够看出来，代善的目光挺短浅。他只能看见自己眼前的利益，也能看见娜木钟眼前的利益，却看不见娜木钟背后的利益，也看不见迎娶了这个女人后的利益。因此，代善只能当一个亲王，却无法成为一个皇帝。

迎娶了娜木钟后，皇太极对她还不错。皇太极册封她为“麟趾宫（西宫）贵妃”，位列中宫皇后和东宫宸妃（海兰珠）之下，位列其他嫔妃之上，成了后宫中“两人之下，万人之上”的女人。一有时间，皇太极也老往她的屋子跑，一直待到天明才走。

后来，在皇太极的恩宠下，娜木钟这棵“老树”竟然开花结果了。娜木钟为皇太极生了一儿一女，即皇十一子和皇十一女。

儿女长大成人后，皇十一子博穆博果尔得到了最高的爵位，成了亲王，史称襄亲王。皇十一女也得到了只有皇后之女才能得到的封号，被封为固伦公主。

可惜的是，娜木钟的儿女虽然得到了最高的封号，却无福消受。固伦公主嫁入蒙古后，因水土不服，英年早逝了，年仅十五岁。顺治年间，博穆博果尔也英年早逝了，年仅十六岁。

就这样，儿女全都英年早逝后，娜木钟成了一个孤苦伶仃、无依无靠的老人了。

两任丈夫死在她的前面，已经很不幸了，结果儿女也死在了她的前面，这让她情何以堪？这样的结果，除了命犯“天煞孤星”外，似乎找不到更好的解释了。

儿女病逝后，娜木钟又独自活了十八年，于康熙十三年（1674年）逝世。她孤苦伶仃地离开了人世，死后葬于清昭陵贵妃园寝。

这个女人，就这样结束了自己的一生。

这里说一段题外话，关于娜木钟儿子博穆博果尔之死，有人说，他不是病死的，而是气死的。

说这个话的人，就是传教士汤若望。

原来，汤若望告诉我们，博穆博果尔十五岁时，皇帝突然册封他为和硕襄亲王，命他率军出征，建功立业。

年纪轻轻就获得了独当一面、独自领兵的机会，博穆博果尔很高兴，他就开开心心地率军出征了。结果，大军休息期间，博穆博果尔听到一群大兵在侃大山。听完后，这位王爷就彻底怒了，他直接砍了这些大兵，随后单人独骑地回京了。

原来，这些大兵在调侃博穆博果尔，说他之所以能够领兵出征，不是因为战绩，而是因为女人。如今他的妃子已经成了皇帝的女人了。

可想而知，听完这番话后，博穆博果尔都气疯了。他抽出宝剑，杀了这些大兵，随后单人独骑地回京，去找王妃算账去了。

回到王府后，仆人们大吃一惊，皆不知道该说什么。当问及王妃去向后，仆人们支支吾吾，不敢回答。实在无法躲避了，仆人们才实话实说道：“王妃已经入宫了，去了好几天，一直没有回来……”

一听这话，博穆博果尔如晴天遭遇霹雳，劈得他瞬间找不到北了。他立刻直闯后宫，找这对狗男女算账去了。

汤若望记载，博穆博果尔进宫后，直接跟皇帝“算账”了。算账期间，他们来了一番脏话连篇的交流……随后，又来了一场互相推搡的“肢体运动”……最后，顺治皇帝当众打了博穆博果尔两个耳光，命他滚出皇宫，不许再来……

出宫回家后，博穆博果尔羞愧无比，他号啕大哭。没过多久，就上吊自杀了。

清朝为了掩盖这段丑闻，只能说博穆博果尔病逝了，并在官方史书《清史稿》中，留下了博穆博果尔最后的词语——“和硕襄亲王博穆博果尔薨，年十六。”

当然，这只是汤若望的一家之言，真相到底是什么，估计已经无人知道了。毕竟，这里面的猛料太多，清朝已经把这些史料全部销毁了。

据说，这个与皇帝有染的人，就是清朝历史上大名鼎鼎的董鄂妃。

第二十章 最灿烂的三朵花

一后四妃

皇太极的后宫有很多人，但最著名的人，非那“一后四妃”莫属。

这“一后四妃”的五个女子，都来自蒙古，是黄金家族博尔济吉特氏的后代。只不过，她们分属不同的阵营。

其中两个女子，来自林丹汗的察哈尔部，分别是衍庆宫的淑妃博尔济吉特氏·巴特马和来自麟趾宫的懿靖大贵妃博尔济吉特氏·娜木钟。

另外的三个女子，来自蒙古的科尔沁部，她们就是大名鼎鼎的、共侍一夫的“姑侄三人组”。

现在，开始讲述这个历史上家喻户晓的“三人组”。

“三人组”中的姑姑，就是皇太极的皇后，他明媒正娶的新娘、科尔沁莽古斯贝勒的女儿——博尔济吉特·哲哲。

万历四十二年（1614 年）四月，十五岁的哲哲远嫁给二十二岁的皇太极为妻。对于这个父汗安排的新娘，皇太极极其重视，他亲自出城三百里，用最高的礼仪迎接这位新娘。

哲哲嫁进来后，不敢说跟皇太极举案齐眉、相敬如宾，但也过得不错。皇太极一直让她当后宫的女主人，也没有废除她的意思。皇太极“升级”后（登基称帝），哲哲也自动升级，成了母仪天下的皇后。

位置稳固，夫君也对她不错，不管怎么看，哲哲都幸福无比。然而，哲哲还是有隐患的，因为她生不出儿子，若不想办法的话，早晚必成大患。

当时，哲哲不可谓不努力，但她就是没有这个命。她给皇太极生了三个女儿，就是生不出儿子，你让她心中如何释怀?

哲哲的三个女儿，第一位是皇次女固伦温庄长公主，下嫁蒙古察哈尔部和硕亲王额哲（林丹汗之子）为妻；第二位是皇三女固伦端靖长公主，下嫁蒙古科尔沁部多罗郡王奇塔特；第三位是皇八女固伦永安长公主，下嫁蒙古科尔沁部和硕土谢图亲王巴雅思护朗。她们都嫁给了蒙古贵族，为巩固满蒙联盟起到了重要的作用。

书归正传，因为生不出儿子，所以哲哲非常着急。毕竟，生不出儿子，就没有未来。早晚有一天，自己将让出这个皇后的宝座，送给那位太子的母亲。

最终，哲哲想明白了，必须安排自家人入宫，让她们生儿子。只有这样，才能巩固自己的位置，巩固科尔沁家族在宫中的地位。

于是，哲哲皇后当机立断，让自己的侄女入宫，嫁给皇太极为妃。

哲哲的这个侄女，就是历史上大名鼎鼎的博尔济吉特氏·布木布泰，也就是我们常说的孝庄太后。

孝庄文皇后，博尔济吉特氏，黄金家族后裔，名布木布泰（也作本布泰），蒙古科尔沁部贝勒博尔济吉特·布和之次女，孝端文皇后（哲哲）之侄女，敏惠恭和元妃（海兰珠）之妹。

这里解释一下，我们一直说，博尔济吉特是黄金家族后裔，但这里的问题是，成吉思汗原名孛儿只斤·铁木真，人家叫孛儿只斤，跟博尔济吉特没有关系呀?

其实，孛儿只斤就是博尔济吉特，博尔济吉特就是孛儿只斤，他们就是同一个姓氏，只是不同的翻译罢了。

在蒙古草原上，曾有很多人姓孛儿只斤，然而，伴随着铁木真部落的衰败，很多人就纷纷投奔了其他部落，改姓其他部落的名字。最终，只有成吉思汗的家族才姓孛儿只斤了，他们也被尊称为黄金家族。

我们这位布木布泰小姐，她虽然是黄金家族的后裔，但她不是成吉思汗的直系子孙，而是成吉思汗二弟哈布图·哈萨尔的后代。当然，这并不影响她作为黄金家族后裔的尊崇和高贵。

历史上的这个哈萨尔非常了不起，他以神箭著称，“勇敢善射，矢无虚发，应弦而倒”，是蒙古草原上当之无愧的第一射手。

当时，哈萨尔凭借高超的箭术，屡建奇功。成吉思汗曾骄傲地说：“有别里古台

（铁木真季弟）之力，哈萨尔之射，此朕之所以取天下也。”可见哈萨尔射箭技术之高，作用之大。

哈萨尔是一个神箭手，他的儿子移相哥也是一个神箭手。

根据《移相哥石碑》记载，成吉思汗举行过一场射箭比赛，邀请了蒙古草原上所有的神箭手，大家一决雌雄。结果，移相哥从三百三十五步的地方射中箭靶，勇夺冠军。

古代的步，历代算法不一，周以八尺为一步，秦以六尺为一步，汉以五尺为一步。唐朝以唐太宗李世民的双步（左右脚各迈一步）为尺寸标准，叫作“步”，大概为一点五米。现在史学家们推算，古代的一步，大概是一点三米。

当然，不管是一点五米，还是一点三米，甚至是一米，这都是一个恐怖的数字。各位可以试试，从大概三百三十五米外射中一个箭靶，看看这个难度有多大。笔者曾经去射箭馆试过，只能看见那里有一个箭靶……对，只能看见那里有一个箭靶。

在哈萨尔父子箭术的帮助下，成吉思汗建立了一个强大的帝国。结果，帝国建立后，等论功行赏时，他把哈萨尔父子分封到了远离中央的边陲之地，仅仅给了他四千户的部民，让他自生自灭去了。

成吉思汗之所以这么做，原因很简单，他认为哈萨尔功高震主，已经威胁到自己的统治了。当时，成吉思汗甚至打算杀了他，以绝后患。结果，是成吉思汗的母亲出面，说你已经害死一个弟弟了，难道要再害死一个吗？成吉思汗这才放下屠刀，饶了这个弟弟一命。

没有办法，能够同甘苦，不能共富贵，此中国千古不变之道理也。

对于这个“发配边疆”的结果，哈萨尔虽然不甘心，但他也认命了。他将自己的部落命名为科尔沁，寓意“部落人人都是弓箭手”，就在这里繁衍生息了。

这就是科尔沁名字的由来。

当然，根据《蒙古秘史》记载，科尔沁还有另外一种解释，意为箭筒士，就是弓箭手的意思。

虽然科尔沁部远离中原，过得很惨，但他们也是幸运的。因为，他们没有遭遇元朝的亡国之痛，也很少卷入其他部落的争斗之中，他们就踏踏实实地过自己的日子。

就这样，经过一代又一代的繁衍，科尔沁部落出现了这位永载史册、母仪天下，在大清历史上留下不可磨灭印记的博尔济吉特氏·布木布泰。

孝庄原名“布木布泰”的解释，一直没有考证出来。史学界有两种解释：一是“亿万个子孙”；二是“天降贵人”。

在民间，孝庄还有一个名字，叫作大玉儿，这个名字是由《清宫十三朝演义》《清朝秘史》等野史中的玉妃演变而来的。其实，庄妃从来没有当过玉妃，且她根本不可能用这种名字。

毕竟，大玉儿这个名字，怎么看，怎么像中原一个村姑的称呼，满洲人和蒙古人不可能出现这么汉化的名字，这不符合他们起名的原则。

当然，如果要较真的话，我觉得海兰珠更适合当大玉儿。因为有专家考证，海兰珠在蒙古语中的意思，就是玉。

大玉儿这个问题解释完了，多尔衮的夫人小玉儿就不解释了。因为，在真正的历史上，就没有小玉儿这个人。这个阴险毒辣、蛇蝎心肠的女人，只是影视作品创作出来的虚拟人物罢了。

那么，这里既然写到了多尔衮，我们就来聊一下这对夫妻，看看多尔衮与孝庄之间，到底是什么关系。

多尔衮和孝庄

如今，拜各种连续剧和小说所赐，我们知道的多尔衮和孝庄，是一对自幼相识、青梅竹马的情侣。

多尔衮一打完仗，就会来找这个大玉儿，两人红尘作伴，活得潇潇洒洒；策马奔腾，共享人世繁华。结果，因为皇太极的横刀夺爱，他们才被迫分手。

虽然分手了，但他们也藕断丝连。一有机会，多尔衮就会来到后宫，偷偷来找庄妃，他们在一起鬼混，玩得不亦乐乎。结果，他们的苟且之事让皇太极发现了，为了杀人灭口，多尔衮就把皇太极杀死了（参考金庸大侠的《碧血剑》）。

以上，就是在各种文学作品中，多尔衮与孝庄的关系。

那么，历史的真相，真是这样吗？

当然不是了。

要知道，小说是小说，历史是历史，不可混为一谈。从历史的角度看，小说和连续剧描写的多尔衮和孝庄的关系，仅一分为实，九分皆虚。他们那个“自幼相识、青梅竹马”的关系，更是无稽之谈。

君若不信，列一组数字，用来说明。毕竟，数字是不会说谎的。政治、诗歌、承诺这些才是谎言，数字的真实程度就跟上帝的手稿一样。

庄妃是蒙古人，多尔衮是东北人。他们一个住在今天的内蒙古自治区内，一个住在今天的辽东半岛上，相隔上千公里，现今就是坐火车，都得坐一天，何况那个

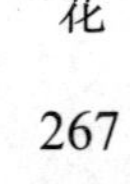

只有马匹的时代。

因此，所谓“只要一有机会，多尔衮就会找庄妃约会”的事情，完全是无稽之谈。你就是累死多尔衮，他也跑不过去呀。

至于那个“自幼相识、青梅竹马”的关系，更是搞笑了。不信，看看他们见面时候的年龄，就清楚无比了。

他们的第一次见面，是 1614 年。

这一年，为了建立联盟关系，努尔哈赤对科尔沁部落求亲。于是，庄妃的亲姑姑、蒙古台吉莽古思的女儿哲哲，奉命嫁给了努尔哈赤的四子皇太极。

就在这个盛大的婚礼中，多尔衮和庄妃见面了。当然，他们的这次见面，什么事情也没有发生。

因为，当时多尔衮的年龄，是两岁；庄妃的年龄，是一岁。两个啥也不懂的娃娃见面后，能干出什么事情，还“青梅竹马、两小无猜”，这不是扯淡吗？

他们的第二次见面，是 1615 年。

这一年，努尔哈赤又结婚了。为了与蒙古联姻，他迎娶了蒙古科尔沁台吉洪果尔的女儿。

“东北之王”的婚礼，场面自然要“惊天地、泣鬼神”，方才罢休。当时，所有的达官显赫、富豪乡绅都参加了这个婚礼，多尔衮和孝庄也在其中，这是他们第二次见面。

当然，虽然他们又见面了，但他们一个三岁，一个两岁，还是什么都不懂呀。他们除了玩玩沙子，抢点零食外，就什么都干不了了。

唯一的区别是，庄妃那个时候懂事了，她知道谁是自己的姑父（皇太极）了。只不过，当时的庄妃根本不会想到，这个叫了数年姑父的人，会有朝一日成为自己的丈夫。

他们的第三次见面，是 1623 年。

这一年，多尔衮十一岁，庄妃十岁。这样的年龄，可以青梅竹马、一见钟情了吧！然而，铁的事实证明，还是不行。因为，多尔衮就是有那个贼心，也没有那个贼胆。何况，他根本没有这个贼心。

因为，就在这一年，为了跟蒙古联姻，多尔衮奉命成婚了。跟他同时结婚的人，还有他的哥哥阿济格。

当时，多尔衮奉命迎娶了结发夫妻，即蒙古科尔沁部落台吉吉桑阿尔寨的女儿博尔济吉特氏。阿济格则迎娶了蒙古科尔沁台吉洪果尔的女儿。

这个叫作洪果尔的人，是不是很眼熟呀？

没错，他就是努尔哈赤的岳父。1615 年，他把自己的一个女儿嫁给了努尔哈赤。1623 年，他把自己的另一个女儿嫁给了努尔哈赤的儿子阿济格。

既把自己的女儿嫁给父亲，又嫁给儿子……这叫什么事！当然，这个所谓的“这叫什么事”，只不过是汉人的思想罢了。

其实，从这件事情上，就能看出女真人和汉人不同的文化了。

在汉人眼中，这种既把女儿嫁给父亲，又嫁给儿子的事情，无疑就是一个大乱伦。然而，女真人不忌讳这个，你是男的，我是女的，大家在一起结婚，这有什么错？我们这样通婚，无非是繁衍后代，让种族延续下去罢了，这又是犯了哪门子的“天理人伦”？

书归正传，1623 年，庄妃和多尔衮第三次见面了。他们这次见面后，依旧什么事情都没有发生。

因为这一年，十一岁的多尔衮结婚了，他找到了自己的另一半了。

就这样，这次见面后，他们也没有产生任何故事，让大家失望不已。

这里说一个题外话，多尔衮结婚的年龄问题。

各位没有看错，我没有写错，多尔衮结婚时的年龄，就是十一岁。其实，古人讲究早结婚、早生子，他们的理念也是先成家再立业，跟现在的思想正好相反（现在是先立业，准备好车子、票子、房子，才能成家）。

古人之所以有这种思想，很简单。因为古人寿命短，一般能活到不惑之年，就非常了不起了。因此他们要早婚早育，万一三十岁死了，这个家族就绝后了。

因此，在这种思想下，多尔衮十一岁结婚就不算早婚了，只是一个合格的结婚年龄罢了。对比少数民族，中原民族结婚的年龄虽然晚，但也晚不了几年。

比如说，北宋的第五代统治者宋英宗病逝，年仅三十六岁，其二十岁的皇子赵顼即位，是为宋神宗。

三十六岁病逝，二十岁的孩子接班……自己算吧，多少岁结婚，多少岁生子。

童话都是骗人的

在真正的历史中，多尔衮跟孝庄根本不是什么“青梅竹马、两小无猜”的关系，在长大成人前，他们一共才见过三次面，且因为不同的原因，根本没有说过一句话。

那么，他们第四次见面时，会不会发生什么故事呢？

对于这个问题，我只能说——还是没戏。

多尔衮和孝庄的第四次见面，是 1625 年。

这一年，多尔衮十三岁，孝庄十二岁。这个年龄段，他们都懂事了，也懂得追求幸福了。这种背景下，若多尔衮与夫人不和，一见钟情了这朵科尔沁部落的最美之花，也是情有可原的。他们之间发生什么故事，也是顺理成章的事情。

然而，铁的事实告诉我们，还是没有。

因为，这一年三月，在哥哥的陪伴下，庄妃来到了沈阳，正式嫁给了三十三岁的皇太极。从此以后，她跟姑姑共侍一夫，成为皇太极的侧福晋了。

至此，从这一刻起，十二岁的庄妃就成为十三岁的多尔衮的嫂子了。

可见，历史数据已经证明，多尔衮和庄妃一共就见过四次面。在这四次见面中，他们不是太小，就是男婚，要么就是女嫁，他们之间根本不会产生感情，也不可能出现什么“青梅竹马、两小无猜”的故事。至于庄妃进入后宫后，多尔衮为了叙旧，跟庄妃苟且之事，更是无稽之谈。

要知道，皇宫等级森严，外人不得入内。在这种情况下，多尔衮如何躲过侍卫，跟庄妃再续前缘呢？何况，他们根本就没有前缘！

此外，那种“多尔衮趁着皇太极出征时跑去偷情”的故事，更是无稽之谈。

资料显示，皇太极出征时，一直带着多尔衮，何来苟且之事？而且，多尔衮清楚地知道，跟后宫女眷有染到底意味着什么。

看看代善的下场吧，因为跟后宫有染，代善差点被整死。对于这个前车之鉴，多尔衮不可能不铭记于心。

历史中的多尔衮被称为睿亲王，他可是一个极其爱护羽翼的人，他不可能为了一个女子，得罪哥哥皇太极，得到一个永不逝去的政治污点。

因此，我个人认为，在历史数据的证明下，多尔衮和庄妃不可能有染，双方也不可能有感情，他们甚至都没有正式见过面。

只有当多尔衮变成了摄政王，或者是在那个决定大清命运的前一晚，他们才有可能见面，共同商讨未来。

书归正传，因为政治目的，当皇后哲哲生不出男孩后，科尔沁部落就想起了这个“天降贵人”的女子。于是，他们把年仅十二岁的博尔济吉特氏·布木布泰送给了三十三岁的皇太极为妻。

明天启五年（1625 年），布木布泰嫁给了皇太极，正式被册封为庄妃，她从此成为皇太极的女人，替这个男人传宗接代了。

可惜的是，这个让皇后哲哲和整个科尔沁寄予厚望的女子，还是令人失望了。

庄妃进宫后，先后为皇太极生了三个孩子，但这些都是女孩，没有一个是男孩。

看见庄妃也不给力后，科尔沁部落郁闷无比，说这两位公主怎么都不争气呀，生一个儿子，有那么费劲吗！

最终，连续两次“投资”都血本无归的科尔沁部豁出去了，他们准备孤注一掷，科尔沁部落不惜冒着“欺君犯上”的危险，也打算继续投资了。

在这种背景下，科尔沁部就把皇后哲哲的另一个侄女嫁给了皇太极，让他娶了这“姑侄三人组”了。结果，没有一个人能够想到，这个女人竟然成为了皇太极的最爱，成了他一世一生的“唯一”了。

这个女人，就是历史上大名鼎鼎的宸妃、敏惠恭和元妃——博尔济吉特氏·海兰珠。

一生的最爱

敏惠恭和元妃，博尔济吉特氏，名海兰珠。生于万历三十七年，为蒙古科尔沁贝勒寨桑之女，是孝端文皇后之侄女，也是庄妃布木布泰的姐姐。

根据时间计算，海兰珠比皇后哲哲小十岁，比妹妹布木布泰大四岁，她比皇太极小了十七岁。海兰珠嫁给皇太极时，已经二十六岁了。

如果放在现在，海兰珠这个年龄结婚，很正常，也不会引来非议。然而，在那个时代，这个年龄就不正常了，会让人窃窃私语，甚至会让人认为有什么不可告人的秘密。

因为，清代史料笔记《养吉斋丛录》明确记载了，那个时代，女子早婚的年龄，是十至十二岁之间；最适合结婚的年龄，是十四至十六岁之间；超过十六岁，就是一个老姑娘了。

因此，史学家们一致认为，海兰珠绝不是一个冰清玉洁的女子，她之前肯定有婚姻史。

毕竟，在历史文献上，关于海兰珠二十六岁之前的记录，全是空白。翻遍所有史料，也查无可寻。也就是说，海兰珠二十六岁前的经历没人知道，这个极受皇太极宠爱的女人，在二十六岁前干了些什么事，已经是一个千古之谜了。

可见，不管历史如何篡改，都改变不了一个事实，海兰珠肯定有过一段婚姻。

当时，博尔济吉特氏家族肯定知道海兰珠的秘密，他们也肯定知道，把这种女子送给皇太极，会带来什么样的后果。

毕竟，这可是一个再婚之女，若惹恼了皇太极，博尔济吉特氏家族就后悔莫及了，估计皇后哲哲的宝座也不保了。

可见，博尔济吉特氏家族把海兰珠送给皇太极，绝对是一步险棋，稍有不慎，

就会满盘皆输。然而，富贵险中求，博尔济吉特氏家族都不敢相信，海兰珠入宫后，皇太极竟然不嫌弃她的出身，还对她一见钟情，把她视为自己一生的最爱。

爱情，就是这样神奇，且不讲道理。

当四十二岁的皇太极第一眼看到二十六岁的海兰珠时，他的双眼就再也动不了了。他对海兰珠一见钟情了。从此以后，皇太极玩命地恩宠海兰珠，让其他人瞠目结舌、不知所措。

这些恩宠，主要有三点：

第一，赏赐海兰珠的娘家人，给足妻子面子。

海兰珠是在哥哥吴克善（也叫作乌克善）的陪伴下来到京城的。按照规定，送完亲后，吴克善就可以回去复命了。结果，皇太极愣是不让他走，在京城好吃、好喝、好招待，玩耍了数月后，皇太极才意犹未尽地“放”他回去。

吴克善启程时，皇太极不仅送给了他无数的金银财宝，还破例出城十里，给这个大舅子送行。

皇太极此举，把吴克善弄了一个惊慌失措，不知道该说什么好了。大臣们也不知道该说什么了，只能参了吴克善一本，说他不懂规矩，委婉地告诉一下这个已经“鬼迷心窍”的皇帝。

第二，破格提拔海兰珠的封号，让她成为后宫的“二号首脑”。

按照后宫的规矩，在皇太极的“一后四妃”中，海兰珠是最后一个入宫的，她应该排在最后，且是不可能插队的。

当然，加塞儿也是可以的，只要你有强大的政治资本（比如“囊囊太后”娜木钟，因为要安抚林丹汗的余部，所以她的位置靠前）或者是建立了一个大的政绩（生一个皇子），都是可以加塞儿的，直接排到最前面。

然而，海兰珠没有政治资本，也没有建立功绩，她就凭借皇太极对其的宠爱，一口气超过了三个人，直接冲到了“副队”这个位置，成了后宫的“二号首脑”了。

由此可见，皇太极对其的宠爱程度。

实际上，皇太极对海兰珠的宠爱，要比咱们想象的还要多很多。

史料记载，皇太极册封海兰珠为宸妃，居住关雎宫。

何为关雎宫？

就是取自《国风·周南·关雎》中“关关雎鸠，在河之洲；窈窕淑女，君子好逑”的“关雎”二字。皇太极把海兰珠比作自己的“梦中情人”了。

何为宸妃？

在古代，宸，北极星所在，常用以指宫殿、帝位，也作帝王代称。所以，所谓的宸妃，就是帝王之女，皇帝的禁脔，皇帝的最爱。

得此宫殿，得此封号，足见皇太极对海兰珠的宠爱之情了。

这里说一个小花絮，在中国历史上，有很多妃嫔被封为宸妃，明朝就有好几个妃子得此封号。但中国历史上第一个得此封号，却没有得到的人，是唐朝的武则天。

当时，为了宠爱武则天，唐高宗李治发明了这个词，准备加封她为宸妃。结果，在大臣们的强烈反对下，武则天没有获得这个封号，这成了她的一个遗憾。

第三，破格定皇嗣，册封海兰珠的儿子为皇太子。

宸妃入宫后，肚子非常给力，崇德二年（1637 年）七月，她不负众望，为皇太极生下了皇八子。要知道，这个孩子诞生后，整个科尔沁家族都为之欢呼雀跃。毕竟，这太不容易了。

科尔沁家族很高兴，皇太极也很高兴。在他的眼中，自己排行老八，这个孩子也排行老八，这岂不是“天意”？这个孩子，就是上天指派的继承人呀！

于是，欣喜若狂的皇太极颁布了一道圣旨“关雎宫宸妃诞育皇嗣”，他用到了“皇嗣”这个词语，就是暗示天下，这个孩子就是自己的接班人。

根据《清初内国史院满文档案译编》记载，当时，被误导的朝鲜国王上表祝贺，里面用上了“上皇太子笺文，并献皇太子礼物”的词语，公然称这个皇子为皇太子了。

按照规定，皇太极没有对外宣布谁是皇太子，朝鲜国王这么写，就是在挑拨离间，破坏大清王朝皇子的关系，理应严惩不贷、以儆效尤。结果，皇太极毫不追究朝鲜国王的罪行，反而重赏了他，还鼓励他继续这么干。

综上所述，通过“赏赐她的娘家人，加封她的官职，宠爱她的子嗣”这三件事情，我们就能看出皇太极是多么宠爱海兰珠，他给予了海兰珠所有的宠爱，真正让她达到了“后宫佳丽三千人，三千宠爱在一身”的境界。

皇太极对海兰珠的爱，就是这么深。

可惜的是，这个世界就是这么的荒诞不经，且不讲道理。皇太极给予了海兰珠所有的爱，却以悲剧收尾。不管是海兰珠，还是他自己，最终都没有得到一个好的结局。

未来的事情，未来再说。如今，讲完了皇太极的后宫，咱们回到正题，看看这位皇帝是如何继续南征北战、建立霸业的。

第二十一章　南征北战

给我份子钱

一般来说，皇太极登基称帝这么大的喜事，作为“睦邻友好”的明朝，应该表示表示呀。

结果，明朝根本没有这个预算，也没有这个意思，就没有送礼。当然，明朝也不可能送礼！

不送，是吧？没事，老子自己去抢！

在这种心理下，崇祯九年（1636年）六月，刚刚登基称帝两个月的皇太极就下令，拜多罗武英郡王阿济格为统帅，率领十万大军南下，从独石口入关，开始征讨明朝。

独石口，位于河北赤城县北，是明长城宣府镇上的一座重要关口，有“上谷之咽喉，京师之右臂”之称，因关口处有一座拔地而起的孤石而得名。

《清太宗实录》记载，此次出兵前，皇太极召集了所有将领开会，向他们面授出兵方略和经验教训。

皇太极的这个会，时间很长，内容很多，但归纳起来，三点足矣：

第一，皇太极告诉他们，此次出征，要“共同计议而行，切勿妄动”，凡事要商量，不能独断专行（这是在委婉地警告阿济格）。

第二，若因为一个问题众人争论不决，就听武英郡王阿济格独断（剖断），谁也不许违抗他的命令（毋得违背）。阿济格相当于拥有了一把尚方宝剑，有了先斩后奏的权力。

第三，此次战争的目的，不是以消灭敌人有生力量为主，也不是夺取敌人的一城一池。我们的目的，就是抢劫！“如欲进攻，度可取则取，不可取则勿取”，如果要攻打城池，打得下来，就打；打不下来，就换下一家；记住我们的目的，只要金银珠宝，要满载而归，这才是正道。

布置完出兵方略后，皇太极还一再告诫大家，要慎终如始，不管任何时候，都要谨慎行事。要知道，灾难往往是出于懈怠，只要稍一疏忽，就能酿成大错，让无数将士白白牺牲。因此，诸位一定要慎重、慎重、再慎重。

就这样，交代完所有事情后，皇太极就为他们践行，安排他们出兵了。

在出兵仪式上，皇太极还不忘交代，他大喊道：“我的话，你们都记住了没有？”阿济格等人大喊道：“牢记在心，无所忘也！”于是，三声炮响，大军起行，开始奔着明朝而来。

一个月后，皇太极估计阿济格已经到了长城脚下，他就对诸贝勒道：“多罗武英郡王统兵往征明国，今将出边，宜别遣大军往山海关进发。明国知我兵至，恐山海关有失，必来救援，武英郡王庶得乘隙从容出边。”

于是，皇太极任命多尔衮、多铎、岳托、豪格为将，命他们率领大军出征，假装攻打山海关，以牵制明军的主力，掩护阿济格入关。

就这样，在皇太极的“声东击西”下，阿济格顺利入关，开始了为期四个月的烧杀抢夺之旅。

至此，明朝的噩梦，开始上演。

《清太宗实录》记载，清朝第三次入侵期间，阿济格谨遵皇太极的旨意，他不与明军过多纠缠，凡遇城池，能攻下来，就攻；攻不下来，就跑。他不以攻占明朝城池为目的，也不消灭明朝的有生力量，单纯就是抢劫。

当时，清军攻占沙河和清河后，立刻攻占了昌平，焚烧了明熹宗的德陵，以报明熹宗挖掘金国皇帝陵墓之仇（金国的首都在北京，所以陵墓也在北京）。随后，阿济格率军入定兴、下房山、战涿州、攻固安、克文安。紧接着，他率军东进，攻漷县（北京通县）、逐安、雄县、安州、定州等。最终，阿济格率军转战东北，他攻怀柔、陷西和，屯兵至密云、平谷一代。

至此，如果画一张地图的话，阿济格是踏踏实实围着北京转了一圈，圆满完成了这个“画圈任务”。当然，这个任务的报酬，也丰厚无比。

《明史纪事本末补遗》记载，阿济格这次入侵，史称“偏蹂畿内”。他一共“克十二城，五十六战皆捷，获人畜十七万九千八百二十”，获得金银财宝不计其数。阿济格赚了一个五谷丰登、盆满钵满。

那么，面对清军的入侵，明朝是如何应对的呢？崇祯皇帝和他的大臣们，又是怎么退敌的呢？

无奈地看一下吧，堂堂的大明王朝，是这样“退敌”的。

《明崇祯实录》记载，面对清朝的入侵，崇祯都吓傻了，他除了会颁布命令，“命文武大臣分守都门”、各地驻军入京勤王外，就一点办法也没有了。

其实，对于这样的结果，崇祯皇帝也很无奈。因为此时此刻，他手下全是一群不中用的大臣，皆是贪生怕死之辈，这让他无可奈何，只能独自伤悲。

举两个例子，用来说明这些贪生怕死的大臣。

第一个贪生怕死的大臣，是这个国家的国防部部长——兵部尚书张凤翼。

得知清朝大举入侵后，张凤翼二话不说，就主动请缨，要求带兵出征、去抵御敌军。为此，崇祯皇帝感动得哇哇的，亲自为他送行，还称他是一个有担当的大臣。

其实，张凤翼带兵出征，就是想离开京城、去避难罢了。因为他清楚地知道，继续待在京城，自己必死无疑，所以他选择了避祸，先逃离京城再说。

要知道，张凤翼的这种想法，不是危言耸听，而是事实。

毕竟，张凤翼清楚地知道，崇祯这个主子有一个陋习，就是他喜欢推卸责任，还喜欢拿人撒气。

还记得吗？七年前，皇太极入侵时，明明是他疏于防守，导致敌军入侵，崇祯却把这个责任推到了前任兵部尚书王洽的身上。结果，王洽无端入狱，没过多久，就惨死在了监狱里。

前车之鉴呀！王洽的鲜血还在那里，尚未干。对于这个结果，张凤翼不得不防。

因此，按照张凤翼的理解，自己若在留在京城，肯定成为崇祯皇帝推卸责任的替罪羊了，也肯定步王洽的后尘了。所以，为了活命，张凤翼选择了主动离京、出京避祸。

这种人，也成了明朝后期所有将领的“榜样”了。

书归正传，张凤翼离开京城后，这里的问题是，你带兵出征，是要与女真人打仗的。张凤翼打不过女真人，不是一个死吗？跟女真人开战，不也是死吗？怎么都是死，他将何去何从呢？

对于这个问题，就看张凤翼高超无比的手段了。

张凤翼出了京城后，他直接逃到了一个边陲小地五重安城（今河北省迁安市）内，就在这里“固垒自守，经旬不出”、安心当一个缩头乌龟了。不管清军在京城附近如何烧杀抢掠，他也不闻不问。

当缩头乌龟期间，张凤翼嘴也没有闲着，他一直吃大黄，每天吃，每天吃，坚持不懈地吃，持之以恒地吃……一直吃到死为止。

这好端端的，一个国家大臣，为什么要天天吃大黄呢？还要把自己吃死呢？

原来，张凤翼自知战役结束后，他难逃一死，所以他选择了吃大黄自尽。结果，就在这种愉快的“拉稀”中，张凤翼的身体一天不如一天，他把自己拉死了。

就这样，朝廷不明真相，认为张凤翼是“为国事操劳过度、急火攻心”，才吃大黄“泻火祛瘀”的，结果没有控制好剂量，把自己吃死了。

最终，在这种错误的判断下，朝廷竟然算张凤翼“因公殉职”了，还认为他“剿寇有功”，追封他为“烈士”了。

至此，张凤翼成功躲过一劫，他没有得到一个畏罪自杀的下场，反而变成了“因公殉职”。他得到了大笔的抚恤金，家人也没有跟着遭殃。直到若干年后，有人识破了他的诡计，朝廷才恍然大悟，给予了他相应的惩罚。

对于这种人，真是无语。

堂堂的国家国防部部长，竟然跟皇帝玩心眼，把心思都用在“拉稀”上面。这个国家的未来，也可想而知了。

《明史·张凤翼传》称这个人“才鄙而怯，识暗而狡，工于趋利，巧于避患”。就是说，张凤翼没有才能且非常胆小，缺少见识却诡计多端，特别善于追求自己的利益，还总能巧妙地躲避灾难。

这个评语，真可谓一语中的。

如此的官员，担任大明王朝的国防部部长，这个国家焉能不亡？

第二个贪生怕死的大臣，就是这个国家的国防部副部长——兵部右侍郎梁廷栋。

要说这个梁廷栋梁大人，也算是一个神人了。魏忠贤执政期间，所有人都为他建祠，唯独梁廷栋不修，他告老回乡了（乞终养归）。

崇祯登基后，知道他是一个汉子，就把他召入了朝廷，结果在袁崇焕的问题上，所有人都不表态，唯独这个梁廷栋，他上蹿下跳，上《请斩袁崇焕疏》，在皇帝面前表现出了一副“不杀此贼，决不罢休”的态度，给崇祯留下了极其深刻的印象。没过多久，崇祯就大笔一挥，让他担任兵部尚书了。

梁廷栋仅仅当了一年兵部尚书，就因为能力不足，被人弹劾下岗了。从此以后，他就当了张凤翼的副手。结果，张凤翼请缨出城后，梁廷栋也赶紧步他后尘，

率军出京，以躲避责任了。

对比一直当缩头乌龟的张凤翼，梁廷栋还算是一条汉子，他敢跟清军在野外交战。只不过，他所谓的交战，是避而不打，保持一个安全距离，一直尾随前进。

就这样，清军到哪儿，梁廷栋就跟到哪儿，他一直跟在阿济格的屁股后面，却不敢开战，只能这样尾随而行。为此，梁廷栋很是痛苦，却又无计可施。

最终，在朝廷的压力（赶紧打）和清朝的恐吓（你敢打）下，梁廷栋惶惶不可终日，郁郁而终了。

关于梁廷栋的死因，历史上有三种说法。第一种是，他是郁闷死的。第二种是，他是被清朝军队吓死的。第三种是，他也跟张凤翼一样，天天吃大黄泻火，把自己拉死了。

不管他是怎么死的，总之他是死了。梁廷栋死后，没有跟张凤翼一个待遇。朝廷恨他畏敌如虎，把他革职查办了，他的家人也受到了牵连，被发配边疆了。

可见，同样都是死，梁廷栋的道行要比张凤翼的道行浅得多。这也是为什么人家是一把手，他是二把手的原因。

当然，不管是张凤翼还是梁廷栋，他们都是大明王朝的悲哀。在这个国家的危难之际，竟然让这种小人占据高位，也只能说明崇祯皇帝识人不明，活该亡国。

第三次讨伐明朝

其实，在当时的大明王朝内，像张凤翼、梁廷栋这类人，不是一个两个，而是一群！基本上位高权重的大臣，全都是这种货色，皆畏敌如虎、贪生怕死。

比如说，当时有一个陕西巡抚，此人叫甘学阔。清军围城期间，守城官兵希望这位大人上城楼，去鼓舞士气。结果，对于这个要求，甘学阔想都没想就答应了，他大步流星地上城楼了。

甘学阔上了城楼后，一看城楼下的敌军，这哥们立刻就尿了。但见他吓得魂飞魄散，蜷起身体，躲在了一个角落里，浑身瑟瑟发抖。

见此情景，众人大怒，就开始弹劾他了。

在众人的弹劾下，甘学阔下岗了。然而，一个甘学阔下岗了，会有千千万万的甘学阔站出来。

在当时的明朝，基本是都是甘学阔这种货色。这场战役结束后，崇祯一口气罢免了三十多个官员，全是这种贪生怕死、畏敌如虎的人。

当然，在当时的明朝官场中，并不是所有的官员都贪生怕死；也不是所有的人，都选择在“狗洞”里无耻地存活；为了自己心中的正义和理想，依旧会有大明官员奋起反抗，抵御强敌，选择在烈火中永生！

在这场战役中，有一个官员的表现，不得不提。

此人叫王一桂，是一个户部官员。管理户部的，一般都是管理国家钱、粮的，跟打仗八竿子打不着，也不可能带兵打仗。

然而，正是这么一个户部官员，目睹了敌军进攻后，二话不说就上前线了，他妄想凭一己之力抵御敌军。结果，没有出现意外，王一桂兵败被俘，被清军俘虏了。被俘虏后，王一桂誓死不从，被清军残忍杀害了。

在这场战役中，还有一个官员的表现，也非常抢眼。

此人叫王肇坤，是一个御史。御史，就是言官，他每天的任务，就是写写奏折、骂骂人，而已。结果，正是这么一个“手无缚鸡之力”的言官，得知敌人入侵后，他也上战场跟敌人殊死肉搏去了。

当时，在保卫昌平城的战斗中，王肇坤竟然身先士卒，还奋勇杀敌。最终，他身中四箭依旧与清军搏斗，直到流尽了最后一滴血，才倒地而亡。

不管是王一桂，还是王肇坤，他们都是大明王朝的英雄，也是所有人顶礼膜拜的对象。然而，在这些英雄中，最瞩目的那个人，却是一个“退休的老干部”。

这个退休老干部，此人名叫鹿善继，他曾是太常寺少卿。

在明朝的编制中，太常寺是朝廷专门主管礼仪的部门，少卿就是太常寺的副职。可见，鹿善继就是一个制定礼仪，教人如何跪拜、如何行礼的官员，跟战争八竿子打不着。

结果，跟王一桂、王肇坤一样，得知敌军入侵后，鹿善继直接参军，去跟敌军拼命了。

《明史·鹿善继传》记载，辞官居家的鹿善继住在郊区，根本不是清军的目标（小城镇，没钱），结果，得知清军要攻打定兴城（今河北定兴县），他二话不说就冲到了定兴城，参加了这场守城战。

在跟清军厮杀了七天后，定兴城被清军攻破，鹿善继被清军俘虏。

清军得知鹿善继是前任太常寺少卿后，就索要他的官服。因为清朝人知道，鹿善继的官服是明朝举行典礼的礼服，他们要拿走，回去研究一下，做一套举行仪式的礼服。

对于清军的要求，鹿善继大骂道：“天朝鹿太常衣，肯覆羯狗奴耶！”我天朝大臣鹿太常的衣服，你们这些羌胡夷狄的狗奴也配穿！

可想而知，一听这话，清军大怒，他们立刻砍了鹿老先生三刀，还不解气，又补了一箭。鹿善继虽然身受重伤，但也骂不绝口，直到伤重而死。

鹿善继牺牲时，享年六十二岁。

史书对鹿善继的评价很高，称其为“犹捧一篑以塞溃川，挽杯水以浇烈焰”。意思是说，面对崩溃的大堤，即使手里只有一捧土，也要去堵。面对熊熊燃烧的大火，即使手里只有一杯水，也要去救！

明知不可为而为之，即使飞蛾扑火，也要全力以赴、尽力而为！这，就是中国人的精神。只要明朝还有王一桂、王肇坤、鹿善继这样的英雄，大明就不可能亡国！

可惜的是，像王一桂、王肇坤、鹿善继这样的英雄，太少了。更多的官员，则是张凤翼、梁廷栋这样的小人，尸位素餐，只为自己，不为他人，他们所有的心思，也都用在了谋取权力上，而不是为国家、为人民干点好事。

就这样，在缺少英雄的情况下，明朝根本抵御不住清军的进攻，他们只能看着敌军在自己的国土上烧杀抢掠、无恶不作，却束手无策。

最终，在抢劫了一百一十七天后，阿济格再也抢不动了，他决定撤兵。

崇祯九年（1636 年）九月，清军携带掠夺的十八万人畜物资以及无数金银财宝，高高兴兴地撤兵了，他们从容地出冷口（今河北迁安东北），返回了东北。

《国榷·卷九十五》记载，清军出关时，是穿着漂亮的衣服、唱着歌、跳着舞，高高兴兴地离开的。清军慢慢悠悠地用了整整四天时间，才全部出关。离开后，清军还砍下木头，在上面刻上“各官免送”四个大字，扔在道上，以戏谑明朝将吏。

建虏出冷口，掠我子女，俱艳饰乘骑，奏乐凯归。斫塞上木白而书曰：“各官免送！”凡四日，乃尽。

这是耻辱，这是真真正正的耻辱。

然而，即使是耻辱，又能怎么办呢？指望那些畏敌如虎、避死怯战的官军，还是省省吧。

得知清朝出关后，明朝的将士们来了精神了，他们立刻挥师出关，去截杀逃跑的敌军了。结果，在一番厮杀后，明军竟然真的大有斩获，获得了一场“大捷”，还将此事上报给了朝廷。

只不过，这个斩获的数量，有点少，仅仅——斩敌三级。

得此结果，崇祯真是欲哭无泪，却又无可奈何。

朕非亡国之君，臣乃亡国之臣……这句话，真是让人既无奈，又无语。

至此，在清朝满载而归的欢喜声和明朝苦不堪言的痛哭声中，清朝的这次入关战役就以这样的结局告终。

那么，讨伐完明朝后，皇太极的下一步行动，又将是什么呢？

无须多问，皇太极下一步的军事行动，就是要收拾朝鲜了。毕竟，皇太极已经忍受这个国家很久了，他必须要出这口恶气了！

第二次出兵朝鲜

前面讲过，在皇太极的攻击下，朝鲜被迫臣服，他跟后金签署了一个“称兄道弟”的合约，成为后金的附属国。

虽然双方“称兄道弟”了，但在朝鲜“心不甘情不愿”的思想下，这种亲密的兄弟关系根本无法实现。朝鲜不可能臣服后金，也不可能真心对待这个蛮不讲理的“大哥”。

在这种背景下，双方的矛盾越演越烈，开始慢慢地升级。

这些矛盾，如下：

第一，要求归还义州。

《清太宗实录》记载，后金从朝鲜撤兵时，皇太极留了一个心眼，他命令部队屯兵至义州，在这里监视朝鲜的一举一动，把这里当成了一个前哨阵地。然而，对于这个结果，朝鲜死活不干，他们不惜以撕毁合约相要挟，逼迫后金从义州撤兵。

第二，逃民的归属问题。

前面讲过，根据“盟誓”的内容，后金要朝鲜履行规定，把逃到朝鲜的“逃人”如数送回。结果，朝鲜竟然以“逃人在朝鲜组建了家庭，不忍让他们再次骨肉分离”为由，拒绝遣返。双方为此事交涉多次，也没有解决。

第三，拒绝资助后金粮食。

天聪元年（1627 年），皇太极家里闹饥荒了，他只能求救于朝鲜，命令朝鲜贱卖粮食，供给自己食用。在书信中，皇太极还反复强调，这是对朝鲜“敦睦之谊”的考验，希望他们竭尽全力，帮自己渡过难关。

结果，朝鲜竟然以“遭战乱、国残破”为由，拒绝卖粮食。最终，在后金不断的威逼下，朝鲜才答应了后金的请求。他们拿出了一千石粮食，卖给了后金。

一千石粮食什么概念？天命十一年（1626 年）冬，为了让明朝将领过冬，朝鲜一次性支付了一万石粮食，作为其过冬的补贴。

对于明朝，大大方方地给一万石；对于后金，磨磨唧唧地给一千石。这两者一对比后，朝鲜对于后金的态度，真是不说自明。

第四，私自减少贡品数量。

除了不听后金的话，朝鲜在贡品这个问题上，也是能少就少，能减就减。

几乎每一年，皇太极都会因为贡品问题跟朝鲜打一架，认为对方给的东西数量少，质量也不好，就是在敷衍自己。

对于皇太极的质问，朝鲜的回答也非常合情合理。他们的回答有两个。第一，我们国家穷，你要的东西太多，我们完成不了。第二，您罗列的贡品名单中，有些东西（金、银、牛角）不是朝鲜特产，所以我们没法进贡。您非要我们进贡，就是在强人所难。

面对朝鲜这种振振有词的回答，皇太极气得青筋冒起，却又无计可施。

天聪五年（1631 年）正月，朝鲜在新年庆典上对后金纳贡，对于这一次的贡品，皇太极还是不满意，他就索性拒收了。

虽然皇太极拒绝了朝鲜的贡品，但出于礼貌，还是给了朝鲜回礼。结果，对于这些回礼，朝鲜竟然以“既然不收纳敝国的贡物，何敢受贵国的赠送”为由，拒收。

见此情景，后金使者气得够呛，他们痛骂道：“不收你们的贡品，是因为你们违背盟约，贡品给得太少。我们回礼，是出于礼貌，别给脸不要脸！”

面对愤怒的后金使者，朝鲜使者毫不畏惧，他只用了一句话，就给噎了回去：“你认为我的贡品减少了，可你看看，你们给的回礼也在减少。所以是你们在违背誓言，与我国何干？”

是你先减少了贡品，我才减少了回礼，怎么现在还怨我了？真是本末倒置、恶人先告状！

就这样，朝鲜减少贡品的事情让皇太极很生气。然而，还有让他更加生气的事情呢。

第五，拒绝协助后金出兵。

为了解决贡品问题，皇太极致信给朝鲜国王，告诉他：“如果你吝惜财物，不愿进贡，也行，但有个条件，你必须出兵，帮助我讨伐明朝。出多少兵，你随便，但要借给我三百艘船，帮我攻打明朝占领的海岛。你到底是如数进贡，还是借我兵船，自己看着办吧。这两个选择，请你选择其一。”

结果，朝鲜的选择是——既不如数进贡，也不借给后金兵船。

这个结果，让皇太极很受伤……

至此，在上述“要求归还土地，拒绝遣送逃人，不资助粮食，不如数进贡，不出兵伐明”五点下，后金与朝鲜的矛盾越来越大，皇太极对朝鲜的不满也越来越深，后金即将突破自己的忍耐底线，战争一触即发。

那么，朝鲜这样一次又一次地挑衅后金，不怕后金报复，再次大兵压境吗？朝鲜这么有恃无恐地挑衅后金，又是什么原因呢？

对于这个原因，我只能说，朝鲜国王太傻了，他们又被大明王朝忽悠了，才酿成了今日的苦果。

原来，公元1627年，大明的木匠皇帝明熹宗朱由校病故，其弟弟朱由检即位。崇祯登基称帝后，朝鲜见明朝新皇登基，必将重整旗鼓、整顿朝纲。于是，朝鲜二话不说，就派遣使者入朝，来给明朝皇帝“谢罪”了。

谢罪期间，朝鲜口口宣称，自己之所以跟后金“称兄道弟”，完全是迫于无奈。这也是自己的一个“羁縻之术”，通过这种“册封”皇太极的方法，给他套上一个马鞍子，不让他到处跑。

对于这种基本上胡说八道的故事，崇祯皇帝竟然还相信了。他谅解了朝鲜，并发布谕旨，鼓励朝鲜继续卧薪尝胆，要“励节弥坚，修防自固”，蓄养威武，增强国力。假以时日，自己一定挥师北上、讨伐女真，希望那个时候，朝鲜能够鼎力相助。

后来，在崇祯的忽悠下，朝鲜国王振奋不已，他就开始跟后金交恶，不惜得罪皇太极了。

在未来的岁月里，朝鲜越来越不尊重后金，也敢反抗后金了。他们甚至允许明军在自己的土地上休整，还资助给他们各种物资。《满文旧档》记载，这些物资是五十艘战船，还有二万六千石的粮食。

可想而知，看见这些战船和粮食后，皇太极一定气得咬牙切齿，无话可说。而接下来的事情，更让他受不了。

原来，朝鲜不仅无条件地支持明朝，还帮助他们追杀叛将。

《清太宗实录》记载，明朝叛将孔有德、耿忠明路过朝鲜、投降后金期间，朝鲜不仅不帮助他们，还公然派兵截杀他们。好在孔有德等人跑得快，才没有让朝鲜得手。

综上所述，皇太极越来越不满朝鲜了，他就像是一个火药桶，即将爆发。

丙丁虏乱

根据《清太宗实录》记载，打算登基称帝后，皇太极就派遣使者进入“兄弟之邦”，要求朝鲜派遣使者参加自己的登基大典，承认其称帝的合法性。

对于这个消息，朝鲜国内立刻哀鸿一片。爱国之士奔走相告，皆上疏、面奏，痛斥后金称帝的行为，并苦口婆心地告诉朝鲜国王：“臣等自呱呱坠地之初，只知道

有大明天子。我们若尊他（指皇太极）为帝，还有什么脸面立于天下！”

这些大臣建议，不能同意后金的请求，要“斩虏使，焚虏书，以明大义”。然而，对于大臣们这种偏激的行为，朝鲜国王给制止了，他只是把后金使臣软禁了起来，不接见他们。

后来，让后金使者享受了一顿“砖头雨”的待遇后（《李朝实录》记载，后金使团离开汉城时，沿途百姓“观者塞路，顽童或掷瓦砾以辱之”），就把他们轰走了。

后金使者灰溜溜地回国后，皇太极大怒，他打算发动战争。

然而，跟发动古勒山之战前、扈伦四部的那些傻帽头领一样，皇太极以为是自己的使者没有“表达清楚”，他准备再给朝鲜一个机会，看其表现，再做决定。

结果，这一次朝鲜的表现就非常“好”了。朝鲜国王虽然还是拒绝接见使者，但他们同意派遣使者入京，参加皇太极的登基大典。

得此结果，皇太极非常高兴，他打算原谅朝鲜，安心准备自己的登基大典了。

殊不知，跟当年扈伦四部的傻帽头领一样，皇太极允许敌对的朝鲜参加大典，只能得到一个自取其辱、颜面扫地的结局。

天聪十年（1636年）四月，皇太极举行了盛大的登基典礼，正式称帝。在这个盛大的典礼中，各国使者皆来祝贺，并行了三跪九叩的大礼。可唯独朝鲜使者独树一帜，他们拒绝参拜，也绝不行礼。

见此情景，那些急于表现对皇太极忠诚的礼部官员大怒，这些人冲了上去，殴打辱骂朝鲜使者，并按住他们的脑袋，强行让他们下跪。结果，朝鲜使者就是不下跪，即使他们的衣服被撕坏，被打得满地翻滚（衣冠尽破，虽或颠仆），也“绝不屈腰”。

看见朝鲜使者如此行事，皇太极大怒道：“朝鲜国王此举，是成心跟朕过不去呀……好吧，既然如此，就都甭过了！”

就这样，在皇太极愤怒的双瞳中，一场大战，就此拉开了序幕。

同年十二月，在伏尸百万、流血千里的“天子之怒”下，皇太极颁布诏书，以“朕是以怒而兴师”为由，连借口都不找了，他御驾亲征，率领十万大军出发，开始第二次讨伐朝鲜。

此次出征，皇太极可谓倾尽了全力。代善、岳托、杜度、多尔衮、多铎、豪格，这些大清帝国老、中、青的三代精锐将领，全部随皇帝出征，一个不留。皇太极要“毕其功于一役”，一战解决朝鲜问题。

至此，大清与朝鲜的第二次战争开始了。

对比上一次的仓促应战，朝鲜这一次做足了准备，可谓有备而战。当时，在轰走了后金使者后，朝鲜国王就下达了动员令，他调兵遣将，开始全国备战。

然而，虽然朝鲜准备充足，但他们也无法抵御强大无比的八旗铁骑。在这场战役中，朝鲜军队被清军打得土崩瓦解、无力反击。和上次一样，他们只能看着对方攻陷自己的城池、蹂躏本国的百姓，却毫无办法。

当时，八旗部队出征后，立刻开始了势如破竹的进攻。崇德元年（1636年）九月十日，皇太极率军渡江，当天就攻陷了义州城，进入朝鲜境内。十二日，清军占领郭山城。十三日，清军逼迫定州守军投降。十四日，清军进入平壤城。三十日，清军顺利会师汉城，逼迫朝鲜国王第二次签署“城下之盟”。

对于这种结果，朝鲜国王无可奈何，只得接受了这一切。当然，之所以这样，也怪不得别人，谁让自己不勤修政治呢？谁让自己又一次听信了明朝的忽悠呢？

要知道，在这一次的战争中，明朝的表现还是那么“给力”。

明朝除了送给朝鲜一堆“努力、奋力、坚持到底”的激烈言辞（继续忽悠）和派遣了一个军事顾问入朝（帮助朝鲜人制定防御战略）外，就再也没有下文了。自始而终，明朝也没有给朝鲜派过一兵一卒。

其实，也怪不得明朝，自从明朝失去了袁崇焕后，大明帝国的内部已经乱成了一锅粥，内部百姓揭竿而起，外部无法抵御敌国的进攻。在这种背景下，崇祯已经没有办法再帮助这个“小弟”了。

得此“大哥”，朝鲜真是欲哭无泪。

崇德元年（1636年）九月，朝鲜国王被迫投降，跟皇太极签署了第二次城下之盟。他们这次的议和条款，如下：

第一，朝鲜废除明朝年号，断绝与原宗主国明朝的关系。尊大清为正统，以大清国号纪年。

第二，朝鲜成为大清的藩属国后，双方不再是“兄弟之国”。双方由“兄弟关系”，改为“君臣关系”。

第三，朝鲜每年向清朝进贡，贡品数量按照明朝旧例实行。贡品清单如下：

每年，需上交黄金一百两、白银一千两、水牛角二百对、貂皮一百张、鹿皮一百张、茶一千包、水獭皮四百张、青鼠皮三百张、胡椒十斗、腰刀二十六把、顺刀二十把、苏木二百斤、大纸一千卷、小纸一千五百卷、五爪龙席四领、花席四十领、白萱布二百匹、绵绸二千匹、细麻布四百匹、细布一万匹、布四千匹、米一万包。

第四，朝鲜派遣一个皇子和一个大臣进入京城，常驻沈阳，当作人质。

第五，严惩主战的大臣，交给清朝处置。在这个过程中，朝鲜坚称主战的洪翼汉、尹集、吴达济被清军缉捕，随后在沈阳就义。为了纪念他们，朝鲜称其为“三

学士”，立碑著传，永载史册，被后人铭记。

附带条件，皇太极撤兵时，命朝鲜国王率领文武百官出城十里，跪拜送行，给了他一个刻骨铭心的耻辱。

以上，就是双方“议和”的主要内容。

至此，签署了这个合约后，皇太极满意地撤兵了。这场历时两个月（又是两个月）的后金与朝鲜之战，再次以朝鲜的惨败、清朝的完胜告终。

由于这场战斗发生在“丙子”年，所以清朝称其为“丙子之战”。而朝鲜人痛恨清朝，所以称这场战争为“丙子胡乱”，再加上后金第一次入侵朝鲜的“丁卯胡乱”，就在韩国史书上统称为“丙丁虏乱”了。

经历了“丙丁虏乱”后，虽然朝鲜被迫臣服清朝，但朝鲜却没有真正臣服，他们还是痛恨清朝，称其为胡虏，并永远效忠大明王朝，即使大明王朝覆灭了，他们也不改初衷，一直到自己独立为止。

如今，很多人书写了一些不堪入目的文章，他们断章取义，痛骂朝鲜半岛的百姓“忘恩负义、背信弃义”，忘记了当年中原对他们的恩赐，等等。

其实，我们大可不必这么激动。纵观历史，在那个“丙丁虏乱”的时代里，朝鲜已经做得足够好了，我们真的不能再苛求这个国家了。

毕竟，是大明对不起朝鲜，而不是朝鲜对不起大明。

征服了朝鲜、班师回营期间，皇太极下令，猛攻明朝占领的皮岛，消灭这个明朝在辽东沿海的最后一颗钉子。

此战中，孔有德等汉军八旗将领主动请缨，他们率领投降的朝鲜水军和新组建的满洲水军两路并进，开始讨伐旧主。

激战了数月后，皮岛明军全军覆没，战死者多达四万七千余人，被俘者约三千人。至此，这个一直住在皇太极身边的“钉子户”，终于被拆迁了。

对于这被俘的三千明军，皇太极毫无慈悲之心，他下令一个不留、全部斩首。负责斩首这些明军的人，就是刚刚投降的朝鲜军。

按理来说，朝鲜誓死效忠大明王朝，肯定不干这种事情。结果，得知此事后，朝鲜士兵非常高兴，他们没有任何的犹豫，就执行了这道命令。

当时，被斩首的明军在临死前，破口大骂负责执行的朝鲜军：“大明王朝没有对不起朝鲜，你们为什么要这样对待我们？”

朝鲜军还嘴道：“朝鲜对大明忠贞不贰，天地可鉴，可谓仁至义尽。而大明却对我们见死不救，袖手旁观，任由清军欺辱。你们还敢说没有对不起我们？”

朝鲜军的这番话，真是令人反省，令人沉思……

第二十二章 被逼无奈，继续伐明

讨伐明朝的缘由

努尔哈赤曾说过这么一句话:“既征大明，岂容中止！”只要自己还活着，就一定要一直讨伐明朝！

作为努尔哈赤的继任者，皇太极也是这句话的忠实拥护者，他也会一直讨伐明朝，只要生命不止，就会战斗不息。

崇德三年（1638 年）八月二十三日，皇太极再次发布征明的命令，以睿亲王多尔衮为奉命大将军，豪格、阿巴泰为副统帅，统左翼兵；以贝勒岳托为扬武大将军，杜度为副统帅，统右翼兵；分兵两路，开始讨伐明朝。

根据《茶余客话·卷一》记载，八旗分为两翼，左翼是镶黄、正白、镶白、正蓝；右翼为正黄、正红、镶红、镶蓝。其次序都自北而南。

就这样，在皇太极的命令下，两路清军齐头并进，开始进击中原，踏上了“第四次讨伐”中原之旅。

其实，大家还不知道，皇太极此次出兵，完全是被“逼迫”的结果，他根本就不想讨伐明朝，但为了自己的面子，他也必须履行承诺，只能硬着头皮去讨伐明朝了。

逼迫……面子……承诺……这都是什么意思？

关于这段恩怨情仇，还得从头讲起：

皇太极第三次讨伐明朝可谓大获全胜。他在中原抢劫了一百一十七天，明朝顺天府境内五州、二十二县，全部被清军洗劫一空。河北、河南等部分地区，也遭到了清军的蹂躏，这些地方“似无完土”。

事后，看着这一片家破人亡、百废待兴的神州大地，崇祯皇帝痛不欲生，却又无可奈何。这时，他才看清楚了清军的实力，也明白了收拾这么一个国家不可能“只用五年”这个事实。

五年复辽！五年如何复辽？这个所谓的“五年复辽”的计划，就是一个忽悠人的说辞罢了。

五年时间，怎么可能复辽……你这个该死的……骗得朕好惨！

看看现在的处境吧，此时此刻，距离袁崇焕被杀，已经过去了 6 年。在这 6 年的时间里，后金不仅没有衰退，反而越来越强。如今的它，俨然是一个庞然大物了。

按照皇太极的话说，他统治的这个帝国，版图空前扩大，国家强大无比。

予缵承皇考太祖皇帝之业，嗣位以来，蒙天眷佑，自东北海滨，迄西北海滨，其间使犬、使鹿之邦，及产黑狐、黑貂之地，不事耕种、渔猎为生之俗，厄鲁特部落，以至斡难河源，远迩诸国，在在臣服。蒙古大元，及朝鲜国，悉入版图。

——《清太宗实录·卷六一》

这段话的意思是说：

东自鄂霍次克海，西迄巴尔喀什湖、贝加尔湖，南濒日本海，北跨外兴安岭的广阔地域，全是大清的土地。原明朝辽东百姓和蒙古部分辖境内的各族部民，都是大清的子民。草原上的蒙古，半岛上的朝鲜，全是他的附属国。这个帝国的面积有五百多万平方公里，和明朝实际控制的面积相等。

可见，不管怎么看，这都是一个强大的帝国，一个绝对不输给明朝的强大帝国。这样一个国家，又怎么可能“五年复辽”？

就这样，认清了形势后，崇祯皇帝反而释怀了。既然灭不了你，那就和谈吧。毕竟，明朝内部矛盾不断，农民起义都快把崇祯折腾疯了，若再这样两线作战，明朝也只能亡国灭种了（事实）。

想明白这些后，崇祯抛出了一个信号，准备跟清朝和谈了。

崇祯十一年（1638 年），崇祯召集全体大臣开会，给了他们一道策题，要求他们对策，解决心中的疑惑。

这道策题的大概内容是——最近出现了很多反常的事情，比如四月降大雪，大白天就能看见金星等。这是老太爷在示警呀，国家已经危在旦夕了。这些年来，国家一直打仗。打仗，就要花钱；花钱，就要增加赋税；增加赋税，百姓就要造反；百姓造反，只能继续打仗；打仗，就要……国家已经陷入一个恶性循环里了。面对这种局面，诸位爱卿有何良策，写出来，替朕解决这个难题。

策题一出，群臣就开始对策，为皇帝分忧解难了。结果，他们的回答，要么是太肤浅，要么就是不切实际，要么就是答非所问，都不是皇帝想要的答案。

正当皇帝失望之际，有一篇文章却让他眼前一亮。这篇文章不仅切中了要害，还跟崇祯皇帝的思想不谋而合。

原来，虽然对于皇帝的问题，这篇文章没有正面回答，但这篇文章却以天灾说事，给皇帝讲了一个历史故事，替皇帝解决了这道难题。

这个故事，发生在东汉初年。当时，汉光武帝刘秀刚刚建立国家，就出现了“月蚀荧惑”这种天灾。

所谓“月蚀荧惑”，就是月亮挡住了金星。在古人眼中，这可不是什么好的征兆。《海中占》曰：“月蚀荧惑，有白衣之事；又曰其国内败，五年大兵。”《荆州占》曰：“月蚀荧惑，有死相。”《帝览嬉》曰：“月蚀荧惑，其国以兵起，饥，又以乱亡”……诸如此类。

按照这种迷信的说法，“月蚀荧惑”出现后，国家就会出现重大灾难了。因此，这一年中，汉光武帝与群臣战战兢兢，十分紧张，害怕出现什么灾难。

结果，这一年不仅没有出现灾难，还喜从天降了。就在“月蚀荧惑”这一年，匈奴跟汉朝议和了，双方结束了长期以来的战争状态，一起迎来了和平。

可见，这个大臣的意思很明确了，他就是在告诉皇帝，希望他去学习汉光武帝刘秀，以天灾为契机，去跟清朝和谈吧。

客观地讲，对于现在的明朝而言，与清朝和谈，解除这种两线作战的局面，才是不亡国的唯一办法。

就这样，看完这篇文章后，崇祯皇帝龙颜大悦，他立刻召见了这个写文章的人，准备对其委以重任，让他全权处理和谈之事。

这个大臣，叫作杨嗣昌。

杨嗣昌，字文弱，自号肥翁、肥居士，湖广武陵（今湖南常德）人。明朝后期大臣、诗人，兵部右侍郎兼三边总督杨鹤之子。

在崇祯皇帝眼中，这个杨嗣昌有三大优点，足以能对其委以重任。

第一个优点，此人非常孝。

咱们都知道，中国古代把“孝”作为人最高的道德准则，孝文化不仅是中国传统文化中最基本的社会伦理准则，更是衡量一个人是否孝顺的依据。

在这个方面，杨嗣昌非常优秀，堪称一个孝子也。

崇祯四年（1631 年）杨嗣昌之父杨鹤负责招抚流寇，结果流寇降而复叛，最终失败。因为白白花了崇祯很多银子（招抚是要花钱的），崇祯对此怒不可遏（钱没了），就下令将杨鹤关入监狱，随后发配到了江西袁州（今江西宜春）。

得知父亲遭难后，杨嗣昌立刻上书朝廷，请求“代父承罪”。对于杨嗣昌的请求，崇祯不许，却记住了这个人。

几年后，崇祯提拔杨嗣昌为宣化、大同总督，让他去那里上任。结果，杨嗣昌上疏推辞：以“臣父鹤总督陕西三边，今蒙谪戍袁州。臣父以总督蒙遣，子何忍拜此官”为由，拒绝上任。

其实，杨嗣昌这么说，不过是在委婉地替父亲求情罢了，他希望皇帝赦免父亲的罪，再去上班。结果，对于杨嗣昌的请求，崇祯还是不许，但更记住这个孝子了。

又过了几年，杨鹤死于戍所袁州。得知此事后，杨嗣昌“惊号一声”，随后昏厥了过去。在家人的全力抢救下，杨嗣昌才保住了这条命。

稍稍康复后，杨嗣昌又上疏皇上，为亡父请恤复官，否则“不但臣父不能瞑目，臣世世狗马也将不能瞑目”。

这一次，皇帝被他的一片孝心感动了，就答应了杨嗣昌的请求，为其父恢复了部分名誉，可以让其官复原职，但不许给抚恤金（杨鹤准复原官，不许请恤）。当然，这些追封，对死者毫无作用，只是安抚生者罢了。

就这样，因为杨嗣昌“孝感动天”，崇祯就记住了这个人，准备对其委以重任了。当然，杨嗣昌也确实有让皇帝信任的本钱。

第二个优点，此人有见识。

《明季北略》记住，泰昌元年（1620 年），明朝尚未出现乱象，还在一片歌舞升平中，杨嗣昌就预感到了隐患，认为未来必发生民变。

当时，他忧心忡忡地上奏朝廷：“今日百姓尚知讨贼，尚可催科。只恐百姓自己作贼，谁为我皇上催科者？”

后世史学家计六奇看完这段话后，大发感慨：“‘百姓自己作贼’六字，十年来不幸而中。”

可见，这个人未雨绸缪的本领就是这样高超。

除了会未雨绸缪，在分析问题上，杨嗣昌也能一针见血、一语中的。

崇祯十年（1637 年）三月，崇祯召见杨嗣昌，询问他一些治国救世之道。在这场谈话中，杨嗣昌一针见血道："大明若亡，必亡于流寇，因此，攘外必先安内！"

对于这个见解，崇祯不同意。他认为，大明最大的敌人，是东北的女真。

崇祯告诉杨嗣昌："君不见，无数的国家都死于外敌入侵吗？西晋，北宋，南宋，这些都是血淋淋的案例。因此，国家最大的隐患，是强大的敌国，不在本国内几个造反的老百姓。"

杨嗣昌解释道："国家好比人的身体，京城是人的大脑，边界城镇是人的手足，中原大地则是人的心腹。如今，外敌入侵，不过是在四肢上划刀子罢了，伤口虽然很多、面积也很大，但是对人的整体健康没什么影响，敷几张膏药，几天就好了。反之，中原流寇造反，则是在人的核心部位动手术，虽然面积不大、刀口也不深，但这一刀刀下去，等于是刺中人的五脏六腑，基本上是刀刀毙命。所以臣说，国家最大的隐患，不在外敌，而在流寇。"

事实证明，杨嗣昌的见解，正确无比。

纵观中国历史上王朝的灭亡原因，外敌的入侵，根本不是主要原因，自己内部的战乱，才是国家灭亡的根本原因。别的不说，若没有那场历时十六年之久、严重消耗了国家力量的"八王之乱"，周边的少数民族何以乘虚而入，导致那场灭亡西晋的"五胡乱华"。

可见，一个国家的灭亡，外敌入侵只是结果罢了。内乱不断，才是国家灭亡的根本原因。

西晋，是如此；两宋，其实也是如此；这个明朝，也是一个经典案例。

可想而知，杨嗣昌的这番话，说得崇祯皇帝茅塞顿开。他高兴地拍案叫绝道："恨用卿晚！"我用你太晚了，你这种人才，我早就该用了！

就这样，因为自己独特的见解，崇祯对杨嗣昌委以重任了。而事实证明，杨嗣昌没有让崇祯失望，他确实是一个有能力、有本事的大臣。

第三个优点，此人有本事。

为了对付流寇，杨嗣昌使用了一个"四正六隅，十面张网"的围剿战术。

所谓"四正"，即以陕西、河南、湖广、江北为四个主战场，命四个巡抚全力剿匪。所谓"六隅"，是以延绥、山西、山东、江南、江西、四川为六个辅助战场，命六个巡抚全力防守，绝不能让流寇入境。就这样，在这十个战场上，明朝来了一个"十面张网"，开始全体围剿流寇。

不得不说，这个"四正六隅，十面张网"的围剿战术，堪称威力无比。在杨嗣昌的指挥下，流寇被打得丢盔卸甲、溃不成军。

最终，张献忠投降了朝廷，李自成率领十八人逃到了商雒山。其他的造反头目，不是被杀，就是投降。

可见，杨嗣昌的能力，就是这样强悍。

当然，人无完人，杨嗣昌也有很多弊政、干了很多缺德事，至今被人诟病不断。

这些诟病包括，为了剿灭起义军，他忽悠崇祯皇帝增加赋税，开征“剿饷”，继续增加百姓的负担。而事实证明，这个“剿饷”使原本就日益激化的社会矛盾更加尖锐，成了压死大明王朝的最后一根稻草。

此外，为了自己的私人恩怨以及怕别人跟自己抢夺功劳，杨嗣昌干了一把战国时期“范雎诬告白起”的事情，他坑死了明朝一员赤胆忠心、骁勇善战的猛将，堪称自毁长城。

可见，杨嗣昌干的这些缺德事，也是这样强悍。

当然，虽然在历史书中，对杨嗣昌诟病不断，但崇祯还是很信任他的。因为在他的眼中，杨嗣昌是一个有担当、有能力，还誓死效忠的大臣，他不仰仗这样的大臣，又要重用谁呢？

于是，崇祯皇帝大笔一挥，就让杨嗣昌接替了吃大黄而死的张凤翼，让他成为新一任的兵部尚书。同时，崇祯皇帝还把他提拔为内阁大学士，让他进入内阁，成为国家的决策人之一。

至此，杨嗣昌位极人臣了，他成为崇祯皇帝的“从龙之臣”。当然，皇帝重用他，也是有要求的，崇祯希望他跟女真人去谈判，完成和谈这个艰巨的任务。

开始和谈

清朝是一直打算和谈的。毕竟，在皇太极的眼中，明朝的实力胜过他数倍，在这种实力悬殊的较量中，清朝就是一个赌徒，他只许胜，不许输。

因为，一旦清朝输了一场战争，就会动摇国本，导致亡国的危机。

在这种背景下，清朝是同意和谈的。只要明朝承认他的地位，给他息事宁人的钱财，皇太极是很乐意和谈的。

当然，虽然皇太极同意和谈，但他这个和谈的态度实在是让人无法接受。

清朝的第一次讲和，发生在天聪九年（1635 年）十月。

当时，皇太极遣信给明朝官兵，表达了自己求和的意思。只不过，皇太极是这么求和的：“我每欲请和，各享太平。一年内派人送信不下数次，你们朝廷大臣竟无一言答复。因此你国人民之忧苦、死亡并非是我的责任，而是你们的君与臣的过错。今后凡我大军所至，有敢逆我对抗者，杀之；逃避山林者，俘之；如安居不动，投降归附者，秋毫无犯。此次进兵，决不似以前轻易撤兵！”

在这种态度下，明朝又怎么可能跟他和谈？

于是，这次和谈不了了之，再无下文。

一次和谈不成后，皇太极再接再厉，又进行了一次和谈。

清朝的第二次讲和，发生在天聪十年（1636 年）二月。

当时，皇太极致信给明朝的崇祯皇帝，阐述了自己求和的意思：“我见黎民百姓涂炭，常以和睦为念，致书遣使不下数次，不知是下边臣属欺骗蒙蔽而没有报告朝廷呢，还是朝廷明知黎民涂炭、人民死亡而漫不介意，不愿和平呢？我一再讲和，而你明朝大臣竟无一言回答，这是有意招惹祸乱！各城大小官员得我之书，若隐瞒不上奏者，即是不忠于君、不慈于民、专图个人之私的奸诡之人！”

可见，跟上次一样，皇太极和谈的态度，还是这样无理。在这种态度下，明朝又怎么可能跟他和谈？

于是，跟上次一样，这次和谈也不了了之，再无下文。

就这样，虽然皇太极抛了两根橄榄枝，明朝都没有接手。

其实，和谈不成功，不能怪明朝，只能怪皇太极态度有问题。毕竟，在明朝眼中，皇太极这样组织语言，与其说是“求和”，不如说是“威胁”。所以，鉴于对方如此狂妄，明朝实在是没有求和的意思，也不可能跟这种人求和。

然而，现在情况不同了，为了防止两线作战，明朝只能拉下脸来，跟清朝讲和了。崇祯十一年（1638 年）三月，崇祯皇帝任命杨嗣昌为和谈大使，准备与清朝和谈。

得到了旨意后，杨嗣昌命辽东巡抚方一藻派人出使清国，与皇太极和谈。当时，因为明朝不承认清国的主权地位，所以不能用官方的方式与清国接触，只能以民间的方式进行谈判。

在这种情形下，方一藻找了一个叫周元忠的商人（一说他是算命先生），命他作为中间人，出使清国。

周元忠来到清国后，向皇太极递交了希望和谈的文件。虽然在皇太极眼中，明朝采用这种偷偷摸摸的方式来谈判，显得毫无诚意，但他还是接受了明朝的请求，答应和谈。

当然，答应归答应，皇太极还是放了一句狠话以威胁明朝，增加谈判的筹码。

这句话就是——“如果真的能够签订合约，我就把军队撤回来。如果不能签订合约，今年夏天或者秋天，我一定发兵讨伐你们，以报你们忽悠我之罪！”

如有确议，则撤兵东归……仍言讲款，若不许，夏秋必有举动。

就这样，虽然崇祯皇帝还是无法容忍皇太极的态度，但在大势所趋下，他还是

答应和谈了。

至此，双方开始正式谈判，一起勾画美好的未来。

其实，所谓的谈判，跟市场买菜差不多。你要价太高，我觉得太贵，打一个五折。五折，你不干，打一个九折。九折，我又接受不了，来一个七折。七折，你又接受不了，来一个八折。八折，我一看，差不多了，你也认可了，成交。

大概，就是如此。

当时，明朝开出的价码是，用"俺答封贡"的方式对付皇太极。

所谓的"俺答封贡"，是发生在明朝嘉靖年间的一件事。当时，蒙古首领俺答汗（此人是蒙古右翼三万户中的土默特部落的首领）称霸蒙古，对中原构成了很大的威胁，为了羁縻这位蒙古首领，明朝册封其为顺义王，并且长期打开关隘，与俺答汗进行贸易。当然，俺达汗也要遵守嘉靖皇帝的两个要求：第一，必须承认明朝是中央政府，不许另开炉灶；第二，必须称臣纳贡，对明朝俯首称臣。

最终，俺答汗答应了明朝的要求，明朝就这样"用金钱买平安"了。从此以后，双方开始了长达几十年的和平友好局面，直到俺答汗病逝后，蒙古和明朝才重新兵戎相见。

可见，这个"俺答封贡"的故事，是明朝处理外族的一个成功案例。当然，对于这个方案，皇太极肯定是不干的。

毕竟，他已经登基称帝，怎么可能再自降身份、承认明朝是中央政府呢？他又怎么会俯首称臣，对明朝跪拜呢？因此，明朝这个方案，想都不用想，肯定会以失败告终。

殊不知，皇太极根本没有看见这个方案，明朝就自己给否决了。更神奇的是，明朝不仅否决了这个议和方案，还把与清国议和之事全盘否决了。

原来，得知皇帝要跟女真人和谈后，明朝算是炸开了锅，所有大臣一致认为，不能和谈，和谈就是耻辱，和谈就是卖国，和谈就是懦夫所为！

群臣这种抵制和谈的思想，原因有三个：

第一个原因，面子问题，跟蛮夷和谈，面子上挂不住。

一直以来，咱们都会被灌输这么一种思想，我大天朝乃上邦之国，万国朝拜，万民敬仰，周围的民族都是劣等民族，他们是戎，是狄，是蛮，是夷，我们怎么能放下身段，跟这些劣等民族和谈呢？跟他们谈判，岂不是自取其辱，颜面扫地，丢人现眼！

千言万语就化成一句话——我们曾经最厉害，虽然我们现在很委屈，但我们也要装厉害！

这个面子问题，就是明朝人不愿意谈判的原因。毕竟，当大爷当太久了，突然要当孙子了，谁都接受不了这个现实。

第二个原因，在群臣眼中，议和就是投降，所以绝对不能议和。

本来，议和和投降，是两个完全不同的概念，不能混为一谈。然而，群臣却不这么想，在他们眼中，这就是一个意思，甚至傻傻分不清了。

遥想当年，在那个两宋交接之际，朝廷为了对付女真，分成了两派，即主战派和主和派。其中，主战派的代表，就是那个永载史册的岳飞。同样，主和派的代表，也是那个永载史册的秦桧。

为了跟女真议和，主和派的秦桧就用"莫须有"的罪名杀死了主战派的岳飞，还对敌国摇尾乞怜，卑躬屈膝。从那以后，大家就产生了一种观念——主战，就是爱国，就是民族英雄；主和，就是卖国，就是大汉奸。

鉴于此，群臣皆反对议和，不愿意去当这个汉奸。

第三个原因，在战败的情况下议和，群臣受不了。

在群臣眼中，他们是可以与少数民族议和的，但这里有一个前提，必须是在本方胜利的情况下，去跟他们议和，看他们可怜，给他们几个赏钱。

但现在呢？是在打不过的情况下跟敌人议和的。我堂堂天朝上邦之国，为什么要看敌人的脸色呢？跟他打，把他彻底打服，再跟他谈判，这才是正道。

群臣的这种思想，有史为证。遥想当年，北宋与辽国签署了"澶渊之盟"后，宋辽之间再无大战，双方迎来了百年和平（过程参见《宋朝果然很有料·卷四》）。结果，对于这个和平条约，宋朝臣子不屑一顾，他们认为这就是一个"城下之盟"，认为这是一个奇耻大辱，他们希望皇帝撕毁合约，跟辽国继续开战。

可想而知，群臣的思想很简单。他们是可以跟清国和谈的，但一定是要把对方打服了，才能去和谈。而不是像现在这样，因为打不过对方，才委曲求全地去和谈。

综上所述，在这种"主和等于投降""议和等于卖国"的言论下，群臣全都反对议和，他们接连上疏，要求皇帝不许跟清国议和，并斩杀了议和的大臣，以谢天下。

对于这种人，真是无言以对……要知道，群臣的这种反对议和的行为，说好听点，叫坚持原则，说不好听点，那就叫不识时务！现在都什么情况了，你不跟女真议和，只能两面作战，东墙西墙一起塌，亡国灭种。

当时的情况决定了，跟女真议和，全力剿灭起义军，收复辽东失地，这才是明朝最好的选择，也是唯一的选择。

此外，议和，就真的丢脸吗？议和，就真的卖国吗？大家都是饱读诗书的人，为什么这么一个浅显的道理都不懂呢？

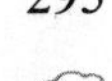

遥想当年，西汉王朝刚刚建国时，刘邦打不过匈奴（白登之围时，被匈奴围困了七天七夜，命差点搁里面），他只能靠女人、靠财宝、靠联姻的方式，卑躬屈膝，维持那看人脸色的和平。

吕后掌权时，那个女人唯我独尊，说一不二，结果，在匈奴王那封“陛下独立，孤偾独居，两主不乐，无以自虞，愿以所有，易其所无”的“骚扰”信下，吕后气得咬牙切齿，但还是忍了下来。她继续靠女人、靠财宝、靠联姻的方式，卑躬屈膝，维持那看人脸色的和平。

最终，若不是刘邦、吕后选择了忍辱负重，就不会有后面休养生息、韬光养晦的“文景之治”。若没有“文景之治”积累下来的财富，就不会有后面的武帝伐匈，横扫大漠，封狼居胥，扬我大汉国威的壮举！

因此，在中国历史中，“忍”这个词，并不是耻辱，而是一种智慧。中国的很多成语，如卧薪尝胆、忍辱负重、韬光养晦等，也向世人解释了“忍”这个字的含义。

然而，对于这个道理，这些饱读诗书的明朝大臣竟然不懂。或者是说，他们根本就不想懂。他们能够理解的东西，也不过是“汉奸、面子、卖国”这些词语……

没有办法，群臣的觉悟就这么高，能怎么办呢？当时，在群臣的围攻下，任何一个主张议和的大臣，都要承担极大的道德风险和政治压力，即使是皇帝，也不例外。

最终，就是在这种压力下、在那个臣子的全力搅和下，皇帝选择了退缩，再也不提和谈之事了。

这个搅黄和谈的大臣，就是明朝著名的理学大师——黄道周。

黄口书生误大事

黄道周，字幼玄，号石斋，福建漳州府漳浦县（今福建省东山县铜陵镇）人。此人是明末著名学者、书画家、文学家、民族英雄。

这个黄道周有两大特点。

第一个特点，此人博学多才。

当时，黄道周学富五车、博学多才，是明末著名的思想家，理学的一代宗师，大家还送给他一个绰号黄圣人。因为学问做得好，崇祯特意把他请进了皇宫，作为太子的老师。

第二个特点，此人敢于直言进谏。

黄道周是天启二年（1622年）进士，因为看不惯魏忠贤的所作所为，他上书痛骂魏忠贤，为此得罪了阉党，被贬为平民。

崇祯登基后，恢复了他的官职，结果回到朝廷后，黄道周还是“涛声依旧”，他频繁地直言进谏，遇到不平事，就得吼一吼。即使他“犯颜谏争，不少退，观者莫不战栗”，也绝不退缩，决不让步。

当然，虽然黄道周是一个直言进谏的大臣，但他绝不是一个好官。因为，他所谓的直言进谏，都是以个人感情为基础的，主观意识太强，凡事都自以为是，太容易出错。

比如说，袁崇焕入狱后，他说袁崇焕活该，“为天下笑”。钱龙锡被牵连入狱，举朝无敢出一言者，他却“中夜草疏，排闼叩阍”，为钱龙锡辩冤，结果得罪了崇祯皇帝，被降级。

可见，这个人的标准就是这样奇葩，这也是很多读书人的通病。

这一次，黄道周就以自己的标准行事了，他反对议和，并跟皇帝开战了。

当时，为了反对议和，黄道周上疏朝廷，强烈反对杨嗣昌入内阁，还痛骂他是一个不忠不孝、无德无能的小人，要求对其严惩不贷，以儆效尤。

黄道周的理由，有三个：

理由一，杨嗣昌不回家守孝，就是一个不孝之人。

黄道周告诉皇帝，杨嗣昌的父母正在丧期内（其父病逝一年后，其母也病逝），他应该回家丁忧，不能来上班。一个不回家丁忧却来上班的人，就是一个不孝之人。

黄道周的这个理由，矛头直接对准了皇帝。因为，皇帝喜欢杨嗣昌，不就是因为他孝吗？黄道周就告诉皇帝，这个杨嗣昌根本不孝，他就是一个小人。

理由二，杨嗣昌无才无德，毫无政绩，就是一个庸官。

黄道周告诉皇帝，杨嗣昌上任后，先是提出征收“剿饷”的计划，随后又提出了“四正六隅，十面张网”的围剿方案。这些计划看着挺热闹，其实收效甚微。因此，杨嗣昌就是一个智力平平的人，根本不是什么人才。

理由三，杨嗣昌主和，就是一个卖国贼，我黄道周羞与跟这种人为伍。

在这里，就要说明一下黄道周不同意和谈的理由了。他的理由是——与建虏不可能议和，议和也不可能成功，成功也不可能长久。即使议和成功且长久了，那么长城上的部队要怎么办呢？就地遣散，不怕他们造反吗？把他们调动内地剿灭流寇，这怎么可行呢？这些事情都没有想好，却要去议和，真是不动脑筋！

对于黄道周的这三个反对理由，我都不想反驳了……算了，还是反驳一下吧。

反驳一，黄道周说杨嗣昌在守孝期，不能入朝为官，完全是无稽之谈。

前面讲过，在中国古代，不管是任何学说，都把“孝”作为人最高的道德准则。“孝”是如此的重要，即使是最高统治者皇帝，也不敢轻易践踏这个字。当时，不管是什么等级的官员，只要父母有一个人去世，就一定要回家守孝，这也成为一种“祖制”，不能更改。

但在这种体制下，有一个群体是例外的，那就是军队。

咱们也要理解，总不能领兵打仗期间，突然噩耗传来，你大喊一声：“停，我家人死了，咱们先别打了，等我回去守孝二十七个月，完事咱们再来，还是老地方，不见不散。”如果真出现这种情况，这个帝国就算是瞎了。

因此，在这种背景下，皇帝有权力对这个官员“夺情”，就是明知道你很悲伤，但是为了这个国家，朕只能很不厚道地把你拽回来，让你穿素衣（丧服）办公，继续为这个国家效力。当然，统治者也知道这种做法理亏，所以用了一个“夺”字，因此这种“夺情”，不算是成命，大臣也可以选择拒绝。

当时，杨嗣昌在守孝期间，他被皇帝“夺情”后，也可以选择拒绝。但是，为了这个国家，他还是回来了，继续为国效力。结果，他的这种行为，却就被黄道周骂成不孝了。

可见，黄道周明知道有“夺情”这一说，也知道杨嗣昌这种武将会被夺情，但他还是揣着明白装糊涂，愣说杨嗣昌“不孝”，真是欲加之罪，何患无辞？

反驳二，黄道周说杨嗣昌无才无德，毫无政绩，也是无稽之谈。

前面讲过，在这个“四正六隅，十面张网”的围剿战术下，张献忠投降了朝廷，李自成逃入了深山，中原匪患基本平息了。如果这样的战绩都不算战绩的话，那你们说，什么才算战绩？

可见，黄道周这么讲，就是睁眼说瞎话了。说杨嗣昌毫无政绩，他也好意思说出口？或者是说，也就他好意思开口。

反驳三……我都不想反驳了。只是一句话阐述吧——能够说出这种话的人，才叫不动脑筋！

综上所述，黄道周这种人，成事不足，败事有余。

对付这种人，最好的解决办法，就是学汉武帝收拾狄山，把他送到前线，让他“知行合一”一番，再好好想想自己的言论是否正确。

狄山的故事，是这么回事：

《史记》与《汉书》记载，有一年，匈奴请求和亲，当时汉武帝已经准备打匈奴了，就没同意。结果，这个狄山唱反调，他同意与匈奴和亲，还大谈和亲的好处，并痛骂那些不同意和亲的人，说自己是“愚忠”，他们都是“诈忠”，等等。

最终，汉武帝被惹怒了，他质问狄山道：“我派你去治理一郡，可以让匈奴不犯吗？”狄山很诚实，道：“不能。”汉武帝继续问：“那一个县呢？”狄山回答：“不能。”汉武帝继续问：“那一鄣（筑在边塞上要险之处的城）呢？”

这一次，狄山听懂了汉武帝的问题，只能硬着头皮道：“能。”于是，汉武帝派狄山去治理一个边塞上的鄣。过了一个多月，匈奴来犯，把狄山的头斩了。

可见，收拾这种人，就得用汉武帝收拾狄山的办法，让他知道这个世界的现状，才能明白这个世界的真理。

可惜的是，崇祯没有用这个办法，为了说服这个“狄山”，他竟然用了一个正中其下怀的办法——崇祯要和他辩论，说服他同意与清朝和谈。

对于这个办法，我只能说：“崇祯也只能自取其辱了。”

妄想用辩论的方式说服书生，崇祯此举，真是“以己之短，攻敌之长”，除了自取其辱外，还能有什么呢？

现在，让我们看看这场“愉快”的辩论是怎么进行的：

为了表明议和的态度，崇祯下令召开全体会议，他要当面与黄道周辩论，让他给杨嗣昌道歉，并同意议和。

会议中，崇祯对黄道周道：“你是著名的理学大师，成天讲‘存天理，去人欲’，你在自己没有入阁的情况下，连上三道奏折弹劾杨嗣昌，阻止他入阁，这样做合乎天理吗？”

原来，黄道周虽然反对议和，但他耍了一个小心眼。他上疏的内容中，没有一句话是反驳议和的，他只是玩命地攻击杨嗣昌，不让他入阁，甚至逼他“下岗”。

当然，黄道周这种做法，也等于是反对议和。因为，他玩命地攻击这个和谈的大臣，誓要这个和谈的汉奸下岗，其原因，不说自明。

因为黄道周没有说过一句反对议和的话，所以崇祯也不好意思说他反对议和，只能治他“诽谤杨嗣昌”之罪。

就这样，崇祯问他为何不让杨嗣昌入阁，还说他这么诽谤别人，不是一个圣人所为。而且，皇帝还质疑黄道周的为人，在他没有入阁的情况下，不让别人入阁，这就是“羡慕、嫉妒、恨”。

对于皇帝的质疑，黄道周大义凛然道：“我心中只有天下、国家和纲常、名教，从来没有功名利禄，也不会为了这些东西弹劾他人。”

崇祯问道：“没有这些东西？为什么你早不上疏，晚不上疏，偏偏要在入阁人选定下来后，才来上疏？”

黄道周解释道：“我本来是想早上疏的，可是，在我上疏时，发现有几个同乡上疏了，我为了避嫌，怕有人说我结党营私，所以拖了几天，才上疏。”

崇祯问道：“你晚几天上疏，难道就没有结党营私的嫌疑吗？”

对于这个问题，黄道周无法回答，他就换一个话题道："是不是结党营私，陛下说了算，我甘愿伏法认诛。只不过，一个人在丧期不去守孝，就是一个不孝之子。这种不孝之人，绝不能出现在朝廷之上，请皇帝圣裁，将这种不孝之人革职查办。"说完，黄道周怒不可遏地看着杨嗣昌，眼睛都能"瞪出血"来。

杨嗣昌知道躲不掉了，他回答道："我的母亲病逝了，我不去丁忧，的确违背了纲常伦理，这一点，您弹劾得对。但是，您弹劾我的奏折中，对我进行了人身攻击，还谩骂侮辱我，这跟您的人品和学问不符，您是不是应该检讨一下呀。"

杨嗣昌尚未说完，一旁的崇祯继续问道："没错，你自己看看书写的奏折。前半部分谈纲常伦理，后半部分全是破口大骂。你身为太子的老师，这么毫无根据地谩骂朝廷大臣，你太让朕失望了。"

随后，崇祯继续质问道："杨嗣昌不去守孝，是不对，但那是朕'夺情'后的结果，如果违反了纲常伦理，也是朕的责任，跟杨嗣昌无关。而且，你弹劾杨嗣昌不守孝道一事，根本就是别有用心。你到底想干什么，别以为朕不知道！"

被质问得无话可说了，黄道周索性使出了"文人不怕死"的撒手锏，他大声道："臣今天有话不说，那是臣辜负了陛下；陛下今天要杀臣，那是陛下辜负了臣！"

这句话的潜台词是——我是一个直言进谏的大臣，你若杀了我这个忠臣，你就是一个遗臭万年的昏君！

可想而知，一听这话，崇祯彻底怒了，他愤然训斥道："尔一生学问，止学得这佞口！"意思是说，没想到你做了一辈子的学问，只是学会了奸臣的胡言乱语、胡搅蛮缠。

一听这话，黄道周也怒了，他厉声道："臣在君父之前独独敢言为佞，岂在君父之前谗谄面谀者为忠乎？"接着又说，"忠佞不分，则邪正混淆，何以治？"

这些话的意思是说，在皇帝面前说真话的人，成为了"佞"，在皇帝面前说谗言的人，却成为了"忠"，这是一个什么道理？如此忠佞不分，邪正混淆，如何能够治理国家？

听见黄道周痛骂自己是昏君后，崇祯彻底怒了，他大声呵斥道："按照祖制，恶意诽谤，扰乱国家政治的人，理应当斩！"

黄道周毫不畏惧道："若臣有当斩之罪，请把臣送到刑部治罪。"

然而，面对黄道周这种软硬不吃的人，皇帝还真没有办法。毕竟祖制有规定，不得严惩谏言者。崇祯也不能杀这种直言犯上者，因为你杀了他，就真的变成一个昏君了，也成就他成为一个名臣了。

最终，崇祯皇帝对他无可奈何，只能把黄道周降官六级。崇祯把他调入江西，远离京城，眼不见心不烦。

孰料，崇祯贬走黄道周后，他的噩梦，就此展开。

因为，黄道周号称“一代宗师”，人家桃李满天下，可是有很多徒弟和粉丝的。

当时，目睹了老师，或者是心中的圣贤下岗后，明朝官员全都怒了，大家接连上疏，要求严惩议和之人，要求还黄道周一个公道。

很明显，崇祯被这些人“打懵”了。

要知道，明朝官员打架，那可是有光荣传统的。遥想当年，为了那场“国本之争”，官员和皇帝打了一场旷日持久的战争。期间，官员赤膊上阵，决不罢休。在这场战争中，官员根本不在乎头顶的乌纱帽和身上的官服，他们只要一句话——“宁可丢官，不能失道！”

显然，崇祯根本没有经历过这种阵势，也低估了官员的战斗力。为了应付这些“上门打架”的人，崇祯忙得焦头烂额，却又无可奈何。

在这个“打架”的过程中，就能看出崇祯皇帝的险恶为人了。

当时，在与群臣的对抗中，崇祯一直希望杨嗣昌站出来，替自己背这个议和的黑锅，成为群臣的众矢之的，自己好全身而退。

然而，杨嗣昌一点也不傻，他一直告诉皇帝，议和之事要“圣鉴允行”，一定要陛下您亲自签字，我才去执行。他绝不背这口黑锅，以免重蹈前辈们和后辈们的覆辙。

杨嗣昌的这种想法，无可厚非。毕竟，他侍奉的这位皇帝，可是一个极其喜欢推卸责任的主。今天，为了国家，他可以选择跟清朝议和。他日，为了自己的面子，崇祯就能严惩了议和的大臣，让他们成为自己的替罪羊。

君若不信，后面的故事，就能证明。

这个皇帝，就是这么让人无语。

就这样，在议和的过程中，崇祯希望杨嗣昌“独断专行”，杨嗣昌则希望皇帝“圣鉴允行”，双方就这样揣着明白装糊涂地博弈了下去。结果，这样一折腾，整整过去了三个月，也没有整明白这个责任问题，时间就这么一直拖下去了。

崇祯和杨嗣昌可以互相扯皮，把时间拖下去，但这里的问题是，对面的清朝却没有时间耗呀。且皇太极已经放出了狠话，“议和不成，夏秋必有举动”，他大话都说出口了，难道让他覆水回收吗？

就这样，傻等了三个月后，见明朝毫无议和的诚意，皇太极彻底怒了。他也清楚地知道自己该干什么了。

至此，就出现本章开始的那一幕。

崇祯十一年即崇德三年（1638 年），愤怒的皇太极下令，命多尔衮和岳托分兵两路进击中原，一路由北京密云东的墙子岭入关，另一路由河北迁西的青山口入

关。两路大军在北京的通州会师，然后开始抢劫！

此次出征，皇太极还找到了一个很好的借口：

自古天下非一胜所常有。天运循环，几人帝？几人王？有未成而中废者，有既成而复败者。岂有帝之裔常为帝，王之裔常为王哉。

——《清太宗实录》

现在，就是我爱新觉罗家族登基称帝、改朝换代的时刻！

就这样，在皇太极“天运循环，皇帝轮流做，哪有皇帝后代，一直当皇帝”的口号中，清军开始大规模入侵，开启了第四次讨伐明朝（掳掠中原）之旅。

黄道周的结局

为了掩护岳托和多尔衮顺利入关，皇太极还亲自率领大军去了一趟锦州，以牵制关宁防线上的明军，掩护他们入关。

然而，事实证明，皇太极此举，完全没有必要。

因为，谁也没有想到，岳托和多尔衮的入关，会那样顺利，顺利得连他们自己都惊讶不已。

按原定计划，岳托要从北京密云东的墙子岭入关。他深知，明朝的长城防线易守难攻，所以岳托做好了打硬仗、打狠仗的准备。结果，岳托的大军在险要的山坡上爬了三天三夜，他们都爬到了山顶，也没有看见一个明军。

原来，当时负责镇守墙子岭的总兵吴国俊正在给监军太监祝寿，他在寿宴中喝得酩酊大醉，玩得不亦乐乎，早就把守护长城的重任抛到九霄云外了。

后来，得知清军已经翻越了长城，总兵才仓促地带兵去抵抗。当然，他这种仓促上阵的结果，可想而知。

一番战斗后，明军一败涂地，这位总兵也死于乱军之中。

干掉了吴国俊后，岳托顺利进入了中原，他屯兵通州，等待着多尔衮的到来。

没过多久，多尔衮也顺利到达了通州，与岳托胜利会师。

对比翻山越岭、打了一场战斗的岳托，多尔衮此次入关，更加地轻松。他轻轻松松地突破了明朝的长城防线，沿途也没有遭遇什么抵抗，就与岳托会师了。

至此，清朝的两路大军胜利会师，他们一路烧杀抢掠，逼近北京。

那么，这里有一个问题，为什么明朝的长城防线会不堪一击，甚至防守懈息呢？

无奈地叹一口气吧，这个原因很简单。因为，长城上的守将都知道明朝在跟清朝谈判，只要双方议和了，就不用再打仗了。结果，明军全都疏于防范，才让清军有了可乘之机。

唉……崇祯的和谈举动，竟然麻痹了本方将领，并间接助攻了皇太极。

书归正传，得知清军已经入关的消息后，崇祯皇帝气得捶胸顿足，他大声痛骂道：“大事几成，为几个黄口书生所误，以至于此！”

意思是说，和谈的大事几乎要成功了，却被黄道周几个教书先生给搅黄了，以至于得罪了清朝，让他们再次入关了。现在，说什么都没有用了，只能赶紧想办法，应对这场危机。

于是，盛怒的崇祯下令，“贬道周六秩，为江西按察司照磨”，差点把黄道周贬为庶人。同时，崇祯皇帝还痛骂黄道周“伪学欺世”，就是一个欺世盗名的败类。1640 年，他甚至想杀了黄道周，但念及黄道周道德、人品享誉天下，才没有下手，只是判决了一个“永戍广西”了事。

就这样，黄道周郁闷地离开了朝廷，在他的干扰下，明朝也失去了议和的机会，只能继续两线作战，最终亡国灭种。

因此，从结果来看，很多人都不喜欢黄道周。认为这种书呆子百无一用，说好听点，叫坚持原则；说难听点，叫不识时务。明朝最终就死在了这么一群固执、不识时务的人手中。

对于这个说法，我不反驳，但我希望大家看一下黄道周最后的结局，再来定论。

明朝灭亡后，退休在家的黄道周选择了重新出山。他投奔了唐王朱聿键，准备辅佐这位君主，重拾汉人江山。

在南明的众多君主中，朱聿键是一个非常优秀的君主，但可惜的是，他却有一个不跟他一条心，一直打算混日子的手下——郑芝龙。

简单来说，郑芝龙是一个毫无追求、天天混日子的将领。在他的眼中，不管是明，还是清，都是一样的。谁能保住他的荣华富贵，他就跟谁混，其余的事情，一切免谈。

在这种心理下，郑芝龙为了保存实力，他一直反对北伐，且绝不出一兵一卒。郑芝龙不出兵，唐王也没有其他的部队，双方只能继续“谈”下去。结果，在劝说郑芝龙出兵期间，黄道周怒了，他告诉唐王，郑芝龙不去，老夫可不怕死。他不出兵，我就去招募部队，收复中原。

黄道周是这么说的，他也是这么做的。

黄道周散尽家财，真的招募了一支部队，准备率领他们北伐了。只不过，这支部队很惨，他们是一支“马仅十余匹、人数不过千人”的部队，且根本没有武器，很多人拿着锄头、扁担就上战场了。

对于这种部队，黄道周还很自嘲，就起名叫——扁担军。

隆武元年（1645 年）九月，黄道周带领这支扁担军雄赳赳气昂昂地上战场了。对于这支部队的结局，就连最白痴的人也明白，他们此举，无非就是自寻死路罢了。

事实，正是如此……

三个月后，黄道周在江西婺源遭遇了清军，他完成了这支部队的第一仗，也是最后一仗。

战斗毫无悬念，黄道周全军覆没，本人也被清军俘虏。清朝知道黄道周的本事，就派洪承畴来劝降。结果，黄道周用了一副对联，就把洪承畴说得又羞又愧，只能灰溜溜地逃跑了。

史笔流芳，虽未成功终可法；

洪恩浩荡，不能报国反成仇。

黄道周写的这副对联里，隐含着两个人名，即史可法和洪承畴。黄道周用他们做对比，以表明自己的决心。

洪承畴劝降失败后，清朝知道了黄道周的觉悟，就打算成全他，将他杀害了。

隆武二年三月五日（4 月 20 日），黄道周慷慨赴义前，他盥洗更衣，取得纸墨，画了一幅长松怪石赠人，并给家人留下遗言：“蹈仁不死，履险若夷；有陨自天，舍命不渝。”

就义之时，其老仆哭之甚哀，黄道周安慰他道：“吾为正义而死，是为考终，汝何哀？”乃从容就刑。

黄道周行刑前，向南方跪拜，撕碎自己的衣服，咬破自己的手指，留下最后的遗书：“纲常万古，节义千秋；天地知我，家人无忧。”遂慷慨赴死。

临死前，黄道周大声疾呼道：“天下岂有畏死黄道周哉？”遂被斩首示众。黄道周死后，其头“已断”而身“兀立不仆”，犹如战神，誓死不跪。

黄道周死后，人们从他的衣服里发现了他最后的誓言——大明孤臣黄道周。

有人说，我不喜欢这个“黄口书生”，因为他不识时务、固执己见，就是一个百无一用的书生。若中国全是黄道周这种人，就得亡国，等等。但是，我相信，任何讨厌黄道周的人，读完了这个人的结局，也会肃然起敬。

毕竟，对于一个国家、对于一个民族而言，我们必须要有这么一群“不识时务”的人。因为，在强敌入侵、世局恶化、希望渺茫的情况下，只有这群“不识时务”的人，才不会退缩，不会放弃，并决不妥协。

在这个国家危难之际，这些“不识时务”的人会用自己弱小的身躯化成中国的脊梁，出淤泥而不染，望屠刀而不悔。他们会高唱“待从头、收拾旧山河，朝天阙”的词，奋勇向前，永不后退。

还是那句话，你可以不喜欢黄道周这个人，却要尊重他的这种精神。因为他的这种精神，就是中国精神。

黄道周这种人，就是中国的脊梁。他的精神，也必将永存。

当然，从结果来看，黄道周在朝廷上的据理力争，确实搅黄了这个可以拯救明朝的议和之事。但是，大家不要忘了，追根溯源，黄道周有错，但他只是小错，真正酿成大错的人，是那个连议和决心都不敢下、有责任不敢担的崇祯！

这个皇帝，才是明朝亡国的罪魁祸首。

第二十三章 第四次讨伐明朝

明朝的对策

面对清军的入侵，崇祯皇帝急得团团转，他虽然可以严惩了那几个误国的“黄口书生”，却无法严惩清军。为了抵御清军，崇祯皇帝只能下令，命各地驻军赶赴京城，一起来勤王。

在皇帝的号令下，辽东的祖大寿，两湖的左良玉，陕西的洪承畴、孙传庭等人，立刻率领本部人马，奔赴京城救主。

一时间，大明王朝乱成了一锅粥，到处都在调兵遣将，到处都是奔赴京城的士兵。

这里说一个小花絮。得知皇帝令洪承畴、孙传庭进京勤王后，杨嗣昌强烈反对，他认为，自己布置的“四正六隅，十面张网”的战术还没有结束，流寇虽然被镇压了，但还没有被彻底消灭。若不继续镇压他们，就无法斩草除根。

因此，杨嗣昌强烈建议，不能抽调洪承畴、孙传庭进京勤王，要留他们继续剿灭农民军。即使要抽调他们，也要留下一个人，防止农民军死灰复燃。

不得不说，杨嗣昌“未雨绸缪”的本领，还是这么高超。未来历史的进程，完全在他的预料之内。

但可惜的是，杨嗣昌能够看见未来，又管什么用呢？在崇祯的眼中，清军都入关，就要兵临京城了。京城都快丢了，谁还有功夫管千里之外的农民军呀？

此外，崇祯还存在侥幸心理。他认为，在杨嗣昌的打击下，一大巨寇已经投降了，另一大巨寇也全军覆没、逃到商雒山了。伴随着他们的归顺和覆没，农民军基本上可以算是被镇压了，即使有继续造反的起义军，也不过是小股部队，不足为惧了。

因此，崇祯才急调洪承畴、孙传庭进京勤王，让这些猛人来抵御清军。

对于崇祯皇帝的决定，虽然杨嗣昌反对，但君命难违，他还是遵从了皇帝的命令，让洪、孙二人暂时放弃对农民军的追击，率军来京。

事实证明，崇祯皇帝颁布的这道命令，是他这辈子最大的一个败笔。在未来的岁月中，他将好好地品尝这杯“苦酒”，这杯自己亲自酿造的“苦酒”。

未来的事情，未来再议，书归正传。

在崇祯皇帝的严令下，洪、孙、祖、左等人全部行动了起来，开始率军奔赴京城。然而，这些都是“远水”，根本解不了“近渴”，要想第一时间抵御清军，只能把希望寄托在那个人身上了。

那个人，就是明朝的宣大总督、一代名将——卢象升。

卢象升，字建斗，又字斗瞻、介瞻，号九台。南直隶常州府宜兴县人，明末将领。

历史上的这个卢象升，骁勇善战，号称“卢阎王”，他打得农民军苦不堪言，人人走避，无人敢与之敌。

当时，崇祯皇帝任命卢象升为五省军务总理，与五省总督洪承畴精诚合作，对农民军形成夹击之势，一起剿灭起义军。

这两个人的配合堪称完美无缺，在他们合作的围剿下，农民军被打得丢盔卸甲、溃不成军。农民军最高统帅闯王高迎祥被打得狼狈逃窜，若不是清军及时入关（第三次入关）救了他一命，他就全军覆没了。

一直以来，史学家们都怀疑，闯王高迎祥可能跟清军有联系，否则的话，他们为什么“心照不宣”呢？为什么高迎祥一惨败，清军就着急得入关，来解救这位“盟友”呢？

史学家的这种猜测，绝不是空穴来风。

因为，在当时的农民起义军中，高迎祥军队装备之精良，简直锐不可当，他们甚至拥有明军没有的精良装备。

那么，问题来了，高迎祥的这些精良装备，是从哪里来的呢？

从官军身上缴获？那是不可能的，明军都没有这么精良的装备，何来缴获之

说？自己制造？那就更不可能了。农民军一直是流寇，根本没有稳定的基地，更不会有自己的兵工厂，他们做不出这些精良的武器。

因此，史学家们就怀疑，高迎祥跟皇太极有联系，他的这些装备精良的武器，都是从女真人那里购买的。最不济，他跟清朝是有贸易联系的，并源源不断地给清朝输送情报，清军才会那么“不合时宜”地出现在战场。

高迎祥与皇太极之间到底有没有联系，史无记载，不得而知，但有一点毋庸置疑。正是农民军与清军的“两线夹击”，让明朝苦不堪言，最终亡国。

要知道，在明朝眼中，全力对付一支农民军，是可以的；全力抵挡清军进攻，也是可以的。但结果是，偏偏两边一起搞，明朝就搞不定了。在这种背景下，明朝只能拆东墙、补西墙；拆西墙、补东墙，最终两面墙一起倒了。

可见，解决这个两线夹击的局面，跟清军议和是明朝最好的一种解决方案，也是唯一的解决方案。

可惜的是，明朝的这个最好的解决方案，却在一个毫无担当、推卸责任的君主和一群不识时务、因循守旧的官员手中，最终破产了，明朝也跟着破产了。

可叹，可惜，可悲，可恼，可怜……

书归正传，清军第三次入关后，看着一片狼藉的华夏大地，崇祯皇帝痛苦不已，他就做了两个决定。

第一个决定，前面讲过，试探性地跟清朝议和。

第二个决定，调卢象升去宣化（今天张家口），让他去那里抵挡清军，不再去剿灭农民军了。

对于这个决定，当时很多官员就反对，说崇祯此举就是放虎归山。因为，高迎祥只是被打残了，他没有被打死，若不继续攻打他，让他缓过劲儿来了，必成大患。结果，对于这个建议，崇祯根本不予采纳，让卢象升去宣化上任了。

事实证明，崇祯皇帝的这次调任，堪称一大败笔。若不是洪承畴发现了陕西巡抚孙传庭这个猛人，高迎祥就成气候了，他很有可能攻陷陕西，成为一个大顺皇帝。

书归正传，卢象升去宣化上任后，他立刻整顿兵马、训练士兵、鼓舞士气。在卢象升的整顿下，短短数月，他就在宣化修建了一条坚不可摧的防线，让清朝毫无办法、抓狂不已。

本来，清军这一次入关，是打算从宣化一代入侵中原的。可他们发现卢象升的防守无懈可击，就另选他途了。

让攻无不克、战无不胜的女真人如此忌惮自己，卢象升的本领，可想而知。

就这样，当北京出现危机时，崇祯第一时间想到了卢象升，他颁布圣旨，让这个人率军进京，来抵御清军。

当时，卢象升的父亲刚刚去世，按照规定，他应该回家丁忧。但是，因为国家有难，所以崇祯对其进行了“夺情”，让他穿着孝服“办公”。

为了回家丁忧、告慰父亲在天之灵，卢象升曾五次上疏朝廷，要求回家奔丧，但都被崇祯拒绝了。

这一次，面对清军入关，卢象升也无法回家丁忧了。为了解救国家，他就穿着一身孝服来到京城，勤王救驾。

崇祯十一年（1638 年），卢象升风尘仆仆地来到京城面见圣上，解救这个危难之局。

看见卢象升一身孝服来见自己，崇祯皇帝百感交集。为了安抚卢象升，崇祯皇帝立刻提拔了他的官职，封他为兵部尚书衔、总督候代。

这个意思是说，卢象升享受兵部尚书的待遇，只要这个官职出现空缺，卢象升立刻就能上任。同时，皇帝赏赐卢象升尚方宝剑，以显示自己对其的信任。

当然，世上没有免费的午餐，崇祯皇帝给了卢象升这么多好处，就是让他献奇策，击退清军。

孰料，在献计策前，卢象升竟然“痛骂”了皇帝一顿，以表明自己的决心。

原来，卢象升告诉皇帝：“杨嗣昌主张跟清军议和，臣坚决反对。既然任命臣为督师，臣坚决主战，并准备战死沙场，以报皇恩。”

卢象升的这番话，说得杨嗣昌和崇祯皇帝尴尬无比，崇祯皇帝一摆手，道：“朝廷从来没有跟清军议和。所谓的议和之事，都是一些边疆大臣的讨论罢了！”

可见，这就是崇祯的为人处世原则。敌人入侵时，他说是“黄口书生误事”，把责任推给了黄道周等人。面对卢象升的质问，他又说自己从来没有议和过，是“边疆大臣的议论”罢了，把责任直接甩了那些无辜的人。

总之一句话，在崇祯皇帝的眼中，不管出了什么事，都是别人的错，自己绝对没有错，也不可能有错。

可见，摊上这么一个君主，真是无可奈何，只能独自伤悲。而明朝之所以得到那个结局，其实也早就命中注定。

兴亡谁人定，胜败岂无凭……其实，兴亡一直由人定，胜败岂能说无凭。

书归正传，听完了崇祯皇帝推卸责任的言词后，卢象升也懒得跟他辩论了。他开始阐述自己的御敌方案。

卢象升告诉皇帝：“如果他是清军，进入中原后，有三个可以进攻的目标。第一，烧毁皇陵，震慑人心；第二，攻打京城，动摇国本；第三，摧毁漕运（通州是京杭大运河的终点），断我粮道。可见，我们需要防守的东西太多了，根本守不

过来。”

崇祯皇帝着急道：“爱卿，可有御敌之策？”

卢象升回答道：“为今之计，只有一个办法。收编各地的精装士兵，组建一支身强力壮、忠诚可靠的特种部队。在敌人熟睡之际，频繁地偷袭敌军，让清军惶惶不可终日。这样时间一长，这支孤军深入的清军就会害怕，他们就会主动撤退了。”

卢象升的这个御敌方案，并不是临时想出来的应急之策。在很久以前，为了对付农民军，卢象升就上书了一篇《选用奇兵策》，请求组建一支特种部队了。可见，卢象升一直有这种思想。而且，他不仅有这种思想，还组建了这么一支部队，把这个思想变成了现实。

在与农民军的战斗中，卢象升就采用了这个战术。他组建了一支三千多人的特种部队，一直尾随起义军，伏击而动，见机行事。起义军跟他“约架”，他不理会，直接逃跑；起义军一睡觉，他就“上班”，杀敌人一个措手不及。

最终，在这种战术下，卢象升仅用三千兵马，就消灭了高迎祥的十几万起义军，打得后者全线崩溃，几乎全军覆没。

可见，通过这种奇袭战术，去偷袭连地图都没有整明白的清军，确实是一条良策。若一直坚持下去，清军真的有可能班师回朝了。

请注意我的用词，是“一直坚持下去”。其实，这个战术仅仅使用了一次，就被迫腰斩，再无下文了。

那么，这个战术为什么会腰斩呢？是因为战术不奏效，还是有人在一旁掣肘添乱呢？

答案不说自明。

愤怒的卢象升

听完卢象升的御敌方案后，崇祯皇帝龙颜大悦，立刻称赞道：“爱卿不愧是一员骁勇善战的名将。我就知道，爱卿必有退敌之策。”

于是，崇祯皇帝立刻下令，拨给卢象升两万两银子，让他组建这支特种部队。后来，皇帝又从内帑（自己的小金库）中拨出两万两银子，让卢象升犒赏三军。同时，皇帝还送来一百匹御马（自己骑的马）和一千匹太仆寺的马（宫中使用的马），帮助卢象升组建特种部队。

就这样，在崇祯皇帝的赞助下，卢象升组建了一支特种部队，准备跟清军决一死战了。

崇祯十一年（1638年）十月十五日深夜，卢象升下令，分兵十路，从四个方向偷袭清营，务必一战而破，杀得清军魂飞魄散，方才罢休。

出发前，卢象升下达了一条永载史册的彪悍军令——“此次出征，刀必见血，人必带伤，马必喘汗，违令者，斩！”

就这样，带着自己的决心，卢象升视死如归地出征了，他带着自己的“敢死队”去偷袭清军了。

卢象升的这次偷袭，堪称完美无比。想象一下吧，伸手不见五指的深夜，突然间身边出现了无数敌军，如果你是清军，会做何感想？这黑灯瞎火的，也不知道明军来了多少人，也不知道本方的军队在哪里。这种情况下，清军顿时陷入混乱，无力反击，只能各自保命了。

看一下清军的情况吧，被人团团包围，前后左右皆有敌军，那真是叫天天不应、叫地地不灵。而且，清军是“客场”作战，这里是敌人的地盘，他们是真真正正的四面受敌，再无救兵！

如果整个大军都处于这种惊恐、迷茫之中，这将是一种什么样的感觉？

回望历史，还记得昆阳之战、赤壁之战、淝水之战吗？大兵团全线溃败前，到底是一个什么样子？

可见，对于清军而言，在这种连招架之力都没有、只能被人玩命殴打的局面下，他们四散奔逃、全线崩溃的局面，估计马上就要上演了。

可惜的是，清军这种全线溃败的场面，还是没有出现。因为，对面的明军不再进攻了，他们选择了撤退，放了清军一马。

没错，就是明军跑路了，清军才保住了这条命。

原来，卢象升偷袭清营、大获成功后，他命令后续部队跟进，要继续扩大战果，消灭这支清军。结果，卢象升惊讶地发现，自己的后续部队竟然畏敌怯战，已经跑路了。

这一下子，没有后续部队跟进，卢象升只能不甘心地撤兵了。因为，自己要是不撤兵的话，等敌人醒过神来，发现了自己部队的虚实，他就没法逃跑了。

就这样，虽然极其不甘，卢象升也毫无办法，他只能放了清军一马，老老实实地撤兵了。

至此，这场本可以一举击溃清军的偷袭战斗，就以这样的结局告终。明军失去了击溃敌人的最好机会，而清军吃一堑长一智，他们加固了夜间的防守力度，再也不让明军偷袭自己了。

打完这场战役后，愤怒无比的卢象升来找杨嗣昌，要求跟这个胆小怕死的武将分兵，不再共事。

这里有一个问题，为什么卢象升要去找杨嗣昌投诉，而不去找皇帝投诉呢？你直接严惩了这个临阵逃脱的将领不就得了，何必跟他分兵呢？

对于这个问题，卢象升也是有苦衷的。他不是不想，而是根本做不到。

因为，这个临阵逃脱的将领不是别人，他是崇祯最宠爱的监军太监——高起潜。

高起潜，明末宦官，与曹化淳、王德化齐名，是崇祯最宠爱的太监。

本来，崇祯即位时，因为有魏忠贤这个例子，他是极其痛恨太监的，也不打算对他们委以重任。然而，随着时间的推移，崇祯皇帝恨透了那些欺上瞒下的大臣，他就重用这些知根知底、忠心耿耿的太监了。崇祯授予他们权力，命他们去监督部队，任命他们为监军。

殊不知，大祸，就此铸成。

要知道，虽然在太监中不乏带兵打仗的奇才（比如郑和），但更多的太监就是一群啥也不懂的门外汉。这些太监唯一的本事，就是对自己一窍不通的东西指指点点，让武将备受掣肘，却毫无办法。

当时，对于夜晚偷袭的事情，高起潜就一百个不同意，他还玩命地唱反调，散播下“月光皎洁之下，如何偷袭成功？路途如此遥远，如何出其不意”的言辞，打击明军的士气，以显示自己是多么英明。

后来，见卢象升偷袭得手了，高起潜知道自己要被“打脸”了，他这才使出了下三烂的招数，偷偷摸摸地调走了卢象升的后续部队，让卢象升无功而返。

高起潜是皇帝的亲信，所以卢象升不去找皇帝告状，而来找杨嗣昌告状。因为他清楚地知道，告皇帝的亲信，不可能会成功。崇祯为了自己的面子，也不会严惩高起潜，因为他不能给天下一个识人不明的形象。所以，他只能来找杨嗣昌告状。

当然，为了不让杨嗣昌难堪，卢象升告状的目的，也不是要严惩高起潜，而是要跟他分兵，从此跟这个阉人大路朝天、各走半边。

可见，此次告状，卢象升的目的是明确的，也给杨嗣昌留了后路。但是，因为打了一场郁闷的仗，卢象升愤怒无比，他也痛恨杨嗣昌这种投降派，所以在言辞上，卢象升就说了很多过分的话，这让杨嗣昌很受伤，也让他愤怒无比了。最终，他们彻底谈崩了。

史料记载，双方的对话，是这个样子的：

看见杨嗣昌后，卢象升大喊道：“城下之盟，《春秋》之耻，我卢象升手握尚方宝剑，位高权重，若我们议和的话，袁崇焕之祸，就要轮到我们头上了！”

卢象升这番情绪激动、前言不搭后语的话，其实非常简单，就是一句话——我们侍奉的这个皇帝，是一个喜欢推卸责任的主！我们若议和的话，就一定跟袁崇焕一样，被秋后算账了！

聪明，真是聪明。卢象升算是看透了崇祯，也看透了这位皇帝。当然，虽然看透了皇帝，也想劝杨嗣昌悬崖勒马，但卢象升劝杨嗣昌的言辞，就有点激动了，甚至不顾对方的面子，不给对方台阶下。

当时，不等杨嗣昌回答（应该等对方回答），卢象升继续破口大骂道："你们这些人，一直坚持与清军议和，不怕跟袁崇焕一样的下场吗？你想过没有，父母去世，就要回家守孝；社稷危难，就要为国尽忠。如今，你不去回家守孝，还一味地和清朝议和，像你这种人，还有什么脸面活在世上？"

可想而知，卢象升的这番话，已经分不清楚是劝杨嗣昌回头是岸，还是痛骂他禽兽不如了。

总之，听完这番话后，杨嗣昌彻底怒了，他气愤地回答道："如果我是你口中的那种人，就请用你手中的尚方宝剑，杀了我吧！"

卢象升回答道："我有什么资格杀你。如今，我家人死了，不能回家守孝；国家危在旦夕，却没有兵马出城迎敌。我这种人，有什么资格活着呢？这把尚方宝剑，还是用来斩自己吧。只不过，如果谁不准备抵抗，一味地主张议和，我卢象升绝不答应！"

听完卢象升这番指桑骂槐的话后，杨嗣昌强忍怒火，解释道："从来没有人干过议和之事！"

卢象升大声质问道："呵呵，派到辽东的使者，已经来来回回数次了。此事天下皆知，你骗得了谁呀！"

面对卢象升的质疑，杨嗣昌自知理亏，就不再言语，灰溜溜地逃跑了。当然，卢象升如此不给杨嗣昌面子，他的下场，也就可想而知了。

当天，杨嗣昌就上奏皇帝，同意了卢象升分兵的请求。只不过，他把所有的精锐士兵都分给了高起潜，只留给卢象升五千老弱残兵，就是要看他出洋相，看他去死，以报今日被侮辱之仇。

当然，即使没有这个分歧，杨嗣昌也一定会惩治卢象升，把这个威胁自己的"幼苗"扼杀在摇篮里。

杨嗣昌的这种想法，无可厚非。因为，还记得崇祯皇帝的承诺吗？封卢象升为兵部尚书衔、总督候代。换句话说，卢象升就是杨嗣昌的替补，他将接替杨嗣昌的位置，成为下一任的兵部尚书。

想想杨嗣昌的处境吧。根据官场规则，要想退休过得好，继承人就要选得好，自己调任后，一定要找一个亲信来替代自己。否则的话，继任者把自己那点糗事整

出来，自己就死定了，甚至万劫不复。

显然，在杨嗣昌的眼中，不管怎么看，这个卢象升都不是一个合格的接班人。因此，非我族类，其心必异，杨嗣昌只能玩命地打击卢象升，让这个接班人去死了。

就这样，为了自己的利益和面子，杨嗣昌弃国家安危于不顾，玩命地惩治卢象升，又上演了一场“亲者痛，仇者快”的闹剧。

大敌当前，国家到了如此危难的时刻，大明王朝的臣子们竟然不精诚团结、一致对外，反而干这种钩心斗角、陷害贤良的事情。如此王朝，焉能不亡？

就这样，得到了五千老弱病残的士兵后，卢象升都快气疯了，但也无计可施。他只能屯兵至保定，等待战机，再突袭清军。不管朝廷如何督促，卢象升也绝不出兵了。

可不是吗，用这五千老弱病残、士气低落的士兵去攻打数倍于己、装备精良、士气高涨的清军，这根本就是以卵击石、蚍蜉撼树。

就这样，不管朝廷如何督促，卢象升就是王八吃秤砣，铁了心了。他誓死不出兵。

结果，在抗命期间，伴随着那座城池的失陷、那个人的战死沙场，卢象升清楚地知道，他没法再当缩头乌龟，只能出兵了。

因为，被攻陷的那座城池，叫作高阳。此城虽然不重要，也没有多少钱，但里面却住着一个非常有名的“退休干部”。

这个退休干部，就是大名鼎鼎的——孙承宗。

就这样，伴随着孙承宗的战死沙场，卢象升再也没有借口不出兵了。

高阳悲歌

每次进攻中原时，清朝的政策就是一个“抢”字。因此，在这种思想下，高阳（今河北高阳）是绝对不会成为清军的目标的。

要知道，那里既不是什么战略要地，也没有什么金银财宝，就是一个弱小可怜的县城，根本不入清军的法眼。然而，清军还是攻打了这里。

因为，清军清楚地知道，那里有一位“传说中的大神”，清军想见见他。

当时，得知清军要来攻后，孙承宗是可以逃跑的，他可以躲到军事重镇保定，甚至逃难到南方，躲过这一劫。

对于大家的劝说，孙承宗拒绝了，他用坚定不移的信念告诉众人：“文死谏，武死战，我都这把年纪了，竟然还能为国捐躯，真是死得其所，死得快哉！”

最终，孙承宗没有逃，他的族人也没有逃，高阳的百姓也没有逃。大家全都登城守御，誓死不降。

在孙承宗的感召下，高阳城守军的士气达到了顶点，他们皆准备战死沙场，与敌军决一死战。但可惜的是，士气再高涨、再视死如归地攻击敌军，也要接受装备和数量相差数个等级、只能被碾压的事实。

最终，清军攻陷了高阳城，孙承宗六个儿子、两个侄子、十二个孙子、侄子全部战死沙场，孙家上下四十余人集体殉国、不屈而死。孙承宗也被清军俘虏了。

当时，孙承宗的一个儿子在外地，一个孙子躲在了草丛中，他们躲过了这一劫，才为孙家延续了香火。

抓获了孙承宗后，多尔衮非常高兴，他亲自出马，想劝降这位英雄。结果，孙承宗拒绝了，他只求一死，别无所求。

见此情景，多尔衮敬佩不已，就同意了孙承宗的请求，他找来三尺白绫，让孙承宗自尽了。

孙承宗的死法，历史上有两种记载。一种记载是，孙承宗是上吊自尽的（投缳而死）。另一种记载是，孙承宗坐在一张椅子上，两个清军士兵将白绫套在他脖子上，随后两边用力，将他活活勒死了。

我个人认为，孙承宗的死法，应该是第二种。毕竟，一个久经沙场的军人，一个堂堂的七尺男儿，一个传奇的大英雄，怎么能像个女人一样上吊自尽呢？死在敌人的手中，才是死得其所，死得轰轰烈烈。

崇祯十一年（1638 年），前任帝师，前任内阁大学士，前任兵部尚书，前任蓟辽督师，关宁防线的缔造者，袁崇焕、满桂、祖大寿等人的发现和培养者，终于为这个国家耗尽了最后一口气，完成了自己一生的理想。

孔曰成仁，孟曰取义，惟其义尽，所以仁至。读圣贤书，所学何事，而今而后，庶几无愧。

能死在这句话中，真可谓死得其所，死得快哉。

孙承宗死时，享年七十六岁。

最后，用上一本书的内容，对这个英雄盖棺定论：

> 夫攻不足者守有余，度彼之才，恢复固未易言，令专任之，犹足以慎固封守。
>
> ——《明史·孙承宗传》

这段话大致意思是：以此人的才能，恢复失去的江山，未必容易；但如果信任

他，将权力交给他，固守现有的国土，完全可以。

潜台词是：如果此人一直在任，清朝将无法入关，更别想得到这个天下。

对于孙承宗而言，这是一句至高无上的评价；然而，对于编写这句话的人而言，这却是一句极其反动的话！

因为这句话出自《明史》。写这句话的人，是清代的史官。

在清朝统治下，捧着清朝饭碗，还说这样大逆不道的话，结果可想而知。

然而，清代的史官不仅说了，还写了下来，并且流传千古，也没有一个人因此受到惩罚。

因为这些史官们所说的是铁一般的事实，是清朝统治者无法否认的事实。而清朝皇帝们则用这种特殊的方式表达了对此人的崇敬。

这个叫孙承宗的人，是他们最尊重的敌人和对手。

然而，这个得到敌人尊重的人，却死在了自己人的手里。

出师未捷身先死，长使英雄泪满襟。

愿这样的悲剧，不再上演。

可惜的是，这句“不再上演”，就是一句无可奈何的誓言。这不，仅仅过了数天，明朝又一位英雄战死沙场了，再次上演了这个人间悲剧。

这个即将战死沙场的人，就是——卢象升。

破釜沉舟，巨鹿之陨

得知孙承宗为国捐躯后，卢象升无比悲痛。同时，他也清楚地知道，自己必须出战了，已经没有借口再拒绝出兵了。

因为，孙承宗死后，朝廷的言官们皆义愤填膺地上疏朝廷，大家一致认为——孙承宗之死，跟卢象升有很大的关系，若不是他一味避战，清军焉能攻陷高阳？因此，卢象升就是罪魁祸首，他要对孙承宗的死负责。

对于这番言辞，卢象升百口莫辩，他只能不停地上疏朝廷，来解释自己的处境。

结果，崇祯皇帝根本不听他的解释，他反而严厉质问道：“你总是找各种借口不出兵，到底想干什么？前几天在我面前说的主战言论，难道都是大话，只是为了沽名钓誉不成？”

崇祯皇帝把话说到这个份上了，卢象升只剩下两条路了。第一条路，吃大黄，推卸责任而死。第二条路，上战场，为国奋战而死。

很显然，作为一个贤臣，卢象升清楚地知道该如何选择。

崇祯十一年（1638年）十二月二十日，卢象升穿一身孝服，走出大帐，面向北方，行叩拜礼。随后，他召集了所有的部下，对他们大喊道："我意已决，明日出战，愿战斗的人就跟我去，不愿意战斗的人就留下（愿战者随，愿走者留），但求以死报国，不求生还！"

紧接着，卢象升对旁边的父老乡亲道："卢某一生打了数十仗，从没败绩。可明日一战，敌众我寡，实力悬殊，我又粮草不济，此战必死无疑。这样也好，以后就不用再麻烦众位父老乡亲了。"

听完卢象升的话后，父老乡亲们哭成一片，大家纷纷拿出家里的口粮，送给战士，让他们充饥，好明日上阵杀敌。

就这样，吃完了这顿"断头饭"，第二天天亮后，卢象升就率领这支部队出发了。虽然这是一支仅仅五千人的残破之师，但在卢象升的感召下，大家都士气高涨，无一人留守，皆准备报效国家，战死沙场。

十二月二十一日，卢象升来到巨鹿县（今河北省邢台市），遇到了数倍于己的清军。卢象升大喊一声："吾与尔辈并受国恩，患不得死，勿患不得生！"说完，就率领这支部队跟清军交战了。

卢象升交战的这支清军人数，一直没有考证出来。有人说，是三万人；有人说，是五万人；更有人说，至少在十万之众。但有一点是共通的，清军的人数是卢象升的数倍，且装备精良，绝不是一支鱼腩之师。

五千老弱残兵与数倍于己的精锐之师战斗，结果不说自明。战场战斗毫无悬念，卢象升不可能会赢，他也一定必败无疑。

虽然明知一死，但卢象升还是奋勇杀敌，并重创了敌军。

双方的这场战斗，整整打了一天。厮杀声从早到晚，一直没有中断。最终，卢象升的部队火炮、弓弩都用尽了，也决不后退、决不投降。

此战中，卢象升身先士卒，他挥舞手中那把一百余斤的长柄大刀，犹如关羽再世一样，奋勇地砍杀敌军。最终，卢象升身中四箭三刀，依旧奋勇地冲锋陷阵，但因伤势过重、流血过多，力竭而死，完成了一个将领精忠报国的伟业。

卢象升战死疆场时，年仅三十九岁。

卢象升死后，一个亲兵奋不顾身地趴在了他的尸体上，防止清军践踏他的尸体。最终，这个亲兵身中二十四箭，被清军活活射死了。

卢象升死后，他的部队没有选择溃败，而是继续与敌人誓死一战。最终，除了两个临阵脱逃的总兵以及两个要送信的士兵外，其他人集体殉国。

可叹，若大明王朝都是卢象升这样誓死不降、铮铮铁骨的好男儿，这个王朝焉

能灭亡？

可耻，若大明王朝都是高起潜、杨嗣昌这样祸国殃民、草菅人命、是非不分、颠倒黑白的衣冠禽兽，这个王朝焉能不亡！

卢象升奋勇战斗时，监军太监高起潜就在距离巨鹿五十里的地方，且他手里握有四万大军，若他肯出战的话，清军就会输了，卢象升也不会为国捐躯了。然而，面对卢象升的求援，高起潜就跟没有看见似的，他就是按兵不动，看着卢象升孤军奋战，看着他战死沙场。

明朝得此“良将”，这个国家焉能不亡？

得知卢象升战死的消息后，杨嗣昌的第一反应认为这是假的，卢象升肯定是“投降”了。他不可能战死沙场，他必须“投降”。

因为，这个道理很简单，卢象升之所以带五千老弱残兵出阵，都是杨嗣昌使坏的结果。因此，卢象升必须“投降”，才能掩盖杨嗣昌害人的事实。

当时，为了确认卢象升“投降”了，杨嗣昌派出一个特使调查此事。他告诉这个特使，只要没有找到卢象升的尸体，就说他“投降”了，就这样说。结果，特使回来后，他如实禀报，卢象升就是战死了。

得此结果，杨嗣昌都快气疯了，他下令让这个特使改口，结果特使就是不改口。不管杨嗣昌怎么威逼利诱，这个特使就是不改口。后来，杨嗣昌把这个特使关了起来，用鞭子抽了他三天三夜，这个特使也绝不改口。最终，这个特使被活活打死了。

临死前，特使也不改口，他用最后的力气，说了一句永载史册的话：“天道神明，无枉忠臣！”老天爷什么都知道，不要冤枉忠臣！

可惜的是，鬼神之说，是吓唬有良心的人的。一个根本没有良心、狼心狗肺的人，又怎么会害怕这些呢？

面对这些诅咒，杨嗣昌根本不为所动，他还是上奏朝廷，说卢象升“投降”了。后来，杨嗣昌一手遮天，禁止给卢象升抚恤，也不许任何人给他平反。再后来，直到杨嗣昌死去，朝廷才给予卢象升应有的抚恤，还了他一个公道。

明朝得此“贤臣”，这个国家焉能不亡？

卢象升战死后，再也没有人能够阻止清军了。清军的士气如日中天，他们纵横了整个京津冀，无人能阻，也不可能会有人阻止他们。

后来，士气高涨的清军顺势攻到了山东，他们攻陷了济南府，烧杀抢掠。

再后来，若不是清军的统帅岳托病逝了，鬼知道清军还要“玩耍”到什么时候。

岳托病逝后，清军士气大跌，再加上洪承畴、孙传庭、祖大寿等人已经从各地赶到了中原。清军见明朝的精锐部队纷纷向他们赶来，倍感压力的他们只能撤兵了。

清军撤兵时，遭遇了一场暴风雪，道路泥泞，清军寸步难行。这种情况下，如果明军全力追击，一定会重创清军，甚至会把这支孤军深入、行动不便（战利品太多了）的清军消灭。然而，因为朝廷的畏敌怯战，他们只能眼睁睁地看着清军从容北撤了。

原来，当将领提出"拦截清军、把他们一网打尽"的计划后，内阁首辅刘宇亮反对道："算了吧，不要去招惹清军了。若虚张声势地拦截敌军，把敌人惹怒了，他们返回来攻打咱们，到时候怎么办呢？就让这群土匪走吧，他们抢够了，就自然会走了。"

就这样，在刘宇亮的反对中，明军没有去拦截清军，让他们从容地从青山口（位置在今河北省秦皇岛市抚宁区）撤兵了。

国家危难之际，得此"贤臣"，真乃大明之悲、大清之幸。

当然，我们也要清楚，刘宇亮之所以敢散播这种言论，其实都是崇祯的想法。毕竟，若没有崇祯在他背后支持，刘宇亮是无论如何也不敢散播这种思想的。事后，从刘宇亮没有受到任何惩罚来看，崇祯就是他的"幕后老板"，就是他让刘宇亮替自己代言，背了这口畏敌怯战的黑锅。

可见，明朝得此"明君"，这个国家焉能不亡？

至此，伴随着清军的撤退，皇太极这第四次讨伐明朝之旅，就以这样大获全胜而告终。

清朝的这一次入侵，是对明朝内地的一次规模空前的入侵。要知道，皇太极的第一次率军入侵，仅限于北京城及城北部分地区；第二次率军入侵，只到了宣府、大同地等地；第三次率军入侵，看着挺热闹的，其实也就"耀兵于京畿"。唯独这第四次入侵，堪称规模宏大。

皇太极的这次入侵，在关内征战了半年之久，他们不仅在京城一带抢掠，还闯进了河北，攻陷了山东，堪称"转掠二千里"。清军不仅扩大了活动范围，还严重消耗和损失了明朝的大量有生力量，并取得了丰硕的战果。

《清太宗实录》记载，此次入主中原，八旗大军"旌旗所指，无不如意"，共败明军五十七阵，攻克一府（济南府）、三州、五十五县、两关，杀两名总督及守备以上将吏共百余人，生擒德王朱由枢、郡王朱慈、奉国将军朱慈、监军太监冯允许等，俘获人畜计四十六万两千三百零三头。右翼军掠夺黄金四千零三十九两，白银九十七万七千四百零六两，左翼军掠夺的数量不详，但也绝对不比右翼军少。

可见，此次掠夺中原后，清朝一夜之间就成"暴发户"了。反之，对于中原百

姓而言，这是一场大规模的浩劫，史称“鞑子所过，民多残破，一望荆棘，四郊瓦砾，荒草寒林，无人行踪”。家人的惨死，家园的被毁，会让他们痛不欲生，并愤怒不止。

从此以后，中原百姓再也不相信大明王朝了。最后，在李自成“烈火”的点燃下，中原百姓变成了熊熊烈火，彻底烧毁了这个大明王朝。

第二十四章　松锦之战

大战重开

明朝与清朝的战争，永无止境……

这不，崇祯十三年即崇德五年（1640 年），皇太极又开始讨伐明朝了。

这一次入侵，皇太极没有选择突破长城防线、入侵中原，而是回归正朔，老老实实地攻打宁锦防线。

要知道，皇太极之所以选择让自己损失惨重的宁锦防线，也是有苦衷的。

在皇太极的眼中，大清若想入主中原，绕道蒙古可行，但不是长久之计。毕竟，从蒙古入侵，战线太长了，后勤不仅跟不上，老巢沈阳也有可能遭遇明军的偷袭。

现在，明军的将领都是一群㞞蛋，不敢轻易进攻。但未来呢？谁敢保证明军不会来一次“围魏救赵”。万一让明军得逞了，自己就一着不慎，满盘皆输，欲哭无泪了。

因此，为了能够入主中原，皇太极还是得老老实实按照游戏规则来。他必须先攻陷了宁锦防线这座“塔”，才能老老实实攻打明朝的“高地”，最终赢得这个游戏的胜利。

在这种思想下，皇太极率军出征，再次攻打宁锦防线。

这次入侵，皇太极堪称有备而来，他做了三个部署，不跟明军打攻城战，而是跟明军打持久战了。

这三个部署，分别是屯田，围困，打援。

第一个步骤，屯田。

当时，皇太极在出兵前一直被粮草问题所困。结果，他麾下的那些汉奸们，就出奇策了。

这些汉奸建议，可以用明朝“驻兵蚕食”的计谋，先占领锦州外的义州（今辽宁省义县），在这里屯兵驻守，然后不断出兵骚扰，让锦州守军不敢出门。这样时间一长，他们就被粮食所困了，只能撤兵。明军要是不走，我们就在义州一带种田屯粮，跟他们打持久战，看谁最终受不了。

可想而知，皇太极听完这个计谋后，其内心一定乐开了花，他也一定明白这个计谋的威力。

这个“驻兵蚕食”计谋，是孙承宗最得意的招数。当年，皇太极没少被这个孙老头阴，被这个计谋搞得无计可施、痛苦不已。

此时能够“以彼之道、还施彼身”，皇太极内心高兴的程度，就可想而知了。

解决了粮食问题后，皇太极立刻开始了第二个步骤，困死锦州的守军。

第二个步骤，围困。

这场战争中，皇太极让锦州城享受了大凌河城的待遇，他在外面修了整整三道“护城河”，把锦州城围了一个水泄不通，让里面的人插翅难飞。

在围城期间，皇太极把多尔衮狠狠骂了一顿，还把他革职查办了。

原来，为了困死明军，皇太极把这个围城的艰巨任务交给了他最器重的睿亲王多尔衮。结果，多尔衮不知道哪根筋搭错了，他违背了皇太极的军事部署，擅自撤销了包围网。

当时，在围城期间，多尔衮见士兵们非常辛苦，就跟副将豪格商量了一下，允许士兵轮换休息，还私自放他们回了沈阳老家。

兵员减少后，多尔衮害怕城里的明军出来劫营，就擅自把包围网后撤了三十里。结果，多尔衮这么搞，就等于是撤销了包围。

可想而知，得知此事后，皇太极怒不可遏，整整一天，都在大发雷霆。

皇太极第一时间颁布圣旨，命他人为将，前往锦州，重新布置防线。同时，把多尔衮、豪格等人调回京城，要对他们痛骂一番。

多尔衮等人回朝后，皇太极下令，不许他们进城，就在城外听候处置。在晒了多尔衮等人半天后，皇太极才召见了他们，对他们破口大骂。

面对皇太极的指责，多尔衮自知有罪，一直沉默不语。可是，年轻气盛的豪格不服，他顶嘴道：

“多尔衮是亲王，我也是亲王。只是因为他是叔父，所以命令他为主帅。如今，主帅犯了错，我跟着他，自然也有错，也得跟着死。”

豪格的这些话，到底是什么意思？他这么说，又是说给谁听，真是不说自明。

可见，虽然在此时此刻，豪格与多尔衮是同甘苦、共生死的战友，但他们并没有建立深厚的友谊，且双方都看对方不顺眼，这也为未来那场“鹿死谁手，决一死战”的夺嫡之争，埋下了一个深深的伏笔。

书归正传，当时，愤怒无比的皇太极没有听明白儿子的意思，他只是把他们痛骂了一顿，就让他们跪安了。

过了几天，皇太极召见了多尔衮等人，询问当时的真实情况。结果，多尔衮又不知道哪根筋搭错了，他这样回答道：“私自放士兵回家，是不对。但我们这样做，是为了让士兵能够睡一个好觉，好继续战斗。”

一听这话，皇太极对多尔衮大吼道：“好呀，你现在就可以回家了，可以一直睡好觉了！”

皇太极下令，和硕睿亲王多尔衮降为郡王，罚银一万两，剥夺两牛录户口；和硕肃亲王豪格降为郡王，罚银八千两，剥夺一牛录户口；其余众人，也得到了相应的处罚。同时，皇太极下令，禁止多尔衮等人上朝，让他们闭门思过、回家反省。

最后，是范文程等人的求情，才让皇太极收回了命令，让多尔衮躲过了这一劫。当然，部分史料（主要是野史）也记载，是庄妃的求情，救了这个“情人”一命。

到底是范文程的求情，还是庄妃的出马，就仁者见仁、智者见智吧。

复启了多尔衮后，皇太极把他重新送上了前线，让他戴罪立功。在这场“松锦之战”中，多尔衮不负众望，在付出“一生无后”的代价后，多尔衮建立了奇功，他重新得到了皇太极的信任，官复原职。

第三个步骤，打援。

围困了锦州后，皇太极就在锦州城东南方向的松山城一代布置了奇兵，他准备在这里“围点打援”，剿灭来救锦州城的明军。

皇太极坚信，明军若想救锦州，只能走狭窄的辽西走廊，那里全是平原，根本无法掩藏军队。因此，只要明军来救，他就能够第一时间掌握敌军的动向，制定出歼敌之策。

就这样，完成了屯田、围困、打援这三个步骤后，皇太极就稳坐钓鱼台，安心钓鱼了。结果，让他始料不及的是，明朝的这条“鱼”是来了，但可惜的是，这不是一条任人宰割的“鱼”，而是一条让人畏惧三分的“鲨鱼”。

原来，在几次试探性的营救未果后，明朝开始倾尽全力解救锦州城了。这一次，明军调动了十三万大军，命一代名将洪承畴为统帅，来势汹汹地解救锦州城。

“演员”都到位了，这场改变两个国家命运的大战，就此展开。

明朝的对策

铁的事实告诉皇太极，当年放走祖大寿，是一个多么不明智的决定。因为，这一次镇守锦州城的将领，就是这个祖大寿。

祖大寿镇守的锦州城，依旧非常强悍，他不仅奋勇抵挡敌人的进攻，就连写救援信，都强悍无比。

因为，别人写的救援信都是什么“赶紧出兵、赶紧过来，我坚持不了多久”之类的话。祖大寿的救援信却告诉朝廷“老子很强，敌人很弱，我还能打，防守没有问题，我还能支撑七八个月，你们可以慢慢来”，彰显了其强悍的本色。

当然，不管祖大寿能够支撑多久，锦州城也是一定要救的。于是，崇祯下令，拜那个人为将，命他全权处理营救之事，马上出兵，去解救锦州城。

那个人，就是明朝的一代名将，也是清朝的一代名将——洪承畴。

洪承畴，字彦演，号亨九，福建泉州南安英都（今英都镇良山村霞美）人。万历四十四年（1616 年）进士，官至陕西布政使参政。在镇压明末农民起义中立功，升任延绥巡抚、陕西三边总督。

洪承畴七岁时，就能背诵整本《三字经》，听者无不侧目，被其聪慧所折服，认为其就是一个神童，未来必建功立业，永载史册。洪承畴长大后，顺利步入仕途，开始了波澜壮阔的一生。

万历四十四年（1616 年），二十三岁的洪承畴参加了乡试，他一举中第，考取了全省第十九。第二年，洪承畴参加了会试，成绩不理想，只考取了二甲，名列全国第十七。

前面讲过，在那个特别重视出身的年代，大家有一套心照不宣的潜规则，一甲是精品，二甲是合格品，三甲不是残次品，就是废品。洪承畴考取了二甲成绩，也就是一个合格品，他的官场之路，也就那样了。

当然，对比袁崇焕，洪承畴就有骄傲的资本了。毕竟，他二十四岁的时候就已经金榜题名了。袁崇焕二十四岁时，名落孙山，他还得再经历五次科举考试，才能中第。而且，袁崇焕的考试成绩是三甲，比洪承畴还要凄惨。

当然，如果是在和平年代，这个学历非常重要，但在那个风起云涌的时代里，学历就不是特别重要了。要想永载史册，还得靠其他的东西才行。

这些东西，就是军功和战绩。

因为成绩不理想，洪承畴被分配到了刑部当一个小小的实习生。混了十几年后，洪承畴被外放地方，当了一个小小的参政。不出意外的话，他只能继续慢慢熬，熬成一个中级干部，退休了事。

然而，历史就是这样的荒诞不经，洪承畴自己都没有想到，他飞黄腾达的日子竟然说来就来了。

原来，洪承畴外放的地方，就是陕西。咱们都知道，明朝末年的陕西，什么都缺，就是不缺造反的人。

到了陕西后，为了建功立业，洪承畴这个手无缚鸡之力的书生，开始弃笔从戎，带兵出征了。

当时，面对人多势众的农民军，洪承畴毫无惧色，他带领着一群由家丁、仆人组成的队伍，就开赴战场了。结果，凭借自己高超无比的计谋，洪承畴率领这支部队一路攻无不克、战无不胜，打得农民军苦不堪言，不敢与之为敌。

凭借剿灭起义军的优异表现，洪承畴映入了朝廷的眼帘，被委以重任。后来，因为战功显赫，洪承畴被朝廷任命为陕西、山西、四川、河南、湖广五省军事总督，兼陕西三边总督，成为一名封疆大吏。他与卢象升精诚合作，一起剿灭了起义军。

崇祯十一年（1638 年），清军第四次入侵中原时，崇祯下令让洪承畴进京勤王。洪承畴尚未到达京城，清军就撤退了。

清军撤退后，崇祯害怕清军卷土重来，就任命洪承畴为蓟辽督师，命他去北面抵御清军。后来，即使张献忠再次造反，李自成重新出山，他们把中原闹成了一锅粥，崇祯也没有调动洪承畴去剿灭农民军，而是让他一心一意镇守北疆，去抵御清军。

就这样，伴随着清军的入侵，洪承畴这枚棋子，终于要行动了。得知锦州被围困的消息后，崇祯立刻命洪承畴出兵，去解救锦州之围。

作为一个久经沙场的老将，洪承畴第一时间看破了皇太极“围点打援”的诡计。他干了三件事情，以针对皇太极的诡计。

第一件事情，增加援军。

洪承畴深知，派小股部队救援，毫无用处，只会被皇太极轻松地吃掉。于是，洪承畴下达了强行调集令，他命大同总兵王朴、宣府总兵杨国柱、密云总兵唐通、蓟镇总兵白广恩、东协总兵曹变蛟、山海关总兵马科、前屯卫总兵王廷臣、宁远总

兵吴三桂这八个总兵向自己靠拢，兵合一处，将打一家，一起去救援锦州城。

当时，洪承畴花了整整六个月的时间，才把这些兵力聚集起来。之所以花费这么长时间，不是因为他们路途遥远，而是因为这些将领们根本不想出关作战。在崇祯皇帝三令五申的催促之下，这些将领才迫不得已出兵。

当然，这也为未来的分裂，埋下了一个深深的伏笔。

第二件事情，制定“且战且守”的作战方略。

部队集结好之后，洪承畴开始向锦州方向进军。他采用稳扎稳打、且战且守的方式进军，整整花费了四个月的时间，才到达锦州城外的松山。

洪承畴之所以花费这么长的时间，是因为他清楚地知道，自己的军队鱼龙混杂，不能与清军战斗。贸然开战，负多胜少，必须采用这种“步步为营”的战术，才能与清军对峙。

说实话，洪承畴的这个战术，确实收到了奇效。毕竟，对于皇太极而言，洪承畴麾下有整整十三万大军，这种“规模”的军队要是不分家的话，还真是一点办法也没有。

第三件事情，做好打持久战的准备。

洪承畴到达与锦州城遥相呼应的松山后，他并不急于进攻去解救锦州城，而是就地安营扎寨，全力防守，与敌军对峙。

从此以后，洪承畴的生活堪称规律，每天的作息就是吃饭、睡觉，再吃饭、再睡觉，循环不止。生活中的小插曲就是，冲到敌军面前，挑衅一下，然后掉头就跑；或者是冲到锦州城下，对上面的明军喊话，说你们要坚持住，我们马上救你们，等等。仅此而已。

洪承畴之所以这样干，原因很简单，他就是要跟清军打持久战，把敌军彻底耗走。毕竟，获得胜利的办法有很多种，不一定要把敌人打跑，把他们耗走，也是胜利。

要知道，对于这种持久战，皇太极是一点办法也没有。毕竟，双方的兵力相当，若打野战，清军可以胜利，但若打这种攻城战、攻营战，清军就没有必胜的把握了。因此，皇太极不敢贸然开战，只能跟对方对峙下去。

就这样，在洪承畴“广增援军，且战且守，打持久战”的战术下，清军跟明军对峙了起来，战局就此变成了一个僵局，双方谁都没有能够破解的办法，只能这样一直对峙下去。

至此，从崇祯十三年（1640年）五月开始，一直到崇祯十四年（1641年）为止，双方整整对峙了一年，都毫无办法，只能继续咬紧牙关耗下去。

了解战争的人都知道，所谓的战争，就是一个烧钱的游戏，你若没有钱，根本玩不起。毕竟，“兴师十万，日费千金”，双方在科技、兵力不分伯仲的情况下，拼得就是经济，拼得就是谁更有钱！

结果，在这种对峙的局面下，明朝第一个扛不住了，崇祯再也耗不下去了，他打算跟清朝决一死战，以打破这个僵局。

原来，崇祯十四年（1641年）是崇祯皇帝最困难的一年。这一年中，大明王朝经历了一场百年难得一遇的天灾，中原一带持续大旱，随后又来了一场严重的蝗灾，很多地方颗粒无收。在这种天灾下，张献忠和李自成抓住了机会，开始大规模“招兵买马”，壮大自己的队伍。

起义军的规模越大，朝廷就越需要钱镇压。在这个镇压的过程中，明王朝本来就捉襟见肘的国库彻底没钱了，崇祯已经无法维持洪承畴的开支让他继续与皇太极对峙了。毕竟，洪承畴的十几万大军一年就要消耗三十多万两银子，这绝对不是一个小数字。

在这种背景下，急功心切的崇祯听从了新任兵部尚书陈新甲的建议，准备四路出击，即把军队分成四路，从东、南、西、北四个方向攻击清军，一举解救锦州城。

很显然，陈新甲就是一个不懂兵法的书呆子。

要知道，萨尔浒之战明军为什么会失败？就是因为分了兵，让努尔哈赤各个击破。昔日，占据了绝对兵力，分了兵后，还被努尔哈赤打了一个惨败而归；如今，双方兵力相当，在这种情况下，明朝还要继续分兵，真是在一块石头上跌倒两次，不知悔改，死不足惜。

对于陈新甲的那套找死的方案，洪承畴绝不接受，他以“将在外，君命有所不受”为由，敷衍了事，拒不出兵。结果，在皇帝要求速战速决，还给他颁布了“刻期出兵”的死命令后，洪承畴就算是不同意，他也只能出兵了。

那么，洪承畴出兵后，这场战役将何去何从呢？他又是怎么被俘，成为一个两姓家奴的呢？

聪明反被聪明误

在崇祯“刻期出兵”的死命令下，洪承畴只能心不甘、情不愿地出兵了。他不宣而战，率领六万大军猛攻清军大营，直接把清军打蒙了。

面对明军的进攻，清军统帅多尔衮被打了一个措手不及，他损失惨重，自己还受了伤，只能率军撤退了。

据说，就是在这场战役中，多尔衮身负重伤，导致一辈子不能生育，他彻底绝后了。

得知明军突然进攻后，皇太极大吃一惊，多年的战斗经验告诉他，明军不会无故出兵，他们此举进军，就是要跟自己决战。

于是，皇太极立刻上马，率领所有部队前往松山，去跟明军决战。

皇太极御驾亲征，但这里的问题是，皇太极当时正在生病，流鼻血不止。

虽然重病缠身，但为了自己的江山社稷，皇太极只能带兵出征了，他一边流着鼻血，一边骑马出征。

一般来说，流鼻血，需要用东西塞住鼻孔，防止继续流。但皇太极却不这样做，他找了一个大碗，就这么一边接着鼻血，一边骑马，还这样持续了两天两夜。

用碗接鼻血，到底干啥用，一直不得而知。

书归正传，带着鼻血来到松山后，皇太极开始考察敌情，制定破敌之策。结果，考察完敌情后，皇太极笑了，他告诉众人道："此阵有前权，而无后守，可破也！"

这句话的意思是说，洪承畴率领的兵马，前阵很厉害，后阵却薄弱得要命，就是一个"虎头蛇尾"的阵法，一战就可以击破。

于是，皇太极下令开会，他制订了一个剿灭明军的计划——率军猛攻明军的后阵，断了他们的归途，把他们包围起来，切断他们的粮道，让他们不攻自破。

事实证明，这条计谋堪称英明。

就这样，皇太极派遣大军猛攻洪承畴的后阵，一举切断了明军的归途。同时，他还切断了明军的粮道，彻底让明军断粮了。

在切断明军粮道的时候，皇太极还得到了一个欣喜若狂的消息——明军此次出兵，只带了三天的口粮，他们根本坚持不了多久。

那么，到底是一个什么原因，让洪承畴这个久经沙场的老将犯了这种低级失误，只带了三天粮食呢？

官方给出的答案是——这是洪承畴骄傲自大的结果。

原来，《崇祯实录·卷一四》记载，出兵前，洪承畴召开了军事会议，向众人阐述了自己的想法。当时，有人就建议，"防其抄袭我后"，结果洪承畴根本不听，他还痛骂了那人一番："我十二年老督师，若书生，何知耶！"就是说，我已经做了十二年的督师，还需要你这个书生教我？你懂什么！

就这样，因为极度自信，洪承畴就草率出兵了，他只带了三天粮食，打算跟清军速战速决。

天下古今之庸人，皆以一惰字致败。天下古今之才人，皆以一傲字致败。

天下古今所有的庸人，都是因为一个惰字而失败；天下古今所有的天才，都是因为骄傲自大而失败。

这句出自《曾国藩家书》里的经典名句，这就是洪承畴失败的原因。

历史的真相，真是这样吗？

未必。

其实，洪承畴之所以失败，不是因为骄傲，而是因为他太“聪明”了，他聪明反被聪明误了。

部分史学家坚信，洪承畴是不同意出兵的，但他又拗不过皇帝，所以只带着三天口粮，就贸然出兵了。洪承畴之所以带三天口粮，不是他脑袋一热的决定，而是深思熟虑的结果。

带上三天口粮出征，目的只有一个，就是揍敌人一个闷棍，打完了，赶紧跑。回来后，也能对崇祯有一个交代，是因为自己“断粮”了，才被迫撤兵，也就不用担政治风险了。

这样一来，洪承畴既不违背皇帝让出兵的命令，也能够全身而退，回来继续防守。他更可以以“本方损失惨重”为由，继续违抗圣旨，不出兵。

如此算计，也算是精明到头了。

精明到头了，就是愚蠢了。

要知道，洪承畴的这个计谋，要是对付个一般的将领（比如还没有到老谋深算程度的多尔衮），估计就得逞了。可惜的是，他碰到的对手，是大清最能征善战的皇太极。

两个菜鸟互啄，露多大破绽都没事，反正对方也不会抓机会。但是，高手过招就不一样了，胜负只在毫厘之间，一个破绽，就能让对方一套连招打死，死无葬身之地。

洪承畴当时的处境，就是如此，他仅仅露出了一个破绽，就被皇太极抓住了命门，一着不慎，满盘皆输。

《清太宗实录》记载，明军被围困后，“大惧。欲战，则力不支；欲守，则粮已竭。遂合谋退遁”。就是说，明军被围困后，想打，打不过；想守，没有粮食。唯一的办法，只能突围而走，回“宁远就食”。

对于明军而言，突围而走，是唯一的选择。然而，由于洪承畴手下的八大总兵各怀鬼胎，对于如何突围的问题，大家竟然争持了半天。最终也没有商量出来一个突围的机会。

要理解这些人的心情，毕竟，突围的话，就需要有人垫后，有人去当诱饵，这

样才能掩护大部队突围。而垫后和当诱饵的部队，基本上就是“弃卒”了，只能战死沙场。

大家都不想战死沙场，都想逃命，因此只能争执不断。最终，还是洪承畴拍板，他决定分兵两路，半夜突围。突围时，大家要排好队，一个一个走，不要着急逃跑，也不要放弃垫后的部队，做到步步为营，全身而退。

步步为营？全身而退？事实证明，这就是洪承畴的一个梦想，只能梦，不能想。

这不，未到约定的突围时间，就有两个总兵“怯甚”，独自逃跑了。

其中一个逃跑的，是大同总兵王朴；另一个逃跑的总兵，史书没有明确记载，但大多数人认为是吴三桂。

不管逃跑的人是不是吴三桂，有一点毋庸置疑。这两个总兵逃跑后，明军立刻大乱，其余总兵二话不说，也都逃跑了。明军立刻变成了一团散沙，史称“各帅争驰，马步自相蹂践，弓甲遍地”。

看见一盘散沙的明军后，皇太极立刻下令进军，对明军进行了毁灭性的追击。在清军的追杀下，明军“盔甲遍野，溃不成军”。当时，数万明军被清军赶到了大海里，“赴海死者，以数万计，浮尸水面，如乘潮雁鹜，与波上下”，全军尽没，只有两百余人逃脱。

当时，在这个兵败如山倒的处境下，洪承畴还算镇定，他率领残余部队占据了松山城，在这里极力死守，等待援军。

其实，洪承畴所谓的等待援军，无非是一种心理安慰罢了。因为他自己就是援军，如今援军被围困了，哪里还能再指望援军。何况，为了救援锦州城，洪承畴带来了明朝所有的部队，明朝已经没有部队了，还能找谁来救他呢？

就这样，在苦苦支撑了半年后，松山城的明军终于崩溃了。

崇祯十五年（1642 年）二月十八日，明将夏承德选择了投降，他打开了松山城的城门，将洪承畴作为见面礼交给了清军。洪承畴就这样成为清军的俘虏。

几个月后，彻底绝望的祖大寿也选择了投降，他打开了锦州城的城门，第二次投降了清朝。当然，这也是他最后一次投降清朝。

因为有前科，所以祖大寿投降后，皇太极虽然没有杀他，但也不再重用他了。从此以后，祖大寿被剥夺了兵权，不再带兵打仗，他只负责“宣传工作”和说服明朝将领投降了（他就说服过吴三桂）。

虽然远离了战场，也没有了“建功立业”的机会，但不得不说，这对于祖大寿而言却是一种解脱。因为，他不用去屠杀自己的同胞，得到一个永久的骂名，就此逃避了史学家们的口诛笔伐，得到了一个永久的安宁。

至此，伴随着洪承畴的被俘、祖大寿的投降，这场为期三年的松锦大战，就以这样的结果告终。

此战中，明朝损失了将近十五万的兵马，还失去了战略要地锦州城。从此以后，明朝只剩下山海关这一个据点了，若山海关一失，清军就可以肆无忌惮地入侵中原了。反之，对于清朝而言，攻陷了宁锦防线后，清朝确定了对辽东的完全统治，并为以后破山海关、定鼎燕京、入主中原，奠定了一个强大的基础。

在清朝的史料中，他们对于这次战争的意义更是大书特书，用尽了赞美之词。

乾隆评价这场战争为“我太宗大破明师十三万，擒洪承畴，式廓皇图，永定帝业”。嘉庆评价这场战争为“太祖一战（萨尔浒大战）而王基开，太宗一战（松锦大战）而帝业定”！

不管您讨厌也好，喜欢也罢……这些话，确实堪称一语中的。

至此，经历了松锦大战后，历史已经不可避免地开始了“明亡清兴”，明朝的那个丧钟，也终于开始轰鸣。

洪承畴投降

洪承畴被俘的消息传到京城后，崇祯皇帝悲痛欲绝，他认为洪承畴必为国捐躯了。于是，崇祯皇帝下令，设十六坛，他要亲自祭拜洪承畴。

明朝礼制规定，祭祀一品官时是设立九坛，而给洪承畴设立十六坛，已经是明朝最高等级的祭奠了，可见崇祯对其的重视程度。

当时，设立好祭坛后，崇祯皇帝亲自出马，一层一层祭拜，以告慰洪承畴的“在天之灵”。结果，祭拜到第九层时，却传来了一个惊天动地的消息，让这个仪式无法继续了。

这个消息就是——洪承畴没有死，如今的他，已经投降了大清。

这是一个什么情况？

关于这段历史，还得从头说起。

崇祯十五年（1642 年）三月二十三日，洪承畴被押解到了盛京，被“拘锁北馆”，皇太极命范文程等人对其劝降。

刚开始的时候，洪承畴誓死不屈，一些人就放弃了，主张杀了他了事。但是，皇太极依旧以“厚遇之”的方式劝降，终于让洪承畴回心转意，认为皇太极是“真命世之主”，投降了清朝。

那么，洪承畴是怎么投降的呢？

洪承畴的投降方式，一共有三种说法。

第一种说法，“仆人”的劝说。

《甲申朝事小纪》记载，洪承畴被俘后，一直誓死不降，不管怎么劝说，都不投降。最终，为了显示自己的宽宏大度，皇太极就把洪承畴释放了。

洪承畴走后，他在路过山海关时，遇到了自己的仆人。洪承畴看见仆人一身白衣素服，就问他家里谁死了。

仆人看见洪承畴后，大吃一惊，以为“活见鬼”了。在确定主人没死后，仆人高兴地痛哭流涕。他告诉洪承畴，自己之所以一身白衣素服，就是来给主人收尸的。因为皇帝听说主人死了，给您做了法会，替您招了魂，命我出来给您收遗骨。如今主人安然无恙，就不用穿这身衣服了。

听完了仆人的解释，洪承畴哈哈大笑道：“赶紧把这件衣服换了吧，换好了衣服，随我入京。”

一听这话，仆人面露难色，道：“大人，还是不要回京了。”

“为何？”洪承畴疑惑不解道。

仆人慢慢道：“大人，您想呀。您统帅的军队全军覆没了，您镇守的城池也全都失陷了。即使皇帝宽宏大量，对您既往不咎，可满朝文武呢？他们能容纳您这个败军之将吗？稍有不慎，灾祸就要降临了。”

仆人的这番话，字字说到了洪承畴的心坎里。于是，他在马上哭了一阵，随后就折返了，他投降了清朝。

以上，就是洪承畴投降的第一个版本。

很显然，这个说法就是一个八卦消息，根本不值一提。

首先，说“皇太极放走洪承畴”的说法，就是一个无稽之谈。要知道，皇太极已经在祖大寿身上吃过亏，他怎么能再犯这种错误呢？他把洪承畴放走，不是等于给自己添堵，帮助敌人“修长城”吗？除非皇太极脑袋进水了，才会干出这种愚蠢之事。

其次，“洪承畴害怕群臣陷害，不敢回京”的说法，更是一个无稽之谈。要知道，吴三桂临阵逃跑，皇帝都能原谅他，何况是一个坚持到最后的洪承畴呢？只要皇帝还信任他，洪承畴还会害怕那些官员吗？

而且，大明王朝已经危在旦夕了，还得仰仗洪承畴这种擎天之柱，所以大臣们即使有怨言，他们也不会表露出来。毕竟，万一惹恼了皇帝，让自己去镇守辽东，就全完了。

那么，洪承畴到底是怎么投降的呢？

据说，是庄妃亲自出马劝降的洪承畴。

第二种说法，庄妃的劝说。

《清朝野史大观·多尔衮》中有这么一段记载——“洪承畴之降于清也，以世祖之母博尔济吉特氏劝降之功居多。”

这里的“世祖”，指的是顺治皇帝。这里的“世祖之母”，就是这个多尔衮的秘密情人——大玉儿庄妃。

就是因为这么一段话，成了庄妃劝降洪承畴的铁证。且在各种道听途说下，这个版本越传越广。

如今，史学家们已经考证出来了，洪承畴的投降跟庄妃没有任何关系，庄妃也没有去劝过洪承畴。这种说法根本不可信，纯属谣言。

毕竟，庄妃去劝降洪承畴的说法，既没有正史文献记载，也违反了宫中制度。皇太极就是再渴望人才，也不能把老婆送给洪承畴。

退一万步说，就算皇太极渴望人才大于爱护自己的老婆，他同意了此事，但他的正宫皇后也绝不同意。要知道，为了保住自己家族的颜面，皇后是绝不会让自己的侄女干这种苟且之事的。

此外，这个故事还有一个重要的信息错误，就是双方语言不通，根本没法交流，焉能有劝降之说。

咱们都知道，庄妃是蒙古族人，只会说蒙古语，嫁给皇太极之后才学会满语。当时，清朝后宫以满语为母语，兼蒙古语，并不说汉语，所以庄妃根本不会说汉语。

至于洪承畴，没有任何资料能够证明他会说满语或蒙古语，且他说的是闽南语，还不是普通话。因此，他们之间语言不通，连最基本的交流都不行，焉能有劝降之说。

因此，这个所谓的“庄妃劝降洪承畴”的说法，比第一个说法还不靠谱。

第三种说法，范文程的劝说。

洪承畴被俘后，誓死不从，皇太极想把他收为己用，就命范文程去劝降他。看见范文程后，洪承畴大发脾气，痛骂范文程是卖国贼、是汉奸，什么难听骂什么。范文程也不生气，就跟他聊家常，聊古今中外之事，聊了很久。

聊天期间，洪承畴住的房子很破（牢房，好不了），一块灰尘从天花板上落了下来，落在了洪承畴的衣服上。看见衣服脏了，洪承畴想都没想就把灰尘掸走了。

目睹了洪承畴这个细微的动作后，范文程内心大喜，就离开了。他直接跑到了皇太极那里，把这件事情告诉了皇太极。

听完这个故事，皇太极百思不得其解。范文程就解释道：“洪承畴这个人，嘴上说得挺硬，但他内心是不想去死的。因为，一个连衣服都爱惜的人，会不爱惜自己

的生命吗？”

一听这话，皇太极觉得言之有理，更加坚定劝降洪承畴的决心了。

几天之后，皇太极亲自来看洪承畴，对他道：“先生，您不冷吗？”随后，皇太极解下了自己的貂裘大衣，披在了洪承畴的身上。

看见皇太极如此行事后，洪承畴瞪着他，半天说不出话来。最终，洪承畴叹了一口气，道：“真命世之主也”，遂即叩拜，投降了皇太极。

以上，就是洪承畴投降的第三个版本，也是目前为止最权威的版本。当然，这个版本是真是假，还需要更多的史料来证明。

当然，不管上述三个版本哪个是真的，哪个是假的，有一点毋庸置疑，那就是洪承畴投降了。他从一个烈士变成了一个汉奸。

有的时候，汉奸和烈士，只有一步之遥，但不是每一个人都有勇气踏出这一步。

洪承畴，这个完全可以跟文天祥齐名的男人，还是没有踏过那一步，从此走上了一条不归路。

可叹，可惜，可悲……当然，设身处地、将心比心地想，若我们是洪承畴，会做何选择？

我想了很久，也不知道该如何选择。但我知道这么一句话：“上天不会无缘无故做出莫名其妙的决定，一切都是最好的安排。”对于清朝而言，这确实是“最好的安排”。

洪承畴投降后，皇太极欣喜无比，他下令召开宴会，要大家一起痛饮，庆祝此事。

皇太极的这种做法，引起了清朝很多大臣的不满，大家皆认为，给一个降将举行这么大规模的宴会，这让浴血奋战的将士怎么想？不给功臣庆祝，却给降将祝贺，这是什么道理？

面对大家的质疑，皇太极慢慢解释道：“我们一直浴血奋战、拼命打仗，到底是为了什么？”

众人回答道：“为了能够入主中原！”

皇太极道：“这就对了，但是，到了中原后，我们都是一群瞎子，连地图都没有，如何统一天下呢？如今，上天把洪承畴赐给我，就是赐给了我一个举旗的导游，他会引导我们走向胜利。得此结果，我为什么不高兴呢？”

众人这才恍然大悟，全都开怀畅饮了起来。

皇太极的话，一点也没错。

在未来的岁月里，大家都会看到，洪承畴这个“导游”，将会如何尽职尽责。

他为了大清王朝的建立也会奉献出所有的力量。

由于贡献的力量太多了，所以在清朝的史料里，洪承畴得到了极高的评语——

“国初诸大政，皆定自太祖、太宗朝，世谓承畴实成之，诬矣。”

就是说，大清王朝建国的政策都是努尔哈赤、皇太极建立的，但让这些政策变成现实的人，就是这个洪承畴。

第二十五章 最后的皇太极

重新议和

打赢了松锦之战、获得了洪承畴后，皇太极欣喜若狂，他准备再接再厉，再次攻打明朝。结果，一封突如其来的信件让皇太极改变了主意，他不打算攻打明朝了。

因为，这封信件，就是明朝的求和信。

前面讲过，作为一个资深的赌徒，皇太极清楚地知道敌我双方的实力。因此，只要明朝议和，皇太极就答应，他同意这种“用金钱买平安”的方式，让两国暂时罢兵休战。

那么，这里有一个问题，明朝为什么要跟清朝议和呢？他们这次议和，是真心实意，还是像上次一样，忽悠皇太极呢？

在崇祯皇帝眼中，他治理的这个帝国已经完全崩溃了。

对外，对女真屡战屡败，只能眼睁睁地看着“明亡清兴”。对内，农民起义如雨后春笋一般，一发不可收拾。那个叫“闯王”的男人已经成了气候，再也不能被轻易剿灭了。

崇祯十四年（1641 年），在明朝与清朝交战正酣之际，李自成率领大军进攻洛阳城。此战中，洛阳守军无心恋战，他们开城投降了。

起义军进入洛阳后，把洛阳城洗劫一空，城内所有的富豪乡绅都被他们打死了。在洛阳居住的福王朱常洵也被活捉，被起义军吃掉了。

没错，就是被起义军吃掉了。

原来，捉住福王后，李自成的手下把这个养尊处优、三百多斤的大胖子剁成了碎块，又杀了一头鹿，将这头鹿也剁成了肉块。起义军把这些肉块放在了一口大锅中，熬成了粥，一起喝掉了。

为什么要把福王和鹿一起乱炖呢？

原来，朱常洵的封号是“福王”，鹿取谐音“禄”。起义军把它们搁在一起炖，就是要吃一顿“福禄宴”。

当然，不用可怜这个福王朱常洵。要知道，他是一个搜刮民脂民膏的贪官污吏。当时，流传着这么一句话，“先帝耗天下以肥王，洛阳富于大内”。意思是说，万历皇帝耗尽天下的财富养活他这个最喜欢的小儿子，洛阳的福王府富丽堂皇的程度竟然超过了紫禁城。

而且，朱常洵有的是钱，但他却是一个一毛不拔的铁公鸡。当时，得知敌军进犯洛阳城后，洛阳守军请求福王给一些赏钱。因为国家已经欠他们军饷很久了，士兵们希望福王掏腰包，补发军饷。

对于这个合情合理、关乎身家性命的请求，朱常洵二话不说就给拒绝了。他宁愿士兵们饿着肚子上战场，也不肯花钱消灾。结果，士兵们也二话不说就开城投降了。福王就这样守着他的钱，以一个守财奴的身份，去另一个世界了。

福王被杀、变成粥的消息传到京城后，崇祯皇帝大吃一惊，随后昏厥了过去。他被吓病了，再也无法上朝。

一个月后，崇祯拖着重病来上朝，他对群臣哭道：“这些年来，国家一直多灾多难，外有清朝屡次进犯，内有农民起义军造反，已经严重危害大明王朝的统治了。朕治理国家多年，自认为绝不是一个昏君，也绝不是一个懒君，但为何天灾不断？为什么上天要这么对朕呢？朕到底怎么干，才能治理好这个国家呢？”说完，崇祯忍不住哭了起来。

看见皇帝如此伤心，群臣就开始安慰。君臣互相承认错误，并反思问题的由来。

最终，大家达成了一个共识：“国家变成这样，不是皇帝的问题，也不是大臣的问题，是天命出现了问题。如今的大明王朝，可以用四个字来形容。”

这四个字就是——气数已尽。

书归正传，虽然君臣聊了半天，最终得到了一个“气数已尽”的结论，但崇祯

还是不认命，他打算继续力挽狂澜，让这个朝廷运转下去。毕竟，他不能当这个亡国之君，在历史上留下一个永久的骂名。

就这样，在这些思想下，那个搁置了很多年的“议和”计划，再次被提了出来，崇祯打算跟清朝议和，避免两线作战。

崇祯找来兵部尚书陈新甲（瞎出主意的那个），秘密授予他权力，让他跟清朝议和。

对于议和这件事情，陈新甲信心十足，因为他清楚地知道清朝想议和，他们早就提出来了。

原来，崇祯十四年（1641 年）十一月，辽东普降大雪，道路全被大雪封了，清军的粮食不够补给。这种情况下，皇太极有点动摇了，他就想撤兵，不想跟明朝继续耗下去。

于是，清朝通过蒙古人给明朝示意，要求和谈。当然，皇太极所谓的和谈，依旧是狮子大开口，他要了很多东西，才肯退兵。

可见，洪承畴的消耗战术已经奏效了，清朝已经受不了了，这才选择了退兵。当时，如果明朝有一个明白人的话，就能看出皇太极的真实意图，就能继续跟皇太极打消耗战了。这样一来，不出数月，清朝就扛不住了，只能撤兵。届时，锦州也不会丢，洪承畴也不会投降，十余万大军也不会全军覆没，历史也彻底改写了。

可惜的是，明朝没有一个明白人。

虽然松锦之战以明朝的惨败告终，但不管怎样，皇太极这种议和的举动还是让明朝眼前一亮，崇祯打算再试一把，跟清朝议和。

明朝想议和，但怎么给对方送信呢？这是一个大难题。

因为，明朝不承认清朝的合法地位，如果这封国书直接送给皇太极，就等于是承认了清朝政府的合法地位了。清朝与明朝就是两个平等的主权国家了，朱由检和皇太极就成为两个平起平坐、地位平等的国家元首了。这样的结果，是崇祯皇帝打死也不承认的事实。

可是，如果不承认对方的合法地位，就没法递交国书。没法递交国书，双方就没法谈判，这个谈判又怎么开展呢？

对于这个问题，还是陈新甲想出了一个万全之策。

陈新甲告诉崇祯帝，我们的这封国书，可以这样写：国书的作者写陈新甲，表示这是明朝臣子给清朝皇帝的书信，跟崇祯无关。但是，国书却要盖上国家大印，表示这是皇帝的御旨。这样一来，明朝臣子与清朝皇帝谈判，既保住了崇祯的面子，也降低了对方的等级，可谓“一石二鸟”。

得此良计，崇祯立刻同意，他按照陈新甲的要求，写了一封代言信，交给了皇太极。

看完这封国书后，皇太极都蒙了，说这是什么玩意？明朝的大臣来议和，管什么用呀？他们的皇帝不同意，这不是白白浪费时间吗？可是，这封国书上面却有皇帝的大印，证明皇帝同意了此事。那么这封议和的国书就是明朝皇帝的意思了。若贸然拒绝了，就再也没有议和的机会了。

写了这么一封国书，明朝到底是想议和呢，还是想消遣我呢！

面对这封莫名其妙的国书，皇太极百思不得其解，只能下令开会，商讨此事。最终，在洪承畴的劝说下，皇太极相信这是一封真正的国书，不是一个伪造的赝品，他也明白了明朝皇帝的“良苦用心”。

虽然让明朝皇帝将了一军，皇太极心里很不爽，但他还是同意了议和。于是，皇太极给崇祯回信，同意商量议和之事。当然，他跟崇祯用的方式一样，皇太极也找了一个大臣，作为自己的“代言人”，用明朝的谈判方式议和。

虽然他们的这种谈判方式有点画蛇添足，但不管怎样，明朝和清朝终于可以坐在一张桌子上正式谈判、一起商量美好的未来了。

此次谈判，皇太极给出的条件是，承认清朝的合法地位，把整个辽东划给清朝，并每年给清朝黄金三十万两、白银二百万两，当作“保护费”。

在明朝眼中，这个保护费还有另外一种叫法，叫作“岁币”。就是说，你们清朝很穷，我们做长辈的，逢年过节时可以赏你们一些压岁钱，这种钱就叫“岁币”。

当然，不管是叫“保护费”，还是叫“岁币”，其实都代表着一种意义——明朝是在花钱买平安。

当时，对于这个买平安的钱，明朝觉得有点贵，就砍价到黄金一万两，白银一百万两。对于这个价位，皇太极不同意，就涨到了黄金十万两、白银一百万两。皇太极还威胁道：“这是最后的底价，若你们不同意，我就立刻出兵，自己去明朝抢。到了那个时候，你们的损失可就不是这个数字了。”

虽然皇太极用了威胁的手段，但明朝还是据理力争，死活不肯涨钱。最终，在一番激烈的讨价还价后，皇太极答应了明朝的要求，只要明朝每年给他黄金一万两、白银一百万两，他就绝不入侵明朝，跟明朝罢兵休战。

看见皇太极“服软”了，明朝大喜过望，马上书写合同，准备让皇太极签字，正式达成和平条约。

对于这个和平条约，皇太极很是期待，他就准备签字拿钱了。结果，等到最后，皇太极惊讶地发现，自己再一次被放了“鸽子”！

同一件事情，被明朝戏耍了两次，试问皇太极情何以堪，他心中怎能不怒火中烧、再次宣战？

自尊胜于国运

崇祯虽然答应议和，但整个议和过程都是秘密进行的。崇祯把旨意告诉陈新甲，陈新甲书写文件，让使者带给皇太极；皇太极看完后，把他的想法写下来，交给使者，使者交给陈新甲，陈新甲再交给崇祯皇帝；崇祯皇帝看完后，再把旨意……

虽然这个过程很麻烦，但不管怎么样，明朝与清朝开始和谈了，双方皆很有诚意地谈判了。结果，谈判期间，陈新甲泄密了，导致这件事情人尽皆知了。在大家的全力反对下，这个谈判只能无疾而终。

这个泄密，是这么回事：

当时，陈新甲收到清朝的回信后，就放在了桌上，准备第二天呈献给皇帝。结果，仆人在收拾桌子时就看见了这封书信。

按理来说，与敌国和谈之类的文件是国家一级机密，仆人是无权看的，也需要特殊的包装。但是，咱们都知道，明朝与清朝的和谈是非正式会议的谈判，所以这个文件就是一个普通的包装，与其他文件无异。

看见了这个普通包装的文件后，仆人就按照普通文件处理了。他把文件发给了有关部门，归档了。

可想而知，仆人此举，算是捅了“马蜂窝”了！

要知道，经历了上次和谈失败后，崇祯学聪明了，他之所以选择偷偷摸摸地进行和谈，除了保护自己的面子、不想跟皇太极平起平坐外，更多的原因则是为了能让自己消停。

崇祯清楚，大臣们都是反对议和的，若让他们知道议和之事，自己就永无消停之日了。所以，崇祯选择了偷偷摸摸地进行此事，不告诉群臣，等议和结束了再给大家一个“木已成舟”的事实。

不得不说，崇祯的这个算盘打得还不错。但可惜的是，他千算万算，还是算漏了陈新甲这个人，没想到这个笨蛋会泄密，也没想到这个笨蛋竟然不会承担责任。

原来，东窗事发后，群臣都炸了。大家万万没想到，堂堂天朝上邦的明朝会拉下身段，与蛮夷之国的大清和谈，这太掉身价了，也让人无法容忍。

于是，跟上次一样，群臣开始玩命上疏，群起而攻之。在这种群起而攻之的阵势下，崇祯再一次害怕了。他偷偷摸摸示意陈新甲，让他背了这口锅，主动承担责任，成为这个事件的罪魁祸首。

可惜的是，陈新甲不仅没有听懂皇帝的暗示，反而跟皇帝对着干了。

原来，面对群臣的指责，陈新甲有恃无恐，他自以为是按照崇祯皇帝的旨意办事。同时，他还告诉群臣，和谈之事，我陈新甲怎么会独断专行？这是皇帝的意思，我只是奉旨办事罢了。

可想而知，听完了陈新甲的话后，崇祯就清楚自己该干什么了。

就这样，为了漂白自己，崇祯二话不说，就以“通敌”的罪名把陈新甲缉捕归案了。同时，他还昭告天下，陈新甲跟清朝谈判的事情自己一概不知，这是陈新甲个人的举动，与自己毫无关系。

听完崇祯的话后，陈新甲真是欲哭无泪。

唉，没有办法，这就是崇祯，这就是那个自以为英明神武、实则软弱无能的崇祯。

要知道，崇祯皇帝就是一个不敢承担责任的软蛋。他的主张常常不直接表露，而是拐弯抹角地告诉群臣，让大臣替自己表达。然后，他再根据“反应情况”对这个大臣进行褒奖或者秋后算账。

其实，崇祯完全可以一人做事一人当，他可以理直气壮地承认想与清朝议和，并把为什么议和的原因告诉群臣。毕竟，天下已经大乱了，明朝再这样两线作战，就真的亡国灭种了。然而，为了躲避责任，崇祯从不承担，他一直让别人来背黑锅。

有这样的皇帝治国，这个国家还能有前途吗？

皇帝承担责任，真的这么难吗？让皇帝忍辱负重，真的这么困难吗？

要知道，崇祯皇帝的祖先朱棣在“创业”时遇到的困难要比崇祯多得多。然而，面对这些困难，朱棣选择了忍辱负重、韬光养晦，还无所不用其极。

当时，为了欺骗建文帝朱允炆，朱棣装疯卖傻，还吃过屎粑粑，这才躲过了建文帝的监视，最终成功造反。

对比祖先的那些事情，崇祯的这点耻辱又算得了什么？这个人，太在乎自己的面子了。

史学家评价崇祯，“自尊胜于国运”，真是一语中的。

书归正传。锒铛入狱后，陈新甲才明白了皇帝的心思。他在狱中给皇帝上疏，请求宽大处理，并愿意背这口黑锅。

本来，如果陈新甲认了通敌的罪名，崇祯可能念其“苦楚”，饶他一命。然而，陈新甲已经病急乱投医了，他在狱中胡乱地想办法，把自己整死了。

原来，陈新甲入狱后，他害怕皇帝会处死他，就散尽家财，收买言官，让他们替自己说好话。言官收到钱后，马上上疏朝廷，为他鸣冤叫屈。言官这么干的结果就可想而知了。

要知道，崇祯皇帝最不能容忍的事情是什么？就是官员结党营私、组建自己的小团体。一旦发现了这种情况，必严惩不贷，以儆效尤。

可想而知，看见这么多人为陈新甲鸣冤叫屈后，崇祯认定他有党派，必须将其斩首示众了。

就这样，崇祯下令斩杀陈新甲，以儆效尤。但这里的问题是，陈新甲是一个通敌的罪名，罪不至死。结果，崇祯愣是扣上了一个“延误战机、剿匪不力，连陷七亲藩”的罪名，把他处死了。

可怜的陈新甲，就这样稀里糊涂地死了。当然，他的死也是咎由自取。毕竟，在朝廷待了这么久，连这点道理都不懂，真是白混了这么多年。

陈新甲死后，再无人敢提议和之事，这个议和的过程，只能不了了之。但问题是，崇祯可以不议和，对面的皇太极还打算议和，他还打算收明朝的“保护费”呢。

就这样，见明朝又一次单方面撕毁协议、把自己当猴耍后，皇太极彻底怒了。为了自己的面子，皇太极也只能让这个世界“伏尸百万，流血千里”了。

于是，该来的……再一次来了。

第五次讨伐明朝

崇祯十五年即崇德七年（1642 年）十月，皇太极命多罗饶余贝勒阿巴泰为“奉命大将军”，命他率领十万大军（也说六万）入侵中原，开始第五次讨伐明朝，这也是皇太极最后一次讨伐明朝。

根据《清太宗实录》记载，阿巴泰此次入关，历时长达六个多月，他南去北返，如入无人之境。

清军共攻克明朝三府、十八州、六十七个县、八十八座城镇，击败明军三十九次，获黄金一万二千二百五十两、白银二百二十万五千二百七十两、珍珠四千四百四十两、各色绸缎五万二千二百三十匹、缎衣、裘衣共一万三千八百四十件，貂狐豹虎等皮五百余张，俘获人口三十六万多人，驼、马、骡、牛、驴、羊共三十二万余头，可谓满载而归。

当然，上述这些数字，只是官方统计的数字。士兵和贝勒私自掠夺的金银财物，不在这个计算之内。因为，那些都是他们个人的财富，已经归个人所有了。

可想而知，如果把这些钱都算进去，明朝损失的恐怕就是一个天文数字了。

那么，面对清军的入侵，明朝在干什么呢？他们为什么不反抗、打跑这些侵略者呢？

无奈地看一眼吧，明朝是这样“对抗”清朝的。

当时，为了抵御入侵的清军，崇祯调动了三十九万大军。要知道，明军的人数是清军的数倍，且是主场作战，若明军拼死一战的话，绝对能够消灭这支孤军深入的敌军。然而，明军畏敌如虎，“全无战意”，这么多明军“无一矢相加”，他们没有对清军放过一箭一炮，只是远远地看着清军，任由他们烧杀抢掠、无恶不作。

明军的表现，就是这样的可以。

明朝官员的表现，更是可以！

面对入侵的敌军，明朝官员竟无一个退敌之计。他们唯一的办法，就是找了近百个和尚，让他们日夜念诵《法华经》，企图用经文诛杀这些妖魔鬼怪（清军），还这个世界一个朗朗乾坤。

危难之际，竟然用这种办法拯救国家。对于这种国君，真是无语。

其实，念经的这个搞笑办法，也不是明朝首创。在五代十国期间，南唐的李煜就用过，他也曾经希望佛祖显灵，替他诛杀了围城的宋军，结果……可想而知。

面对这种明军，面对这种明朝官员，崇祯皇帝内心绝望的心情，可见一斑。

崇祯十六年（1643 年）四月，清军在抢夺了六个月后，再也拿不动了，他们满载而归地撤兵了。

清军要撤兵的话，一定会经过京畿地区，崇祯希望在这里截杀，剿灭这支已经“走不动道”的敌军。结果，令崇祯始料不及的是，满朝文武，竟然无一人敢带兵出战，也没有提出一个御敌方案。

沉默，群臣除了沉默，也只会沉默了。

可想而知，面对这么一群大臣，崇祯已经完全绝望了，他只能大喊道：“朕欲亲征！”你们都不去，那朕自己去！

看见皇帝如此绝望，内阁首辅周延儒只能主动请缨了。毕竟，他是国家的“二号首脑”，躲是躲不掉的，只能硬着头皮上了。

当时，听完周延儒“臣愿代皇帝出征”的话后，崇祯没有表态，只是绝望地看着天。周延儒以为皇帝没有听见，只能再重读了一遍。

这时，皇帝才表态道：“朕同意先生代朕出征，但是，朕刚才用奇门之术算了一卦，先生出门时，要从东门走，不要从西门走。只有这样，才能退敌。”

堂堂一国之君，竟然用上了算命的办法来击退敌军，这个国家的未来，就可想而知了。

当然，有一种说法是，这是崇祯故意使的计，他知道从东门出发，才能碰到撤退的敌军。他害怕周延儒畏敌怯战，偷偷摸摸从西门出发，给他一个“没有碰见敌人”的说辞。

君臣互相“耍诈”到了这种地步，这个国家的未来……

周延儒领命后，就从东门出发了，没过多久，他就碰到了撤退的清军。当时，清军满载而归，全军喜气洋洋，毫无战斗之心。清军也没有阵型可言，全军拖了三十余里，阵容不整、破绽重重。

在这种背景下，若周延儒率军进攻，绝对能够打赢这支毫无战斗准备的清军。结果，周延儒畏敌如虎，他躲在坚固的通州城内，天天鸣炮示威，“请求”清军不要来打自己。当然，在清军眼中，他所谓的鸣炮示威，不过是“夹道欢送”罢了，不足为惧。

不敢出战也就罢了，更可气的是，为了推卸责任，周延儒竟然谎报军情、欺骗皇帝。他上奏朝廷，说自己打了几个胜仗，敌军已经被他杀得丢盔卸甲、无力反击。

周延儒这么干，无可厚非，毕竟他也想活命。但这里的问题是，通州距离紫禁城多远呀？你当皇帝是瞎子不成？天高皇帝远，远的地方，皇帝看不见，也就被你蒙骗了。你在皇帝眼皮底下干这种事情，真不知道是怎么想的！

东窗事发后，愤怒的崇祯下令，命周延儒“勒令自裁，准其棺殓回籍”，意思是命令周延儒自尽，允许家属为其收尸。

此谕旨一出，大臣们马上求情，说周延儒虽然有罪，但罪不至死。而且，此人上台后，颁布了很多利国利民的政策，如减轻百姓负担、启用贤德之人等，他是一个“救时之相”。他没有功劳，也有苦劳，还望皇帝从轻发落。

面对群臣的求情，崇祯皇帝还是维持原判，他愤怒地告诉众人：“朕让他自裁，已经是从轻发落了，你们还说啥！”

话说到这个份上，群臣只能闭嘴了，周延儒也只能郁闷地自尽了。他找来一条三尺白绫，把自己一吊，就这样结束了一生。当然，不可否认的是，他也是明朝最后一个敢上战场、对抗清军的官员。

秦时明月汉时关，万里长征人未还。

但使龙城飞将在，不教胡马度阴山。

如今的大明王朝，是一个“飞将”也没有了……

当然，到底是明王朝没有“飞将”，还是他自己迫害了所有的“飞将”！这个问题才至关重要，也是我们要反思的。

突然死亡

第五次入侵中原的空前成功，让皇太极信心倍增，他准备再接再厉，继续抢掠。皇太极甚至开始劝降山海关总兵吴三桂，让他“弃明投清”，打开明朝这座最后的大门。

> 今明国精兵已尽，我兵四围纵略，彼国势日衰，我兵力日强，从此燕京可得矣！
>
> ——《清太宗实录·卷六十二》

皇太极的志向，是多么的宏伟。他入主中原的决心，又是何其高。

只差一步，只差这最后一步，只要攻陷了山海关，清朝就可以正式进入华夏中原，八旗铁骑将在千里平原上纵横驰骋，再也没有什么天堑能阻止他们前进的脚步。

没错，只差这最后一步……

可惜的是，皇太极到死，也没有走出这一步。

因为，他真的死了。

崇德八年（1643年）八月九日，皇太极像平常一样开始忙碌了起来。这一天，他先是会见了蒙古贵族，接着犒赏了三军将士，随后亲自挑选礼物，赏赐给外藩使臣。最后，皇太极召开会议，跟大臣们商量治国之道、讨伐明朝之事，大家讨论了好几个时辰，才结束会议。

太阳下山后，皇太极回到了后宫，他来到了自己的寝宫清宁宫，在这里用膳，并准备休息。

这一天，皇太极虽然忙碌不止，但没有出现任何的不祥之兆。谁也没有想到，他的生命将在几个小时后，就此完结。

当天晚上亥时（九至十一点），在这个清宁宫的暖炕上，皇太极停止了呼吸，享年五十二岁。

一代天骄，就此陨落，彻底离开了人世。

如今，皇太极的死，成了一个历史疑案。因为，从当天的表现来看，皇太极绝不是一个濒死之人，谁都不会想到他晚上会死。而且，往前追溯一下，追溯前几天，甚至前几个月，皇太极也没有出现什么病症，他绝不是一个会突然死亡的人。

那么，皇太极是怎么死的呢？

关于这个问题，小说家们就产生了无限遐想。比如说，皇太极进入了后宫，不

小心撞见了多尔衮和大玉儿的奸情，在跟弟弟的搏斗中，他被多尔衮杀死了，从此无疾而终了。当然，这只是小说家的想象罢了，皇太极死亡的原因，还得从历史的文献中寻找蛛丝马迹，以解开这个历史之谜。

在史料的记载中，皇太极死亡当天，甚至数月前，都没有任何的症状表现。那么，如果继续往前追溯，是否能够找到皇太极死亡的原因呢？

答案就一个字——是。

尾声——皇太极的死亡原因

皇太极的死，其实早有征兆。从崇德五年（1640年）时，皇太极就开始生病了，史书上也多次出现了“圣躬违和”或“圣躬不豫”的词语。

崇德五年（1640年）七月，皇太极第一次“圣躬违和”了。虽然史书上没有写他得了什么病，但他病得很严重，只能暂时休息，去鞍山的温泉疗养。

崇德六年（1641年）八月，松锦大战期间，面对明军的突然进攻，清军被打了一个偷袭，损失惨重，前线也一度告急。在这种情况下，皇太极只能御驾亲征了。

前面讲过，皇太极当时正“圣躬违和”，流鼻血不止，但为了自己的国家，他也只能带伤出征了。他流了一路的鼻血，让病情更加恶化了。

崇德七年（1642年）十月，皇太极再一次“圣躬违和”。他这一次病得很严重，朝廷甚至大赦天下，为他设坛祈福了。

同年十二月，皇太极在打猎期间再一次“圣躬违和”。打猎一事，只能不了了之了。当时，太宗不愿意两手空空回去，却也无法打猎，众人皆不知道如何是好。结果，就在此时，年仅五岁的福临射中了一狍，皇太极这才满意地回銮。

崇德八年（1643年）正月初一，皇太极又“圣躬违和”了，导致这个新年大家都没法愉快地度过。

同年三月，皇太极再一次“圣躬违和”，朝廷只能再次大赦天下，为他祈福。

同年四月，皇太极又一次“圣躬违和”，朝廷连续两天向各寺庙祷告，花了很多钱，才为他祈来平安。

崇德八年（1643年）四月“圣躬违和”后，一直到八月，皇太极都没有出现“圣躬违和”的情况。结果，等到了八月时，皇太极就一命呜呼了。

可见，皇太极一直有病，且病情非常严重，他就是一个濒死之人。只不过，因为数月没有出现过重大疾病，让大家都忽略了他是一个长期患病的人，以至于疏于防范，让他“暴毙”了。

那么，皇太极既然是死于疾病，又是什么疾病夺走了他的性命呢？

对于这个疾病，史学家们一直争论不休。如今最流行的说法，是皇太极先有多血症，进而引起了高血压、中风等疾病，最终死于脑出血。

前面讲过，《清史稿》对皇太极的评语是，“面如赤日，严寒不栗”，就是说，他不惧严寒，脸色跟关羽一样，赤红而有光泽。

虽然在史书中，皇太极的这种形象堪称“天人”。但是，从医学的角度讲，皇太极的这种体征，却不是一个好现象。

因为，脸色赤红，不怕寒冷，这都是多血症的症状。再加上皇太极不重视饮食，身体肥壮，他很可能患有高血压等疾病。因此，晚年时候的皇太极经常的流鼻血、眩晕，也就不足为奇了。

最终，皇太极在工作中猝死，也就能解释了。他很可能是工作压力太大，导致颅内出血，死于脑出血。

除了死于脑出血外，还有一种解释，说皇太极的死因是悲伤过度，他为自己最心爱的女人殉情了。

没错，就是为他最心爱的女人殉情了。

这个女人，就是皇太极一生的最爱——宸妃海兰珠。

前面讲过，崇德二年（1637年），海兰珠为皇太极生了一个大胖小子，让皇帝欣喜不已。皇太极甚至昭告天下，从此以后，大清王朝后继有人了。

可惜的是，这个世界的事情，就是这样的不遂人意、不讲道理。

这个孩子仅仅活了七个月，连名字都没有起，就夭折了。

孩子的死，对宸妃打击很大，宸妃日夜哭泣，郁郁寡欢，就此落下了病根，身体越来越弱。

四年后，即崇德六年（1641年），宸妃也病逝了，享年仅三十三岁。

宸妃去世时，皇太极正在前线与明军决战。当时，这是明清两国分胜负的最关键时刻，结果，听说爱妃病危后，皇太极竟然弃国家于不顾，他要第一时间赶回京城，去见爱妃最后一面。

这个皇帝，就是这样的“爱美人，不爱江山”。

布置好了作战任务，皇太极就马不停蹄地启程了。他昼夜兼程，整整狂奔了五天五夜，这才坚持不住，被迫休息。

皇太极打算休息一夜，再出发。结果，休息期间，京城使节来报，宸妃已经不行了，已经到了弥留的地步了。

一听这话，皇太极二话不说，立刻马不停蹄地出发。结果，尚未到达京城，又有使节来报，宸妃已经香消玉殒。

一听这话，皇太极如五雷轰顶、万箭穿心一般，他纵马冲进了关雎宫，扑到海兰珠的遗体上，痛哭流涕、悲恸欲绝。当时，皇太极一度哭晕了过去（恸甚，昏迷伏地），足见其悲痛之情。

未来的几天内，皇太极一直不吃不喝，还胡言乱语，足见宸妃之死对他造成了多大的打击。

过了几天后，皇太极清醒过来了，他开始颁布圣旨，安葬宸妃。当然，皇太极虽然清醒，但他颁布的圣旨，却堪称糊涂。

这个糊涂圣旨的内容，主要有三点。

第一，命令礼部宣读皇太极的追封制书。

根据不同内容和性质，皇帝的旨意分为制书、诏书、诰书、谕书等。其中，制书的等级是最高的，只有国家一级大事，才会用到制书。结果，为了区区一个嫔妃，皇太极竟然颁布了制书，还命官员朗读。

要知道，在一个妃嫔的追封仪式上宣读皇帝的制书，这是清朝的第一次，也是唯一的一次，足见皇太极的用情之深。

第二，赐给宸妃四个字的谥号。

按照清制，妃嫔死后，只能给予两个字的谥号，结果皇太极破例，赐给了元妃四个字“敏惠恭和”的谥号，算是开创了未有之格局。

第三，给予了宸妃一个特殊的名称——元妃。

何为“元妃”，就是第一个妻子、唯一一个妻子的意思。可见，这个妻妾成群且有皇后的男人已经疯了，他准备跟宸妃过“二人世界”了。

好吧，既然皇太极有过“二人世界”的觉悟，我们就让他得偿所愿罢。

宸妃死后，皇太极悲痛欲绝。他悲痛到了什么地步呢？洪承畴的庆功宴上，皇太极是很高兴的，毕竟他找来了一个领路人，可以带领大清王朝入主中原了。结果，宴会举行到一半，皇太极竟然想起宸妃了，他越想越伤心，只能离席了。

看见皇太极离席后，众人皆莫名其妙，都不敢再饮酒了。皇太极解释了一下，众人才继续饮酒作乐。

后来，因为思念过度，皇太极的身体越来越弱，“圣躬违和”的次数也越来越多。终于，在宸妃死后两年，皇太极“无疾而终”，去那个世界跟宸妃团聚了。

对这个帝王，盖棺定论一下：

曾几何时，这个皇帝建立了一个强大的帝国，强大到四方朝拜、万国皆服。但是，就在这个公司即将“上市”时，这个皇帝却英年早逝，含恨而终……

曾几何时，这个皇帝有一枝心爱的解语花，他们举案齐眉、相见如宾，共同谱写了一段神仙眷侣、天长地久的爱情神话，他们还拥有一个可爱的孩子，堪称圆满。但是孩子的夭折，爱人的逝世，让这位皇帝痛苦不已，他也明白了“孤家寡人”的含义……

曾几何时，爱情和事业，是这个帝王生命的全部意义，他不惜为此奋斗一生，结果却落了一个虎头蛇尾的结局。他的父亲，没有他的成就，却被称为“祖”；他的子嗣，只是在他的“树荫下乘凉”，也被称为“祖”，而他自己，只得到了一个保护家业的“宗”。

上天待这位皇帝，确实很薄。

要知道，皇太极死后仅仅八个月，他的弟弟就率军杀入了山海关，开始逐鹿中原。而在他死后一年，他的儿子就迁都到了北京，正式开始问鼎中原。而这些东西，本来都是皇太极的梦想……

再说一遍，上天待这位皇帝，确实很薄。

也许，只有那经久不衰的《长恨歌》，才能勾勒出这个帝王最后的心情：

七月七日长生殿，夜半无人私语时。
在天愿作比翼鸟，在地愿为连理枝。
天长地久有时尽，此恨绵绵无绝期。

最后，让我们向这位大清王朝真正的缔造者，致敬：

皇太极，建州女真人，生于万历二十年（1592年）十月二十五日，死于崇德八年（1643年）八月初九，享年五十二岁。他死后，庙号太宗，谥号应天兴国弘德彰武宽温仁圣睿孝敬敏昭定隆道显功文皇帝。

至此，伴随着这位皇帝的死，伴随着这位皇帝的弟弟和儿子的活跃，一个新的时代，就此开始。当然，这些新时代的故事，则是下一本书的内容了。